エンジニア入門シリーズ

ゼロからマスター！ Colab×Pythonで バイナリファイル解析実践ガイド

[監修]

大塚 玲

[著]

大坪 雄平

萬谷 暢崇

羽田 大樹

染谷 実奈美

科学情報出版株式会社

はじめに

本書の執筆にあたって、監修を拝命した私の研究仲間でバイナリ解析を含むデジタルフォレンジクス分野の第一人者でもある大坪雄平氏に相談したところ、瞬く間にバイナリ解析の第一線で活躍する著者陣が集合し、少々マニアックではないか思われるほど深い内容が盛り込まれた書籍が完成しました。

本書はバイナリ解析の初心者でも苦労なく読めるよう、基本的な事柄から丁寧に解説するように配慮されていますが、読み進めていくと専門家でも読み応えのある内容が随所にちりばめられていることに気付かれると思います。

初心者の方は、先頭から順に Colab × Python で実践しながら読み進めていくと、自然に高度なバイナリ解析が身に付く構成になっています。経験者の方は、興味のある章から読み始めて、分からないところがあれば、前の章に戻って確認するというスタイルでも良いでしょう。本書は後ろの章に進むにつれて高度なバイナリ解析のテクニックが自然に身に付くように構成されています。是非、バイナリ解析とデジタルフォレンジクスの世界を堪能してください。

バイナリ解析の目的と注意事項

コンピューターではバイナリ形式のファイルを扱います。バイナリ形式とは、人間が読むためのテキストだけでなく、0 と 1 で表現される全てのデータを指します。本書では、このバイナリ形式のファイルとして、画像ファイル、文書ファイル、アーカイブ、実行ファイルなど、様々な形式のバイナリファイルを解析するための技術について解説します。バイナリを扱うための技術を学ぶことで、ソフトウェアのデバッグや脆弱性調査、デジタルフォレンジック、マルウェア解析など、これまで以上にコンピューターの仕組みに深く入り込んで解析し、表面的な調査では成し遂げ得なかったことが実現できるようになります。

一方で、注意すべき事項もあります。バイナリ解析で扱う技術はリバースエンジニアリングとも密接に関わっています。リバースエンジニアリングはソフトウェアやシステムの構造や機能、動作原理を理解するための手法ですが、法的および倫理的な問題を引き起こす場合があります。日本では平成30年の著作権法改正で、著作権法上はプログラムのリバースエンジニアリングは合法化されました。一方、リバースエンジニアリングを契約で禁止する禁止条項の有効性や、営業秘密の要件の1つである非公知性の損失など、法的に未整備な部分が存在します[*1]。また、契約書上でのリバースエンジニアリング禁止条項に関して、米国では有効、EUが無効とするなど、海外でのリバースエンジニアリングの取り扱いに違いがあるため注意が必要です。従って、何も考えずに無邪気にリバースエンジニアリングを行うと、訴訟などの法的な問題に発展する可能性もあります。本書は、コンピューター技術を深く理解することを目的としています。法的な制約や倫理規範を遵守する必要があることから、**リバースエンジニアリングを行う対象は、自分で開発したプログラムや、解析が許可されているプログラムとしてください。**

想定読者

本書は、バイナリデータの解析を行ったことがない初学者を対象に簡単なバイナリ操作から応用手法までを解説します。第1章の初めでは、Python未経験者向けに、開発・実行環境（Google Colaboratory）の使い方や、基本的なPythonの使い方を簡単に紹介していますが、第1章の後半以降は、以下の知識・能力があることを前提に解説しています。

- 基本情報技術者試験の科目A試験（旧 午前試験）に合格する程度の知識
- 基礎的なPythonのプログラムを書くことができる

本書ではバイナリデータの解析をする上で知っておきたい・気をつけたい部分のみに焦点を当てて解説しています。したがって、上記の知識に不安を感じる場合は、基本情報技術者試験の参考書やPythonの入門書も参照することをお勧めします。

参考図書

本書での解説は前記のとおり、紙面の都合で必要最低限の内容となっています。より詳しく知りたい場合は、脚注に参考図書を掲載していますので参照してください。

なお、Python公式ドキュメント及びPythonチュートリアルについては、Python初学者・熟練者ともに参考となる記述が充実していますので、すでにPythonを習得済みの方もぜひ参照してくだ

[*1] 高田 寛, "プログラムのリバースエンジニアリングの法的課題" 企業法学研究 2020 第9巻2号 (2020)(https://www.jabl.org/kigyouhougakukenkyuu2020Vo.9No.2_Takada.pdf)

さい。本文中にも適宜該当 URL を掲載しています。

- Python 公式ドキュメント
  https://docs.python.org/ja/3/
  本書では Python 公式ドキュメントに書かれている内容については説明を省略している場合があります。Python の文法や用語等で不明点があれば、公式ドキュメントを参照してください。
- Python チュートリアル
  https://docs.python.org/3/tutorial/

本書で提供するサンプルプログラム等について

本書では、バイナリデータ解析の基礎を学びながら、実際にプログラムを動かして理解を深めることを目的としています。そのため、サンプルプログラムは分かりやすさを重視して作成しており、必ずしも最適なプログラムとは限りません。

例えば、以下のような点に注意が必要です。

- 効率よりも分かりやすさを優先しているため、冗長なコードや非効率な処理が含まれている場合があります。
- 説明のために変数や関数の名前に日本語を使用している場合があります。実際の開発では、英語を使用するのが一般的です。
- エラー処理や例外処理を省略している場合があります。実際の開発では、これらの処理を適切に行う必要があります。

サンプルプログラムはあくまで学習の参考として利用し、実際の開発では必要に応じて改良を加えてください。

また、本書で紹介したプログラム、データセット等は下記 URL からダウンロードできます。

ダウンロード URL

https://github.com/editor-kagaku/Binary/

章ごとのフォルダの下にサンプルプログラムが保存されています。本書で紹介したプログラムは、Google Colaboratory で動作をすることを確認しています。ご利用の際は、ダウンロードしたファイルをご自身の Google ドライブにアップロードし、Google Colaboratory で開いてお使いください。なお、Google Colaboratory の環境設定については第 1 章で解説しています。

また、本書で紹介した URL についても上記 GitHub に掲載していますのでご活用ください。

本書の内容について

- 本書の内容は、2024年5月までの情報をもとに執筆されています。紹介したWebサイトやアプリケーション、サービスなどは変更される可能性があります。
- 本書に記載された内容を実践する際には、本書で提供されたサンプル、自身で作成したファイル、または作成者から明示的に許可を得たファイルであることに注意し、必ず自己責任において実施してください。本書の著者および関係者は、これらの活動から生じるいかなる結果に対しても責任を負いません。
- 本書中の会社名、製品名、サービス名などは、基本的に各社の登録商標、または商標です。本書では©・®・™は明記していません。
- 本書では、掲載したコードのレビュー作業や本文の校正作業の一部に生成AIを活用しています。

目次

1 バイナリ解析に向けた準備運動

1.1 Python である理由

本書では、プログラミング言語 Python でバイナリ解析を扱います。Python は、近年注目を集めている高水準言語の 1 つです。高水準言語は、ハードウェアや OS の仕様とは切り離された抽象的な記述とすることで、様々な環境で動作する汎用的なソフトウェアの開発に向いています。一方、バイナリは、多くの場合、低レイヤーのハードウェアや OS の仕様と密接に関わっています。そういう意味で、素の Python とバイナリは必ずしも相性の良いものではありません。しかしながら、Python は、シンプルで読みやすいコード、豊富なライブラリ、そして活発なコミュニティなど、初学者にとって魅力的な特徴がたくさんあります。

1.1.1 シンプルで読みやすいコード

Python は、他の言語と比べてコードがシンプルで読みやすいという特徴があります。これは、以下のような理由によるものです。

- **インデントによるコードブロック**: Python では、コードブロックを `{}` などの記号ではなく、インデント (空白) を用いて表現します。そのため、コードの構造が分かりやすく、初心者でも理解しやすいと言われています。
- **自然言語に近い構文**: Python の構文は、英語などの自然言語に近い構造になっています。そのため、他の言語と比べてコードの意味を理解しやすいという特徴があります。

同じ動作をするプログラムを Python と C 言語で記述し、違いを比較してみましょう。

以下は Python でリストの値をループさせて出力するコードです。

コード 1.1: リストの値をループさせて出力（**Python**）

```python
array = [3, 1, 2]
for num in array:
    print(num)
```

実行結果

```
3
1
2
```

同じ動作をするコードを C 言語で書いてみます。

コード 1.2: 配列の値をループさせて出力（**C**）その ①

```c
#include <stdio.h>
int main() {
  int array[] = {3, 1, 2};
  int array_size = sizeof(array)/sizeof(array[0]);
  for(unsigned int i = 0; i<array_size; i++) {
    printf("%i\n", array[i]);
  }
  return 0;
}
```

それぞれの言語の文法等の解説はしませんが、パッと見ても Python の方がシンプルな記述になっていることが分かります。なお、「インデントによるコードブロック」はプログラマーに可読性の高いコードの記述を強要します。このルールの無い言語では記述の自由度が高いため、可読性の低いコードでもコンパイル*[1]エラーは発生しません。以下の C 言語のコードはコード 1.2 と全く同じですが、可読性が低くなっています。

コード 1.3: 配列の値をループさせて出力（**C**）その ②

```c
#include <stdio.h>
int main() {int array[] = {3, 1, 2};int array_size = sizeof(array)/sizeof(array[0]);for(unsigned int i = 0; i<array_size; i++) {printf("%i\n", array[i]);}return 0;}
```

*[1] 高水準言語で書かれたプログラムをコンピューターが実行・解釈できる形式に変換すること。詳細は 6.6.1 参照

1.1.2　豊富なライブラリ

Python は、豊富なライブラリが用意されているという特徴もあります。ライブラリとは、あらかじめ用意されたプログラムの部品集のようなものです。このライブラリを使うことで、様々な機能を簡単にプログラムに組み込むことができます。

Python には、以下のような分野で使用できるライブラリが用意されています。

- Web 開発：`Django`、`Flask`
- データ分析：`NumPy`、`Pandas`
- 機械学習：`TensorFlow`、`PyTorch`
- システム管理：`Ansible`、`SaltStack`
- ゲーム開発：`PyGame`

もちろんバイナリデータ解析に便利なライブラリも多数公開されており、本書でもいくつか代表的なものを紹介していきます。

1.1.3　オープンソースで活発なコミュニティ

Python は、オープンソースソフトウェアであり、無料で利用できます。また、Python のコミュニティは、世界中に存在しているため、情報収集や開発支援が容易です。コミュニティとは、同じ趣味や目標を持つ人々が集まって情報交換や意見交換を行う場です。チュートリアルやサンプルコードなどの学習資料も無料で利用できるものが Web 上に豊富に用意されています。

1.2　プログラミング環境構築

本書で扱うサンプルプログラムは、Google Colaboratory（以下、「Colab」）で動作を確認しています。Colab は、Google が提供するクラウド型の Jupyter Notebook 環境です。ブラウザ上で動作するため、環境構築やインストールの手間が不要で、初心者でも簡単に Python を学習することができます。

1.2.1　Colab の特徴

Colab は従来の学習環境と比較すると、次の特徴を備えています。

項目	従来の環境	Colab	メリット
PC 環境	必須	不要	ブラウザだけ準備すれば OK
環境構築	必須	容易	豊富なライブラリがインストール済み
費用	無料／有料	無料	無料で利用可能*2
場所	ローカル	クラウド	自分の PC に負荷をかけずに、処理可能
操作性	簡単～複雑	簡単*3	
共有	難しい	簡単	作成したノートブックを共有するだけ

表 1.1　Colab と従来の学習環境との比較

Colab では、「Colab Notebook」で開発を行います。Web ブラウザ上で Python のコードを記述・実行できるツールとして Jupyter Notebook が「Project Jupyter」（プロジェクト・ジュピター）*4によって提供されています。Colab は Jupyter Notebook を移植したものなので、Jupyter Notebook とほとんど同じように操作できます。Colab のサイトにログインすれば、Notebook の作成、ソースコードの入力、プログラムの実行を行うことができます。

Colab は無料で利用できますが、以下の利用時間制限があります。

- **ノートブックの接続時間:** 最長 12 時間
  接続時間はノートブックを開いた状態の時間を指します。コードを実行していない間も、接続時間はカウントされます。
- **連続実行時間:** 最長 90 分
  連続実行時間はコードが実行され続けている時間を指します。コードの実行が停止すると、連続実行時間はリセットされます。

---

*2 サービス開始当初は利用時間制限が緩かったのですが、生成 AI ブーム以降、需要の高まりとともに GPU を使用するランタイムの利用時間制限が厳しくなりました。そのため、長時間実行する必要がある場合は Colab Pro 等の有償サービスを検討する必要があります。本書に掲載しているコードのほとんどは GPU は不要ですので、有償サービスを利用する必要はありません。

*3 簡単な反面、他のプログラムとの連携など、少し複雑なことをしようとすると急に操作が煩雑になり、そのまま実務で使うには色々と課題があります。その点は後ほど応用編等で言及します。

*4 `https://jupyter.org/`

1.2.2　Google ドライブ上に Notebook を作成する

Colab Notebook は、Google 社が提供しているオンラインストレージサービス「Google ドライブ」上に作成・保存されます。Google ドライブは、Google アカウントを取得すれば、無料で 15GB までのディスクスペースを利用することができます。

Colab のトップページ*5から Notebook を作成することもできますが、この場合、デフォルトで Google ドライブ上の「Colab Notebook」フォルダ内に作成・保存されます。ここでは、Google ドライブ上の任意のフォルダで Colab Notebook を作成する練習をしてみましょう。

マイドライブに Notebook 用のフォルダを作成

ブラウザを起動して Google ドライブのトップページ*6にアクセスし、アカウントの情報を入力してログインします。

ログインすると、「マイドライブ」の画面が表示されます。

図 1-1　マイドライブの画面

*5 https://colab.research.google.com/

*6 https://drive.google.com/

まずは、Notebook を保存するフォルダを作成しましょう。「マイドライブ▼」部分をクリックするとメニューが表示されるので、「新しいフォルダ」を選択します。

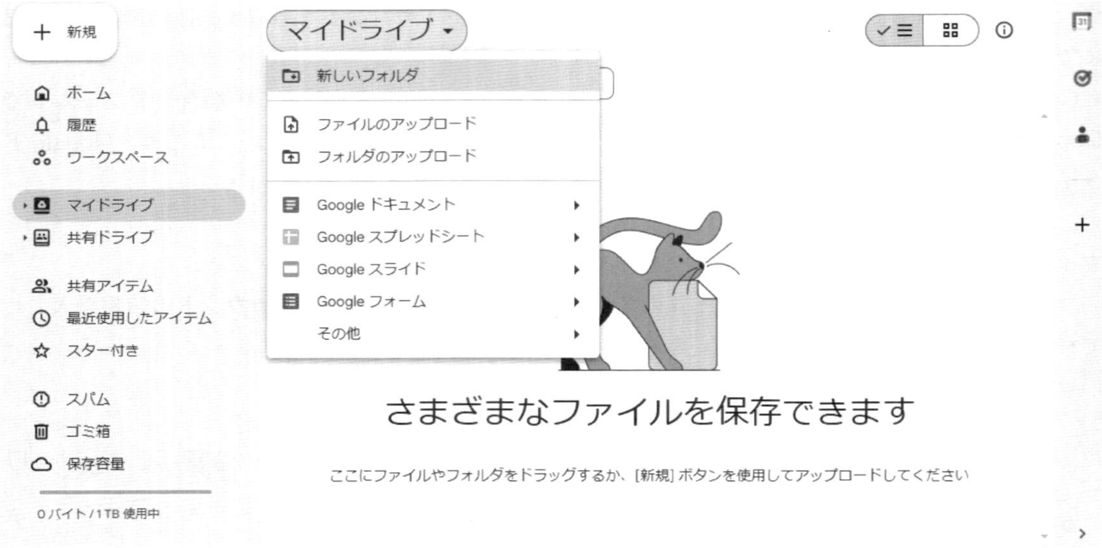

図 **1-2**　新しいフォルダの作成 ①

フォルダ名を入力して「作成」ボタンをクリックします。

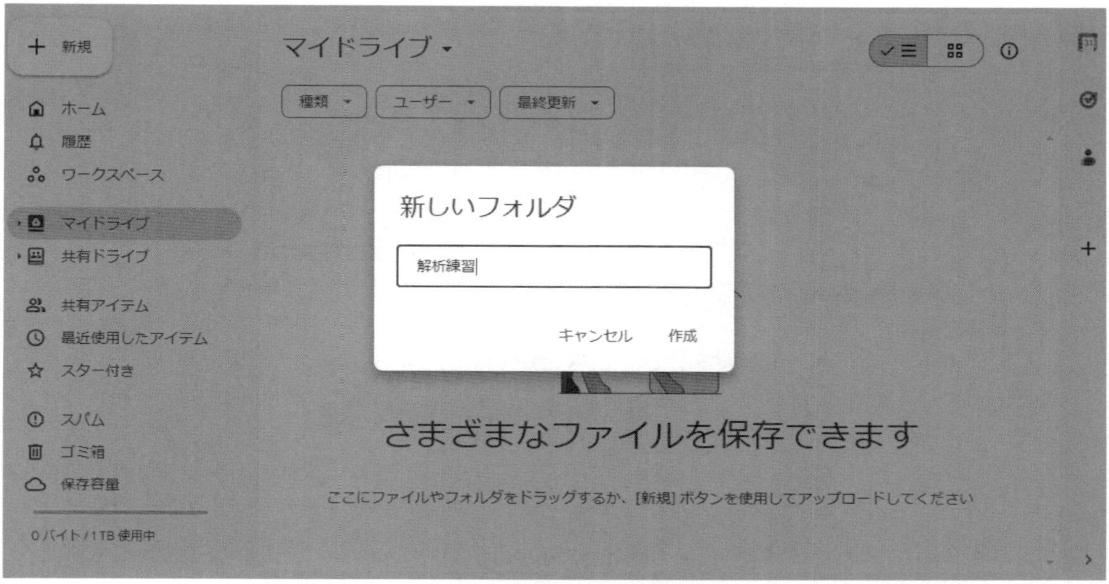

図 **1-3**　新しいフォルダの作成 ②

スクリーンショットでは、わかりやすさのためにフォルダ名を日本語で作成していますが、実際は半角英数文字列で（上位のフォルダ名も含めて）作成してください。後ほど、2.1.4 において Colab 上で Google ドライブ上のファイルを参照する方法を紹介しますが、ファイルパスに半角英数文字列以外の日本語等の文字が含まれている場合、上手く動作しないライブラリが存在します。余計なバグを生じさせないためにもファイル名・フォルダ名に日本語を使うことはお勧めできません[7]。

次に、作成したフォルダ上に Colab Notebook を作成します。まず、作成したフォルダをダブルクリックして開きます。

画面を右クリックして「その他」→「Google Colaboratory」を選択します。

[7] 自身で Jupyter Notebook のような開発環境を準備する際も同様です。Ubuntu をインストールする際に言語を日本語に設定するとホームディレクトリ以下にデフォルトで作成されるディレクトリが「デスクトップ」などの日本語の名前になり、ホームディレクトリ下にあるファイルを参照するプログラムが上手く動作しないことがあります。`LANG=C xdg-user-dirs-gtk-update` を実行することで「Desktop」などの英語の名前に変更できます。

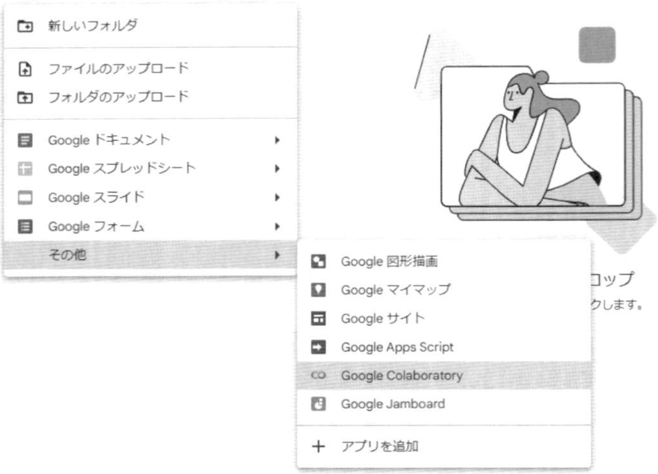

図 1-4　**Colab Notebook** の作成

作成直後の Notebook は「`Untitled0.ipynb`」というタイトルなので、タイトル部分をクリックして任意のタイトルに変更します。

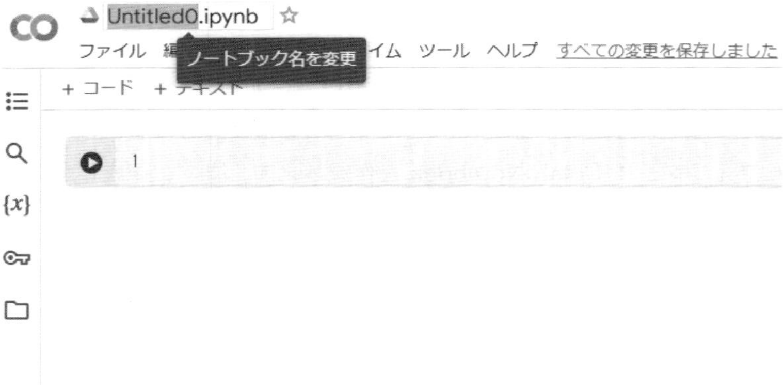

図 1-5　**Colab Notebook** のタイトルの変更

1.2.3　プログラミング環境の設定変更と確認

Python では 1.1.1 のとおり、インデントが重要な役割を果たしています。コーディングに関する作法として、インデントにはスペース 4 個分とされています[*8]。Colab の初期値はインデント幅が 2 に設定されています。個人で開発する場合は問題が顕在化することは少なく[*9]、複雑なコードを 1 画面に収めやすいというメリットがあります。その反面、共同で開発をするなど自分以外の人とコードを共有する場合、インデントの設定のズレは余計な混乱を生じさせることになります。

Colab は、右上の歯車のアイコンを押すことで設定の確認と変更ができます。ここでは、インデント幅の設定をします。「設定」ウインドウが開いたら、「エディタ」を選択肢、「インデント幅（スペース）」を初期値の 2 から 4 に変更します。

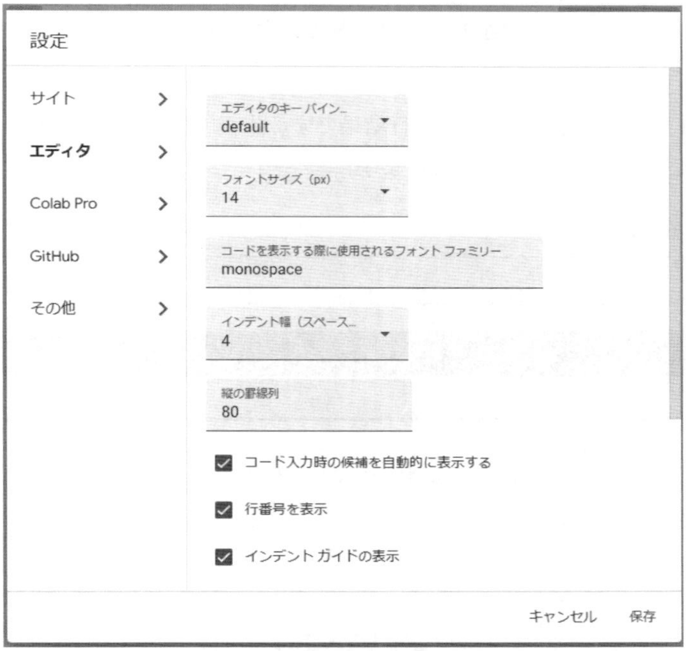

図 **1-6**　インデント幅の変更

[*8] Python に関わる様々な規約を定めたものとして、PEP（Python Enhancement Proposal）があります。PEP の中でコーディングに関する規約をまとめたものは PEP 8 で、日本語ドキュメントは `https://pep8-ja.readthedocs.io/ja/latest/` にあります。

[*9] 解説サイトなどで掲載されているコードを参照（コピペ）しながらプログラムした場合、個人で開発したとしても、インデント幅が統一されない可読性の悪いコードになります。

1.2.4　セルにコードを入力して実行する

セルにコードを入力して実行する手順は、次のとおりです。セルにソースコードを入力して、セルの左横にある実行ボタン（再生マークのような形状のボタン）をクリック、または Shift キーを押しながら Enter キーを押します。

セルの下に実行結果が出力されます。

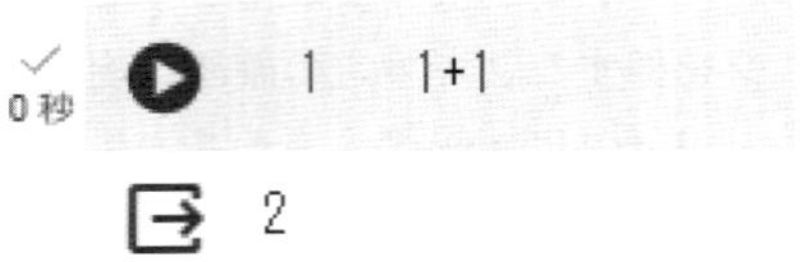

図 **1-7**　コードの入力と実行

図における「1+1」がコード、「2」が実行結果です。本書では、Notebook のデザインを模して、コード及び実行結果を以下のように表しています。

コード 1.4: 計算結果を表示

```
1+1
```

実行結果

```
2
```

続いて新規のセルを追加するには、セルとセルの間にマウスカーソルを近づけると表示される「＋コード」をクリックします*10。

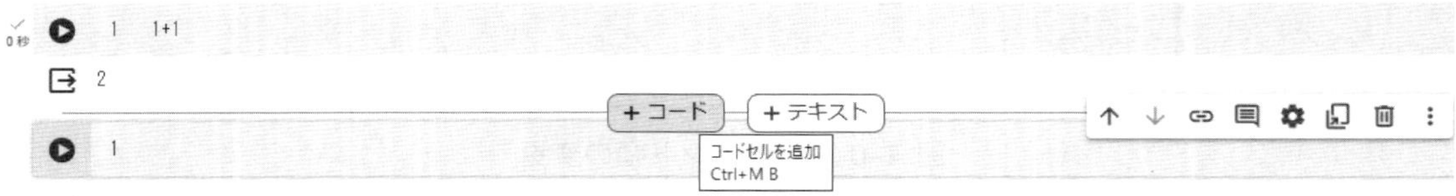

図 **1-8**　コードセルの追加

*10 「実行」ボタンのクリックではなく、ショートカットキー（Shift+Enter）による実行の場合、実行したセルが最終セルであれば自動的に新規のセルが追加されます。

1.2.5　Colab Notebook の機能

Colab Notebook のメニュー構成を一通り確認しておきましょう。

「ファイル」メニュー

Notebook の新規作成、保存等の操作が行えます。なお、「終了」に相当する項目はないので、Notebook を閉じる操作はブラウザの「閉じる」処理で行います。

「編集」メニュー

「編集」メニューでは、セルのコピー／貼り付け、セル内の検索／置換、出力結果の消去などが行えます。また、「ノーブックの設定」を選択することで、GPU ／ TPU の設定が行えます。

「表示」メニュー

Notebook のサイズなどの情報や実行履歴を確認できます。

「挿入」メニュー

コードセルやテキスト専用のセル（テキストセル）などの挿入が行えます。

「ランタイム」メニュー

コードセルの実行や中断などの処理が行えます。また、ランタイムの再起動やランタイムで使用する GPU ／ TPU の設定が行えます。

「ツール」メニュー

Notebook で使用できるコマンドの表示、ショートカットキーの一覧の表示、キーの設定が行えます。また、Notebook のテーマ（ライト／ダーク）の設定やソースコードエディタの設定など、全般的な環境設定が行えます。

1.3　Python の基本

ここからは、Python の基本的な文法などを見ていきましょう。といっても紙面の都合で、本書の理解に必要な最低限の部分と少しマニアックな実装の解説に内容が偏っています。Python の初学者は別途参考書を参照することをお勧めします。

1.3.1　Python の演算処理

Python では、`+` や `-` などの計算に使う記号（演算子）を使って、足し算や引き算などの算術処理を行うことができます。代表的な演算子を表 1.2 に示します。

演算子	機能	使用例	説明
`+`	足し算（加算）	`a + b`	`a` に `b` を加える
`-`	引き算（減算）	`a - b`	`a` から `b` を引く
`*`	掛け算（乗算）	`a * b`	`a` に `b` を掛ける
`/`	割り算（除算）	`a / b`	`a` を `b` で割る
`//`	割り算の整数部（整数除算）	`a // b`	`a` を `b` で割る（小数切り捨て）
`%`	剰余	`a % b`	`a` を `b` で割った余り
`**`	べき乗（指数）	`a ** b`	`a` の `b` 乗

表 1.2　代表的な算術演算子

1.3.2　変数と主なデータ型

変数とは、値を入れておく箱です。変数を使うことで、あらかじめ決められた処理だけでなく、入力されたデータに応じた処理が出来るようになります。つまり、変数のお陰でプログラムを汎用的に動かすことが可能になります。変数名は、アルファベットにアンダースコア（ `_` ）や数字を組み合わせて自由に決められますが、Python の予約語（ `if` 、 `for` など）は使用不可、先頭に数字は使えないなどの制限があります。

Python では変数を使用する時に事前に使用する変数を宣言したり、変数で扱うデータ型[*11]を指定する必要はありません[*12]。ただし、定義されていない変数の値を参照しようとするとエラーが発生します。Python では、変数に様々な値を柔軟に代入することが可能です（関数ですら！）。ここでは Python で扱う代表的なデータ型の種類を以下に示します。

[*11] データをどのように処理し、どのようにメモリに格納するか定義するもの

[*12] 動的型付け：変数に代入されるデータによってデータ型が決まります。小規模な開発では便利ですが、開発の規模が大きくなると、動作時に想定していない型を使われた場合のバグを発見しづらく、バグの温床となる可能性があります。Python ではバージョン 3.5 から変数の型を記載する型ヒントが使えるようになりました（`https://docs.python.org/ja/3/library/typing.html`）。型ヒントは開発者間で変数の型の情報を共有するためのコメントの一種です。静的型付けの言語の型宣言とは異なりますので、実行時に型のチェックは行いません。本書のほとんどのコードは、簡略化のため型ヒントを使わずにコーディングしています。

データの種類	リテラル[13]の種類	データ型	値の例
数値	整数リテラル	`int`	`123`
	浮動小数点数リテラル	`float`	`1.4142`
文字列	文字列リテラル	`str`	`'Hello, world!'`
論理値	真偽リテラル	`bool`	真の場合 `True` 、偽の場合 `False`

表 1.3　Python のデータ型

それでは、変数にいろいろなデータ型を代入し、動的型付けを確かめてみましょう。

変数 `a` に整数 `123` を代入してみます。

コード **1.5:** 動的型付けの確認 ①

```
a = 123
print(type(a), a)
```

`type()` は変数の型を返す関数で、 `print()` で変数 `a` の型と値を出力しています。

実行結果

```
<class 'int'> 123
```

出力結果のとおり、 `a` は整数型（ `int` ）となっています。

次に、 `a` に実数値 `3.14` を代入してみます。

コード **1.6:** 動的型付けの確認 ②

```
a = 3.14
print(type(a), a)
```

実行結果

```
<class 'float'> 3.14
```

出力結果のとおり、 `a` は浮動小数点型（ `float` ）となっています。

次に `a` に文字列を代入してみます。

[13] リテラルは「生のデータ」のことを指します。

コード 1.7: 動的型付けの確認 ③

```
a = "バイナリ" + '解析'
print(type(a), a)
```

文字列の値はシングルクォート（ ' ）またはダブルクォート（ " ）で囲んで表現します。文字列は + 演算子で連結することができます。

実行結果

```
<class 'str'> バイナリ解析
```

出力結果のとおり、 a は文字列型（ str ）となっています。

最後に、 a に真偽値型を代入してみます。

コード 1.8: 動的型付けの確認 ④

```
a = 1 == 3
print(type(a), a)
```

このコードは、変数 a に論理式 1 == 3 の結果を代入しています。 == は比較演算子[*14]で、2 つの値が等しいかどうかを比較し、その結果として True または False を返します。

実行結果

```
<class 'bool'> False
```

出力結果のとおり、 a は真偽値型（ bool ）となっています。整数値 1 と整数値 3 の値は等しくないため、比較結果は False となっています。

1.3.3　コメント

文字列は、データとしてだけではなく、ソースコード内にメモ（コメント）を残すためにも使われます。ソースコード内に「処理の理由」や「処理の概要」「変数の役割」などを書き残しておくことは重要です。コメントがあれば他人が作成したソースコードも効率的に解釈することができます[*15]。自分で作成したプログラムですら数ヶ月経てば、詳細を忘れてしまい他人が作成したプログラム同然

*14 詳細は、1.3.5 の条件分岐の解説を参照してください。

*15 コメントの内容とソースコードの内容が一致していないことは割とよくあるため、コメントを過信してはいけません。また、PEP8 に「コードと矛盾するコメントは、コメントしないことよりタチが悪いです」とあるように、自分のコメントを最新に保つよう心がけましょう。

となります。数カ月後の自分のために、ソースコードの解釈に有用な情報をコメントとして残しておきましょう。

「`#`」を書くことで、その行の`#`以降はプログラムの動作とは無関係のコメントとして扱われるようになります。さらに、ダブルクォート（`"`）またはシングルクォート（`'`）3個で囲むと、複数行をまとめてコメント化できます。

コード 1.9: コメントの例

```
# 1行コメント
"""
複数行のコメントの例
要は改行や特殊文字（\など）のエスケープ処理が不要な文字列です。
"""

a = '''
複数行のコメントの例
変数への代入も当然可能です
'''
```

1.3.4 コレクション

Pythonでは、コレクションというもので複数の値をひとまとめにして管理したり、処理したりします。コレクションには様々な種類があり、順序のある「リスト」、値の変更ができない「タプル」、キーと値を結びつけた「辞書」、データの重複がない「集合」があります。

リスト

リスト（`list`）は、複数のデータを要素としてまとめて取り扱うデータ型です。文字列の場合、構成する要素は文字のみですが、リストでは構成する要素として、あらゆる型のデータを指定できます。リストを作成するには、リストを構成する要素をコンマ（`,`）で区切り、全体を角括弧（`[]`）で囲みます。

いくつかのコードを例に、リストの扱い方を見ていきましょう。

コード 1.10: リストの定義と参照

```
array = [123, 3.14, "バイナリ"]
print(array[0])
print(array[-1])
```

実行結果

```
123
バイナリ
```

1 行目では、3 つの要素を持つリスト `array` を定義しています。各要素のデータ型は統一されている必要はなく、このコードでは、整数型、浮動小数点型および文字型が混在しています。各要素には先頭から順番に 0 から始まるインデックス番号が割り振られます。インデックスを指定して要素の値を参照することができ、`array[0]` は最初の要素の値（ここでは `123`）を参照することができます。インデックスにマイナスの値を指定すると逆順で要素を指定でき、`-1` は末尾の要素、`-2` は末尾から 2 番目の要素を指します。

コード 1.11: リストの要素の追加と削除

```
array.append("解析")
print(array)
array.pop(2)
print(array)
array.remove(3.14)
print(array)
```

実行結果

```
[123, 3.14, 'バイナリ', '解析']
[123, 3.14, '解析']
[123, '解析']
```

`append()` メソッドを使うことで、リストに要素を追加することができます。また、`pop()` メソッドを使うことで、リストからインデックスで指定した要素を取り除くことができます。インデックス番号ではなく特定の値を持つ要素を削除する場合は、`remove()` メソッドを使います。

コード 1.12: リストの要素の変更

```
array[0] = 456
print(array)
```

実行結果

```
[456, '解析']
```

別の値を再代入することで、リストの要素を変更することができます。

コード 1.13: リストの結合

```
array2 = [45,67,89]
new_array = array + array2
print(new_array)
array.extend(array2)
print(array)
```

実行結果

```
[456, '解析', 45, 67, 89]
[456, '解析', 45, 67, 89]
```

`+` 演算子を使うことで、リスト同士を結合した新しいリストを作ることができます。`extend()` メソッドを使うと、既存のリストに別のリストを結合します。

コード 1.14: リストの要素の切り出し

```
array = [0,1,2,3,4,5,6,7,8,9]
print("[1:5]:",array[1:5])
print("[3:] :",array[3:])
print("[:3] :",array[:3])
print("[::2]:",array[::2])
print("[-3:]:",array[-3:])
```

インデックスを 2 つ指定することで、特定の範囲の要素を取り出すことができ、これをスライスと呼びます。スライスの構文は次のとおりです。

`リスト名[開始インデックス:終了インデックス:ステップ数]`

- 開始インデックスの要素から終了インデックス**直前**の要素までがスライスされます。
- 開始インデックスが省略された場合は、最初の要素からスライスされます。
- 終了インデックスが省略された場合は、最後の要素までスライスされます。
- ステップ数が省略された場合は、スライス範囲の要素が連続して取り出されます。

スライスの結果が分かりやすいように、インデックスと要素の値を一致させていますので、上記コードを実行し、結果を確認してみましょう。

実行結果

```
[1:5]: [1, 2, 3, 4]
[3:] : [3, 4, 5, 6, 7, 8, 9]
[:3] : [0, 1, 2]
[::2]: [0, 2, 4, 6, 8]
[-3:]: [7, 8, 9]
```

なお、ステップ数を負の数にすると逆順にして要素を取り出すことができます。個人的なおすすめは、`[::-1]` や `[::-2]` のようなシンプルな使い方です。コード 1.14 のステップ数を負の値に変更して挙動を確かめてみましょう。

コード 1.15: リストの要素の切り出し（ステップ数が負の場合）

```
array = [0,1,2,3,4,5,6,7,8,9]
print("[::-1]␣␣:",array[::-1])
print("[1:5:-1]:",array[1:5:-1])
print("[3::-1]␣:",array[3::-1])
print("[:3:-1]␣:",array[:3:-1])
print("[::-2]␣␣:",array[::-2])
print("[-3::-1]:",array[-3::-1])
```

実行結果

```
[::-1]  : [9, 8, 7, 6, 5, 4, 3, 2, 1, 0]
[1:5:-1]: []
[3::-1] : [3, 2, 1, 0]
[:3:-1] : [9, 8, 7, 6, 5, 4]
[::-2]  : [9, 7, 5, 3, 1]
[-3::-1]: [7, 6, 5, 4, 3, 2, 1, 0]
```

いかがでしょうか。ステップ数が正の値の場合と比較して直感的に挙動を理解できるでしょうか？正の値の場合と取り出せる要素数が違うため、逆順の実装は「逆順にしてから取り出す」、「取り出してから逆順」のいずれでもありません。また、`[1:5:-1]` の結果が `[]` となっているため、ステップ数が正の値の場合とは逆で開始インデックスの値が終了インデックスの値より大きな値である必要がありそうです。おそらく、読者の皆さんのほとんどは混乱しているでしょう。スライスの挙動の詳細については Python の公式ドキュメントに記載されています[*16]。逆順を使いこなせばコードの記述はシンプルになりますが、おそらく直感的に理解できるのは `[::-1]` や `[::-2]` のように、開始インデックスおよび終了インデックスの値を省略したものだけだと思います。

タプル

タプル（ `tuple` ）はリストとほぼ同じですが、一度作成すると要素の追加、変更、削除はできません。タプルを作成するには、タプルを構成する要素をコンマ（ `,` ）で区切り、全体を丸括弧（ `()` ）で囲みます。最後の要素の後のコンマは任意ですが、**要素が 1 つしかない場合はコンマを付けないとタプルとして認識されません**[*17]。

要素の参照、スライス、結合[*18]はリストと同様なので具体例の紹介は省略します。

念のため、タプルの要素を変更しようとした際の挙動を確認しておきましょう。

---

*16 https://docs.python.org/ja/3/library/stdtypes.html#common-sequence-operations

*17 そういう意味では、コードの変更が頻繁に生じる開発段階では、タプルを定義する場合に最後の要素の後にコンマを付けるという習慣をつけておいた方が余計なバグが生じず安全です。

*18 新しいタプルを作成しているということを気にしなければ、スライスと結合を使うことでタプルの内容の更新は実質的には可能です。

コード **1.16:** タプルの要素の書き換え（エラー）

```
tpl = (1, 2, 3)
tpl[1] = 4
```

実行結果

```
---------------------------------------------------------------------------
TypeError                                 Traceback (most recent call last)
<ipython-input-11-fea432813164> in <cell line: 2>()
      1 tpl = (1, 2, 3)
----> 2 tpl[1] = 4

TypeError: 'tuple' object does not support item assignment
```

集合（セット）

集合またはセット（ `set` ）は以下の特徴を持つコレクションです。

- 要素にインデックス値は対応付けられていない
  - インデックスを用いた既存の要素へのアクセスは不可
  - したがって、既存の要素の書き換えも不可
- 要素の重複は不可（無視）
- 要素の追加は可能

集合を作成するには、集合を構成する要素をコンマ（ `,` ）で区切り、全体を波括弧（ `{}` ）で囲みます。

いくつかのコードを例に、集合の使い方を見てみましょう。

コード **1.17:** 集合の作成

```
set1 = {1,3,4,2,5,6,7,0}
print(set1)
```

実行結果

```
{0, 1, 2, 3, 4, 5, 6, 7}
```

要素に順序がないため、作成した際の順序と異なる順序で出力されます。

コード 1.18: 集合を使った重複要素の排除

```
array = [0,1,2,3,4,5,6,7,0,1,2,3,4,5,6,7]
set1 = set(array)
print(set1)
```

実行結果

```
{0, 1, 2, 3, 4, 5, 6, 7}
```

`set()` を使うことで、リストやタプルから集合を作成することができます。集合の要素に重複は認められないという特性を利用し、リストから重複要素を取り除くことができます。

コード 1.19: 差集合の作成

```
set1 = {0,1,2,3,4,5,6,7}
set2 = {1,3,5,7,9}
print(set1-set2)
```

実行結果

```
{0, 2, 4, 6}
```

`-` 演算子を使うことで、2 つの集合の差集合を作成することができます。

コード 1.20: 積集合の作成

```
set1 = {0,1,2,3,4,5,6,7}
set2 = {1,3,5,7,9}
print(set1&set2)
```

実行結果

```
{1, 3, 5, 7}
```

`&` 演算子を使うことで、2 つの集合の積集合を作成できます。

コード 1.21: 和集合の作成

```
set1 = {0,1,2,3,4,5,6,7}
set2 = {1,3,5,7,9}
print(set1.union(set2))
```

実行結果

```
{0, 1, 2, 3, 4, 5, 6, 7, 9}
```

union() メソッドを使うことで、2 つの集合の和集合を作成できます。引数は集合以外にもリスト、タプルを複数指定することが可能です。

辞書

リストやタプルは要素をインデックスを使って参照していましたが、辞書（ dict ）は要素をキー（名前）を使って参照します。辞書を作成するには、辞書を構成する要素を キー:値 のペアで表現し、コンマ（ , ）で区切って列挙し、全体を波括弧（ {} ）で囲みます。キーのデータ型は文字列型と数値型に制限されますが、値のデータ型は特に制限されません。

いくつかのコードを例に、辞書の使い方を見てみましょう。

コード 1.22: 辞書の作成

```
explain = {
    "list" : "複数のデータを要素としてまとめて取り扱うデータ型",
    "tuple" : "複数のデータを要素としてまとめて取り扱うデータ型（変更制限付き）",
    "set" : "要素の重複を排除したデータ型",
    "dict" : "要素とキーの組み合わせで管理するデータ型",
}
print(explain)
```

要素が多く 1 行で収まらない場合は、コンマのところで改行することが出来ます。最後の要素の後のコンマは任意で、通常は省略することが多いです。

実行結果

```
{'list': '複数のデータを要素としてまとめて取り扱うデータ型', 'tuple': '複数のデータを要素としてまとめて取り扱うデータ型（変更制限付き）', 'set': '要素の重複を排除したデータ型', 'dict': '要素とキーの組み合わせで管理するデータ型'}
```

辞書の要素を参照するには、角括弧（ [] ）を用いてキーを指定します。

コード 1.23: 辞書の要素の参照

```
print(explain["dict"])
```

実行結果

```
要素とキーの組み合わせで管理するデータ型
```

辞書の要素の追加・変更する場合、キーを指定して代入します。キーが存在しない場合に要素が追加され、キーが存在する場合は要素の値が更新されます。

コード 1.24: 辞書の要素の追加・変更

```
explain["int"] = "整数値を扱うデータ型"
explain["set"] = "扱いに慣れると実は便利"
print(explain)
```

実行結果

```
{'list': '複数のデータを要素としてまとめて取り扱うデータ型', 'tuple': '複数のデータを要素としてまとめて取り扱うデ
  ータ型（変更制限付き）', 'set': '扱いに慣れると実は便利', 'dict': '要素とキーの組み合わせで管理するデータ型', '
  int': '整数値を扱うデータ型'}
```

`del` を使って辞書の要素を削除できます。

コード 1.25: 辞書の要素の削除

```
del explain["tuple"]
print(explain)
```

実行結果

```
{'list': '複数のデータを要素としてまとめて取り扱うデータ型', 'set': '扱いに慣れると実は便利', 'dict': '要素とキー
  の組み合わせで管理するデータ型', 'int': '整数値を扱うデータ型'}
```

辞書のキー一覧、値一覧、キーと値のペア一覧の取得には、それぞれ `keys()` メソッド、`values()` メソッド、 `items()` メソッドを使います。

コード 1.26: 辞書のキー一覧の取得

```
print(explain.keys())
```

実行結果

```
dict_keys(['list', 'set', 'dict', 'int'])
```

コード 1.27: 辞書の値一覧の取得

```
print(explain.values())
```

実行結果

```
dict_values(['複数のデータを要素としてまとめて取り扱うデータ型', '扱いに慣れると実は便利', '要素とキーの組み合わせ
  で管理するデータ型', '整数値を扱うデータ型'])
```

コード 1.28: 辞書のキーと値のペア一覧の取得

```
print(explain.items())
```

実行結果

```
dict_items([('list', '複数のデータを要素としてまとめて取り扱うデータ型'), ('set', '扱いに慣れると実は便利'), ('
  dict', '要素とキーの組み合わせで管理するデータ型'), ('int', '整数値を扱うデータ型')])
```

これらは、後ほど紹介するループ等で辞書オブジェクトの各要素を処理する際によく使います。

1.3.5 制御フロー

コンピューターが命令を実行する順序を制御フロー（Control flow）といいます。Python は手続き型言語なので、プログラムは何も無ければコードの上から下に向かって 1 行ずつ実行されます。制御フローを変更する構造に、条件分岐やループなどがあります。

条件分岐

条件分岐の `if` 文は、ある条件が成り立つ場合に直後のブロックを実行します。ブロックとは、プログラムにおいて 1 つのまとまりとして実行されるコードのことをいいます。Python においては、同じレベルのインデントを入れることで、複数のコードが 1 つのブロックとして扱われます。 `if` の場合、 `if 条件式:` の次の行からインデントを入れたブロックが条件式を満たした場合に実行されます。

コード 1.29: if 文の例

```
act = 1

if act == 0:
    print("Send PC informaition")
elif act == 1:
    print("Encrypt all data")
elif act == 2:
    print("Display of threatening text")
else:
    print("Stand-by")
```

実行結果

```
Encrypt all data
```

このコードは `if` 文を使用し、 `act` の値に応じて処理を分岐させています。

- `act` の値が `0` の場合、 `Send PC informaition` が出力されます。
- `act` の値が `1` の場合、 `Encrypt all data` が出力されます。
- `act` の値が `2` の場合、 `Display of threatening text` が出力されます。
- `act` の値が上記いずれにも該当しない場合、 `Stand-by` が出力されます。

このコードは非常にシンプルな例で、実際は `print()` の代わりにもっと複雑なコードブロックが使われます。 `elif` キーワードは、 `if` 文の条件分岐を拡張し、複数の条件分岐を実現する場合に使われます。 `else` キーワードは、 `if` 文のすべての条件に該当しない場合に使用されます。 `==` 演算子は、比較演算子で等価性を比較します。その他の比較演算子については次のとおりです。

演算子	説明（数値の場合）
`==`	左辺と右辺が等しい
`!=`	左辺と右辺が等しくない
`<`	左辺が右辺より小さい
`>`	左辺が右辺より大きい
`<=`	左辺が右辺以下
`>=`	左辺が右辺以上

表 1.4　比較演算子

上記コードの条件式は、1 つの条件だけで判定していましたが、論理演算子を用いることで、複数の条件を組み合わせた条件式を作ることが出来ます。

コード 1.30: 論理演算子を用いた条件分岐

```
if act == 0 or act == 1:
    print("Security␣incident!!")
elif act == 2:
    print("Fact␣check␣required")
```

実行結果

```
Security incident!!
```

このコードを実行すると、以下のようになります。

- `act` の値が `0` または `1` の場合、 `Security incident!!` が出力されます。
- `act` の値が `2` の場合、 `Fact check required` が出力されます。

or 演算子は、論理和を意味します。各論理演算子の動作は、次のとおりです。

演算子	動作
and	右辺と左辺の条件式の両方が True の場合に True
or	右辺と左辺の条件式のいずれかが True の場合に True
not	True 、 False の値を反転

表 1.5　論理演算子

ループ

特定の処理を繰り返し実行することをループといいます。ループ処理の仕組みを使うことで、同じ処理を繰り返す場合にソースコードを簡略化することや、繰り返す回数に柔軟に対応することができます。

例えば、数値を 0 から 9 まで順番に表示するプログラムを考えてみましょう。ループ処理の仕組みを使わない場合の実装は次のとおりです。

コード 1.31: 繰り返し処理

```
i=0
print(i, end="␣")
i += 1
print(i, end="␣")
i += 1
print(i, end="␣")
i += 1
print(i, end="␣")
i += 1
print(i, end="␣")
i += 1
print(i, end="␣")
i += 1
print(i, end="␣")
i += 1
print(i, end="␣")
i += 1
print(i, end="␣")
i += 1
print(i, end="␣")
```

実行結果

```
0 1 2 3 4 5 6 7 8 9
```

print(i, end=" ") は i の値にスペースを付けて表示します。 end=" " を設定することで、表示後に挿入される改行の代わりの文字列としてスペースを指定しています。

このコードは、`0` から `9` までの数値を表示するという目的は達成していますが、コードが冗長で繰り返し回数も分かりにくく、コードの可読性が低いです。また、変数等を使って柔軟に繰り返し回数を変更することもできません。

それでは、全く同じ動作をするコードを `while` 文を使用して実装してみましょう。

コード 1.32: while を使った繰り返し処理

```
i = 0
while i < 10:
    print(i, end="␣")
    i += 1
```

`while` 文は、`while` キーワードに続く条件式と繰り返す処理を記述したブロックで構成されます。条件式が成立（`True`）している限り、ブロックの処理が繰り返し実行されます。

`while` キーワードに直後の条件式判定のタイミング以外でループを抜け出したい場合、`break` キーワードを使用することで、繰り返し処理を中断してループを抜け出すことができます。

`while` と `break` を使い、コード 1.32 と全く同じ動作をするコードを実装してみましょう。

コード 1.33: break によるループ処理の中断

```
i = 0
while True:
    if i >= 10:
        break
    print(i, end="␣")
    i += 1
```

また、`break` と似たものとして `continue` というものがあります。`continue` は繰り返しブロックの実行は中断しますが、ループを抜けずに、ループ処理の先頭*19に移動します。今回の例ではコードが冗長になり可読性が下がっていますが、複雑な繰り返し処理を実装する場合に `break` と `continue` はよく活用されます。

コード 1.34: continue を使ったループ処理

```
i = 0
while i < 10:
    i += 1
    if i % 3 == 0:
        print("Woohoo!")
        continue
    print(i, end="␣")
```

*19 この場合、`while` 文の条件判定部分

このコードを実行すると、1 から 10 まで数えますが、3 の倍数のときだけ `Woohoo!` と叫びます。

実行結果

```
1 2 Woohoo!
4 5 Woohoo!
7 8 Woohoo!
10
```

`for` 文を使うと、シンプルな繰り返し処理はもっと簡略化して記述することが出来ます。コード 1.32 と全く同じ動作するコードを、 `for` 文を使って実装してみましょう。

コード 1.35: for 文を使ったループ処理

```
for i in range(10):
    print(i, end="␣")
```

`while` 文より簡略化して実装することが出来ました。 `while` 文では `i` をカウンターとして使用し繰り返し処理していましたが、 `for` 文の場合、**コレクションの要素数だけ繰り返す**という動作であることを意識する必要があります。ここでは、 `range()` がコレクションに当たります。 `range()` は引数に整数を 1 つ指定すると、「0 から指定した数より 1 小さい数までの要素を持つ `range` 型オブジェクト[*20]」を返します。ループ処理の開始時に、 `for` キーワードと `in` キーワードに挟まれている変数（ここでは `i` ）にコレクションの各要素が順番に格納されていきます[*21]。格納する要素がなくなった際にループが終了します。 `while` 文を使った繰り返し処理では、繰り返しブロック内の `i += 1` でカウンターの処理をしていましたが、その処理は `range()` が肩代わりしてくれています。

1.3.6 関数

関数は、コードをまとめるためのブロックです。関数を使うことで、コードを整理し再利用しやすくなります。

関数の定義と呼び出しの例は次のとおりです。

*20 `range()` を使う場合、 `[0, 1, ...,9]` のようなリスト型を返すと考えても構いませんが、高速化・省メモリ化のため `range` 型というものが使用されます。詳しくは https://docs.python.org/ja/3/library/stdtypes.html#range 参照。

*21 繰り返しブロック内でコレクションの要素を参照する必要がない場合は、変数名に「 `_` 」（アンダースコア）を指定することで、その値が不要であることを明示できます。

コード 1.36: 関数の定義と呼び出し

```
def MyLoop1():
    for i in range(10):
        print(i, end="␣")
    print()

MyLoop1()
```

コード 1.36 は、コード 1.35 と同じ動作をする関数 `MyLoop1()` を定義しています。

関数の定義には `def` キーワードを使用し、その後に関数名が続きます。`def` 文の行末は、`for` や `while` と同様に `:` となり、次の行からのインデントを入れたブロックが関数が呼び出された場合に実行されます。

関数の呼び出しは、関数名の後に `()` を付けます。上記コード 1.36 の場合は、`MyLoop()` で関数を呼び出し、定義されたコードが実行されます。

実行結果

```
0 1 2 3 4 5 6 7 8 9
```

なお、`()` を付けなかった場合は、関数オブジェクトとして扱われます。

コード 1.37: 関数オブジェクト

```
print(MyLoop1)
```

実行結果

```
<function MyLoop1 at 0x79e9722a0e50>
```

関数オブジェクトは変数に代入可能です。

コード 1.38: 関数オブジェクトの代入と呼び出し

```
a = MyLoop1
a()
```

ここでは、`a` 変数に `MyLoop` 関数オブジェクトを代入しています。`a` 変数に `()` を付けることで、`a` 変数に代入された関数を呼び出すことが可能です。

実行結果

```
0 1 2 3 4 5 6 7 8 9
```

引数を取る関数

関数には、引数があります。引数は、関数に渡される値です。引数があることで、関数のコードが更に再利用しやすくなります。

コード 1.39: 引数のある関数の定義と呼び出し

```
def MyLoop2(n=10):
    for i in range(n):
        print(i, end="␣")
    print()

MyLoop2(7)
MyLoop2()
```

この例では、`MyLoop2()` は、引数を 1 つ受け取り（`n`）、それをループ回数に使用しています。これにより、ループ回数を動的に変更することが可能になり、コードの再利用性が高まります。

実行結果

```
0 1 2 3 4 5 6
0 1 2 3 4 5 6 7 8 9
```

引数にはデフォルト値を `=` を使い設定することができ、引数が省略された場合にデフォルト値が使用されます。今回の例では、引数を省略した場合、引数 `n` には `10` が設定されます。

戻り値を返す関数

関数は、処理結果を戻り値として返すことができます。`return` キーワードの後に関数の戻り値を指定すると、関数ブロックの処理を抜けて戻り値を返します。

コード 1.40: 戻り値を返す関数

```
def MyPlus(a,b):
    return a+b

print(MyPlus(1,2))
```

`MyPlus()` は、`a` と `b` の 2 つの引数を取り、`a` と `b` を足し合わせた結果（`a+b`）を戻り値として返します。

実行結果

```
3
```

関数の再帰呼び出し

関数の処理の中で同じ関数を呼び出すことを、再帰呼び出しといいます。再帰呼び出しを使用することで、複雑な処理を可読性高く実装できる場合があります。一方、再帰呼び出しでは、関数を呼び出すたびにメモリを消費するため、メモリ容量と呼び出し回数のバランスを取る必要があります。再帰呼び出しでは、繰り返し呼び出すことで何処かで処理が収束（打ち切るなどの処理も含む）する必要があります。処理が収束しない場合、無限ループに陥り、メモリを使い果たして実行エラーが出るまで処理が中断されませんので注意が必要です。

再帰呼び出しの例は次のとおりです。

コード 1.41: 関数の再帰呼び出し

```
def Fib(n):
    if n == 0:
        return 0
    elif n == 1:
        return 1
    else:
        return Fib(n-1) + Fib(n-2)

print([Fib(n) for n in range(10)])
```

この例では、フィボナッチ数列を関数の再帰呼び出しで実装しています。フィボナッチ数列は以下の式で定義されています。

$$
\begin{aligned}
F_0 &= 0 \\
F_1 &= 1 \\
F_{n+2} &= F_n + F_{n+1} \qquad (n \geq 0)
\end{aligned}
$$

フィボナッチ数列は漸化式で再帰的に定義されているので、再帰呼び出しを使用することで、フィボナッチ数列の定義そのままでコードを書くことができ、可読性が高くなります。

実行結果

```
[0, 1, 1, 2, 3, 5, 8, 13, 21, 34]
```

なお、`n` の値が `0` または `1` の場合に、再帰呼び出しをせずに戻り値を返すことで、再帰呼び出しが収束し、無限ループに陥ることを防いでいます。

1.4 Python でバイナリを扱う準備

1.4.1 整数の表記法

Python では、整数値は通常 10 進数で記述しますが、プレフィックスを付けることで他の表記法を選択することが出来ます。具体的には、 `0b` が 2 進数、 `0o` が 8 進数、 `0x` が 16 進数で表記できます[*22]。

コード 1.42: 整数の表記法

```
num = [0b10, 0o10, 0x10]
print(num)
```

実行結果

```
[2, 8, 16]
```

`print()` での出力は標準では 10 進数表記になります。

1.4.2 整数型から 2 進数、8 進数、16 進数表記の文字列型への変換

整数型から 2 進数、8 進数、16 進数表記の文字列型へ変換する方法は複数あるので、それぞれ紹介します。

bin()、oct()、hex()

組み込み関数 `bin()` 、 `oct()` 、 `hex()` を使うことで、数値をそれぞれ 2 進数表記文字列、8 進数表記文字列、16 進数表記文字列に変換できます。それぞれ対応するプレフィックスがついた文字列を返します。

コード 1.43: bin()、oct()、hex() による整数型から文字列型への変換 ①

```
num = 123
print(bin(num))
print(oct(num))
print(hex(num))
```

*22 N 進数は、1 つの桁を N 種の数字等の組み合わせ（16 進数であれば、0 から 9 までの数字と A から F までのアルファベットの 16 種）で表す数値表現です。詳細は、基本情報技術者試験の参考書等を参照してください。

実行結果

```
0b1111011
0o173
0x7b
```

プレフィックスが不要な場合は、後で紹介する方法を使うかスライスを使います。

コード 1.44: bin()、oct()、hex() による整数型から文字列型への変換 ②

```
print(bin(num)[2:])
print(oct(num)[2:])
print(hex(num)[2:])
```

実行結果

```
1111011
173
7b
```

format 系

2 進数表記文字列等への変換は、組み込み関数 `format()` 、文字列メソッド `format()` でも実現できます。前述の `hex()` 等の場合と比較し、大文字小文字の指定など出力形式を細かく指定できます。Python 3.6 からは f 文字列（フォーマット済み文字列リテラル）というものも利用できます。f 文字列は文字列リテラルの前に `f` プレフィックスを付けます。

コード 1.45: fomat() と f 文字列の比較

```
print("{:08b}".format(num))
print(f"{num:08b}")
```

実行結果

```
01111011
01111011
```

f 文字列の方が、よりコードを簡略化でき、可読性が向上しますので、本書では f 文字列を中心に紹介します。

それでは、f 文字列を使ったコードを紹介します。このコードは、10 進数、2 進数、8 進数、16 進数の変換表を出力します。

コード **1.46: 10** 進数、**2** 進数、**8** 進数、**16** 進数の対応

```python
print("10進数\t2進数\t8進数\t16進数")
for i in range(17):
    print(f"{i:d}\t{i:04b}\t{i:02o}\t{i:X}")
```

実行結果

```
10進数	2進数	8進数	16進数
0	0000	00	0
1	0001	01	1
2	0010	02	2
3	0011	03	3
4	0100	04	4
5	0101	05	5
6	0110	06	6
7	0111	07	7
8	1000	10	8
9	1001	11	9
10	1010	12	A
11	1011	13	B
12	1100	14	C
13	1101	15	D
14	1110	16	E
15	1111	17	F
16	10000	20	10
```

解説

- `print("10 進数\t2 進数\t8 進数\t16 進数")` ：ヘッダー行を出力します。
- `for i in range(17):` ：0 から 16 までの数字をループ処理します。
- `f"{i:d}"` ：10 進数をフォーマット文字列で出力します。`{i:d}` は、`i` を 10 進数で出力することを意味します。
- `f"{i:04b}"` ：2 進数を 0 埋め 4 桁で出力します。`{i:04b}` は、`i` を 2 進数で出力し、不足分を `0` で埋めて 4 桁にすることを意味します。
- `f"{i:02o}"` ：8 進数を 0 埋め 2 桁で出力します。`{i:02o}` は、`i` を 8 進数で出力し、不足分を `0` で埋めて 2 桁にすることを意味します。
- `f"{i:X}"` ：16 進数を大文字で出力します。`{i:X}` は、`i` を 16 進数で出力し、大文字を使用することを意味します。

f 文字列の詳細については Python のマニュアル[23]を参照してください。

[23] https://docs.python.org/ja/3/reference/lexical_analysis.html#f-strings

1.4.3　2 進数、8 進数、16 進数表記の文字列型から整数型への変換

2 進数等で表記された文字列型から整数型への変換は、組み込み関数 `int()` で実現できます。`int(str, base)` で `base`（基数）をもとに `str`（文字列型）を数値型に変換できます。

コード 1.47: 文字列から整数型へ変換 ①

```
print(int("11",2))
print(int("11",8))
print(int("11",16))
```

実行結果

```
3
9
17
```

基数のデフォルトは `10` で、`0` に指定すると文字列のプレフィックスをもとに変換されます。

コード 1.48: 文字列から整数型へ変換 ②

```
print(int("0b11",0))
print(int("0o11",0))
print(int("0x11",0))
```

実行結果

```
3
9
17
```

`int()` の詳細は Python のマニュアル[*24]を参照してください。

[*24] https://docs.python.org/ja/3/library/functions.html#int

1.4.4 Python における整数型の実装の深堀り

ここでは Python において整数型がどのように実装されているか、少しだけ深堀りしてみます。以下は、最も一般的に使われている Python 公式の処理系である CPython の整数型のソースコード（マクロ部分は展開）です。

コード 1.49: Python における整数型の実装

```
struct {
    sssize_t ob_refcnt;
    struct _typeobject *ob_type;
    ssize_t ob_size;
    uint32_t ob_digit[1];
};
```

`ob_type` は型の ID を表していて、この場合は整数になります。整数値は、`ob_digit` と `ob_size` で表します。`ob_digit` は整数値の各行（30 ビット単位：0〜1073741823）をリトルエンディアン[*25]で格納し、`ob_size` は `ob_digit` 配列の長さと整数値の符号（正・負）を掛け合わせた値を格納します。例えば、各数値に対応する `ob_digit` と `ob_size` は以下のようになります。

値	ob_size	ob_digit
100	1	[100]
1073741824	2	[0, 1]
-100	-1	[100]

表 1.6　数値に対応する ob_digit と ob_size

ここで重要なことは、Python 内部では数値を大きさ（符号なし整数）と符号に分けて管理しているということです。負の整数を `bin()` や `format()` などで 2 進数の文字列に変換すると、2 の補数表現ではなく絶対値にマイナス符号がついた形式になります。これは、Python の数値にはメモリが許す限り桁数制限がないためです。もし、2 の補数表現で表現した場合、上位ビットに 1 が無限に続くことになります。

一方で、ビット単位の演算では負の整数は 2 の補数表現で表現されているものとして処理されます。正の値しか処理しない場合はあまり気にしなくて良いと思いますが、負の値を処理するときに `bin()` や `format()` で出力されるビット配列文字列と内部のビット配列は異なることは注意

[*25] 最下位バイトから順に格納する方式。3.1.1 のバイトオーダーの解説を参照してください。

しておきましょう。2 の補数表現の文字列を取得したい場合、8 ビットなら `0xFF` 、16 ビットなら `0xFFFF` のように、必要な桁数の最大値との AND を取ると 2 の補数表現の文字列が取得できます。

コード 1.50: 2 の補数表現の文字列の取得

```
a=13
print(f"{a:08b}",f"{a&0xff:08b}",a,a&0xff)

a=-13
print(f"{a:08b}",f"{a&0xff:08b}",a,a&0xff)
```

実行結果

```
00001101 00001101 13 13
-00001101 11110011 -13 243
```

1.4.5　ビット演算

論理演算

1.3.5 の条件分岐の節で論理演算子を扱いました。論理積（AND）、論理和（OR）、排他的論理和（XOR）、反転（NOT）といった論理演算をビット単位で行いたい場合、それぞれビット演算子 `&` 、`|`、`^`、`~` を使うことで実現できます。NOT は 0 と 1 を反転させる演算子です。ビット演算子の計算結果についてまとめると次のとおりです。

x	~x
0	1
1	0

x	y	x & y	x | y	x ^ y
0	0	0	0	0
0	1	0	1	1
1	0	0	1	1
1	1	1	1	0

表 1.7　ビット演算子（論理演算）

シフト演算

ビット列を左または右にずらす操作をシフト演算と呼びます。

Python では左シフトを「 `<<` 」、右シフトを「 `>>` 」で表現できます。まずは、以下のコードを試してみましょう。

コード **1.51:** シフト演算 ①

```
a = 13
print("a␣␣␣␣:",a,f"{a:08b}")
b = a << 1
print("a<<1␣:",b,f"{b:08b}")
c = a >> 1
print("a>>1␣:",c,f"{c:08b}")
```

実行結果

```
a    : 13 00001101
a<<1 : 26 00011010
a>>1 : 6 00000110
```

つまり、正の整数の場合、左シフトは「2 倍」、右シフトは「1/2 倍」（端数切捨て）されることになります。

シフト演算の動作についてより詳細に見ていきましょう。一般的に、シフト演算には符号を考慮しない論理シフトと、符号を考慮する算術シフトの 2 種類があります。

論理シフトは符号を考慮しないシフト操作です。例えば、`00001101` を 1 ビット左シフトさせると `00011010` となります。8 ビットからはみ出た最上位 1 ビット（`0`）は削除され、最下位 1 ビットは `0` で埋められます。逆に 1 ビット右シフトさせると `00000110` になります。8 ビットからはみ出た最下位 1 ビット（`1`）は削除され、最上位 1 ビットは `0` で埋められます。

算術シフトは符号を考慮したシフト操作です。最上位 1 ビットが符号を表現しているので、それ以外のビット列をシフト操作します。例えば、8 ビットの符号付き整数 `11110011` (-13) を 1 ビット左シフトさせると `11100110` となります。符号ビットは固定し、他のビットを左にずらします。はみ出たビット（`1`）は削除され、最下位 1 ビットは 0 で埋められます。逆に 1 ビット右シフトさせると `11111001` になります。8 ビットからはみ出た最下位 1 ビット（`1`）は削除され、最上位 1 ビットは符号ビットと同じ値（`1`）で埋められます。

Python におけるシフト演算の実装の確認

Python において上記のシフト演算「`<<`」「`>>`」が論理シフトか算術シフトか確かめてみましょう。

- ヒント ①：コード 1.51 で負の値を入力した場合の挙動を確認してみましょう。
- ヒント ②：コードを改造し、2 の補数表現*26でビット配列の変化を確認してみましょう。

*26 負の数を、「ビットを反転させて 1 を足したもの」で表現する方式。ある数とその 2 の補数表現を足すと（桁あふれをして）0 になるという特性を利用しています。詳しくは、基本情報技術者試験用の参考書を参照してください。

コード 1.52: シフト演算 ②

```
a = -13
print("a␣␣␣␣:",a,f"{a:08b}",f"{a&0xff:08b}")
b = a << 1
print("a<<1␣:",b,f"{b:08b}",f"{b&0xff:08b}")
c = a >> 1
print("a>>1␣:",c,f"{c:08b}",f"{c&0xff:08b}")
```

実行結果

```
a    : -13 -0001101 11110011
a<<1 : -26 -0011010 11100110
a>>1 : -7 -0000111 11111001
```

上記プログラムの実行結果から Python のシフト演算は算術シフトをベースにしていることが分かります。ただし、試しに `a` に `-122` などの計算結果が桁あふれする値を入力すると明らかですが、厳密には桁あふれ時の計算結果が算術シフトと異なります。厳密な算術シフトとして扱うにはもう一工夫必要ですが、桁あふれした場合の正確な計算結果が必要な場面は限定的です。

ちなみに、Python による論理シフトの実装は、必要な桁数の最大値との AND をとるだけで簡単に実現できます。

コード 1.53: シフト演算 ③

```
a = -13&0xff
print("a␣␣␣␣:",a,f"{a:08b}")
b = (a << 1)&0xff
print("a<<1␣:",b,f"{b:08b}")
c = (a >> 1)&0xff
print("a>>1␣:",c,f"{c:08b}")
```

実行結果

```
a    : 243 11110011
a<<1 : 230 11100110
a>>1 : 121 01111001
```

このプログラムでは a にどのような値を入力しても 1 バイトの符号なし整数とみなして論理シフトを実行しています。

1.5 バイナリシーケンス型

Pythonでバイナリデータを扱う方法は色々ありますが、組み込み型の `bytes` および `bytearray` を使うと便利です。

1.5.1 bytes オブジェクト

`bytes` はタプルと同様、書き換えを制限されたシーケンスです。`bytes` リテラルの構文は文字列の場合とほぼ同じで、文字列リテラルに `b` というプレフィックスを付けます。`bytes` リテラルではASCII文字のみが許可されているので、日本語等ASCII以外の文字列を使うとエラーが出るので注意してください。127より大きな値や印字できない文字を `bytes` リテラルに記述する場合は、`\xEB` のように適切なエスケープシーケンスを使用する必要があります。

`bytes` オブジェクトの作成例を見てみましょう。

コード 1.54: bytes オブジェクトの作成

```
a = b"This␣is␣a␣bytes␣object"
print(a)
b = bytes(10)
print(b)
c = bytes([1,2,3])
print(c)
d = bytes.fromhex("01234567␣89abcdef")
print(d)
e = "バイナリ解析".encode()
print(e)
```

このコードは様々な方法で `bytes` オブジェクトを作成しています。

- `a` 変数には、`b` プレフィックス付き文字列リテラルで作成した `bytes` オブジェクトが代入されています。
- `b` 変数には、`bytes()` コンストラクタで作成された10バイトの `bytes` オブジェクトが代入されています。各バイト値は `0` で初期化されています。
- `c` 変数には、`b` 変数のときと同様に `bytes()` コンストラクタで作成された `bytes` オブジェクトが代入されていますが、リスト等既存のオブジェクトから `bytes` オブジェクトを作成している点が異なります。
- `d` 変数には、`fromhex()` メソッドを使用し、16進数文字列から `bytes` オブジェクトに変換されたものが代入されています。16進数文字列の空白文字は無視されます。
- `e` 変数には、`str.encode()` メソッドを使用し、ASCII以外の文字を含む文字列から `bytes` オブジェクトに変換されたものが代入されています。

実行結果

```
b'This is a bytes object'
b'\x00\x00\x00\x00\x00\x00\x00\x00\x00\x00'
b'\x01\x02\x03'
b'\x01#Eg\x89\xab\xcd\xef'
b'\xe3\x83\x90\xe3\x82\xa4\xe3\x83\x8a\xe3\x83\xaa\xe8\xa7\xa3\xe6\x9e\x90'
```

`hex()` メソッドを使うことで、 `bytes` オブジェクトから 16 進数文字列に変換することができます。

コード 1.55: bytes オブジェクトから 16 進数文字列へ変換

```
print(a.hex())
print(a.hex("␣"))
```

`hex()` は、区切り用の文字列を引数として指定することも出来ます。

実行結果

```
546869732069732061206279746573206f626a656374
54 68 69 73 20 69 73 20 61 20 62 79 74 65 73 20 6f 62 6a 65 63 74
```

その他詳細は、Python のマニュアル[*27]を参照してください。

1.5.2　bytearray オブジェクト

`bytearray` オブジェクトは `bytes` オブジェクトの書き換え制限を外したものです。

コード 1.56: bytearray オブジェクトの作成

```
a = bytearray(b"This␣is␣a␣bytearray␣object")
print(a)
b = bytearray(10)
print(b)
c = bytearray([1,2,3])
print(c)
d = bytearray.fromhex("01234567␣89abcdef")
print(d)
```

`bytearray` にはリテラル構文は無いので、 `bytearray()` コンストラクタを使って `bytearray` オブジェクトを作成します。それ以外は、 `bytes` オブジェクトの作成と共通です。

*27 https://docs.python.org/ja/3/library/stdtypes.html#bytes

実行結果

```
bytearray(b'This is a bytearray object')
bytearray(b'\x00\x00\x00\x00\x00\x00\x00\x00\x00\x00')
bytearray(b'\x01\x02\x03')
bytearray(b'\x01#Eg\x89\xab\xcd\xef')
```

コード 1.57: bytearray オブジェクトから 16 進数文字列へ変換

```
print(a.hex())
print(a.hex("␣"))
```

実行結果

```
546869732069732061206279746561727261792066f626a656374
54 68 69 73 20 69 73 20 61 20 62 79 74 65 61 72 72 61 79 20 6f 62 6a 65 63 74
```

その他詳細は、Python のマニュアル*28を参照してください。

1.5.3 bytes と bytearray の基本操作

`bytes` オブジェクトと `bytearray` の操作の多くは文字列型と共通ですが、スライスについては挙動が異なるため注意が必要です。 `a` 変数が文字列型の場合、 `a[0]` も `a[0:1]` も長さ 1 の文字列型を返します。一方、 `a` 変数が `bytes` オブジェクトまたは `bytearray` オブジェクトの場合、 `a[0]` は整数型で、 `a[0:1]` はそれぞれに応じた型を返します。

コード 1.58: bytes、bytearray のスライス時の挙動

```
print(a[0])
print(a[0:1])
```

実行結果

```
84
bytearray(b'T')
```

本書で扱うものを中心にいくつかのメソッド等を紹介します。その他のメソッドは、Python のマニュアル*29を参照してください。

*28 https://docs.python.org/ja/3/library/stdtypes.html#bytearray

*29 https://docs.python.org/ja/3/library/stdtypes.html#bytes-methods

文字列型への変換

コード 1.59: decode() で文字列型へ変換

```
a = "バイナリ解析".encode()
print(a)
b = a.decode()
print(b)
```

実行結果

```
b'\xe3\x83\x90\xe3\x82\xa4\xe3\x83\x8a\xe3\x83\xaa\xe8\xa7\xa3\xe6\x9e\x90'
バイナリ解析
```

`decode()` メソッドはエンコーディングを引数として指定することができ、省略した場合は、`"utf-8"` が指定されます。指定可能な値については、Python のマニュアルの標準エンコーディング*30を参照してください。変換元のバイナリデータに対応するエンコーディングを指定しない場合、高確率でデコーディングエラーが発生するので注意してください。

なお、オプションで `errors` を指定することでデコーディングエラーが発生した際の処理を設定することができます。

コード 1.60: decode() で変換時にエラーが発生した際の処理

```
a = "バイナリ解析".encode("sjis")
print(a)
print(a.decode(errors="ignore"))
print(a.decode(errors="replace"))
print(a.decode(errors="backslashreplace"))
```

実行結果

```
b'\x83o\x83C\x83i\x83\x8a\x89\xf0\x90\xcd'
oCi
?o?C?i?????
\x83o\x83C\x83i\x83\x8a\x89\xf0\x90\xcd
```

`errors` に `"ignore"` を指定すると、エラーを無視します。`"replace"` を指定すると、該当箇所を `?` に置き換えます*31。`"backslashreplace"` を指定すると、該当箇所をエスケープ処理します。

*30 https://docs.python.org/ja/3/library/codecs.html#standard-encodings

*31 正確には `?` ではないのですが、ほとんどのフォントで文字化けするため、ここでは `?` としています。

バイナリデータの検索

コード 1.61: バイナリデータの検索 ①

```
a = b"This␣is␣a␣bytes␣object."
f = b"is"
print(f in a)
print(a.find(f))
print(a.index(f))
print(a.rfind(f))
print(a.rindex(f))
```

バイナリデータの検索には `in` キーワードを使うことができます。該当するデータがあるか否かで `True` または `False` を返します。 `find()` メソッドまたは `index()` メソッドは、前からデータを検索し、該当するデータがあった場合にはその場所を返します。 `rfind()` メソッドまたは `rindex()` メソッドは、後ろからデータを検索し、該当するデータがあった場合にはその場所を返します。

実行結果

```
True
2
2
5
5
```

`find()` と `index()` では該当するデータが見つからなかった場合の挙動が異なります。

コード 1.62: バイナリデータの検索 ①

```
a = b"This␣is␣a␣bytes␣object."
f = b"Byte"
print(f in a)
print(a.find(f))
print(a.index(f))
```

実行結果

```
False
-1
---------------------------------------------------------------------------
ValueError                                Traceback (most recent call last)
<ipython-input-9-d2b69575963f> in <cell line: 5>()
      3 print(f in a)
      4 print(a.find(f))
----> 5 print(a.index(f))

ValueError: subsection not found
```

該当するデータが見つからなかった際に `find()` の場合は `-1` を、 `index()` は `ValueError` という例外を返します。例外については 5.4.2 中の例外の処理の解説を参照してください。

バイナリデータの分割

コード 1.63: バイナリデータの分割

```
a = b"""for i in range(10):
    print(i)"""
print(a.split())
print(a.split(b"␣"))
print(a.split(b"␣",1))
print(a.rsplit(b"␣",1))
```

`split()` メソッドを使うことでバイナリデータを分割することができます。1 つ目の引数に指定した区切りバイト列で前から分割し、リスト型で分割結果を返します。区切りバイト列が省略または `None` の場合、連続する ASCII 空白文字を一つの区切りとして分割します。2 つ目の引数には、最大分割数を指定でき、省略または `-1` が指定された場合は、分割回数の制限がなくなります。

実行結果

```
[b'for', b'i', b'in', b'range(10):', b'print(i)']
[b'for', b'i', b'in', b'range(10):\n', b'', b'', b'', b'print(i)']
[b'for', b'i in range(10):\n    print(i)']
[b'for i in range(10):\n   ', b'print(i)']
```

`rsplit()` メソッドは後ろから分割する以外は `split()` メソッドと同じです。

1.6　各種エンコード

バイナリ解析では様々な方式でエンコードされたデータを扱いますが、Python は標準で様々なエンコード方式に対応しています。ここでは、いくつかの代表的なエンコード方式について紹介します。

1.6.1　シーザー暗号

シーザー暗号は、古代ローマのガイウス・ユリウス・カエサルが軍事情報の秘匿に使用したとされる暗号化手法です。現在でも、教育や暗号理論の初歩的な学習教材として広く用いられています。

シーザー暗号は、単一換字式暗号の一種であり、平文の各文字をアルファベット順に一定数だけシフトさせて暗号文に変換するシンプルな暗号化手法です。

シフト数と呼ばれる鍵によって、暗号化と復号化が行われます。例えば、シフト数が 3 の場合、

- 平文 `"ABC"` は暗号文 `"DEF"` に変換されます。
- 平文 `"XYZ"` は暗号文 `"ABC"` に変換されます。

この様に、すべての文字が 3 文字ずつずらされることになります。

ROT13

シーザー暗号のシフト数を 13 としたものを ROT13 といいます。Python ではテキスト変換用の `codecs` モジュール[*32]を使用することで簡単にエンコードすることができます。

コード 1.64: codecs モジュールを使った ROT13 エンコード

```
import codecs

a = b"This is a bytes object."
a = codecs.encode(a.decode(),"rot13").encode()
print(a)
a = codecs.encode(a.decode(),"rot13").encode()
print(a)
```

`a` 変数には平文のバイナリデータ（`bytes` オブジェクト）が格納されています。`codecs.encode()` は文字列型を引数と戻り値に使うので、`decode()` メソッドで文字列型に変換して引数とし、戻り値を `encode()` で `bytes` オブジェクトに変換しています。

実行結果

```
b'Guvf vf n olgrf bowrpg.'
b'This is a bytes object.'
```

アルファベット数が 26 文字であることから、ROT13 はエンコードとデコードのアルゴリズムが一致します。従って、ROT13 エンコードを 2 回繰り返すと平文に戻るという特徴があります。

1.6.2 Base64

Base64 は、バイナリデータをテキスト形式に変換するためのエンコーディング方式です。MIME と呼ばれる電子メールの標準規格で使用するために開発され、1996 年に RFC 1421[*33]で定義されました[*34]。主に、画像や音声、動画などのバイナリデータを、電子メールや Web ページなどでやり取りする際に使用されます。

Base64 は、64 種類の英数字（`A`～`Z`、`a`～`z`、`0`～`9`、`+`、`/`）と余った部分を詰めるパディング用の記号（`=`）を使って、バイナリデータを表現します。

---

*32 https://docs.python.org/ja/3/library/codecs.html

*33 https://datatracker.ietf.org/doc/html/rfc1421

*34 RFC 4648（https://datatracker.ietf.org/doc/html/rfc4648）でも定義されています。

変換手順については後ほど詳しく紹介しますが、Python では、`base64` モジュールを使うことで Base64 を簡単に扱うことができます。

コード 1.65: base64 モジュールを使った Base64 エンコード

```
import base64

a = b"This␣is␣a␣bytes␣object."
a = base64.b64encode(a)
print(a)
a = base64.b64decode(a)
print(a)
```

`base64` モジュールはバイナリデータ用モジュールなので、各種関数の引数・戻り値は `bytes` オブジェクトを使用します。したがって、`codecs` で使用した、文字列型と `bytes` オブジェクトの相互変換は不要です。

実行結果

```
b'VGhpcyBpcyBhIGJ5dGVzIG9iamVjdC4='
b'This is a bytes object.'
```

1.6.3　Deflate

Deflate は、ハフマン符号化[*35]と LZSS アルゴリズム[*36]を組み合わせた可逆圧縮アルゴリズムです。ZIP（RFC 1950[*37]）や gzip（RFC 1952[*38]）などで使われ、1996 年に RFC 1951[*39]としてドキュメント化されています。

Python では、`zlib` モジュールを使うことで簡単に Deflate 圧縮を扱うことができます。

コード 1.66: zlib モジュールを使った Deflate 圧縮・展開

```
import zlib

a = b"This␣is␣a␣bytes␣object."
a = zlib.compress(a)
print(a)
a = zlib.decompress(a)
print(a)
```

*35 出現頻度の高いデータを短いビット列で表現し、出現頻度の低いデータを長いビット列で表現することで、データ全体のビット数を削減する手法

*36 同じデータが複数回出現する場合は、そのデータを 1 回だけ記述し、代わりにそのデータの出現位置と長さを指示する方式

*37 https://datatracker.ietf.org/doc/html/rfc1950

*38 https://datatracker.ietf.org/doc/html/rfc1952

*39 https://datatracker.ietf.org/doc/html/rfc1951

`zlib.compress()` と `zlib.decompress()` で Deflate 圧縮・展開を行うことができます。

実行結果

```
b'x\x9c\x0b\xc9\xc8,V\x00\xa2D\x85\xa4\xca\x92\xd4b\x85\xfc\xa4\xac\xd4\xe4\x12=\x00'\xd9\x08"'
b'This is a bytes object.'
```

1.7 バイナリデータを扱う練習：Base64 相互変換関数の自作

CPython におけるバイナリデータと ASCII データ（Base64 等）間の変換は `binascii` モジュールで実装されています。`binascii` モジュールは C 言語で高速な変換関数を提供しており、通常はこれらの関数を直接使うことなく `base64` などのラッパーモジュールを使います。ここでは、`bytes` オブジェクトと文字列型をうまく扱う練習として、あえて Python で変換関数を実装してみましょう。

ビット列	文字	ビット列	文字	ビット列	文字	ビット列	文字
000000	A	010000	Q	100000	g	110000	w
000001	B	010001	R	100001	h	110001	x
000010	C	010010	S	100010	i	110010	y
000011	D	010011	T	100011	j	110011	z
000100	E	010100	U	100100	k	110100	0
000101	F	010101	V	100101	l	110101	1
000110	G	010110	W	100110	m	110110	2
000111	H	010111	X	100111	n	110111	3
001000	I	011000	Y	101000	o	111000	4
001001	J	011001	Z	101001	p	111001	5
001010	K	011010	a	101010	q	111010	6
001011	L	011011	b	101011	r	111011	7
001100	M	011100	c	101100	s	111100	8
001101	N	011101	d	101101	t	111101	9
001110	O	011110	e	101110	u	111110	+
001111	P	011111	f	101111	v	111111	/

表 1.8　Base64 変換表

Base64 の変換手順については以下のとおりです。

1. 元データを 6 ビットずつ分割（6 ビットに満たない分は後ろに 0 を追加）
2. 各 6 ビットの値を変換表を使って 4 文字ずつ変換
3. 4 文字に足りない分は `=` 記号を後ろに追加

まずは、Base64 への変換手順 1 を実装してみましょう。実装方法は様々で、2 進数文字列に変換して実装すると Python らしい可読性が高いコードとなりますが、文字列操作のため、パフォーマンスに難があります。ここでは、本章で学んだビット演算を使って実装してみましょう。

コード 1.67: Base64 エンコード ①

```
1  def b64_encode1(src:bytes) -> None:
2      print("input␣size:",len(src))
3      size = (len(src)*8+5)//6
4      print("buffer␣size:",size)
5      buf = [0]*size
6      for byte in src:
7          print(f"{byte:08b}␣", end="")
8      print("")
9      src2 = src + b'\x00'
10     for i in range(size):
11         p1 = (i*6)//8
12         p2 = (i*6)%8
13         buf[i] =  0b111111 & ((src2[p1]<<8 | src2[p1+1])>>(10-p2))
14     for byte in buf:
15         print(f"{byte:06b}␣", end="")
16     print("")
17
18 b64_encode1(b"test")
```

`b64_encode1()` は `bytes` オブジェクトを引数に取り、6 ビットずつ分割します。上手く実装できているか否か確認するため、分割前のビット列と分割後のビット列を表示するようにしています。

- 6 から 8 行目で分割前のビット列を表示しています。f 文字列を使い、各バイトを 8 桁のゼロ埋め 2 進数文字列に変換し出力しています。
- 9 行目で、入力データ（ `src` ）の末尾に NULL バイト（ `b'\x00'` ）を追加した新しい `bytes` オブジェクト（ `src2` ）を作成しています。入力データのバイト数が 6 ビットで割り切れない場合にパディングが必要になるため、この処理が行われています。
- 10 行目から 13 行目までは、ループを回しながら、入力データ（ `src2` ）を 6 ビットずつ取り出し `buf` リストに格納します。
  - `i` はループカウンタで、バッファのインデックスに使用されます。
  - `p1` は、 `src2` から取り出すバイトの位置を計算しています。
  - `p2` は、 `src2` から取り出すビットの位置を計算しています。

– `(src2[p1]<<8 | src2[p1+1])` で `src2` の `p1` バイト目から 2 バイト（16 ビット）取り出します。取り出したい 6 ビット列は、 `src2[p1]` に含まれていることは確実ですが、場合によって `src2[p1+1]` にデータがまたがっている可能性があるためこの処理をしています。
– 下位 6 ビットに取り出したい 6 ビット列がくるように、 `>>(10-p2)` のシフト演算をします。
– `0b111111 &` は下位 6 ビット以外が 0 となるようにマスク処理をしています。 `&` 演算子はマスク処理によく使われます。

- 14 から 16 行目で分割後のビット列を表示しています。f 文字列を使い、各バイトを 6 桁のゼロ埋め 2 進数文字列に変換し出力しています。

実行結果

```
input size: 4
buffer size: 6
01110100 01100101 01110011 01110100
011101 000110 010101 110011 011101 000000
```

実行結果から、Base64 変換手順 1 の「ビット列を 6 ビットずつ分割」が無事に実装できていることが確認できました。このコードに Base64 変換手順 2 および 3 を追加して Base64 変換関数を完成させます。

コード 1.68: Base64 エンコード ②

```
1  def b64_encode2(src:bytes) -> str:
2      txt = "ABCDEFGHIJKLMNOPQRSTUVWXYZabcdefghijklmnopqrstuvwxyz0123456789+/"
3      size = (len(src)*8+5)//6
4      buf = [0]*size
5      src2 = src + b"\x00"
6      for i in range(size):
7          p1 = (i*6)//8
8          p2 = (i*6)%8
9          buf[i] =  0b111111 & ((src2[p1]<<8 | src2[p1+1])>>(10-p2))
10     ret = "".join([txt[i] for i in buf])+"="*(size%4)
11     return ret
12
13 b64_encode2(b"test")
```

一番複雑なのは Base64 変換手順 1 なので、追加されたコードはシンプルです。

- 2 行目の `txt = "ABC ... 9+/"` は Base64 変換表です。
- 10 行目が Base64 変換手順の 2 および 3 に対応します。
  – `[txt[i] for i in buf]` で Base64 変換表で 6 ビット列リストを対応する文字リストに

変換します。

- `join()` で文字リストを結合し、文字列に変換します。
- `+"="*(size%4)` で文字列の長さが 4 の倍数になるように足りない文字数を `=` で埋めます。

実行結果

```
'dGVzdA=='
```

`bytes` オブジェクトを Base64 文字列に変換する `b64_encode2()` の実装ができました。

今度は、Base64 デコードする関数を実装し、今回出力した文字列をデコードできるか確かめてみましょう。

手順は Base64 変換手順を逆に実装するだけです。まずは、Base64 文字列を 6 ビット列リストに変換するところまで実装してみましょう。

コード 1.69: Base64 デコード ①

```
1  def b64_decode1(src:str) -> None:
2      txt = "ABCDEFGHIJKLMNOPQRSTUVWXYZabcdefghijklmnopqrstuvwxyz0123456789+/"
3      rev = [None]*256
4      for i in range(len(txt)):
5          rev[ord(txt[i])] = i
6      size = len(src)
7      buf = bytearray(b"\x00"*size)
8      l = 0
9      for i in range(size):
10         if rev[ord(src[i])] is None:
11             break
12         buf[i] = rev[ord(src[i])]
13         l += 1
14     for byte in buf[:l]:
15         print(f"{byte:06b}␣", end="")
16
17 b64_decode1("dGVzdA==")
```

- 2 から 5 行目で、Base64 変換表（ `txt` ）と、その逆引き用のリスト（ `rev` ）を定義しています。 `rev` は各文字に対応する 6 ビット列を保持します。 `ord()` は引数の文字の Unicode コードポイントを表す整数を返す関数です[*40]。
- 9 から 13 行目のループでは、 `src` を 1 文字ずつ取り出し、対応する Base64 文字の 6 ビット列を `rev` リストから取得し `buf` リストに追加します。
- ループを抜けると `buf` リストに Base64 文字列から 6 ビット列リストに変換されたものが格

*40 `ord()` の逆の動作をする `chr()` もあります。

納されています。

実行結果

```
011101 000110 010101 110011 011101 000000
```

6 ビット列リストへの変換まで実装できたので、このビット列を結合し、 `bytes` オブジェクトを作成する部分を実装します。

コード 1.70: Base64 デコード ②

```
1  def b64_decode2(src:str) -> bytes:
2      txt = "ABCDEFGHIJKLMNOPQRSTUVWXYZabcdefghijklmnopqrstuvwxyz0123456789+/"
3      rev = [None]*256
4      for i in range(len(txt)):
5          rev[ord(txt[i])] = i
6      size = len(src)
7      buf = bytearray(b'\x00'*size)
8      l = 0
9      for i in range(size):
10         if rev[ord(src[i])] is None:
11             break
12         buf[i] = rev[ord(src[i])]
13         l += 1
14     size = l * 6 // 8
15     ret = bytearray(b"\x00"*size)
16     for i in range(size):
17         p1 = (i*8)//6
18         p2 = (i*8)%6
19         ret[i] = (buf[p1]<<6 | buf[p1+1])>>(4-p2) & 0xff
20     return bytes(ret)
21
22 b64_decode2("dGVzdA==")
```

19 行目が 6 ビット列リスト結合の根幹部分です。エンコード時に実装したビット演算を逆にしたものです。どのような考えで実装したものかは各自で読み解いてみましょう。

なお、このコードは入力される Base64 文字列の形式チェックをほぼしていないので、実際に使う場合は更なる改良が必要です。

実行結果

```
b'test'
```

Base64 文字列を元々の `bytes` オブジェクトに戻すことに成功しました。

このように、何らかの変換をする関数を実装する場合は、エンコード・デコードをセットで実装し、変換処理が問題なく実装できているか確かめるようにすると実装ミスに気が付きやすくなります。

練習問題：変形 Base64 に対応してみよう

マルウェアの中には解析を妨害するために通常と異なる Base64（いわゆる変形 Base64）を使用しているものがあります。自作の Base64 関数を改造して変形 Base64 に対応してみましょう。変換表を書き換えるだけで簡単に変形 Base64 に対応可能ですので、自分で色々な変換表を作ってみましょう。ただし、変換表は重複のない 64 文字で作るようにしてください。

コラム　本書からの挑戦状：名刺で CTF

私は名刺を毎年自分でデザインしています。その際に解析者には伝わる小ネタを盛り込み、会話のネタにしています。最近は CTF を名刺に埋め込んでいます。CTF とは、Capture The Flag の略で、情報セキュリティの分野では専門知識や技術を駆使して隠されている Flag（答え）を見つけ出す競技を指します。CTF には様々なジャンルがあり、クイズ形式の問題を解くもののほか、ネットワーク内で疑似的な攻防戦も行ったりするものもあります。最近の私の名刺に掲載した CTF 問題を以下に示します。

2023 年版 CTF	2024 年版 CTF
This is CTF Challenge! Can You Decode Me? This is CTF Challenge! Can You Decode Me? This is CTF Challenge! Can You Decode Me? This	

バイナリファイルが出てくる CTF 問題は、一般になんのファイルか分からない状態で渡され、渡されるファイルの種類ごとに解き方は全く異なります。実行ファイルであれば、実行してみたり、逆アセンブルしたりします。既知のファイル形式であれば、そのファイル形式に沿って解析を行います。

ここで示したCTF問題は、QRコードですが、外部サーバとの接続は不要です。このQRコードの中に埋め込まれたFlagを探してください。Flagはきれいな文字列なので、解けた人には解けたと分かります。難易度は、バイナリ解析の実務を行っている人であれば、30分から1時間くらいで解ける比較的簡単な問題です（多分）。2024年版は、本書の第1章から第4章までの知識で解ける問題となっています。まずは、この2024年版が解けることを目標に本書を読み進めていただければと思います。2023年版は、本書の知識だけでは途中までしか解けません。チャレンジ問題として取り組んでみてください。

なお、この問題は私と名刺交換した人、本書を購入した人限定です。転載しないようにしてください。とはいえ、問題をクリアした際は、解くのにかかった時間、ネタバレしない程度の感想、本書の感想などをSNSで呟いてもらえると次回作の参考になりますので、よろしくお願いします。

---

2 バイナリファイルの操作

この章からは、具体的なバイナリファイルの解析を扱っていきます。

2.1 バイナリファイルの読み書き

2.1.1 解析用ファイルの準備

まずは検証に必要なファイルを準備します。第 2 章から第 4 章までは、Colab の標準環境にあるファイルを使って検証・解析を行っていきます。

解析用テキストファイル

Linux の `ls` コマンドを使い、カレントフォルダにあるファイルを取得します。

コード 2.1: カレントフォルダのファイル一覧の表示

```
!ls -l
```

行の先頭に「`!`」をつけることで Linux のコマンドを実行することができます。「`ls`」はファイル情報を表示する Linux のコマンドです。「`-l`」オプションをつけることで、ファイルの詳細情報を表示します。

実行結果

```
total 4
drwxr-xr-x 1 root root 4096 Apr 16 13:23 sample_data
```

カレントフォルダ直下に「`sample_data`」というフォルダがあります。`sample_data` フォルダにあるファイルの一覧を表示してみましょう。

コード 2.2: sample_data フォルダのファイル一覧の表示

```
!ls -l sample_data/
```

実行結果

```
total 55504
-rwxr-xr-x 1 root root     1697 Jan  1  2000 anscombe.json
-rw-r--r-- 1 root root   301141 Apr 16 13:23 california_housing_test.csv
-rw-r--r-- 1 root root  1706430 Apr 16 13:23 california_housing_train.csv
-rw-r--r-- 1 root root 18289443 Apr 16 13:23 mnist_test.csv
-rw-r--r-- 1 root root 36523880 Apr 16 13:23 mnist_train_small.csv
-rwxr-xr-x 1 root root      930 Jan  1  2000 README.md
```

`sample_data` フォルダ直下には 6 つのファイルがあるようです。拡張子に着目すると、`.json`、`.csv` および `.md` の 3 種類があり、詳細は割愛しますが、いずれもテキスト形式のファイルフォーマットです。ここでは、最もファイルサイズの小さな「`sample_data/README.md`」を、解析用テキストファイルとします。

解析用バイナリファイル

次に、解析用のバイナリファイルを選定します。バイナリファイルの候補は多数ありますが、実行ファイルはバイナリファイルの代表例です。先ほど使用した `ls` コマンドの実行ファイルを解析用としてみましょう。

それでは、`ls` コマンドの実行ファイルがどこに格納されているか調べます。

コード 2.3: ls コマンドの位置を調べる

```
!which ls
```

`which` コマンドは、引数に指定したコマンドを環境変数の `PATH` に設定されているディレクトリ順に調べ、最初に見つかったコマンドを絶対パスで表示します。

実行結果

```
/usr/bin/ls
```

`ls` コマンドの位置は `/usr/bin/ls` であることが分かりました。本章では、「 `/usr/bin/ls` 」を解析用バイナリファイルとします。

2.1.2　ファイル操作の基本

Python でファイルを操作する場合、組み込み関数の `open()` を使用します[*1]。 `open()` は

`open(filepath, mode, encoding=None)`

のように、ファイルを扱うモードを第 2 引数に取ります。 `mode` は省略された場合、 `'r'` として扱われ、読み込み専用のテキストモードとしてファイルを開きます。通常、テキストモードではバイナリファイルを取り扱うことはできません。試しに、テキストモードでファイルの内容を表示するプログラムを作成し、テキストファイルとバイナリファイルを扱ってみましょう。

テキストファイルの操作

それでは、ファイルを読み込む練習をしてみましょう。指定したファイルパスをテキストモードで読み込み中身を表示するプログラムを作成します。

コード 2.4: ファイルをテキストモードで読み込み中身を表示

```python
def cat(filepath):
    with open(filepath) as f:
        body = f.read()
        print(body)
```

上記コードは引数 `filepath` のファイルを読み込み中身を表示する `cat()` を定義しています。まず、 `filepath` のファイルを読み込み用のテキストモードで開きます。ファイルを開くのに成功した場合、変数 `f` にファイルオブジェクトが格納されます。次に、 `read()` でファイル全体を読み込み、変数 `body` に格納します。最後に、 `print` 関数で `body` の中身を表示します。

なお、ファイルを扱う際は `with` キーワードを使用することをお勧めします。ファイルを開いたら必ず閉じる必要があります。ファイルを閉じる際は `close()` を使って閉じます。明示的にファイルを閉じる場合は `f.close()` で閉じますが、今回の例では `with` を使用して、コードブロックを抜ける

[*1] ファイル操作の詳細は Python のチュートリアル（https://docs.python.org/ja/3/tutorial/inputoutput.html）の「7.2 ファイルを読み書きする」を参照してください。

際に自動的にファイルを閉じるよう指示しています。`with` 中に例外が発生しても必ずファイルを閉じてくれるので、簡潔に安全なコードを記述することができます。ファイルを閉じないと、例えば以下のような問題が発生します。

- リソースの消費
- 書き込み内容が反映されない場合がある

いずれも致命的ですが、リソースの消費は他のプログラムもファイルを開けなくなるなど、影響範囲が自身のプログラム以外に広がります。

それでは、2.1.1 で準備した解析用テキストファイルの中身を表示してみましょう。

コード 2.5: 解析用テキストファイルの中身の表示

```
cat("sample_data/README.md")
```

実行結果

```
This directory includes a few sample datasets to get you started.

*   'california_housing_data*.csv' is California housing data from the 1990 US
    Census; more information is available at:
    https://developers.google.com/machine-learning/crash-course/california-housing-data-description

*   'mnist_*.csv' is a small sample of the
    [MNIST database](https://en.wikipedia.org/wiki/MNIST_database), which is
    described at: http://yann.lecun.com/exdb/mnist/

*   'anscombe.json' contains a copy of
    [Anscombe's quartet](https://en.wikipedia.org/wiki/Anscombe%27s_quartet); it
    was originally described in

    Anscombe, F. J. (1973). 'Graphs in Statistical Analysis'. American
    Statistician. 27 (1): 17-21. JSTOR 2682899.

    and our copy was prepared by the
    [vega_datasets library](https://github.com/altair-viz/vega_datasets/blob/4
      f67bdaad10f45e3549984e17e1b3088c731503d/vega_datasets/_data/anscombe.json).
```

自作の `cat()` で、解析用テキストファイルの中身を表示することができました。

次に、試しに `filepath` に解析用バイナリファイルを指定してみます。

コード 2.6: 解析用バイナリファイルの中身の表示（失敗例）

```
cat("/usr/bin/ls")
```

実行結果

```
---------------------------------------------------------------------------
UnicodeDecodeError                        Traceback (most recent call last)
<ipython-input-5-7f50cea9c8b8> in <cell line: 1>()
----> 1 cat("/usr/bin/ls")

<ipython-input-3-ed7039c756b1> in cat(filepath)
      1 def cat(filepath):
      2     with open(filepath) as f:
----> 3         body = f.read()
      4         print(body)

/usr/lib/python3.10/codecs.py in decode(self, input, final)
    320         # decode input (taking the buffer into account)
    321         data = self.buffer + input
--> 322         (result, consumed) = self._buffer_decode(data, self.errors, final)
    323         # keep undecoded input until the next call
    324         self.buffer = data[consumed:]

UnicodeDecodeError: 'utf-8' codec can't decode byte 0xb0 in position 24: invalid start byte
```

エラーが発生してしまいました。どうやら、テキストモードでバイナリファイルを開くと、読み込んだデータを UTF-8 文字列に型変換しようとしてエラーが発生するようです。

バイナリファイルの操作

バイナリモードとしてファイルを開くには `mode` に `'b'` を追加します。読み込み専用のバイナリモードの場合、 `mode` に `'rb'` を設定します。それでは、バイナリモードでファイルの中身を表示する `catb()` を作ってみましょう。

コード 2.7: ファイルをバイナリモードで読み込み中身を表示するプログラム

```python
def catb(filepath):
    with open(filepath,'rb') as f:
        body = f.read()
        print(body)
```

次に、 `catb()` で解析用テキストファイルを表示してみます。

コード 2.8: 解析用テキストファイルの中身の表示

```python
catb("sample_data/README.md")
```

実行結果

```
b"This directory includes a few sample datasets to get you started.\n\n*   'california_housing_data*.csv' is
   California housing data from the 1990 US\n    Census; more information is available at:\n    https://developers
   .google.com/machine-learning/crash-course/california-housing-data-description\n\n*   'mnist_*.csv' is a small
```

```
sample of the\n    [MNIST database](https://en.wikipedia.org/wiki/MNIST_database), which is\n    described at:
http://yann.lecun.com/exdb/mnist/\n\n*    'anscombe.json' contains a copy of\n    [Anscombe's quartet](https://
en.wikipedia.org/wiki/Anscombe%27s_quartet); it\n    was originally described in\n\n    Anscombe, F. J. (1973).
 'Graphs in Statistical Analysis'. American\n    Statistician. 27 (1): 17-21. JSTOR 2682899.\n\n    and our
copy was prepared by the\n    [vega_datasets library](https://github.com/altair-viz/vega_datasets/blob/4
f67bdaad10f45e3549984e17e1b3088c731503d/vega_datasets/_data/anscombe.json).\n"
```

バイナリモードでファイルを開くと `read()` の戻り値は文字列型から `bytes` オブジェクトに変わります。

次に、 `catb()` で解析用バイナリファイルを表示してみます。

コード 2.9: 解析用バイナリファイルの表示

```
catb("/usr/bin/ls")
```

実行結果

```
b'\x7fELF\x02\x01\x01\x00\x00\x00\x00\x00\x00\x00\x00\x00\x03\x00>\x00\x01\x00\x00\x00\xb0j\x00\x00\x00\x00\x00\
    x00@\x00\x00\x00\x00\x00\x00\x00 \x14\x02\x00\x00\x00\x00\x00\x00\x00\x00@\x008\x00\r\x00@\x00\x1f\x00\x1e\
    x00\x06\x00\x00\x00\x04\x00\x00\x00@\x00\x00\x00\x00\x00\x00@\x00\x00\x00\x00\x00\x00@\x00\x00\x00\x00\
    x00\x00\x00\xd8\x02\x00\x00\x00\x00\x00\x00\xd8\x02\x00\x00\x00\x00\x00\x08\x00\x00\x00\x00\x00\x00\x00\x03
    \x00\x00\x00\x04\x00\x00\x00\x18\x03\x00\x00\x00\x00\x00\x00\x18\x03\x00\x00\x00\x00\x00\x00\x18\x03\x00\x00\
    x00\x00\x00\x00\x1c\x00\x00\x00\x00\x00\x00\x00\x1c\x00\x00\x00\x00\x00\x00\x00\x01\x00\x00\x00\x00\x00\x00\x00
    \x01\x00\x00\x00\x04\x00\x00\x00\x00\x00\x00\x00\x00\x00\x00\x00\x00\x00\x00\x00\x00\x00\x00\x00\x00\x00\x00\
    x00\x00\x00\x00\x00(4\x00\x00\x00\x00\x00\x00(4\x00\x00\x00\x00\x00\x00\x00\x10\x00\x00\x00\x00\x00\x00\x01\x00
    \x00\x00\x05\x00\x00\x00\x00@\x00\x00\x00\x00\x00\x00\x00@\x00\x00\x00\x00\x00\x00\x00@\x00\x00\x00\x00\x00\
    x00F1\x01\x00\x00\x00\x00\x00F1\x01\x00\x00\x00\x00\x00\x00\x10\x00\x00\x00\x00\x00\x00\x01\x00\x00\x00\x04\x00
    \x00\x00\x00\x80\x01\x00\x00\x00\x00\x00\x00\x80\x01\x00\x00\x00\x00\x00\x00\x80\x01\x00\x00\x00\x00\x00Xt\x00\
    x00\x00\x00\x00\x00Xt\x00\x00\x00\x00\x00\x00\x00\x10\x00\x00\x00\x00\x00\x00\x01\x00\x00\x00\x06\x00\x00\x00\
    x00\x00\x02\x00\x00\x00\x00\x00\x00\x10\x02\x00\x00\x00\x00\x00\x00\x10\x02\x00\x00\x00\x00\x00x\x12\x00
...
```

解析用のバイナリファイルを読み込み、表示することができました。ただし、単純に `print()` で表示した場合、ASCII 文字以外の制御文字等は「 `\x00` 」のようにエスケープ処理されて表示されます。今回のように、ほとんどがエスケープ処理された文字で、時々 ASCII 文字が入っている場合、ASCII 文字列を見逃しやすく、解析を行うのは中々難しそうです。解析しやすい形に整形して表示する方法については、2.2 で説明します。

2.1.3 セッションストレージにファイルをアップロード

第 4 章までは、Colab の Python 実行環境（ランタイム）上にあるファイルだけで演習が完結するようにしてあります。例えば、解析対象のファイルもランタイム上にあるファイルを検索して準備しています。したがって、Colab のランタイムにないファイルを準備する必要はありませんが、サンプルコードを各自が準備したファイルに試してみたくなるかもしれません。そのため、ここではColabに外部からファイルを取り込む方法について紹介します。

Colab のサイドバーの一番下にファイルアイコンがあります。このアイコンをクリックすると現在接続（セッション）しているランタイムのストレージ（セッションストレージ）に格納されているファイルの一覧が表示されます。

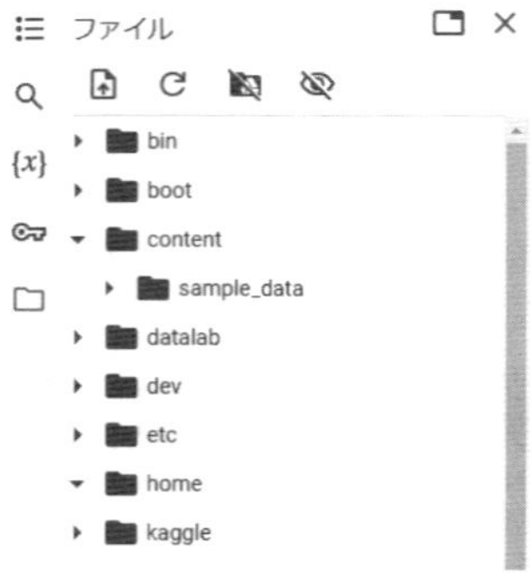

図 2-1　セッションストレージのファイル一覧

この一覧にアップロードしたいファイル・フォルダをドラッグアンドドロップするかアップロードボタンを押すとセッションストレージにファイル・フォルダをアップロードすることができます。

アップロード前に以下のコードを実行しカレントフォルダを調べます。

コード 2.10: カレントフォルダの表示

```
!pwd
```

「`pwd`」はカレントフォルダを表示する Linux のコマンドです。

実行結果

```
/content
```

実行するとカレントフォルダは `/content` であることが分かります。ファイルを `/content` 直下にアップロードした場合は、フルパスではなくファイル名だけでファイルにアクセスすることが可能です。

セッションストレージにアップロードされたファイルは、セッションとの接続を切断するなどランタイムがリセットされるタイミングで消去されます。よく使うファイルを毎回手動でアップロードするのは大変なので、Google ドライブ上のファイルを参照するようにしましょう。

2.1.4 Google ドライブ上のファイルの参照

Google ドライブ上のファイルを参照するためには、まず Google ドライブを Colab のディレクトリにマウントします。以下のコードを実行します。

コード 2.11: Google ドライブのマウント

```
from google.colab import drive
drive.mount('/content/drive')
```

コードを実行すると、以下のポップアップが表示されます。

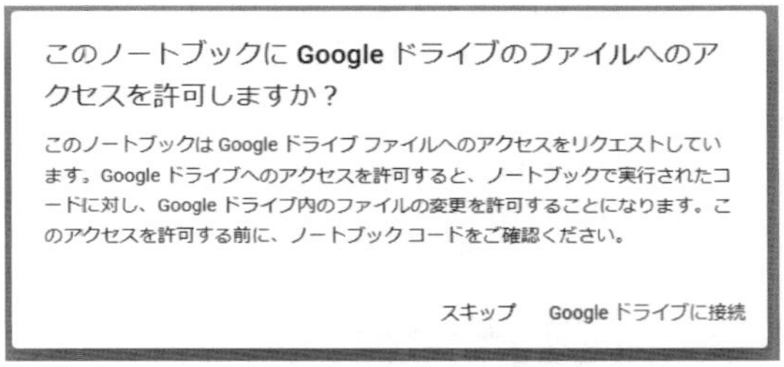

図 2-2　Google ドライブに接続

「Google ドライブに接続」を押します。

Google ドライブに接続する Google アカウントを選択し、Gooogle Drive for desktop にログインします。

図 2-3　Google Drive for desktop にログイン

その後、権限を選択するポップアップがでますが、デフォルト以上の権限を与える必要はありません。

実行結果

```
Mounted at /content/drive
```

マウントに成功するとファイル一覧が更新されます。更新されない場合は「更新」ボタンを押してファイル一覧を更新します。

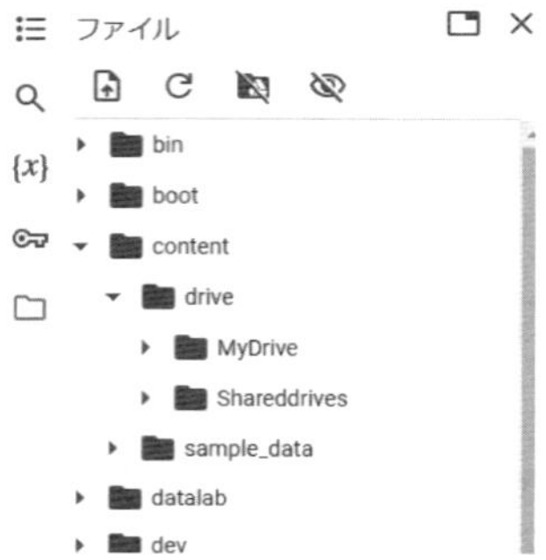

図 2-4　Google ドライブをマウント後のファイル一覧

`/content/drive` 直下に 2 つ（場合によっては 1 つ）のフォルダが追加されます。`MyDrive` 直下には Google ドライブの「マイドライブ」がマウントされます。`Shareddrives` 直下には Google ドライブの「共有ドライブ」がマウントされます。

これらはセッションストレージ上のファイルと同じようにファイルを操作することができます。なお、ランタイムから見ると、Google ドライブはネットワークドライブとして、セッションストレージはローカルドライブとして見えるため、アクセス速度に大きな違いがあります。データセット等大量の小さなファイルを操作する場合は、Google ドライブのファイルをそのまま参照するよりは、圧縮して 1 つのファイルにして `cp` コマンド等で Google ドライブからセッションストレージに複写して展開したファイルを参照した方が実行にかかる時間が短いことがあります。

2.2　ファイル全体の俯瞰

2.2.1　16 進ダンプしてみよう

2.1.2 では、バイナリファイルの中身を単純に `print()` で表示しました。もう少し解析しやすい形式に整形・表示（ダンプ）してみましょう。

`bytes` オブジェクトはその名の通りバイト（8 ビット）の集まりですので、まずはバイト単位で区切って表示してみます。

コード **2.12:** ファイルダンプ①

```python
def dump1(filepath):
    with open(filepath, "rb") as f:
        body = f.read()
        for byte in body:
            print(f"{byte:02X}␣", end="")

dump1("sample_data/README.md")
```

`dump1()` は、指定されたファイルのバイナリデータを読み込み、16 進数表記でコンソールに出力します。 `dump1()` の詳細は以下のとおりです。

- `filepath` 引数で、読み込むファイルを指定します。
- `with open(filepath, "rb") as f:` ステートメントを使用して、ファイルをバイナリモードで開きます。
- `body = f.read()` で、ファイル全体のバイナリデータを `body` 変数に読み込みます。
- `for byte in body:` ループで、 `body` 変数に格納されたバイナリデータの各バイトを処理します。
- `f"{byte:02X} ", end=""` で、現在のバイトを 16 進数表記でコンソールに出力します。 `end=""` は、各バイト出力後に改行を挿入しないようにしています。

2.1.1 で準備した、解析用テキストファイルを `dump1()` で表示した結果については、次のとおりです。

実行結果

```
54 68 69 73 20 64 69 72 65 63 74 6F 72 79 20 69 6E 63 6C 75 64 65 73 20 61 20 66 65 77 20 73 61 6D 70 6C 65 20 64
61 74 61 73 65 74 73 20 74 6F 20 67 65 74 20 79 6F 75 20 73 74 61 72 74 65 64 2E 0A 0A 2A 20 20 20 60 63 61 6C 69
66 6F 72 6E 69 61 5F 68 6F 75 73 69 6E 67 5F 64 61 74 61 2A 2E 63 73 76 60 20 69 73 20 43 61 6C 69 66 6F 72 6E 69
61 20 68 6F 75 73 69 6E 67 20 64 61 74 61 20 66 72 6F 6D 20 74 68 65 20 31 39 39 30 20 55 53 0A 20 20 20 20 43 65
6E 73 75 73 3B 20 6D 6F 72
...
```

エスケープ処理された文字と ASCII 文字列が入り乱れた状態よりは整っていますが、16 進数だけを見て中身を把握できる人は稀だと思いますので、一般的な 16 進ダンプコマンドが備える最低限の機能を実装し、解析しやすいようにします。

- 表示している位置を分かりやすくするため、1 行ごとにオフセットアドレスを表示
- 1 行あたりに表示する量を 16 バイト（16 進数で区切りの良い値）に固定
- 表示箇所を分かりやすくするため、ヘッダー（目盛）を追加
- 16 進数に対応する文字を右側に表示

コード 2.13: ファイルダンプ②

```
def dump(body):
    print("␣␣␣␣␣␣␣␣␣␣0␣␣1␣␣2␣␣3␣␣4␣␣5␣␣6␣␣7␣␣8␣␣9␣␣A␣␣B␣␣C␣␣D␣␣E␣␣F")
    ascii = ""
    i = 0
    l = 0
    print(f"{l:08X}:", end="")
    for byte in body:
        print(f"{byte:02X}␣", end="")
        if byte >= 0x20 and byte <= 0x7e:
            ascii += chr(byte)
        else:
            ascii += '.'
        i += 1
        if i == 16:
            print("␣",ascii)
            ascii = ""
            i = 0
            l += 16
            print(f"{l:08X}:", end="")
    if i != 0:
        print("␣␣␣"*(16-i),end="")
        print("␣",ascii)

def dump2(filepath):
    with open(filepath, "rb") as f:
        body = f.read()
        dump(body)

dump2("sample_data/README.md")
```

`dump()` は入力されたバイナリデータを 16 進数表記と対応する印字可能な ASCII 文字をコンソールに出力します。`dump2()` は指定されたファイルのバイナリデータを読み込み、`dump()` を使い、16 進数表記と、これに対応する ASCII 文字をコンソールに出力します。`dump()` の詳細は以下のとおりです。

- `body` 引数で、バイナリデータを受け取ります。
- ヘッダーとして、オフセット (16 進数表記) を表す `0` から `F` までの文字と、16 進数の各桁に

対応する区切りを出力します。

- `ascii` 変数に、現在の 16 バイト分の対応する ASCII 文字を蓄積します。
- `i` 変数は、16 バイト分をカウントする変数です。
- `l` 変数は、現在の行のオフセット値（16 バイト単位）を示します。
- ループで `body` の各バイトを処理します。
  - バイトを 16 進数表記 (2 桁) で出力します。
  - バイトが印字可能な文字 (`0x20` から `0x7e`) であれば、対応する ASCII 文字を `ascii` 変数に蓄積します。そうでなければ、「 `.` 」 (ドット) を蓄積します。
  - `i` を 1 増加させ、16 に達したら以下の処理を行います。
    - ∗ 現在の `ascii` 変数の内容 (対応する ASCII 文字) を出力します。
    - ∗ `ascii` 変数を初期化し、 `i` も初期化します。
    - ∗ 次の 16 バイト分の処理のために、オフセット (`l`) を 16 増加させます。
    - ∗ オフセット (`l`) を 16 進数表記で出力します。

2.1.1 で準備した、解析用テキストファイルを `dump2()` で表示した結果については、次のとおりです。

実行結果

```
         0  1  2  3  4  5  6  7  8  9  A  B  C  D  E  F
00000000:54 68 69 73 20 64 69 72 65 63 74 6F 72 79 20 69   This directory i
00000010:6E 63 6C 75 64 65 73 20 61 20 66 65 77 20 73 61   ncludes a few sa
00000020:6D 70 6C 65 20 64 61 74 61 73 65 74 73 20 74 6F   mple datasets to
00000030:20 67 65 74 20 79 6F 75 20 73 74 61 72 74 65 64    get you started
00000040:2E 0A 0A 2A 20 20 20 60 63 61 6C 69 66 6F 72 6E   ...*   ‘californ
00000050:69 61 5F 68 6F 75 73 69 6E 67 5F 64 61 74 61 2A   ia_housing_data*
00000060:2E 63 73 76 60 20 69 73 20 43 61 6C 69 66 6F 72   .csv‘ is Califor
...
```

`dump1()` の出力と比較し、だいぶ見やすくなりました。 `dump()` と `dump2()` については、本章以降でも使用します。

2.2.2 練習：strings を自作してみよう

多くの Linux に標準搭載されている `strings` コマンドというものがあります。 `strings` コマンドは、バイナリファイルに含まれる印字可能な文字列を抽出するプログラムです。試しに、2.1.1 で準備した解析用バイナリファイルに対し `strings` コマンドを実行してみましょう。

コード 2.14: strings コマンドの実行

```
!strings /usr/bin/ls
```

実行結果

```
/lib64/ld-linux-x86-64.so.2
__cxa_finalize
__libc_start_main
__cxa_atexit
obstack_alloc_failed_handler
stdout
...
Try '%s --help' for more information.
Usage: %s [OPTION]... [FILE]...
List information about the FILEs (the current directory by default).
Sort entries alphabetically if none of -cftuvSUX nor --sort is specified.
Mandatory arguments to long options are mandatory for short options too.
  -a, --all                  do not ignore entries starting with .
  -A, --almost-all           do not list implied . and ..
      --author               with -l, print the author of each file
...
```

`strings` コマンドにより、実行ファイルが使用しているライブラリと思われる文字列やヘルプ表示に用いられると思われる文字列が表示されました。`strings` コマンドは、例えば以下の用途で使用されます。

- **プログラムの解析**: バイナリファイルに含まれるコメントやメッセージ、ライブラリ名などを解析するために使用されます。
- **ファイル形式の特定**: ファイルヘッダーやその他の情報から、ファイル形式を特定するために使用されます。

それでは、Python でバイナリファイルを扱う練習問題として、`strings` コマンドを自作してみましょう。作成する関数は `strings()` です。引数には解析対象のファイルを指定します。実装を簡単にするため、印字可能な文字列は ASCII 文字列だけとします。また、解析の利便性のため、印字可能な文字が何文字以上連続した場合に表示するか引数で設定できるようにしましょう。

以下は作成例の解説になりますので、なるべく見ずに自分で `strings()` を作ってみてください。同じ挙動でも実装方法に個性が出るので面白いと思います。

まずはコードより先に解説文を載せます。何から手を付けて良いか分からない場合は、解説文をヒントとしてください。ちなみに、今回紹介する `strings()` の作成例は多くの点で `dump()` および `dump2()` のコードと多くの点で共通点があります。ヒントを見る前に、`dump()` および `dump2()` のコードを参考に考えてみましょう。

- filepath 引数で、処理対象となるファイルを指定します。
- min_len 引数で、抽出する文字列の最小長を指定します。デフォルトは 4 文字とします。
- ascii 変数に、ASCII 文字を蓄積します。
- with open(filepath, "rb") as f: ステートメントを使用して、ファイルをバイナリモードで開きます。
- ファイルの各行 (バイナリデータ) 毎に処理します。
- 各行の各バイトを処理します。
  - バイトが印字可能文字 (0x20 から 0x7e) であれば、対応する ASCII 文字を ascii 変数に蓄積します。
  - バイトが印字可能文字でない場合は、以下の処理を行います。
    * 現在の ascii 変数の内容が min_len 文字以上であれば、その内容を print() で出力します。
    * ascii 変数を初期化します。
  - ループ終了後、最後の ascii 変数の内容が min_len 文字以上であれば、その内容を print() で出力します。

それでは、 strings() の作成例を見てみましょう。

コード 2.15: strings() 作成例

```
def strings(filepath,min_len = 4):
    with open(filepath, "rb") as f:
        ascii = ""
        i = 0
        for line in f:
            for byte in line:
                if byte >= 0x20 and byte <= 0x7e:
                    ascii += chr(byte)
                    i += 1
                else:
                    if i >= min_len:
                        print(ascii)
                    i = 0
                    ascii = ""
        if i >= min_len:
            print("␣",ascii)

strings("sample_data/README.md")
```

2.1.1 で準備した解析用テキストファイルを strings() で処理した際の、実行結果は次のとおりです。

実行結果

```
This directory includes a few sample datasets to get you started.
*   'california_housing_data*.csv' is California housing data from the 1990 US
    Census; more information is available at:
...
```

テキストファイルを `strings()` で処理した場合の出力は、ファイルの中身をそのまま `print()` で表示した場合とほぼ同じです[*2]。

次に、2.1.1 で準備した解析用バイナリファイルを `strings()` で処理してみます。

コード 2.16: 解析用バイナリファイルを strings() で処理

```
strings("/usr/bin/ls")
```

実行結果

```
/lib64/ld-linux-x86-64.so.2
__cxa_finalize
__libc_start_main
__cxa_atexit
obstack_alloc_failed_handler
stdout
__overflow
fputs_unlocked
__printf_chk
abort
...
```

`strings` コマンドで処理した場合と同じ出力が得られました。

余力がある人は `strings()` を更に改造し、結果を画面出力ではなく、リスト形式等で値を返すように改造してみましょう。 `strings()` の結果を用いて自動的に解析するプログラム等を作成することができます。

2.2.3　ヒストグラムを用いたファイル全体の俯瞰

バイナリファイルのデータ分布を視覚的に分析するため、ヒストグラムで可視化してみましょう。

ヒストグラムとは、データの分布を視覚的に表すグラフの一種です。横軸にデータを区切った階級（区間)、縦軸にその階級に属するデータの個数（度数）を棒グラフのように表示します。データの散らばり具合や中心傾向などを把握するのに役立ち、統計学や数学、画像処理など様々な分野で広く用

*2 厳密には文字数が `min_len` 未満の行は表示されませんが…

いられています。

ヒストグラムの主な特徴は次のとおりです。

- データの分布状況を視覚的に理解しやすい
- データの散らばり具合 (分散、標準偏差など) を把握できる
- データの中心傾向 (中央値、最頻値など) を把握できる
- 外れ値 (異常値) を発見しやすい
- 複数のデータセットを比較しやすい

それでは、バイナリファイルのバイト頻度をヒストグラムで表示するプログラムを書いてみましょう。

グラフの描画については、Colab のランタイムにインストール済みの `matplotlib` ライブラリ[*3]を使うことで簡単に実装することができます。

コード 2.17: ファイルのバイト頻度をヒストグラムで表示

```
import matplotlib.pyplot as plt

def histgram(filepath):
    with open(filepath, "rb") as f:
        body = f.read()
        left = [x for x in range(256)]
        count = [0] * 256
        for byte in body:
            count[byte]+=1
        plt.bar(left,count,color="black")
```

このコードは、指定したファイルの各バイトの出現頻度をヒストグラムとして表示する `histgram()` を定義しています。横軸には 0 から 255 までのバイト値が、縦軸にはそれぞれの出現回数が表示されます。

コードの詳細は以下のとおりです。

- `import matplotlib.pyplot as plt`： `matplotlib` ライブラリの `pyplot` モジュールをインポートします。これは、グラフ作成に必要な関数を提供します。Colab には標準でインストールされています。
- `def histgram(filepath)`：この関数は、ファイルのパスを引数として受け取ります。
- `with open(filepath, "rb") as f:`：指定されたファイルパスでファイルをバイナリモードで開きます。

*3 matplotlib は、Python でのデータ可視化のためのライブラリで、さまざまなグラフや図を描画するために使用されます。

- `body = f.read()`：ファイルの内容をバイナリデータとして読み込み、`body` 変数に格納します。
- `left = [x for x in range(256)]`：横軸ラベル用のリストを作成します。このリストは、0 から 255 までの整数を要素として持ちます[*4]。
- `count = [0] * 256`：各バイト値の出現回数を格納するリストを作成します。このリストは、256 個の 0 で初期化されます。
- `for byte in body:`：ファイルの内容を 1 バイトずつ処理します。
- `count[byte] += 1`：現在のバイト値の出現回数を 1 増やします。
- `plt.bar(left, count, color="black")`：`matplotlib` の `bar()` を使用して、ヒストグラムを作成します。横軸ラベルは `left` リスト、データは `count` リスト、色は黒で指定されます。
- `plt.show()`：作成したグラフを画面に表示します。

ヒストグラムを表示する前に、各バイト値と ASCII 文字の対応表（ASCII コード表）を示します。ヒストグラムの解釈の参考にしてください。

コード 2.18: ASCII コード表 (MIL-STD-188-100) の表示

```
def c2a(c):
    if c >= 0x21 and c <=0x7E:
        return chr(c)
    elif c <= 0x20:
        return ["NUL","SOH","STX","ETX","EOT","ENQ","ACK","BEL",
                "BS","HT","LF","VT","FF","CR","SO","SI",
                "DLE","DC1","DC2","DC3","DC4","NAK","SYN","ETB",
                "CAN","EM","SUB","ESC","FS","GS","RS","US","SP"][c]
    elif c == 0x7F:
        return "DEL"
    return ""

print("␣"*5,end="")
for i in range(16):
    print(f"{i:␣^5X}",end="")
print()
for h in range(8):
    print(f"{h*16:␣^5X}",end="")
    for l in range(16):
        print(f"{c2a(h*16+l):␣^5}",end="")
    print()
```

[*4] `[x for x in range(256)]` は、リスト内包表記です。リスト内包表記は、主に繰り返し処理をした結果を要素にしたリストを作ることに使われ、`[処理 for 変数 in イテラブルオブジェクト]` という構文をとります。イテラブルオブジェクトとは、`for` 文などで要素を 1 つずつ取り出して処理できるオブジェクトで、例えばリスト、辞書、タプルなどはイテラブルオブジェクトです。リスト内包表記については、https://docs.python.org/ja/3/tutorial/datastructures.html#list-comprehensions を参照してください。

上記コードは MIL-STD-188-100[*5] を参考に ASCII コード表を出力します。バイナリ解析とは関係ないため詳細は解説しません。

実行結果

```
     0    1    2    3    4    5    6    7    8    9    A    B    C    D    E    F
0    NUL  SOH  STX  ETX  EOT  ENQ  ACK  BEL  BS   HT   LF   VT   FF   CR   SO   SI
10   DLE  DC1  DC2  DC3  DC4  NAK  SYN  ETB  CAN  EM   SUB  ESC  FS   GS   RS   US
20   SP   !    "    #    $    %    &    '    (    )    *    +    ,    -    .    /
30   0    1    2    3    4    5    6    7    8    9    :    ;    <    =    >    ?
40   @    A    B    C    D    E    F    G    H    I    J    K    L    M    N    O
50   P    Q    R    S    T    U    V    W    X    Y    Z    [    \    ]    ^    _
60   `    a    b    c    d    e    f    g    h    i    j    k    l    m    n    o
70   p    q    r    s    t    u    v    w    x    y    z    {    |    }    ~    DEL
```

それでは、2.1.1 で準備した解析用テキストファイルを `histgram()` で処理してみましょう。

コード 2.19: 解析用テキストファイルを **histgram()** で処理

```
histgram("sample_data/README.md")
```

*5 MIL-STD-188-100, Military Standard: Common Long Haul Tactical Communication System Technical Standards, 1972

実行結果

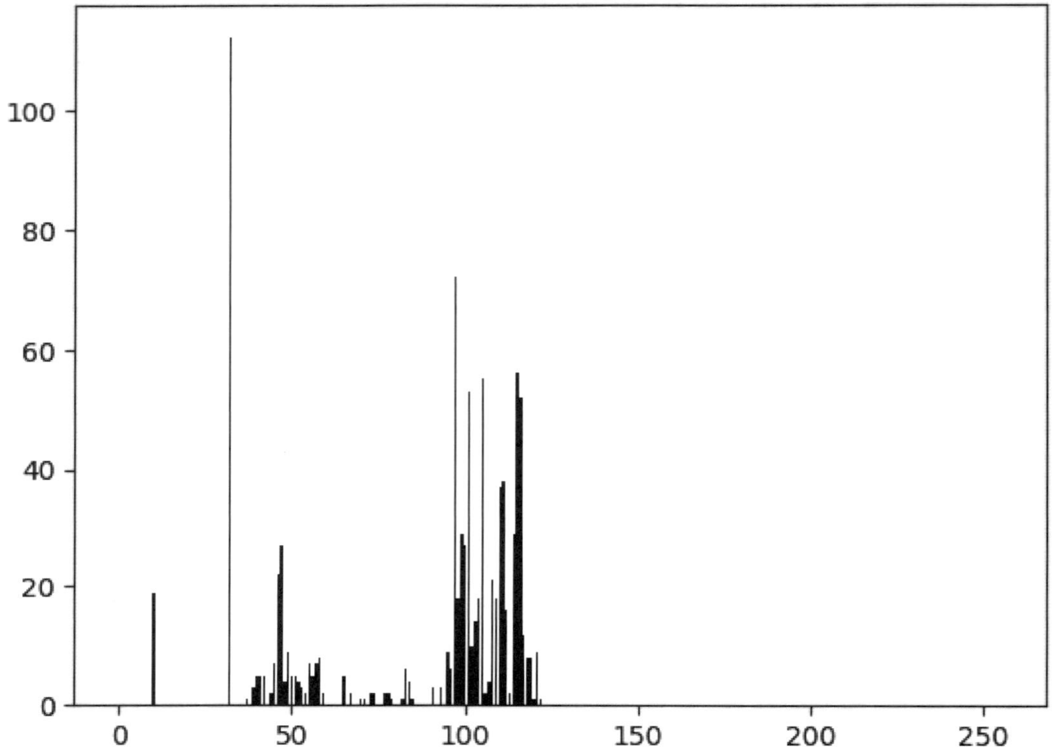

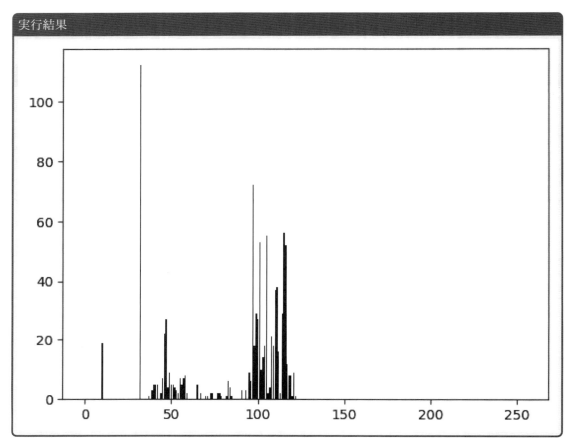

最も頻出なのは半角スペース `0x20` (32) で、 `0x80` 以上の値はありません*6。これは欧文テキストの特徴です。日本語の場合はまた別の傾向となります。実はヒストグラムを見るだけで、ある程度の言語判定をすることができます。興味のある人はやってみましょう。

次に 2.1.1 で準備した解析用バイナリファイルを `histgram()` で処理してみましょう。

コード 2.20: 解析用バイナリファイルを histgram() で処理

```
histgram("/usr/bin/ls")
```

*6 テキストであっても `0x80` 以上の値を取る場合があります。ヨーロッパの言語のための規格 Latin-1(ISO 8859-1) では、例えばスペイン語で使われる「¿」(`0xBF`) など一部の特殊文字は `0x80` 以上の値を取ります。ただし、出現頻度は他の文字と比べて高くありません。

実行結果

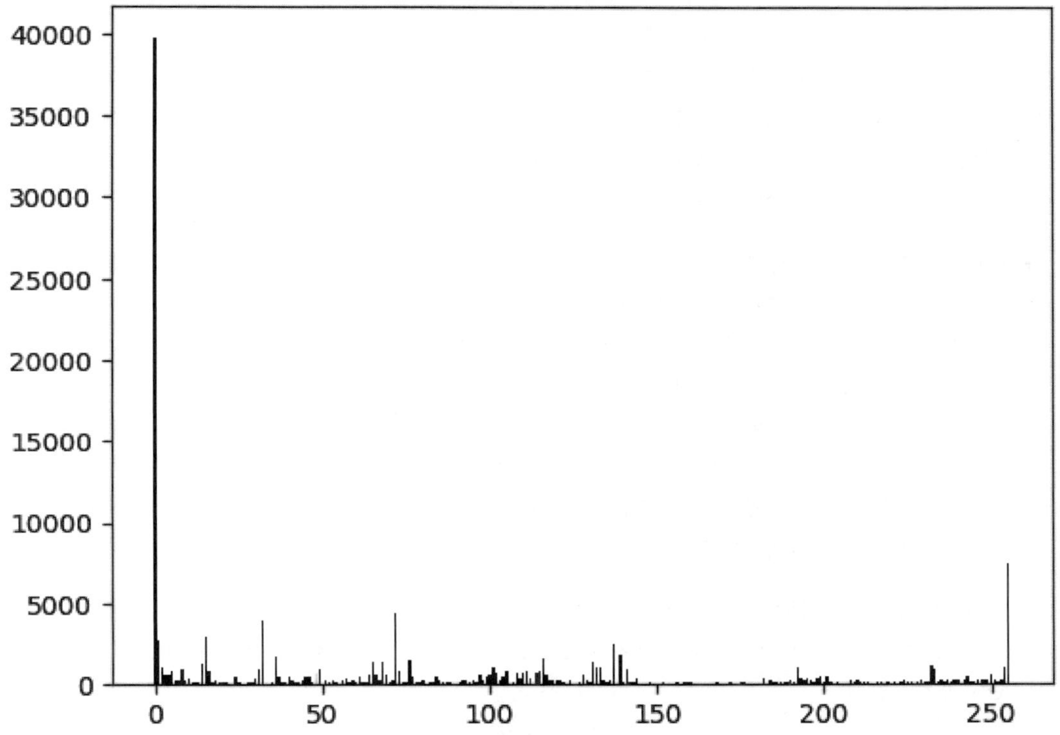

先程の解析用テキストファイルの場合とは傾向が大きく異なります。NULL（`0x00`）と `0xFF` が頻出しています。実行ファイルの具体的な解析については第 6 章で紹介しますが、実行ファイルにはヘッダー、セクションの区切り、オペランド[*7]にこの 2 文字が頻出するため、大抵の実行ファイルの最頻出はこの 2 文字となります。

ファイル形式ごとにヒストグラムの特徴は大きく異なります。余裕がある人は別のファイル形式でも試してみましょう。例えば、圧縮ファイルという種類に限定して様々なファイル形式でヒストグラムを見比べてみましょう。人の目で 16 進ダンプを見た場合に、一様ランダムな数値の羅列に見えても、ヒストグラムで見ると一部のファイル形式には特徴的なピークが現れたりします。

[*7] ここで言うオペランドは、機械語（マシン語とも呼ばれる）における数値 (即値) を想定しています。プログラムで即値を使う場合、小さな値の使用頻度が高く、数値が 4 バイトで表現されていた場合、正の値の場合は `0x00` が、負の値の場合は `0xFF` の出現頻度が多くなります。

2.2.4 情報エントロピーを用いたファイル全体の俯瞰

次に、情報エントロピーを用いてバイナリファイルを分析してみましょう。

情報エントロピーは、データやランダム事象の不確実性を定量化することで、様々な分析に役立てられる強力なツールです。情報エントロピー分析を正しく理解し、適切に活用することで、データから深い洞察を得ることができ、意思決定の改善や問題解決に繋げることができます。情報エントロピー分析は、例えば以下の分野で使用されています。

- **特徴量選択**: 機械学習において、情報エントロピーに基づいて重要度の高い特徴量を選択することで、学習モデルの精度向上に役立てることができます。
- **異常検知**: データの異常値を検出するために、情報エントロピーに基づいて異常なデータポイントを特定することができます。
- **情報圧縮**: データの情報エントロピーを分析することで、効率的に圧縮できる方法を検討することができます。
- **暗号化**: 情報エントロピーの高い暗号化アルゴリズムは、統計的分析による解読が困難であるため、より安全な通信を実現することができます。

ここでは、Shannon の情報エントロピー[*8]を用います。以降は、単にエントロピーと書いてある場合、Shannon の情報エントロピーのことを示していると解してください。エントロピー $H(X)$ は以下の式で定義されます。

$$H(X) = -\sum_{i=1}^{N} p_i \log_2 p_i \tag{1}$$

バイト（8 ビット）単位で出現頻度 p_i を求めると、エントロピーの取り得る値は 0〜8 です。値が大きければ大きいほどデータの分布が乱雑であることを示します。

それでは、上記の数式を実装し、まずはファイル全体のエントロピー値を計算するプログラムを書いてみましょう。対数（log）の計算には、Colab のランタイムにインストール済みの `NumPy` [*9]を利用します。

コード 2.21: エントロピーの計算

```
import numpy as np
```

*8 Shannon, Claude Elwood. "A mathematical theory of communication." The Bell system technical journal 27.3 (1948): 379-423.

*9 NumPy（Numerical Python の略）は、Python で数値計算を効率的に行うためのライブラリです。特に多次元配列を操作するための強力な機能と、さまざまな数値計算用の関数が提供されています。

```
def entropy(data:bytes) -> float:
    count = [0] * 256
    for byte in data:
        count[byte] += 1
    results = 0.0
    for i in range(256):
        p_i = count[i]/len(data)
        if p_i != 0:
            results += p_i * np.log2(p_i)
    return -results

def entropy_all(filepath):
    with open(filepath, "rb") as f:
        body = f.read()
        ret = entropy(body)
        return ret
```

まずは、`entropy()` について解説します。このコードでは、1.3.2 の脚注で触れた型ヒントを記述しています。この関数は、引数として渡された `bytes` オブジェクト `data` のエントロピーを計算し、戻り値として浮動小数点型のオブジェクトを返します。

- 各バイト値の出現回数カウント
  - `count` リストを初期化します。`count[i]` は、バイト値 `i` が `data` 内に何回出現したかをカウントします (0 から 255 まで 256 個の要素を持ちます)。
  - `data` 内の各バイトについて、対応するインデックスの `count` 要素を加算します。
- エントロピー計算
  - `results` 変数を初期化します (最終的に求められるエントロピーの値を格納する変数)。
  - 0 から 255 までループを回し、各バイト値 `i` について以下の処理を行います。
    - `count[i] / len(data)`: バイト値 `i` の出現確率 `p_i` を計算します。
    - `p_i` が 0 でない場合のみ、`p_i * np.log2(p_i)` を `results` に加算します (`p=0` の場合の `log2(p)` は定義されないため、回避処理をしています)。
- 結果の符号反転
  - エントロピーの定義式に基づき、最後に結果の符号を反転させて戻り値を返します。

次に、`entropy_all()` について解説します。この関数は、指定されたファイル全体をバイナリデータとして読み込み、`entropy()` を使ってエントロピーを計算します。

それでは、2.1.1 で準備した解析用ファイルのエントロピーを計算してみましょう。

コード 2.22: 解析用テキストファイルのエントロピー

```
entropy_all("sample_data/README.md")
```

実行結果

```
5.054453519446512
```

コード 2.23: 解析用バイナリファイルのエントロピー

```
entropy_all("/usr/bin/ls")
```

実行結果

```
5.7973199315747035
```

ファイル全体のエントロピーだけで比較すると、2 つのファイルの違いはあまりないように見えます。今回作成した `entropy_all()` を使い、様々なファイル形式のエントロピーの計算を試してみてください。一見乱雑に見える実行ファイルのエントロピー値は画像ファイルや圧縮ファイルと比較し、実はそれほど高くないことが分かります。実行ファイルの中には、いわゆる機械語と呼ばれるプログラムコードが含まれており、人の目では何を書いているのか分からない[*10]乱雑なデータに見えます。しかしながら実際は、一定のルールに基づいて記述されているため、乱雑さは抑えられ、エントロピー値は低くなります。自然言語についても、一定のルールに基づいて記述する点については機械語と同様です。欧文系の文字コードの場合、使われるバイト値のほとんどは `0x00` から `0x7F` の値に収まるため、実行ファイルの場合よりエントロピー値は小さくなります。一方、日本語をシフト JIS という 2 バイトの文字コードで表現した場合、バイト値は様々な値を取るため、欧文系のテキストファイルよりエントロピー値は高くなります。

ブロックごとのエントロピー値の可視化

ファイル全体でみると、テキストファイルと実行ファイルのエントロピー値に大きな違いは見られません。しかしながら、テキストファイルと実行ファイルのファイル構造には違いはないのでしょうか？

もちろん、2 つのファイルにはファイル構造に大きな違いがあります。その違いを可視化してみましょう。ファイルを小さなブロックに分割し、ブロック単位でエントロピーを計算することで、ファ

*10 アセンブラを使わずに 16 進数でプログラムを記述していた時代のプログラマは 16 進数を見て何を意味しているのか理解できました。とは言え、8 ビット以下の CPU で命令数が少ないからこそできた芸当でしょう。ただ、筆者の手元にある 35 年前に発行されたアセンブリ言語の専門書では各アセンブリ命令のビット構造を意識しながら解説されているので、アセンブラやコンパイラを使うことが一般的になった 16 ビットの CPU でも 16 進数のままでプログラムを解釈できる人はそれなりにいたのでしょう。

イル全体を俯瞰することが出来ます。それでは、ファイルを 256 バイト単位で分割し、そのエントロピー値をグラフで可視化するプログラムを書いてみましょう。

グラフの描画については、ヒストグラムでも使った `matplotlib` を使うことで簡単に実装することができます。

コード 2.24: ファイルをブロック単位に分割しエントロピー値を可視化

```
def entropy_256(filepath):
    with open(filepath, "rb") as f:
        body = f.read()
        size = len(body)
        if size < 256:
            return
        left = []
        results = []
        for i in range(0,size-255,10):
            left.append(i)
            results.append(entropy(body[i:i+256]))
        plt.plot(left,results,color="black")
        plt.xlim(0, left[-1])
        plt.ylim(0, 8)
        plt.show()
```

`entropy_256()` は、指定されたファイルのブロックごとのエントロピーを計算し、その変化をグラフで可視化する関数です。ブロックサイズは 256 バイトで、ブロック開始位置（オフセットアドレス）は 10 バイトずつずらしています。このずらす値を変更することでグラフの粒度を調整することができます。取りうる粒度は 1 から 256 ですが、分析する粒度と分析にかかる時間のバランスで、ここでは 10 としています。 `entropy_256()` の詳細を以下に解説します。

- ファイル読み込み
  - 指定されたファイルをバイナリモード（ `"rb"` ）で開き、内容を `body` 変数に読み込みます。
- ファイルサイズチェック
  - ファイルサイズ（ `size` ）を取得します。
  - `size` が 256 バイト未満の場合、ブロックに分割できないため処理を中断します。
- ブロック分割とエントロピー計算
  - 空のリスト `left` と `results` を用意します。
    - `left` は、各ブロックのオフセットアドレスを格納します。
    - `results` は、各ブロックのエントロピー値を格納します。
  - `0` から `size-255` まで `10` 刻みでループを回します（10 バイトずつブロック位置をずらす）。

    * 各ループで、現在のオフセットアドレス `i` を `left` リストに追加します。
    * `body[i:i+256]` で、現在のオフセットアドレスから 256 バイトのブロックを取り出し、これを `entropy()` に渡してエントロピーを計算します。
    * 計算されたエントロピー値を `results` リストに追加します。

- グラフ作成
  - `plt.plot(left, results, color="black")`：横軸をブロックオフセットアドレス（`left`）、縦軸を対応するエントロピー値（`results`）のグラフを作成します。

まずは、2.1.1 で準備した解析用テキストファイルのエントロピー値の変化を見てみましょう。

コード 2.25: 解析用テキストファイルのエントロピー値の変化

```
entropy_256("sample_data/README.md")
```

実行結果

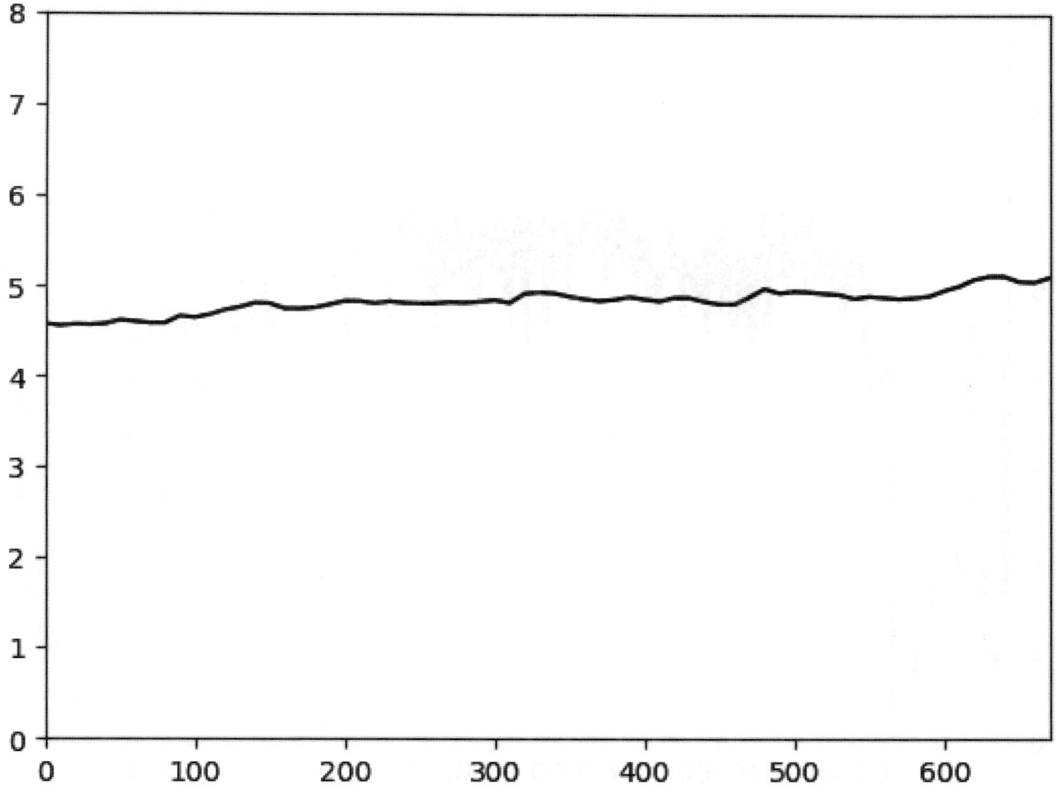

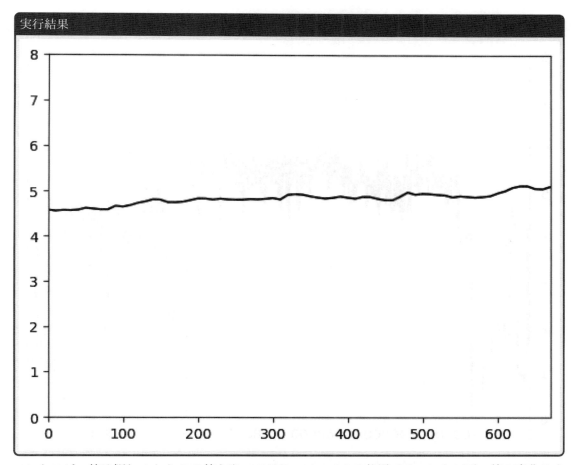

エントロピー値は概ね 4 から 5 の値を取っており、ファイルの位置でのエントロピー値の変化は少なくなっています。

次に、2.1.1 で準備した解析用バイナリファイルのエントロピー値の変化を見てみましょう。

コード 2.26: 解析用バイナリファイルのエントロピー値の変化

```
entropy_256("/usr/bin/ls")
```

実行結果

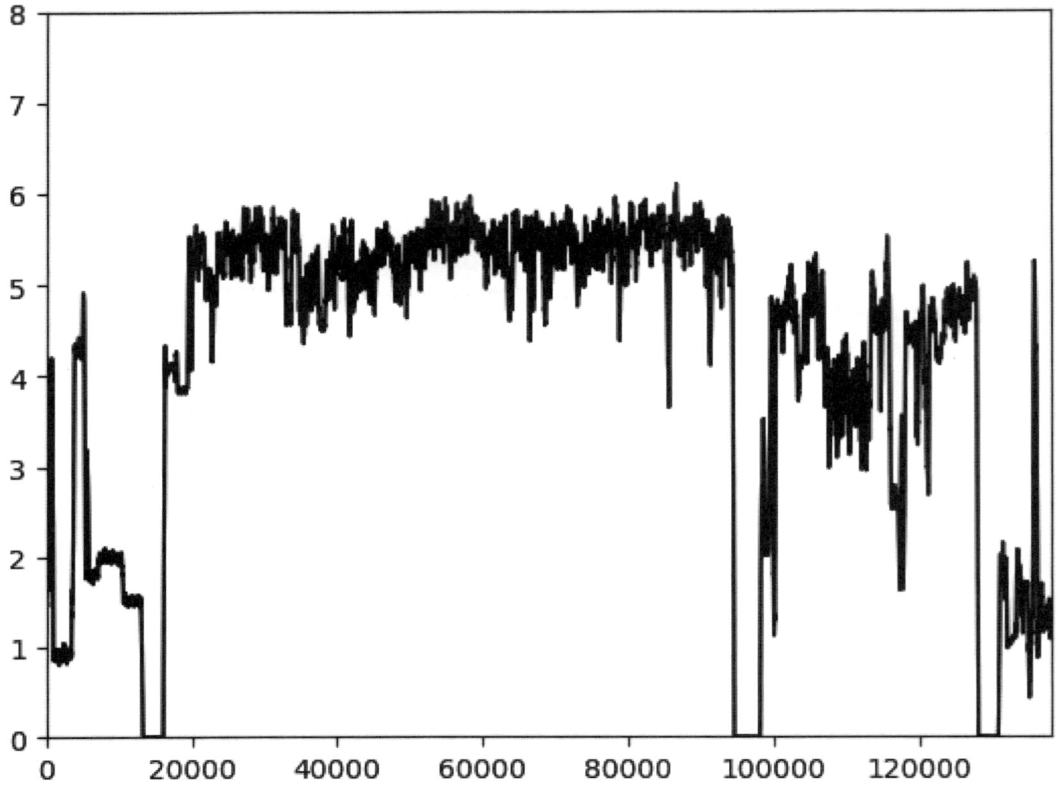

後の章で詳しく解説しますが、実行ファイルの内部は役割に応じていくつかの領域に分かれています。ヒストグラムの図のとおり、実行ファイルで再頻出のバイト値は NULL（ `0x00` ）です。各領域の区切りとして NULL が使われていることが多く、NULL だけのブロック（256 バイト）のエントロピーの値は 0 になります。この図では、エントロピーの値が 0 になっている部分を区切りとすると、大きく 4 つの領域に分けられます。

- 最初の領域は後の章で解説するヘッダー等が含まれています。ヘッダーには NULL が多く含まれるため、エントロピーの値が低めとなっています。
- 2 番目の領域は主にプログラムコード（機械語）が含まれています。プログラムコードは一定の規則性はあるもののテキストファイルと比較して複雑なデータであるため、エントロピー値が概ね 5 から 6 の間で推移しています。
- 3 番目の領域は主にデータが格納されています。 `strings()` で表示されるような API 名の他、ヘルプ時に表示される文字列等が含まれており、テキストファイルと同じようにエントロピーの値が概ね 4 から 5 の間で推移しています。なお、画像ファイル等圧縮されたデータが含まれる場合は傾向が異なります。

- 最後の領域については解説を省略します。気になる場合は、2.2.1 のファイルダンプや後の章で解説する知識を活用して自分で調べてみましょう。

2.2.5　画像化によるファイル全体の俯瞰

2.2.1 で扱ったファイルの 16 進ダンプはファイルの詳細を解析するには良いですが、解析対象のファイルサイズが大きくなると、ファイル全体を一画面に収めることができません。そのため、ファイル全体の俯瞰には不向きです。一方、2.2.4 で扱ったエントロピーを用いたファイル全体の俯瞰では、エントロピー以外の情報は削られてしまいます。そのため、ファイル全体の俯瞰といってもファイルの種類の推定等、用途が限定されます。

そこで、情報量の削減を抑えつつファイル全体を俯瞰する別の手法として、ファイルのデータを画像として表示する画像化という手法を紹介します。例えば、バイナリファイルをグレースケール画像に変換すると、1 バイトの情報（0 から 255）が 1 ピクセル（256 階調）に対応するため、ファイルの情報を削減することなく画面に表示することができます。例えば、ひと昔前の画面解像度である VGA（640×480）の場合、300 KB[*11]までの情報を一画面に収めることができます。

それでは、バイナリファイルのデータを画像化するプログラムを書いてみましょう。ヒストグラム表示やエントロピー計算でも使った `NumPy` と `matplotlib` を使うことで簡単に実装することができます。

コード 2.27: バイナリファイルのグレースケール画像化

```python
import numpy as np
import matplotlib.pyplot as plt

def binary_to_grayscale_image(filepath,w=16):
    with open(filepath, "rb") as f:
        data = f.read()

    data_array = np.frombuffer(data, dtype=np.uint8)
    data_array = data_array[:data_array.shape[0]//w*w]

    grayscale_image = data_array.reshape(data_array.shape[0]//w,w)

    plt.imshow(grayscale_image.T, cmap='gray')
    plt.axis("off")
    plt.show()
```

*11 1 キロバイト=1024 バイトで計算しています（$640 \times 480 \div 1024 = 300$）。

binary_to_grayscale_image() は、指定したバイナリファイルのデータをグレースケール画像に変換して表示する関数です。引数は、バイナリファイルのパスを示す filepath とオプションで 1 行あたりに表示するバイト数を示す w（省略した場合は 16）を指定できます。処理の流れについては以下のとおりです。

- ファイル読み込みとデータ変換
  - 指定されたファイルパス（ filepath ）のファイルをバイナリモード（ "rb" ）で開き、内容を data 変数に読み込みます。
  - data を numpy.uint8 型[*12]の配列[*13] data_array に変換します（ matplotlib で画像表示のため）。
- データサイズ調整
  - data_array の要素数を、 w で割り切れるちょうど良い大きさに切り取ります。
    * これにより、矩形のグレースケール画像に変換できるようにデータサイズを調整しています。
    * 元々のデータが w の倍数でない場合は、最後の部分が無視されます[*14]。
- グレースケール画像への変換
  - 位置次元配列の data_array を、横幅 w の行列に変形します。
- グレースケール画像の表示
  - plt.imshow(grayscale_image.T, cmap='gray') で、変換されたグレースケール画像を Colab 上に表示します。
  - .T により画像を 90 度回転させています[*15]。

binary_to_grayscale_image() で表示される画像は、左側がファイル先頭、右側がファイルの末端になります。それでは、2.1.1 で準備した解析用テキストファイルを画像化してみましょう。ファイルサイズが小さいため w はデフォルト値とします。

[*12] https://numpy.org/doc/stable/user/basics.types.html

[*13] https://numpy.org/doc/stable/user/basics.creation.html

[*14] 元々のデータを完全に表示したい場合は、 0x00 でパディングする等の処理に変更してください。

[*15] .T を付けない方が、画像の上部がファイルの先頭で下部がファイルの末端となり、2.2.1 で紹介したバイナリダンプと対応付けが容易となります。今回は紙面の節約と 2.2.4 で作成したエントロピーグラフとの比較のため、90 度回転させています。

コード **2.28:** 解析用テキストファイルの画像化

```
binary_to_grayscale_image("sample_data/README.md")
```

実行結果

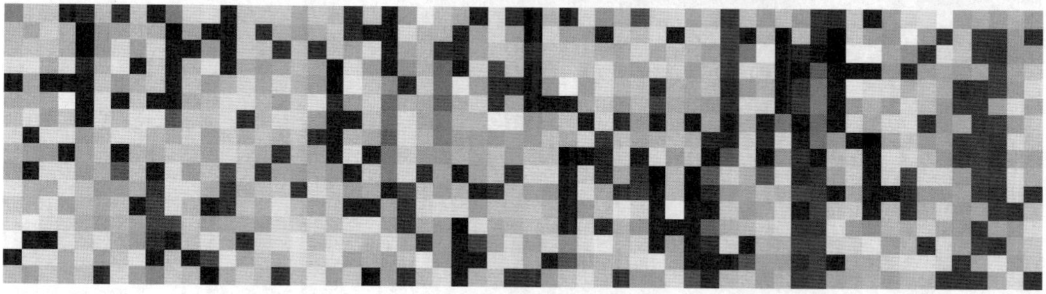

ファイルの前半（左側）と後半（右側）でデータの分布の傾向が異なり、左側の方が少しだけ多様な文字を使用しているようです。この傾向は、2.2.4 で作成したエントロピーグラフのファイル後半になるにつれてエントロピー値が微増している傾向と一致します。

次に、2.1.1 で準備した解析用バイナリファイルを画像化してみましょう。ファイルサイズが大きいため `w` は 256 とし、画像が横長になり過ぎないように調整します。

コード **2.29:** 解析用バイナリファイルの画像化

```
binary_to_grayscale_image("/usr/bin/ls",256)
```

実行結果

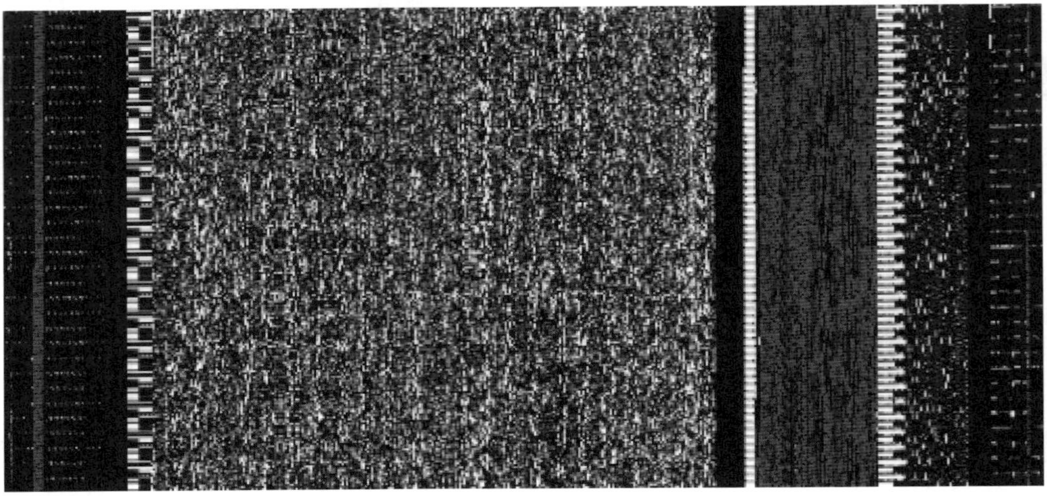

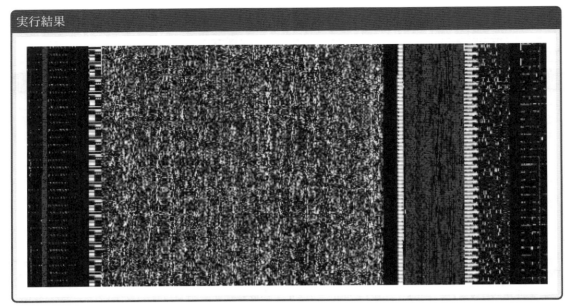

いかがでしょうか？ 特にファイル構造がないテキストファイルと比較し、表示される画像の傾向は大きく異なります。2.2.4 の際にも軽く触れましたが、実行ファイルの内部は役割に応じていくつかの領域に分かれています。解析用バイナリファイルのエントロピーの変化と見比べてみてください。より領域の違いが際立っていることが分かります。データのばらつき具合も画像に現れるため、慣れてくれば、大体のエントロピー値もグレースケール画像を見るだけで分かるようになります。

コラム　バイナリエディタ Stirling と目 grep

バイナリファイルの画像化は、ファイル全体の俯瞰に非常に有効な機能であるため、多くのバイナリエディタに組み込まれています。ここでは、Stirling[*16]という Windows 向けの無料のバイナリエディタを紹介します。既に開発が終了している古いバイナリエディタですが、ファイル構造の解析に有用な機能を備えているため、私は機会があるごとに紹介しています。例えば、2 つのバイナリファイルを比較し、違いを強調して表示することが出来ます。2 つのバイナリダンプ表示のスクロールが同期するため、効率的に比較することが出来ます。未知のファイル形式であっても、2 つのファイルを比較することで、ファイル構造を効率的に推測出来ます。そして、Stirling の可視化機能として「ビットイメージ」というものがあります。本書で紹介したファイルデータの画像化に該当しますが、

*16 https://www.vector.co.jp/soft/win95/util/se079072.html

Stirling はグレースケール画像とは別の着色ルールで各バイトを表現しています。具体的には以下のとおりです。

- 白色: NULL（`0x00`）
- 水色: 制御文字（`0x01` – `0x1F`）
- 赤色: 印字可能文字（`0x20` – `0x7F`）
- 黒色: その他（`0x80` – `0xFF`）

Stirling 方式の画像化は、コード 2.27 を改造することで簡単に再現することが出来るので、余力のある人はやってみましょう。また、Windows 環境の人は今でも Stirling は無料で公開されていますので、使い勝手を試してみましょう。

`strings` コマンドで抽出される文字列は ASCII 文字列の場合、ビットイメージの赤色の領域から抽出されます。解析対象ファイル内の文字列に着目する場合、ビットイメージを活用することで効率的に解析することが出来ます。また、慣れてくると、画像の模様を見るだけでプログラムコード部分と圧縮データも見極めることが出来ます。プログラムコード部分については訓練すれば、どの CPU アーキテクチャを使用しているのかも見極められます。このように目だけで必要な情報を見つける（grep）解析方法は、「目 grep」と呼ばれることがあります。皆さんも目 grep を極めてバイナリ解析の職人を目指して見てはいかがでしょうか？

ちなみに、職人の経験に基づく勘というものの多くは、機械学習で再現できます。そこで、私が見ている世界を機械学習で再現できないかというコンセプトで作成したツールが `o-glasses` です。初期のもの[*17]は 256 バイトのバイナリデータからプログラムコードか否かを高精度で判別出来ます。第 2 弾[*18]・第 3 弾[*19]は CPU アーキテクチャの推定に加え、実行ファイルの作成に使用したコンパイラの種類も高精度で推定できます。興味のある方は、是非試してみてください。

[*17] https://github.com/yotsubo/o-glasses
[*18] https://github.com/yotsubo/o-glassesX
[*19] https://github.com/yotsubo/o-glasses2023

3 バイナリファイルの構造解析の練習：画像ファイル

ここまでは、バイナリファイルのファイル構造に依存しない、ファイル全体を俯瞰する解析手法を中心に紹介してきました。ファイル全体を俯瞰することで、大まかなファイルの特徴を捉えたり、解析を行う領域を絞り込んだりすることが可能である一方、より深い解析を実施するためには、ファイル構造の把握が不可欠です。本章では、バイナリファイルの基本構造を解説しつつ、画像ファイルを例に具体的な解析例を紹介していきます。

3.1 バイナリファイルのファイル構造

3.1.1 ファイル構造の基本要素

画像、音声、動画、プログラムなど、様々な種類のデータがバイナリファイルとして保存されますが、そのファイル構造には、共通点があり、いくつかの基本要素から構成されてます。

- **ヘッダー**：ファイルの種類、バージョン情報、ファイルサイズなどのメタデータを含む。
- **データ領域**：実際のデータが格納される領域。
- **トレーラー**：ファイルの終わりを示す部分。オプションで、ファイルの整合性を検証するための情報を含む。

本章で例として取り扱う画像ファイルは、ピクセル情報などの画像データを格納するファイルです。様々なファイル形式において基本的な構造は似ていますが、それぞれ異なる機能を持つためファイル構造の詳細には違いがあります。いくつかの代表的な画像ファイル形式を例に、基本要素を踏まえて違いをまとめると以下のようになります。

形式	BMP	PNG	JPEG	GIF
ヘッダー	画像サイズ 色情報 など	画像サイズ 色情報 透過情報 など	画像サイズ 色情報 圧縮率 など	画像サイズ 色情報 フレーム情報 など
データ領域 (カラーモード)	RGB / Indexed	RGBA	YCbCr	Indexed
圧縮方式	非圧縮	可逆圧縮	非可逆圧縮	可逆圧縮

表 3.1　代表的な画像ファイル形式

基本要素の視点で特徴をまとめると、各ファイル形式に大きな違いはありません。

データフォーマット

データ領域内に含まれるデータのレコードはファイル形式によって様々ですが、以下のように分類されます。

- **可変長レコード**：レコード長が可変であるフォーマット。
  - **シーケンシャルアクセス前提なもの**：レコードに対し規則正しく順番にデータを読み書きすることを前提としたフォーマット。
  - **ランダムアクセス可能なもの**：レコードの位置を示すポインタがまとまって存在し、任意のレコードにアクセスできるフォーマット。
- **固定長レコード**：すべてのレコードが同じ長さを持つフォーマット。シーケンシャルアクセス・ランダムアクセスともに可能。

具体例については、3.3 以降および第 4 章で紹介していきます。

バイトオーダー

バイトオーダー（byte order）あるいはエンディアン（endian）とは、その名のとおり、2 バイト以上のデータをどのような順番で格納するかということを示します。この順番を間違えると、データの表す意味が全く変わってくるので、バイナリデータを扱う際は、バイトオーダーを常に意識する必要があります*1。バイトオーダーの方式としては以下の 2 種類があります。

- ビッグエンディアン：
  最上位バイトから順に格納する方式。`0x123456` の場合、`12 34 56` と格納。
- リトルエンディアン ：
  最下位バイトから順に格納する方式。`0x123456` の場合、`56 34 12` と格納。

3.2　ファイル形式の判定

ファイル形式ごとにファイルの構造は異なり、解析の手順も異なります。バイナリデータを解析する場合、まずはファイル形式の判別が解析の第 1 歩となります。

ファイル形式の判定をする際に最初に着目するものは、ファイルの拡張子です。拡張子とは、ファイル名の最後のドット（`.`）から後ろの部分を指します。例えば `README.md` の拡張子は `md` 、`ls` の拡張子はありません。Windows の場合、初期設定では一般的な拡張子は表示されません。本書で扱う Colab 環境は Ubuntu ですので拡張子は表示されます。バイナリファイルを扱う場合、拡張子は重要ですので、Windows 環境を使っている場合は拡張子を表示する設定にしておきましょう*2。

拡張子が重要とは言え、拡張子の情報に頼れない場合にも備えなければなりません。なぜなら、ファイル名は簡単に書き換えることが可能で、偽装も容易だからです。

ほとんどのバイナリファイルのファイル形式にはヘッダーおよびトレイラーのいずれか一方または両方が含まれています。したがって、ヘッダー・トレイラーの特徴を元にファイル形式の判別ができそうです。

一方、マークダウン形式やソースコードなど多くのテキストファイル形式にはヘッダー・フッターはありません。xml、svg、eml、eps 等、一部のファイル・フォーマットが定められているテキスト

---

*1 既存のツールやライブラリを活用した場合、バイトオーダーを意識することなくバイナリデータを扱うことが可能です。しかしながら、既存のツールやライブラリが対応していない形式のバイナリデータであっても自力で解析できるようになることが本書の目標であるため、バイトオーダーは常に意識するようにしてください。

*2 Windows 11 の場合で設定する方法は色々ありますが、①「スタート」→「エクスプローラ」をクリック。②「…」→「オプション」をクリック。③「表示」タブで「登録されている拡張子は表示しない」のチェックを外す。（④ついでに「隠しファイル、隠しフォルダー、および隠しドライブを表示する」を選択しましょう。）

ファイル形式の中にはヘッダーやフッターが定められているものもあります。ファイルの拡張子に頼ることができない場合、データ領域の特徴からなんとかしてファイルの種類を判別します。技術者の経験と勘に頼ってもいいですが、機械学習を活用してファイルの種類を判別する手法については後ほど紹介します。

3.2.1 ライブラリを使ったファイル形式の判定

ここでは、Python の既存ライブラリを使ったファイル形式の判定について紹介します。既存ライブラリを使うことでファイル構造を意識することなくファイル形式の判定を行うことが出来ます。既存ライブラリとして `mimetypes` ライブラリと `python-magic` ライブラリを紹介します。

mimetypes ライブラリ

`mimetypes` ライブラリは、ファイル名や URL の拡張子から MIME タイプ[*3]を推定したり、逆に MIME タイプから拡張子を推測したりする機能を提供する Python 標準ライブラリです。

`mimetypes` ライブラリの主な特徴については以下のとおりです。

- ファイル名/URL から MIME タイプを推定
- MIME タイプから拡張子を推測
- MIME タイプの一覧を表示

ただし、対応するファイル形式の種類が少ないため、解析対象のファイル形式に対応していない場合があることに注意してください。

それでは `mimetypes` ライブラリを使ったファイル形式の判定を試してみましょう。まずは、2.1.1 で準備した解析用テキストファイルのファイル形式の判定をしてみます。

コード 3.1: mimetype ライブラリを使ったファイル形式の判定①

```
import mimetypes

mimetypes.guess_type("sample_data/README.md")
```

使用方法は `mimetypes` ライブラリをインポートし、 `mimetypes.guess_type()` に推定したいファイルパスを渡すだけです。

---

*3 メディア種別（Multipurpose Internet Mail Extensions または MIME タイプ）は、文書、ファイル、またはバイト列の性質や形式を示します。MIME タイプは IETF の RFC 6838 で定義（`https://datatracker.ietf.org/doc/html/rfc6838`）され、標準化されています。

実行結果

```
('text/markdown', None)
```

拡張子 `.md` から MIME タイプ `text/markdown` を判定することが出来ました。

次に、2.1.1 で準備した解析用バイナリファイルのファイル形式の判定をしてみます。

コード 3.2: mimetype ライブラリを使ったファイル形式の判定②

```
mimetypes.guess_type("/usr/bin/ls")
```

実行結果

```
(None, None)
```

解析用バイナリファイルには拡張子がないため、ファイル形式の判定に失敗しました。

`mimetypes` ライブラリは、ファイル名だけで判定をしており、対応しているファイル形式も少ないため、別の手段でファイル形式の判定を実施した方が良さそうです。

python-magic ライブラリ

`python-magic` ライブラリは、ファイルの内容を分析して MIME タイプを識別する Python ライブラリです。 `mimetypes` ライブラリよりも高精度な MIME タイプ識別が可能で、画像や音声、動画などのファイル形式にも対応しています。

`python-magic` ライブラリの主な特徴は以下のとおりです。

- ファイルの内容を分析して MIME タイプを識別
- ファイル名や URL から MIME タイプを推定
- MIME タイプから拡張子を推測
- ファイルフォーマットの詳細な情報を取得（画像の幅と高さ、音声のビットレートなど）

それでは、 `python-magic` ライブラリを使ったファイル形式の判定を試してみましょう。 `python-magic` ライブラリは、Colab のランタイムにはインストールされていません。まずは、インストールを行います。

`python-magic` ライブラリ[*4]は、 `libmagic` [*5]を Python で使えるようにしたラッパーライブラリです。したがって `libmagic` がインストールされている必要があります。 `libmagic` は、Linux の

[*4] https://github.com/ahupp/python-magic

[*5] https://www.darwinsys.com/file/

ファイル形式を調べるコマンドである `file` コマンドでも使用されています。そのため、ほとんどのLinux 環境では標準で組み込まれており、Colab 環境でもインストール済みです。もし、インストールされていない場合は、以下のコマンドでインストールすることが可能です。

コード 3.3: libmagic のインストール

```
!sudo apt install libmagic1
```

次に、 `python-magic` ライブラリをインストールします。

コード 3.4: python-magic ライブラリのインストール

```
!pip install python-magic
```

インストールは 10 秒程度で終了します。これで `python-magic` ライブラリを使用する準備が完了しました。

それでは、2.1.1 で準備した解析用テキストファイルのファイル形式の判定を行います。

コード 3.5: python-magic ライブラリを使ったファイル形式の判定①

```
import magic

magic.from_file("sample_data/README.md")
```

使用方法は `magic.from_file()` に推定したいファイルパスを渡すだけです。

実行結果

```
'ASCII text'
```

ASCII エンコードのテキストファイルと判定されました。

`mime` キーワード引数を指定することで、出力の形式を MIME タイプにすることが出来ます。

コード 3.6: python-magic ライブラリを使ったファイル形式の判定②

```
magic.from_file("sample_data/README.md", mime=True)
```

実行結果

```
text/plain
```

次に、2.1.1 で準備した解析用バイナリファイルのファイル形式を判定してみます。

コード 3.7: python-magic ライブラリを使ったファイル形式の判定③

```
magic.from_file("/usr/bin/ls")
```

実行結果

```
ELF 64-bit LSB pie executable, x86-64, version 1 (SYSV), dynamically linked, interpreter /lib64/ld-linux-x86-64.so
  .2, BuildID[sha1]=897f49cafa98c11d63e619e7e40352f855249c13, for GNU/Linux 3.2.0, stripped
```

ELF ファイル（実行ファイル）であることが分かりました。それ以外にも、対象としている CPU アーキテクチャ（ `x86-64` ）なども表示されました。これらの情報はファイルの中身を解析しないと判別できません。

なお、渡された `bytes` オブジェクトからファイル形式を推定する `magic.from_buffer()` もあります。

コード 3.8: 解析用テキストファイルのファイル形式の判定④

```
magic.from_buffer(open("/usr/bin/ls","rb").read())
```

実行結果

```
ELF 64-bit LSB shared object, x86-64, version 1 (SYSV)
```

ファイル全体ではないことを前提として判定アルゴリズムが変更されているのか、 `magic.from_file()` よりも推定結果の情報量が減っています。

3.2.2　簡易的なファイル形式判定プログラムの自作

バイナリファイルに含まれるヘッダーやトレイラーにはファイル形式の判別に使える特徴的なバイト列が定義されていることが良くあります。ファイルの特徴的なバイト列（シグネチャ）があるか否かを判定することでファイル形式の判定を簡易的に実施することが可能です。シグネチャは色々なところで公開されています*6。

それではシグネチャベースのファイル判定プログラムを作成してみましょう。シグネチャベースのウイルス対策ソフトと使用している技術は同じであるため、シグネチャを作成すれば簡易的なウイルス対策ソフトを作成することも可能です*7。

---

*6 https://en.m.wikipedia.org/wiki/List_of_file_signatures

*7 ただし、どうシグネチャを作成するかが重要です。マルウェアの特徴を捉え 1 つのシグネチャでカバーできるファイル数を最大化しつつ誤検知を限りなく 0 に近づける必要があります。シグネチャの作り方・集め方にはセキュリティ企業のノウハウが詰まっています。

コード **3.9:** 簡易ファイル判定

```python
def filetype_check(filepath):
    signature = [
        # 説明,オフセットアドレス,シグネチャ
        ["Executable_and_Linkable_Format",0,b"\x7F\x45\x4C\x46"],
        ["PDF_document",0,b"\x25\x50\x44\x46\x2D"],
    ]
    with open(filepath, "rb") as f:
        # 読み込むサイズはシグネチャリスト次第で調整
        head = f.read(12)
        for s in signature:
            if head[s[1]:s[1]+len(s[2])] == s[2]:
                return s[0]
    return "Unknown"
```

このコードは、ファイルの種類を判定する `filetype_check()` を定義しています。関数の機能としては以下のとおりです。

- ファイルパスを受け取り、そのファイルの種類を判定します。
- 判定方法は、ファイルの先頭部分のバイト列を、あらかじめ定義したシグネチャリストと照合します。
- シグネチャリストには、ファイルの種類、オフセットアドレス、シグネチャのバイト列が含まれています。
- ファイルの種類が判定できない場合は、`"Unknown"` を返します。

コードの詳細については以下のとおりです。

- `signature` リスト: このリストには、判定対象となるファイルの種類と、そのファイルのシグネチャ情報が格納されています。各要素は、以下の 3 つの要素で構成されています。
  - **説明**: ファイルの種類を表す文字列
  - **オフセットアドレス**: ファイルの先頭からのオフセットアドレス。シグネチャはこのアドレスから始まることを意味します。
  - **シグネチャ**: ファイルの種類を表すバイト列
- `with open(...) as f:` : ファイルをバイナリモードで開きます。
- `head = f.read(12)` : ファイルの先頭から 12 バイトを読み込みます。このサイズは、シグネチャリストの要素のオフセットと長さの和の最大値に合わせて調整する必要があります。
- `for s in signature:` : シグネチャリストの各要素に対してループ処理を行います。
- `if head[s[1]:s[1]+len(s[2])] == s[2]:` : ファイルの先頭 12 バイトのうち、シグネチャリストの要素のオフセットアドレスからシグネチャの長さまでの部分と、シグネチャリストの要素のシグネチャを比較します。一致すれば、そのファイルの種類を返します。

- `return "Unknown"`：ファイルの種類が判定できなかった場合は、`"Unknown"` を返します。

2.1.1 で準備した解析用ファイルに対し `filetype_check()` を試してみます。

コード 3.10: 解析用テキストファイルのファイル形式の判定

```
filetype_check("sample_data/README.md")
```

テキストファイルに関するシグネチャは登録していないので、ファイル形式の判定に失敗します。

実行結果

```
'Unknown'
```

コード 3.11: 解析用バイナリファイルのファイル形式の判定

```
filetype_check("/usr/bin/ls")
```

ELF ファイル（実行ファイル）に関するシグネチャは登録しているので、ファイル形式の判定に成功します。

実行結果

```
'Executable and Linkable Format'
```

なお、今回はコードを簡単にするため、シグネチャリストは関数に組み込む形で実装しました。シグネチャリストを定期的にメンテナンスすることを考慮すると、シグネチャリストは外部ファイルとして実装した方が良いです。また、今回はシグネチャと完全一致するものしか対応できませんが、実際はあいまい検索や正規表現を使った検索とした方が対応できるファイル形式が増えます。ただ、処理に必要なリソースも増大するので、効率的に検索できるシグネチャリストの設計・管理が必要になります。

3.2.3　Magika：AI を使ったファイル形式の判定

2024 年 2 月、Google は機械学習を用いて高精度かつ高速にファイル形式を判定できるツール「Magika」を発表しました[*8]。Google によると、100 以上のファイル形式に対応し、既存ツールよりも高精度とされています。

[*8] https://opensource.googleblog.com/2024/02/magika-ai-powered-fast-and-efficient-file-type-identification.html

	File magic		File Mime		Exif Tool		TrID		Guess Lang		Magika	
Content type	Prec	Recall	Prec	Recall	Prec	Recall	Prec	Recall	Prec	Recall	Prec	Recall
APK	90%	72%	90%	72%	n/a	n/a	99%	72%	n/a	n/a	**99%**	**99%**
Jar	70%	60%	70%	60%	n/a	n/a	67%	81%	n/a	n/a	**99%**	**97%**
C	43%	97%	43%	97%	n/a	n/a	n/a	n/a	96%	87%	**99%**	**99%**
Java	93%	72%	93%	72%	n/a	n/a	n/a	n/a	82%	93%	**99%**	**99%**
JavaScript	90%	74%	90%	74%	n/a	n/a	n/a	n/a	93%	83%	**99%**	**99%**
Python	94%	94%	94%	82%	99%	13%	n/a	n/a	87%	94%	**99%**	**99%**
Powershell	100%	0.6%	n/a	n/a	n/a	n/a	n/a	n/a	89%	93%	**99%**	**99%**
VBA	n/a	n/a	n/a	n/a	n/a	n/a	n/a	n/a	88%	36%	**99%**	**99%**
CSV	91%	64%	91%	64%	n/a	n/a	n/a	n/a	49%	66%	**99%**	**98%**
HTML	44%	84%	44%	84%	86%	77%	75%	71%	46%	86%	**99%**	**89%**
YAML	n/a	n/a	n/a	n/a	n/a	n/a	100%	0.1%	62%	91%	**99%**	**99%**
INI	13%	1%	6%	1%	n/a	n/a	60%	38%	17%	90%	**99%**	**98%**
Overall	92%	72%	92%	71%	91%	41%	93%	67%	73%	22%	**99%**	**99%**

図 3-1　Google によるベンチマーク結果（Google ブログより引用）

ソースコードやマニュアルは GitHub 上に公開[*9]されており、Web 上で動作するデモ[*10]もあります。技術的な詳細を記述した論文は本書執筆時点で公開されていませんが、2024 年中に発表するとされています。本書が発売される頃には論文が公開されているかもしれませんが、原稿執筆時点において、どのような仕組みで判定しているかを知るためにはソースコードを読み解く必要があります。とりあえず、ざっとソースコードを読んだ限り、3.1.1 に記述しているファイル構造の基本要素に着目した手法であるようです。ファイルの先頭、中間および末端から 512 バイトずつ切り出して、機械学習モデルに入力しています。本書ではこの後、複数のファイル形式を取り上げて具体的に解析する

[*9] https://github.com/google/magika
[*10] https://google.github.io/magika/

方法を紹介していきますが、ファイル構造の解析に必要な情報のほとんどはヘッダーおよびトレイラーに詰まっています。Magika もそこに着目し、ファイル形式の判定に必要最低限の情報を用いることで高速な判定速度を実現しているのでしょう。

Magika はコマンドラインツールですが、Python のライブラリとしても使用することが出来ます。簡単な使用方法を紹介します。まずは、Magika をインストールします。

コード 3.12: Magika のインストール

```
!pip install magika
```

約 20 秒ほどでインストールは終了します。それでは、GitHub に公開されているサンプルコードを参考に、2.1.1 で準備した解析用テキストファイルのファイル形式を推測してみます。

コード 3.13: Magika を使った解析用テキストファイルのファイル判定

```python
from magika import Magika
from pathlib import Path

m = Magika()

res = m.identify_path(Path("sample_data/README.md"))
print(res)
```

Magika ではファイルパスを文字列ではなく `pathlib` [*11]のパスオブジェクトで処理している点に注意が必要です。実行結果を見やすく整形すると次のようになります。

実行結果

```
MagikaResult(
   path='sample_data/README.md',
   dl=ModelOutputFields(
       ct_label='markdown',
       score=0.9786584377288818,
       group='text',
       mime_type='text/markdown',
       magic='ASCII text',
       description='Markdown document'
    ),
    output=MagikaOutputFields(
       ct_label='markdown',
       score=0.9786584377288818,
       group='text',
       mime_type='text/markdown',
       magic='ASCII text',
       description='Markdown document'
    )
)
```

*11 https://docs.python.org/ja/3/library/pathlib.html

実行結果の意味については次のとおりです。

- `path`：この推測結果が参照しているファイルパスを示します。複数ファイルを同時にスキャンしない限り気にする必要はありません。
- `dl` ブロック: 機械学習モデルによる予測結果（デバッグ用）です。入力サイズが小さすぎる（16 バイト未満）の場合、機械学習モデルは使用されず、`dl` は `None` に設定されます。
- `output` ブロック: 機械学習モデルによる予測結果等を総合的に判断した Magika の予測結果です。機械学習モデルの予測結果が十分に信頼できる場合、`dl` ブロックと `output` ブロックの内容は一致します。

この場合、97.9 % の確信度で機械学習モデルが `markdown` 形式であると判定しています。`magika` を使う場合、基本的に `res.output.ct_label` だけに着目すれば十分です。

次に、2.1.1 で準備した解析用バイナリファイルのファイル形式を推定してみます。

コード 3.14: Magika を使った解析用バイナリファイルのファイル判定

```
res = m.identify_path(Path("/usr/bin/ls"))
print(res.output)
```

今回は `res.output` の値だけ整形して出力しています。

実行結果

```
MagikaOutputFields(
    ct_label='elf',
    score=1.0,
    group='executable',
    mime_type='application/x-executable-elf',
    magic='ELF executable',
    description='ELF executable'
)
```

解析用バイナリファイルは `elf` ファイルであると判定されました。

ちなみに、Magika が対応するファイル形式の一覧については、Magika を Colab 環境にインストールした場合、以下のフォルダに設定ファイルとして格納されています。

コード 3.15: Magika の設定ファイルの保管場所

```
!ls /usr/local/lib/python3.10/dist-packages/magika/config/
```

実行結果

```
content_types_config.json  magika_config.json
```

設定ファイルは、具体的には以下のような内容になっています。

コード 3.16: Magika の設定ファイルの内容

```
!cat /usr/local/lib/python3.10/dist-packages/magika/config/content_types_config.json
```

実行結果

```
...
    "markdown": {
        "name": "markdown",
        "extensions": [
            "md"
        ],
        "mime_type": "text/markdown",
        "group": "text",
        "magic": "ASCII text",
        "description": "Markdown document",
        "vt_type": null,
        "datasets": [
            "github"
        ],
        "parent": null,
        "tags": [
            "text",
            "dl_target"
        ],
        "model_target_label": "markdown",
        "target_label": "markdown",
        "correct_labels": [
            "markdown"
        ],
        "in_scope_for_output_content_type": true,
        "in_scope_for_training": true
    },
...
```

このファイルを見ることで、`res.output.ct_label` にどのようなラベルが格納されるのか把握することが出来ます。

3.3　BMP 形式

ここからは、画像ファイルを例に具体的に解析方法を紹介していきます。まずは、BMP 形式について取り上げます。BMP 形式は、主に Microsoft Windows で使用される標準的な画像フォーマットです。BMP ファイルは圧縮されておらず[*12]、画像の各ピクセルを独立して扱います。そのため、非常にサイズが大きい傾向がありますが、構造がシンプルで扱いやすいことから、画像処理のプログラミングの学習にもよく用いられます。

3.3.1 解析用 BMP ファイルの準備

まずは、解析に使用するファイルを準備します。外部から解析しやすいファイルを Colab に取り込んでも良いのですが、Colab の環境内で BMP ファイルを検索して、解析用 BMP ファイルとします。

コード 3.17: BMP ファイルの検索

```
!find / -name "*.bmp"
```

実行結果

```
/usr/local/lib/python3.10/dist-packages/pygame/pygame_icon_mac.bmp
/usr/local/lib/python3.10/dist-packages/pygame/examples/data/asprite.bmp
/usr/local/lib/python3.10/dist-packages/pygame/examples/data/liquid.bmp
...
```

今回は、「`/usr/...（略）.../liquid.bmp`」を使用します。

コード 3.18: 解析用ファイルの指定

```
filepath = "/usr/local/lib/python3.10/dist-packages/pygame/examples/data/liquid.bmp"
```

3.3.2 ライブラリを使った解析

まずは、ライブラリを使って BMP ファイルを扱ってみましょう。ライブラリを使うことで、ファイル構造の詳細を把握しなくても気軽に BMP ファイルを扱うことができます。

ここでは、Python で画像処理を行うための最も一般的なライブラリの一つである Pillow[*13]を使います。画像ファイルの読み込み、書き込み、編集など、基本的な操作を幅広くサポートしています。

インストールは以下のコマンドで可能です。

[*12] BMP ファイルの仕様上は圧縮も指定可能のようです（https://learn.microsoft.com/ja-jp/windows/win32/api/wingdi/ns-wingdi-bitmapinfoheader）。ただ、出回っている BMP ファイルのほとんどは無圧縮の BMP ファイルです。

[*13] https://python-pillow.org/

```
$ pip install pillow
```

なお、Colab の場合、原稿執筆時点でバージョン 9.4.0 がインストール済みです。

簡単な使用方法を見てみましょう。なお、Pillow は開発が停止した PIL（Python lmaging Library）の後継ライブラリとして派生しました。互換性のため、`PIL` という名前空間を維持しており、`PIL` モジュールをインポートして利用します。

コード 3.19: Pillow を使用した画像情報の表示

```
# Pillow モジュールの読み込み
from PIL import Image

# 画像の読み込み
img = Image.open(filepath)

# 画像情報を表示する
print(img.format)
print(img.size)
print(img.mode)
```

実行結果

```
BMP
(172, 132)
P
```

`format` 属性は、画像フォーマットを表します。例えば、`JPEG` 、`PNG` 、`BMP` などです。Pillow は様々な画像フォーマットに対応しており、`format` 属性を使って読み書きする画像フォーマットを指定することができます。

`size` 属性は、画像のサイズを表します。タプル形式で、`(幅, 高さ)` の値が格納されます。

`mode` 属性は、画像のモードを表します。モードは、画像の色情報と透明情報の表現方法を定義します。Pillow は様々なモードに対応しており、`mode` 属性を使って変換することができます。

mode	説明
`1`	1-bit pixels(白黒)、Pillow の実装上は 1 バイトで 1 ピクセルに対応
`L`	8-bit pixels(グレースケール)
`P`	8-bit pixels(256 色カラー)
`RGB`	3 × 8-bit pixels(24 ビットカラー)
`RGBA`	24 ビットカラー (RGB) ＋透過率 (A)
`CMYK`	4 × 8-bit pixels
`YCbCr`	3 × 8-bit pixels(カラービデオフォーマット)

表 3.2 Pillow で対応している代表的な画像モード

以上から、Pillow からは、先程読み込んだ画像が幅 172 ピクセル、高さ 132 ピクセルの 256 色カラーの BMP ファイルに見えることが分かります*14。

ちなみに、Pillow で読み込んだ画像は Colab で簡単に表示することができます。

コード 3.20: 画像の表示

```
img
```

実行結果

3.3.3 BMP ファイルのフォーマット概要

まずは、コード 2.13 で作成した `dump2()` を使って解析用 BMP ファイルをダンプしてみましょう。

*14 断定的な表現になっていない理由については後ほど明らかになります。

コード 3.21: 解析用 BMP ファイルのダンプ

```
dump2(filepath)
```

実行結果

```
         0  1  2  3  4  5  6  7  8  9  A  B  C  D  E  F
00000000:42 4D D6 2D 00 00 00 00 00 00 76 00 00 00 28 00   BM.-......v...(.
00000010:00 00 AC 00 00 00 84 00 00 00 01 00 04 00 00 00   ................
00000020:00 00 60 2D 00 00 12 0B 00 00 12 0B 00 00 10 00   ..‘-............
00000030:00 00 10 00 00 00 2C 3C 2D 00 8F 75 5F 00 4C B0   ......,<-..u_.L.
00000040:4C 00 A2 90 72 00 20 48 EA 00 93 7B C2 00 4E A1   L...r. H...{..N.
00000050:ED 00 A2 AC 92 00 FD A8 94 00 A0 E9 A0 00 FE DF   ................
00000060:AF 00 93 99 D1 00 C5 BA C3 00 97 CB C5 00 FE FE   ................
00000070:DB 00 00 00 00 00 99 99 99 99 99 99 99 99 99 99   ................
00000080:99 99 99 99 99 99 99 99 99 99 99 99 77 77 77 72   ............wwwr
00000090:22 22 22 22 22 22 22 22 22 22 22 22 22 22 22 22   """"""""""""""""
000000A0:22 22 22 22 22 22 22 22 22 22 22 22 22 22 22 22   """"""""""""""""
000000B0:22 22 22 22 22 22 22 22 22 22 22 22 22 22 22 22   """"""""""""""""
000000C0:22 22 00 00 00 00 00 00 00 00 00 00 00 00 99 99   ""..............
000000D0:99 99 99 99 99 99 99 99 99 99 99 99 99 99 99 99   ................
000000E0:99 99 99 99 99 97 77 77 72 22 22 22 22 22 22 22   ......wwr"""""""
000000F0:22 22 22 22 22 22 22 22 22 22 22 22 22 22 22 22   """"""""""""""""
...
```

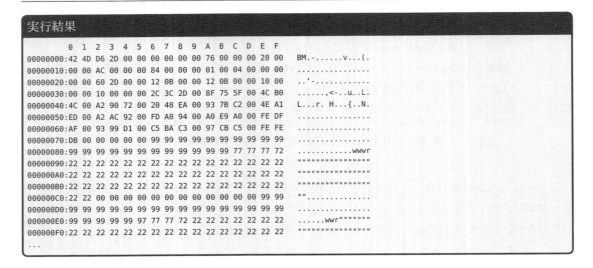

次に、この BMP ファイルを例にファイル構造を確認していきます。

BMP のファイル構造はファイルの先頭から順に以下のようになっています。バイトオーダーはリトルエンディアンです。

- **ファイルヘッダー**: BMP ファイルであることを示すシグネチャやファイルサイズなど、BMP ファイルの基本的な情報が格納されています。
- **情報ヘッダー**: 画像データの情報が格納され、ファイルヘッダーに続いて現れます。カラーパレットに関する情報も格納されます。
- **画像データ**: 画像内のピクセルを表すデータです。

ファイルヘッダーおよび情報ヘッダーの構造について詳しく見てみましょう。

オフセット	データ	説明	内容
00-01	42 4D	シグネチャ	BM
02-05	D6 2D 00 00	ファイルサイズ	11,734 バイト
06-07	00 00	予約領域 1	0
08-09	00 00	予約領域 2	0
0A-0D	76 00 00 00	イメージデータのオフセット	0x00000076

表 3.3　BMP のファイルヘッダー

オフセット	データ	説明	内容
0E-11	28 00 00 00	ヘッダーサイズ	40 バイト
12-15	AC 00 00 00	画像の幅	172 ピクセル
16-19	84 00 00 00	画像の高さ	132 ピクセル
1A-1B	01 00	プレーン数 (チャンネル数)	1
1C-1D	04 00	ピクセル毎のビット数	4 ビット → 16 色カラー
1E-21	00 00 00 00	圧縮タイプ	0： BI_RGB (無圧縮)
22-25	60 2D 00 00	イメージデータのサイズ	11,616 バイト
26-29	12 0B 00 00	水平解像度 (1m あたりの画素数)	2,834 → 72 dpi
2A-2D	12 0B 00 00	垂直解像度 (1m あたりの画素数)	2,834 → 72 dpi
2E-31	10 00 00 00	格納されているパレット数	16
32-35	10 00 00 00	重要なパレットのインデックス	16

表 3.4　BMP の情報ヘッダー

オフセット	データ	説明	内容
36-39	2C 3C 2D 00	カラーパレット 0	R(44),G(60),B(45)
3A-3D	8F 75 5F 00	カラーパレット 1	R(143),G(117),B(95)
⋮	⋮	⋮	⋮
72-75	00 00 00 00	カラーパレット 15	R(143),G(117),B(95)

表 3.5　BMP の情報ヘッダー（カラーパレット）

ファイルヘッダーおよび情報ヘッダーを読み解くと、解析用 BMP ファイルは幅 172 ピクセル、高さ 132 ピクセルの 16 色カラーの BMP ファイルであることが分かります。`Pillow` では、**BMP 画像を読み込むと 16 色カラー画像は 256 色カラー画像に変換されてしまい、正しく画像ファイルのプロパティを得られない**ことが分かります。

画像データの格納ルールについては以下のとおりです。

- 画像データは下のラインから上のラインに向かって記録（横方向は左から右）
- 画像の横のラインのデータの大きさは、4 の倍数に揃える

16 色カラーの BMP ファイルでは、1 画素あたりのデータは 0.5 バイトなので、$0.5 \times 172 = 86$ では 4 で割り切れません。4 で割り切れる 88 バイトが 1 ラインのデータになります。余分なデータには 0 で埋める 0 パディングをしています。

今回の画像データの高さは 132 ピクセルなので、$88 \times 132 = 11,616$ となり、情報ヘッダーに格納されている、「イメージデータのサイズ」の値と一致します。

コラム　コンピューターの性能向上とカラーパレットの衰退

カラーパレットは今となっては馴染みのない人も多いと思います。VRAM の容量制限で 1 画素に割り当てられるビット数が 4 ビットや 8 ビットと限定され、同時に表示できる色数が限定されていた頃の名残のものです。RAM は HDD 等の外部記録媒体と比べ、高速ですが価格が高く VRAM に割ける容量も限定的でした。したがって、1 ピクセルに割り当てられる VRAM の容量も限定的で、初期はテキストデータを格納するだけで画像は扱えず、画像が扱えるようになっても 1 ピクセルに割り当てられる VRAM は 1 ビット、つまり 2 色（白黒ではなく緑黒）でした。そのような制限の中で多様な色を同時に表現するためにパレットが利用されてきました。使用する色を RGB 値（Red、Green、Blue）で予めパレットとして指定し、VRAM にはパレット番号を格納することで、少ないビット数で多様な色を表現することができます。

PC の性能が上がり、1 画素に割り当てられる VRAM のビット数が増えた今となってはパレットを利用するメリットはほとんどなくなりました。パレットを利用することで画像ファイルのサイズが削減されるというメリットもかつてはありました。例えばフルカラー（$8 \times 3 = 24$ ビット）の画像を 256 カラーパレット（8 ビット）で表現することで未圧縮状態の情報量は 3 分の 1 に削減されます。しかしながら、様々な画像圧縮技術を使うことでファイルサイズを未圧縮状態から 3 分の 1 未満にすることができます。画像圧縮技術の多くは非可逆圧縮であり、元々の画像にノイズが加わったりします。しかしながら、フルカラーから 256 色へ減色するのも非可逆処理であるため、元々の画像から

劣化します。単純に減色した画像と人の目の特性を考慮しながら劣化して見えないように非可逆圧縮した画像のどちらがきれいに見えるのかは、明らかに後者の方が優れています。そういった意味で、パレットを利用することで画像ファイルサイズが減るというメリットも今となっては、ほぼありません。

そんなこんなで、パレットを使用する画像は減っていき、カラーパレットという概念に馴染のない人も増えているのでしょう。

ちなみに同時に表示できる色が256色であった頃の名残として、Webセーフカラー（216色）[*15]というものもあります。WindowsやMacintosh（今でいうmacOS）など、OSの異なる環境でも正しく表示される216色として考案されました。216色は256色のうち、OS自体がシステムとして使用する40色を引いたもので、RGBがそれぞれ6段階ずつで$6 \times 6 \times 6 = 216$です。こちらも同時に表示できる色数が増えた今となっては使用する意味合いは薄れています。

3.3.4 structモジュールの紹介

それでは、これらの情報を元に、BMPファイルを操作する簡単なプログラムを実装してみましょう！…と言いたいところですが、その前に`struct`モジュールについて簡単に説明します。

Pythonには、様々なデータ型を扱うための便利なモジュールが標準で用意されています。その中でも、バイナリデータを扱うためのモジュールが`struct`モジュールです。詳しい仕様についてはPythonのマニュアル[*16]を参照してください。

`struct`モジュールの代表的な関数については以下の2つです。

- `pack()`
  バイナリデータに対して読み書きするデータの構造（フォーマット文字列）に従って、データをバイト列に変換
- `unpack()`
  バイト列からフォーマット文字列に従いデータを復元

フォーマット文字列は以下に示すバイトオーダーと書式指定文字列を組み合わせて作成します。

---

*15 https://www.colordic.org/s

*16 https://docs.python.org/ja/3/library/struct.html

文字	バイトオーダー
`<`	リトルエンディアン
`>`	ビッグエンディアン
`@`	ネイティブ（ホスト環境依存）

表 3.6　バイトオーダー（一部）

バイトオーダーはフォーマット文字列の最初に指定します。省略された場合は、`@`が指定されたとみなされ、Python を実行する環境次第でフォーマット文字列の解釈が変わってしまいます。そのため、特別な理由がない限りバイトオーダーは省略しないようにしましょう。

文字	型	標準のサイズ
`x`	値なし (NULL バイト (`00`))	1
`c`	長さ 1 のバイト列	1
`b`	整数（-128〜127）	1
`B`	整数（0〜255）	1
`h`	整数（-32,768〜32,767）	2
`H`	整数（0〜65,535）	2
`l` / `i`	整数（-2^{31}〜$2^{31}-1$）	4
`L` / `I`	整数（0〜$2^{32}-1$）	4
`s`	bytes（C 文字列）	不定長（デフォルトは 1）
`p`	bytes（Pascal 文字列）	不定長（デフォルトは 1）

表 3.7　代表的な書式指定文字

書式指定文字の前に整数をつけ、繰り返し回数を指定することができます。例えば、フォーマット文字列`'4h'`は`'hhhh'`と同じ意味になります。

それでは、いくつかの使用例を見てみましょう。

コード 3.22: struct.pack() の使用例

```
import struct

struct.pack("<bhl",1,2,3)
```

このコードは、`struct` モジュールの `pack()` を使用して、1、2、3 という整数値をリトルエンディアン形式で、それぞれ大きさ 1 バイト、2 バイト、4 バイトで表現したバイト列に変換し、変換結果を表示します。

実行結果

```
b'\x01\x02\x00\x03\x00\x00\x00'
```

バイト列からデータを復元するには `unpack()` を使います。バイト列を生成する際に指定したバイトオーダーと異なるバイトオーダーでバイト列を解釈するとどうなるか確認してみましょう。

コード 3.23: struct.unpack() の使用例

```
struct.unpack(">bhl",b'\x01\x02\x00\x03\x00\x00\x00')
```

コード 3.22 で使用したフォーマット文字列の `"<"` を `">"` に変更しています。

実行結果

```
(1, 512, 50331648)
```

大きさが 1 バイトのデータはバイトオーダーの影響を受けませんが、それ以外のデータは全く違った値となってしまいました。バイトオーダーの指定ミスは、バグが顕在化（実行エラーが発生[*17]）する箇所と実装ミスの箇所が離れているため、気づきにくいので特に注意しましょう。

次に文字列を扱ってみます。`struct` モジュールで文字列を扱う場合、C 文字列形式と Pascal 文字列形式を扱うことができます。

コード 3.24: struct.pack() の使用例（C 文字列形式）

```
struct.pack("6s",b"test")
```

`"6s"` は 6 バイト長の文字列を意味します。このコードは `struct` モジュールの `pack()` を使用して、文字列 `"test"` を 6 バイト長のバイナリデータに変換します。

実行結果

```
b'test\x00\x00'
```

`"test"` は 4 バイトなので、残り 2 バイトは `0x00` で埋められます（0 パディング）。

同様の処理を Pascal 文字列形式で試してみます。

*17 実行エラーが発生すれば分かりやすいですが、表面的には正常に動いているように見える場合は更に厄介です。

コード 3.25: struct.pack() の使用例（Pascal 文字列形式）

```
struct.pack("6p",b"test")
```

実行結果

```
b'\x04test\x00'
```

最初の 1 バイト目は文字列の長さが格納されます。 `"test"` は 4 バイトなので、 `0x04` が格納されます。その後、文字列本体が 4 バイト続き、余った 1 バイトは 0 パディングされます。

コラム　C 文字列と Pascal 文字列：メモリ上の文字列表現

メモリ上で文字列を表現する方法は様々ですが、C 言語で採用された C 文字列と Pascal 言語で採用された Pascal 文字列について紹介します。

C 文字列は、文字列の末尾に終端文字（ `NULL` : `00` ）を追加することで表現されます。文字列の長さは、終端文字までの文字数によって決まります。C 文字列のメリットは、シンプルでメモリ管理が容易*18であることです。一方、終端文字の存在によって文字列の長さを計算する必要があります。さらに、終端文字の制御に失敗すると、プログラムが用意した領域（バッファ）よりも多くのデータを書き込み、意図せず周辺のメモリ領域を上書きしてしまうバッファオーバーフローと呼ばれる深刻な脆弱性が発生する可能性があります*19。

Pascal 文字列は、文字列の長さの情報を先頭の 1 バイトに格納することで表現されます。文字列の長さは、この情報によって決まります。このため、文字列の長さは最大 255 文字までに制限されてしまいます。

ちなみに、Python の文字列は、データ（文字列）そのものだけでなく、そのデータに関する情報（長さなど）も含まれます。そのため、文字列にデータを書き込む際には、オブジェクトの長さを自動的にチェックします。Python は、C 言語のように手動でメモリ管理を行う必要がないため、バッファオーバーフローが発生する可能性は低くなっています。

---

*18 開発者に丸投げとも言います。

*19 なので、最近は開発者が意識しなくてもバッファオーバーフロー等の脆弱性が発生しにくい Rust、Go、Swift などの言語が開発されています。

3.3.5 BMP ファイルの情報を表示するプログラムの作成

それでは、これまでの情報を元に、BMP ファイルを操作する簡単なプログラムを実装してみましょう。どんな BMP 画像にも対応できるようにするためには、BMP ファイルフォーマットに精通する必要があり、本書の紙面で詳細に解説することはできません。従って、既存 BMP ファイルを活用し、これまでに紹介した範囲で作れる簡単なプログラムを作成していきます。

まずは、`struct` モジュールの練習として、ファイルヘッダーと情報ヘッダーの内容を表示してみましょう。

コード 3.26: BMP のファイルヘッダー・情報ヘッダーの表示

```
import struct

with open(filepath, "rb") as f:
    f_header = f.read(14)
    print(struct.unpack("<2sLHHL",f_header))
    i_header_size = struct.unpack("<l",f.read(4))[0]
    if i_header_size == 40:#Windows Bitmapの場合
        i_header = f.read(36)
        print(struct.unpack("<2L2H6L',i_header))
    else:
        print(i_header_size)
```

コード 3.26 は、BMP ファイルのヘッダー情報を解析し、ファイル形式（Windows Bitmap か否か）を判断しながら、ファイルヘッダーと情報ヘッダーの内容をそのまま出力します。BMP には様々な形式があるので、すべての形式に対応しているわけではありません。動作の詳細については以下のとおりです。

- `open(filepath, "rb") as f:` : BMP ファイルをバイナリモードで開きます。
- `f.read(14)` : ファイルの先頭 14 バイトはファイルヘッダーとなっているので、ファイルヘッダーを `f_header` 変数に読み込みます。
- `struct.unpack("<2sLHHL",f_header)` : 読み込んだファイルヘッダー（ `f_header` ）を解析します。フォーマット文字列 `"<2sLHHL"` の内容は表 3.3 に対応しています。
- `struct.unpack("<l",f.read(4))[0]` : 次の 4 バイトを読み込み、情報ヘッダーのサイズを取得します。 `unpack()` の結果はタプル形式で返されるため、読み込む要素が 1 つの場合でも `[0]` で 1 番目の要素であることを指定します。
- `if i_header_size == 40:` : BMP ファイルが Windows Bitmap 形式のときに情報ヘッダー処理をします。
  - `i_header = f.read(36)` : 情報ヘッダ 40 バイトのうち残り 36 バイトを `i_header` 変数に読み込みます。

– `struct.unpack("<2L2H6L",i_header)`：読み込んだ情報ヘッダ（ `i_header` ）を解析します。フォーマット文字列 `"<2L2H6L"` の内容は表 3.4 を参照してください。

実行結果

```
(b'BM', 11734, 0, 0, 118)
(172, 132, 1, 4, 0, 11616, 2834, 2834, 16, 16)
```

出力される内容は表 3.3 と表 3.4 の内容と一致しています。

コード 3.26 を改良し、カラーパレットの情報を表示してみます。

コード 3.27: カラーパレットの情報の表示

```
1  import struct
2  
3  with open(filepath, "rb") as f:
4      f_header = struct.unpack("<2sLHHL",f.read(14))
5      i_header_size = struct.unpack("<l",f.read(4))[0]
6      if i_header_size == 40:#Windows Bitmapの場合
7          i_header = struct.unpack("<2L2H6L",f.read(36))
8          bcBitCount = i_header[3]
9          biClrUsed = i_header[8]
10         if bcBitCount <= 8:
11             print("Color␣Palette:␣num␣(R,G,B)")
12             for i in range(biClrUsed):
13                 print(i,struct.unpack("4B",f.read(4)))
14     else:
15         print(i_header_size)
```

このコードは、BMP ファイルのヘッダー情報を解析し、カラーパレットの情報を出力します。

- **コード 3.26** との共通部分（7 行目まで）：BMP ファイルのファイルヘッダーと情報ヘッダーを解析し、 `i_header` 変数に情報ヘッダーが格納されています。
- `bcBitCount` 変数にはカラー深度（ピクセル毎のビット数）が、 `biClrUsed` 変数にはパレット数が格納されます。情報ヘッダーの何番目の要素であるかは表 3.4 を参照してください。
- `if bcBitCount <= 8:`：カラー深度（ `bcBitCount` ）の値が 8 ビット以下である場合、カラーパレットを使用している BMP ファイルであると判断します。
- `for i in range(biClrUsed):`：カラーパレット数だけループします。
- `struct.unpack("4B",f.read(4))`：4 バイト読み込み、バイト列からカラーパレットのデータを復元（R、G、B、予約でそれぞれ 1 バイト）します。

実行結果

```
Color Palette: num (R,G,B)
0 (44, 60, 45, 0)
1 (143, 117, 95, 0)
2 (76, 176, 76, 0)
3 (162, 144, 114, 0)
4 (32, 72, 234, 0)
5 (147, 123, 194, 0)
6 (78, 161, 237, 0)
7 (162, 172, 146, 0)
8 (253, 168, 148, 0)
9 (160, 233, 160, 0)
10 (254, 223, 175, 0)
11 (147, 153, 209, 0)
12 (197, 186, 195, 0)
13 (151, 203, 197, 0)
14 (254, 254, 219, 0)
15 (0, 0, 0, 0)
```

無事にカラーパレットの情報を表示することができました。

3.3.6 応用：BMP ファイルを使ったステガノグラフィ

それではちょっとした応用として、簡単なステガノグラフィを作ってみましょう。ステガノグラフィとは、画像や音声などのデジタルデータに秘密のメッセージを隠す技術です。一見すると何も隠されていないように見えますが、専用のツールを使えばメッセージを取り出すことができます。

BMP ファイルは基本的には無圧縮で画像データを格納しているので、画像データ格納部分を不用意に書き換えたとしてもフォーマットエラーにはなりません。一部のピクセルデータを書き換えることでステガノグラフィを実現してみましょう。

コード **3.28:** ステガノグラフィ その1

```
src_filepath = "sample_data/README.md"
dst_filepath = "a.bmp"

with open(filepath, "rb") as f:
    body = f.read()
    f_header = struct.unpack("<2sLHHL",body[:0x0E])
    img_offset = f_header[4]

with open(src_filepath, "rb") as f:
    src_body = f.read()

with open(dst_filepath,"wb") as f:
    f.write(body[:img_offset])
    f.write(struct.pack("<L",len(src_body)))
    f.write(src_body)

    rest = len(body) - img_offset - 4 - len(src_body)
```

```
    if rest > 0:
        f.write(body[-rest:])
```

このコードは `filepath` に指定された BMP ファイルの画像データ部分に `src_filepath` に指定されたファイルを埋め込み、結果を `dst_filepath` に出力します。

- `body` 変数には `filepath` で指定されたファイルのデータが入っています。
- `img_offset` は画像データが格納されているオフセットアドレスです。
- `f.write(body[:img_offset])`： `dst_filepath` の画像データ以外の部分は `filepath` と共通です。
- `f.write(struct.pack("<L",len(src_body)))`：埋め込むデータの長さを書き込みます。この長さを示す情報は埋め込みデータを取り出す際に使用します。
- `f.write(src_body)`： `src_filepath` の内容を埋め込みます。
- `rest = len(body) - img_offset - 4 - len(src_body)`：元々の画像データの残り部分を書き込むため、残り部分の大きさ（ `rest` ）を計算します。
- `if rest > 0:`： `rest` が 0 より大きい場合に、元ファイルの残りを書き込みます[*20]。

このコードを実行後に生成される埋め込み後の画像ファイル（ `dst_filepath` ）をダンプしてみましょう。

コード 3.29: 埋め込み後の画像ファイルのダンプ

```
dump2(dst_filepath)
```

実行結果

```
         0  1  2  3  4  5  6  7  8  9  A  B  C  D  E  F
00000000:42 4D D6 2D 00 00 00 00 00 00 76 00 00 00 28 00   BM.-......v...(.
00000010:00 00 AC 00 00 00 84 00 00 00 01 00 04 00 00 00   ................
00000020:00 00 60 2D 00 00 12 0B 00 00 12 0B 00 00 10 00   ..‘-............
00000030:00 00 10 00 00 00 2C 3C 2D 00 8F 75 5F 00 4C B0   ......,<-..u_.L.
00000040:4C 00 A2 90 72 00 20 48 EA 00 93 7B C2 00 4E A1   L...r. H...{..N.
00000050:ED 00 A2 AC 92 00 FD A8 94 00 A0 E9 A0 00 FE DF   ................
00000060:AF 00 93 99 D1 00 C5 BA C3 00 97 CB C5 00 FE FE   ................
00000070:DB 00 00 00 00 00 A2 03 00 00 54 68 69 73 20 64   ..........This d
00000080:69 72 65 63 74 6F 72 79 20 69 6E 63 6C 75 64 65   irectory include
00000090:73 20 61 20 66 65 77 20 73 61 6D 70 6C 65 20 64   s a few sample d
000000A0:61 74 61 73 65 74 73 20 74 6F 20 67 65 74 20 79   atasets to get y
000000B0:6F 75 20 73 74 61 72 74 65 64 2E 0A 0A 2A 20 20   ou started...*
000000C0:20 60 63 61 6C 69 66 6F 72 6E 69 61 5F 68 6F 75    ‘california_hou
```

[*20] `rest` が負になった場合、 `dst_filepath` は、画像データ終了後に不要なデータが続く BMP ファイルとなりますが、大抵の画像処理ソフトは不要なデータを無視して正常に動作します。

```
000000D0:73 69 6E 67 5F 64 61 74 61 2A 2E 63 73 76 60 20   sing_data*.csv‘
000000E0:69 73 20 43 61 6C 69 66 6F 72 6E 69 61 20 68 6F   is California ho
000000F0:75 73 69 6E 67 20 64 61 74 61 20 66 72 6F 6D 20   using data from
...
```

画像データが始まる `0x00000076` に埋め込んだデータの長さ（ `0x3A2` ）が 4 バイトで格納され、その後の `0x0000007A` 以降に、 `src_filepath` の内容が埋め込まれてます。

`dst_filepath` の BMP 画像を表示してみましょう。

コード 3.30: 埋め込み後の画像ファイルの表示

```python
# モジュールの読み込み
from PIL import Image

# 画像の読み込み
img = Image.open(dst_filepath)

img
```

実行結果

実行時に特にエラーが発生することもなく画像が表示されていることが分かります。一方、画像の下の方にノイズが発生しており、人の目では違和感があることとも分かります。

それでは、カラーパレットのデータを書き換え、全ての色を黒にすることでノイズを目立たなくさせましょう。

コード 3.31: ステガノグラフィ その2

```python
src_filepath = "sample_data/README.md"
dst_filepath = "a.bmp"

with open(filepath, "rb") as f:
    body = f.read()
    f_header = struct.unpack("<2sLHHL",body[:0x0E])
    img_offset = f_header[4]
```

```

with open(src_filepath, "rb") as f:
    src_body = f.read()

with open(dst_filepath,"wb") as f:
    f.write(body[:14+40])
    f.write(b'\x00'*(img_offset-54))
    f.write(struct.pack("<L",len(src_body)))
    f.write(src_body)

    rest = len(body) - img_offset - 4 - len(src_body)
    if rest > 0:
        f.write(body[-rest:])
```

このコードの多くはコード 3.28 と共通です。`f.write(b'\x00'*(img_offset-54))` で、カラーパレット部分を `0x00` で埋めて、すべてのカラーパレットの RGB 値を `(0,0,0)` の黒に書き換えている部分がポイントです。

埋め込み後の画像ファイルをダンプしてみましょう。

コード 3.32: 改良版埋め込み後の画像ファイルのダンプ

```
dump2(dst_filepath)
```

実行結果

```
          0  1  2  3  4  5  6  7  8  9  A  B  C  D  E  F
00000000:42 4D D6 2D 00 00 00 00 00 00 76 00 00 00 28 00   BM.-......v...(.
00000010:00 00 AC 00 00 00 84 00 00 00 01 00 04 00 00 00   ................
00000020:00 00 60 2D 00 00 12 0B 00 00 12 0B 00 00 10 00   ..‘-............
00000030:00 00 10 00 00 00 00 00 00 00 00 00 00 00 00 00   ................
00000040:00 00 00 00 00 00 00 00 00 00 00 00 00 00 00 00   ................
00000050:00 00 00 00 00 00 00 00 00 00 00 00 00 00 00 00   ................
00000060:00 00 00 00 00 00 00 00 00 00 00 00 00 00 00 00   ................
00000070:00 00 00 00 00 00 A2 03 00 00 54 68 69 73 20 64   ..........This d
00000080:69 72 65 63 74 6F 72 79 20 69 6E 63 6C 75 64 65   irectory include
00000090:73 20 61 20 66 65 77 20 73 61 6D 70 6C 65 20 64   s a few sample d
000000A0:61 74 61 73 65 74 73 20 74 6F 20 67 65 74 20 79   atasets to get y
000000B0:6F 75 20 73 74 61 72 74 65 64 2E 0A 0A 2A 20 20   ou started...*
000000C0:20 60 63 61 6C 69 66 6F 72 6E 69 61 5F 68 6F 75    ‘california_hou
000000D0:73 69 6E 67 5F 64 61 74 61 2A 2E 63 73 76 60 20   sing_data*.csv‘
000000E0:69 73 20 43 61 6C 69 66 6F 72 6E 69 61 20 68 6F   is California ho
000000F0:75 73 69 6E 67 20 64 61 74 61 20 66 72 6F 6D 20   using data from
...
```

画像データが始まる `0x0000007A` 以降に、`src_filepath` の内容が埋め込まれているという点は変わりません。

埋め込み後の画像を表示してみましょう。

コード 3.33: 改良版埋め込み後の画像の表示

```python
# モジュールの読み込み
from PIL import Image

# 画像の読み込み
img = Image.open(dst_filepath)

img
```

実行結果

これで、人の目では真っ黒な画像ですが、実際は何らかのデータが埋め込まれている BMP ファイルの完成です。なお、今回は平文でデータを埋め込んでいるため、マルウェア等を埋め込んだ場合は既存の検知ソフトで簡単に検知することが可能です。

コラム 新技術と研究倫理〜ステガノグラフィを例に〜

本来は秘密のメッセージ共有に利用されるステガノグラフィですが、悪意ある人物によってマルウェアを隠すためにも使われます。秘密データの埋め込みは簡単ですが、防御側はあらゆる埋め込み手法の中から埋め込み手法を特定する必要があり、検出が困難という課題があります。

ステガノグラフィの検出を目的とした研究は、エントロピーや機械学習など様々な観点から行われています。これらの手法は特定の有名な手法に対して高い検知率を達成しますが、万能な手法は存在しません。本書では、検知を簡単にするため、敢えてステガノグラフィと呼べるか微妙な真っ黒な画像にするという手法を紹介しています。例えば、画像に独自にビットレベルでデータを埋め込む場合、一般的なマルウェア対策ツールでは検出が困難です。しかし、仮にステガノグラフィがシステム内に送り込まれたとしても、埋め込まれたデータやプログラムを取り出すプログラムを実行させなければ、実害は発生しません。とは言え、システム内に不正なデータが紛れ込んでいるという状況は、あまり気持ちの良いものではありません。

このような中、ステガノグラフィを利用した攻撃を防ぐ技術の 1 つとして CDR（Content Disarm and Reconstrution）があります。CDR はファイルを分解して有害なデータを取り除き、無害なファイルとして再構成します。例えば、本書で紹介した、パレット情報を操作することで真っ黒に見える有害な画像についても、一旦画像を描画し、その画像を保存することで、本当に真っ黒で無害な画像に変換されます。CDR を実装するには、本書で紹介しているようなバイナリ操作とファイルフォーマットの仕様に精通する必要があります。そのため、CDR の対応ファイルフォーマットを増加させるには、それなりのコストがかかります。

技術には正の側面と負の側面があります。新しい技術を開発すると、つい正の側面ばかりに目が行きがちですが、視点を変えて負の側面にも着目することが重要です。手法を公開する場合、メリット・デメリットを両面から検討し、デメリットが大きい場合は、対策・緩和策とセットで公開したり、公開方法・対象を再検討したりする必要があります。近年、サイバーセキュリティ関係の学会では、このような点を「研究倫理」（research ethics）という視点で明示的な検討を求める傾向が強まっています。その一方で、多角的な視点で検討するには個人の経験だけでは限界があります。そのため、自分と異なる背景を持つ人物と議論できる関係を構築することは、多角的な視点を研究に取り入れる近道の 1 つです。

3.4　PNG 形式

BMP 形式の次は PNG 形式について取り上げます。PNG は、Portable Network Graphic の略です。PNG 形式は高品質な画像をインターネットで転送する形式として開発され、可逆圧縮[*21]を使っているという特徴があります。無圧縮の BMP ファイルよりファイルサイズは小さくなりますが、後ほど紹介する JPEG 形式のような非可逆圧縮[*22]の画像ファイルよりはファイルサイズは大きくなる傾向があります。保存により、画像の品質を損なうことないため、画像素材として活用がしやすいという特徴があります。そのため、グラフィックデザイナーは PNG ファイルを好んで使うそうです[*23]。

---

*21 データを圧縮して、内容をまったく損なうことなくもとに戻せる圧縮方式

*22 データの一部を省いたり変換してファイルサイズを小さくするため完全にはもとに戻せなくなる圧縮方式

*23 図形を座標や数式で保持するベクター画像の方が拡大時に滑らかなので、グラデーションや写真を扱うのでなければ PNG 形式よりはベクター画像の方を好んで使うかもしれません…

3.4.1 解析用 PNG ファイルの準備

まずは、解析に使用するファイルを準備します。Colab の環境内で PNG ファイルを検索して、解析用 PNG ファイルとします。

コード **3.34: PNG** ファイルの検索

```
!find / -name "*.png"
```

実行結果

```
...
/opt/nvidia/nsight-compute/2023.2.2/docs/NsightCompute/graphics/main-menu.png
/opt/nvidia/nsight-compute/2023.2.2/docs/ProfilingGuide/graphics/roofline-analysis.png
/opt/nvidia/nsight-compute/2023.2.2/docs/ProfilingGuide/graphics/memory-chart-a100.png
...
```

今回は、「`/opt/...（略）.../roofline-analysis.png`」を使用します。

コード **3.35:** 解析用ファイルの指定

```
filepath = "/opt/nvidia/nsight-compute/2023.2.2/docs/ProfilingGuide/graphics/roofline-analysis.png"
```

3.4.2 ライブラリを使った解析

まず Python で PNG ファイルを扱う代表的なライブラリについて紹介します。

Pillow

Pillow は、Python で画像処理を行うための最も一般的なライブラリの一つです。PNG ファイルの読み込み、書き込み、編集など、基本的な操作を幅広くサポートしています。

BMP 形式の解説で取り上げたので詳細は省略します。

OpenCV

OpenCV[*24]は、画像処理とコンピュータービジョンに特化したライブラリです。PNG ファイルの読み込み、書き込み、変換など、基本的な操作に加え、高度な画像処理機能も豊富に備えています。

インストールは以下のコマンドで可能です。

---

*24 https://opencv.org/

```
$ pip install opencv-python
```

なお、Colab の場合、原稿執筆時点でバージョン 4.8.0.76 がインストール済みです。

OpenCV で画像ファイルを操作する例を紹介します。OpenCV を利用するには `cv2` モジュールをインポートします。

コード 3.36: OpenCV 使用例 1

```
import cv2
import matplotlib.pyplot as plt

# 画像を読み込み
img = cv2.imread(filepath)
# 描画用にRGBに変換
show_img = cv2.cvtColor(img,cv2.COLOR_BGR2RGB)
# 画像を表示
plt.imshow(show_img)
```

使い方は Pillow と同様ですが、OpenCV の場合、画像を読み込む際に何もオプションを指定しないと、ピクセルの色情報の順番が RGB ではなく BGR という順番になることに注意してください。`matplotlib` で画像を表示する場合はピクセルの色情報の順番を RGB にする必要があります。

実行結果

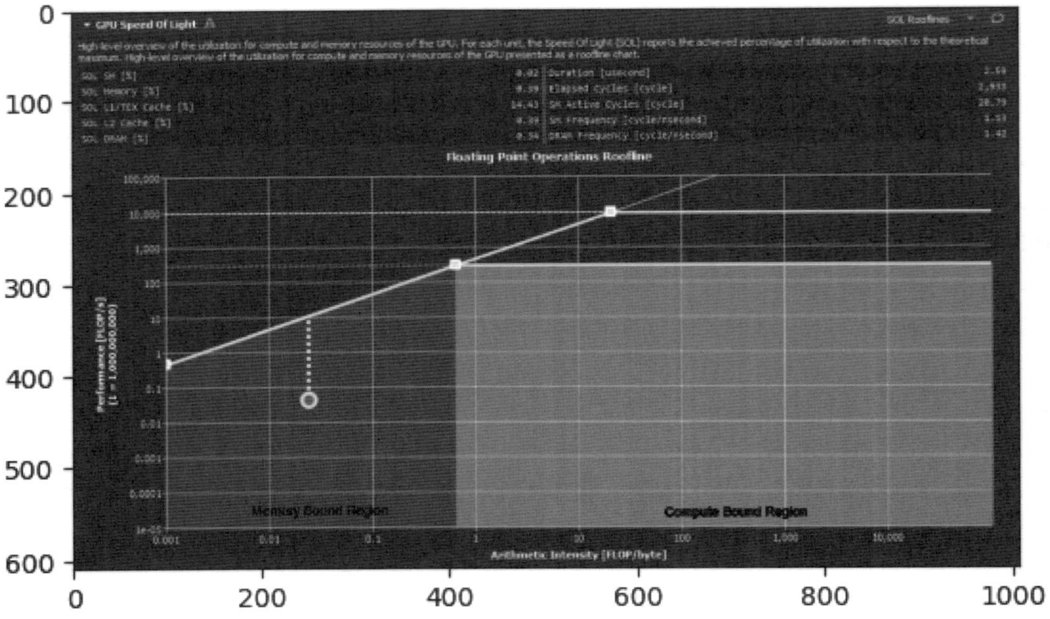

scikit-image

scikit-image[*25]は、画像処理に特化したライブラリです。PNG ファイルの読み込み、書き込み、変換など、基本的な操作に加え、画像解析やフィルタリングなどの機能も備えています。

インストールは以下のコマンドで可能です。

```
$ pip install scikit-image
```

なお、Colab の場合、原稿執筆時点でバージョン 0.19.3 がインストール済みです。

使用方法は省略します。

PyPNG

PyPNG[*26]は、PNG 形式に特化したライブラリです。PNG ファイルの詳細な情報を読み書きしたり、低レベルな操作を行うことができます。なお、画像表示には対応していませんので、画像を表示したい場合は前述の OpenCV で使用していた `matplotlib` 等と組み合わせる必要があります。

Colab のランタイムには、原稿執筆時点ではインストールされていません。インストールは以下のコマンドで可能です。

コード 3.37: PyPNG のインストール

```
!pip install pypng
```

PyPNG の使用例について簡単に紹介します。

コード 3.38: PyPNG 使用例

```
from png import Reader

# PNGファイルを開く
with open(filepath, "rb") as f:
    # PNGリーダーを作成
    r = Reader(f)

    # ヘッダー情報を読み込む
    x = r.read()

    # メタ情報を表示
    print(f"Width: {x[0]}")
    print(f"Height: {x[1]}")
    print(f"info: {x[3]}")
```

*25 https://scikit-image.org/

*26 https://pypi.org/project/pypng/

実行結果

```
Width: 1007
Height: 610
info: {'greyscale': False, 'alpha': True, 'planes': 4, 'bitdepth': 8, 'interlace': 0, 'size': (1007, 610), '
   background': (2, 189, 8), 'physical': _Resolution(x=3780, y=3780, unit_is_meter=True)}
```

`png.Reader.read()` メソッドはタプルで以下の 4 つの値を返します[*27]。

- `width`：PNG 画像の幅 (ピクセル単位)
- `height`：PNG 画像の高さ (ピクセル単位)
- `rows`：画像データのシーケンスまたはイテレータ
- `info`：画像メタデータの辞書

3.4.3　PNG ファイルの構造

それでは、解析用 PNG ファイルを使いながら PNG ファイルのファイル構造を解説していきます。PNG 形式の仕様は公開[*28]されていますので、詳細が気になる方は仕様も参照してください。まずは、解析用 PNG ファイルをコード 2.13 で作成した `dump2()` を使ってダンプしてみましょう。

コード 3.39: 解析用 PNG ファイルのダンプ

```
dump2(filepath)
```

実行結果

```
          0  1  2  3  4  5  6  7  8  9  A  B  C  D  E  F
00000000:89 50 4E 47 0D 0A 1A 0A 00 00 00 0D 49 48 44 52   .PNG........IHDR
00000010:00 00 03 EF 00 00 02 62 08 06 00 00 00 B6 23 F3   .......b......#.
00000020:97 00 00 22 8A 7A 54 58 74 52 61 77 20 70 72 6F   ...".zTXtRaw pro
00000030:66 69 6C 65 20 74 79 70 65 20 65 78 69 66 00 00   file type exif..
00000040:78 DA AD 9C 69 72 5C B9 B2 A4 FF 63 15 BD 04 CC   x...ir\....c....
00000050:C3 72 30 9A BD 1D F4 F2 FB 73 9C 24 99 A4 A8 7B   .r0......s.$...{
00000060:AB DA 5E A9 24 52 C9 4C 0C 31 78 B8 07 70 64 F6   ..^.$R.L.1x..pd.
00000070:FF FD 9F 63 FE 0F FF D5 16 A2 89 A9 D4 DC 72 B6   ...c..........r.
00000080:FC 17 5B 6C BE F3 4D B5 CF 7F ED FE E9 6C BC 7F   ..[l..M......l..
00000090:DE FF F6 B1 E1 F5 EA B7 D7 4D F6 D6 DF EF 3C 2F   .........M....</
000000A0:E9 2D CF DB 6C E9 CF 57 D7 79 3D 7D 7D E0 63 0E   .-..l..W.y=}}.c.
000000B0:37 BE BF 6E EA EB 27 BE BE 06 7A FD E0 63 C0 A0   7..n..'...z..c..
000000C0:99 35 D5 7A 5F 24 AF FB E7 75 17 5F 03 B5 FD 7C   .5.z_$...u._...|
000000D0:93 5B 2D EF 4B 1D CF 3A ED 7C BD F1 2E E5 F5 7B   .[-.K..:.|.....{
000000E0:BC 06 BD 2B B2 CF DF CD FB 0B B1 60 A5 95 98 28   ...+.......`...(
```

[*27] 詳細は https://gitlab.com/drj11/pypng/-/blob/main/man/ex.rst 参照

[*28] http://www.libpng.org/pub/png/spec/1.2/png-1.2.pdf

```
000000F0:78 BF 83 0B F6 FE 59 9F 15 84 E7 77 E7 77 E4 4F   x.....Y....w.w.O
...
```

まず、PNG ファイルの先頭 8 バイトは PNG 形式であることを示すシグネチャ[*29]が格納されています。具体的には以下の表のようになっています。

オフセット	値	説明
`00`	`89`	最上位ビットが設定されたバイト
`01`	`50`	`P`
`02`	`4E`	`N`
`03`	`47`	`G`
`04`	`0D`	`CR`：MS-DOS における改行（2 バイト）のうちの 1 バイト目
`05`	`0A`	`LF`：MS-DOS における改行（2 バイト）のうちの 2 バイト目
`06`	`1A`	MS-DOS におけるテキストファイルの終了文字（EOF）
`07`	`0A`	`LF`：UNIX における改行（1 バイト）

表 3.8　PNG ファイルの先頭 8 バイト (シグネチャ)

その後はチャンクと呼ばれるデータの塊で構成されており、各チャンクのバイトオーダーはビッグエンディアンで、具体的には以下の構造となっています。

名称	長さ	説明
length	4 バイト	チャンクデータの長さ
type(name)	4 バイト	チャンクの種類を示す識別子
data	length で指定した長さ	type に応じたデータ
CRC	4 バイト	type ＋チャンクデータ（length ＋ 4 バイト）のチェックサム

表 3.9　PNG ファイルのチャンクの構造

チャンクは様々な種類があり、必須となるチャンクが `IHDR`、`IDAT`、`IEND` の 3 つです。`IHDR` チャンクは必ず先頭にあり、`IEND` チャンクは必ず末尾に来ます。

---

*29 PNG Signature: `http://www.libpng.org/pub/png/book/chapter08.html`

IHDR チャンク

このチャンクには画像のサイズ、色などの情報が格納されています。

名称	長さ	説明
Width	4 バイト	画像の横幅
Height	4 バイト	画像の縦幅
Bit depth	1 バイト	ビット深度
Color type	1 バイト	`01`:パレット使用、`02`:カラー、`04`:α チャンネル、等
Compression method	1 バイト	`00`: Deflate 圧縮
Filter method	1 バイト	圧縮前の画像データに対して行った事前処理
Interlace method	1 バイト	`00`: インターレースなし、`01`: Adam7 インターレース

表 3.10　IHDR チャンクの構造

IDAT チャンク

`IDAT` チャンクには画像の各ピクセルの情報が格納されています。例えば `IHDR` チャンクで Bit depth が `08` 、Color type が `02` と定義されていた場合、1 ピクセルのデータは RGB の 3 バイトで表現されます。従って、例えば横幅・縦幅が 256 ピクセルの画像の場合、$256 \times 256 \times 3 = 196,608$ バイトが画像のデータとなります。さらに、この画像データは 1.6.3 で取り上げた Deflate で圧縮されています。

IEND チャンク

チャンクの塊の最後に出現するチャンクであり、ファイルの終端であることを示しています。`IEND` チャンクはチャンクデータを持たず、Length の値は常に 0 で、CRC も特定の値で固定となっています。

名称	長さ	値
Length	4 バイト	0
type	4 バイト	`IEND`
CRC	4 バイト	`AE 42 60 82`

表 3.11　IEND チャンクの構造

3.4.4 PNG ファイルを分解するプログラムの作成

以上を踏まえて、PNG ファイルをチャンク単位に分解するプログラムを書いてみましょう。

コード 3.40: PNG ファイルをチャンク単位に分解

```
import struct
import binascii

filepath = '/opt/nvidia/nsight-compute/2023.2.2/docs/ProfilingGuide/graphics/roofline-analysis.png'

chunks = []
with open(filepath, "rb") as f:
    signature = f.read(8)

    while True:
        length, name = struct.unpack(">L4s",f.read(8))
        data = f.read(length)
        CRC = struct.unpack(">L",f.read(4))[0]
        chunks.append([length,name,data,CRC])
        if name == b'IEND':
            break

for chunk in chunks:
    crc = binascii.crc32(chunk[1]+chunk[2])
    print(f"{chunk[1]}:␣{chunk[0]}␣byte,␣CRC32:{chunk[3]:08X},{crc:08X}")
```

このコードは、PNG ファイルをチャンク単位に分割し、各チャンクの情報を出力するものです。チャンクの情報は `chunks` リストに格納されます。動作の詳細は以下のとおりです。

- `open(filepath, "rb")` で、PNG ファイルを読み込みバイナリモードで開きます。
- `signature = f.read(8)` で、ファイルの先頭 8 バイト（PNG ファイルのシグネチャ）を読み込みます。
- `while True:` ループで、チャンクを読み込み続けます。
  - `length, name = struct.unpack(">L4s",f.read(8))` で、チャンクの長さと名前を読み込みます。
  - `data = f.read(length)` で、チャンクのデータを読み込みます。
  - `CRC = struct.unpack(">L",f.read(4))[0]` で、チャンクの CRC32 チェックサムを読み込みます。
  - `chunks.append([length,name,data,CRC])` で、読み込んだチャンクの情報（長さ、名前、データ、CRC32 チェックサム）をリスト `chunks` に追加します。
  - `if name == b'IEND': break` で、チャンクの名前が `IEND` である場合、ループを終了します。 `IEND` チャンクは、PNG ファイルの最後のチャンクであることを示します。
- `for chunk in chunks:` でチャンクの情報を出力します。

- CRC32:{chunk[3]:08X} は、チャンクの CRC32 チェックサムを出力します。
- binascii.crc32(chunk[1]+chunk[2]) は、チャンクの名前とデータの CRC32 チェックサムを計算します。チャンクに記録された CRC32 と実際に計算した CRC32 が一致するか確認することで、読み込まれたチャンクのデータ整合性を検証することができます。

実行結果

```
b'IHDR': 13 byte, B623F397,B623F397
b'zTXt': 8842 byte, 47F32BA6,47F32BA6
b'iCCP': 389 byte, 97769273,97769273
b'bKGD': 6 byte, 40DE0D6E,40DE0D6E
b'pHYs': 9 byte, 952B0E1B,952B0E1B
b'tIME': 7 byte, E46C8621,E46C8621
b'IDAT': 8192 byte, 64251E24,64251E24
b'IDAT': 8192 byte, 97964230,97964230
b'IDAT': 8192 byte, 64BAACEB,64BAACEB
b'IDAT': 8192 byte, 979B1574,979B1574
b'IDAT': 8192 byte, E8D90928,E8D90928
b'IDAT': 4419 byte, 64A163D7,64A163D7
b'IEND': 0 byte, AE426082,AE426082
```

実行結果から、解析用 PNG ファイルは多数のチャンクから構成されることが分かります。

IHDR チャンクの情報を表示

つぎに、 IHDR チャンクの情報を表示してみましょう。

コード 3.41: IHDR チャンクの情報を表示

```
for chunk in chunks:
    if chunk[1]==b'IHDR':
        header = struct.unpack(">2L5B", chunk[2])
        print(f"Width: {header[0]}")
        print(f"Height: {header[1]}")
        print(f"Bit depth: {header[2]}")
        print(f"Color type: {header[3]}, ", end="")
        if header[3]==0:
            print("Grayscale")
        elif header[3]==2:
            print("RGB")
        elif header[3]==3:
            print("Palette index")
        elif header[3]==4:
            print("Grayscale with alpha")
        elif header[3]==6:
            print("RGB with alpha")
        else:
            print("Unknown")
        print(f"Compression method: {header[4]}")
        print(f"Filter method: {header[5]}")
        print(f"Interlace method: {header[6]}")
```

コードの構成は BMP ファイルのヘッダー解析と同様なので動作の詳細は省略します。表 3.10 を参照しながらコードを解釈してください。

実行結果

```
Width: 1007
Height: 610
Bit depth: 8
Color type: 6, RGB with alpha
Compression method: 0
Filter method: 0
Interlace method: 0
```

その他のチャンクの情報の表示

解析用 PNG ファイルを分解すると、`zTXt` という名前のチャンクがありました。`zTXt` チャンクには圧縮されたテキストデータが格納されています。つまり、この解析用 PNG ファイルには何らかのテキストデータが 1 つ埋め込まれていることが分かります。

`zTXt` チャンクデータの構造は以下のとおりです。

名称	長さ	説明
キーワード	1〜79 バイト	
NULL	1 バイト	常に `00`
圧縮形式	1 バイト	`00`: deflate/inflate 圧縮
圧縮データ		圧縮データ本体

表 3.12　zTXt チャンクデータの構造

テキストデータは Latin-1(ISO 8859-1)) 形式でエンコードされています。Latin-1 とは、2.2.3 のヒストグラムでも少し触れましたが、ヨーロッパの言語のための規格で、ラテンアルファベットの文字コードです。

それでは `zTXt` チャンクデータの圧縮されたテキストデータを表示するプログラムを作ってみましょう。Deflate されたデータの操作については、1.6.3 も参照してください。

コード 3.42: zTXt チャンクの圧縮データの展開・表示

```
import zlib

for chunk in chunks:
    if chunk[1]==b'zTXt':
```

```
        keyword = chunk[2].split(b"\x00", 1)[0]
        l = len(keyword)
        print(keyword)
        print(zlib.decompress(chunk[2][l+2:]).decode(encoding='latin-1'))
```

このコードは、PNG ファイルの `zTXt` チャンクからテキストデータを抽出・表示します。

- `import zlib` で、`zlib`[*30]モジュールをインポートします。`zlib` モジュールは、圧縮・展開処理を行うためのモジュールです。
- `for chunk in chunks:` ループで、リスト `chunks` に格納されているすべてのチャンクに対して処理を行います。
- `if chunk[1]==b'zTXt':` で、チャンクの名前が `zTXt` であるかどうかを条件分岐します。`zTXt` チャンクのみ処理対象とし、その他のチャンクはスキップします。
- `keyword = chunk[2].split(b"\x00", 1)[0]` で、`zTXt` チャンクのデータ（`chunk[2]`）からキーワードを抽出します。`b"\x00"` は、NULL バイトを表すバイト列です。`split()` は、最初の NULL バイトで分割してリストを返し、さらに最初の要素を `keyword` に代入します[*31]。
- `l = len(keyword)` で、キーワードの長さを `l` に代入します。
- `zTXt` チャンクでは、キーワード、NULL バイト（1 バイト）、圧縮形式（1 バイト）に続いて圧縮データ本体が格納されます。`zlib.decompress(chunk[2][l+2:])` で Deflate で圧縮されたデータを展開します。
- `.decode(encoding='latin-1')` でバイト列を `latin-1` エンコーディングの文字列に変換します。

実行結果

```
b'Raw profile type exif'

exif
    8934
45786966000049492a00080000000900000104000100000ef03000001010400010000000
62020000020103000300000007a0000001a01050001000000080000001b01050001000000
8800000028010300010000000300000031010200d00000009000000032010200140000000
9e000000698704000100000b2000000c4000000080008000800bd00000005000000bd00
000005000000047494d5020322e31302e31380000323032303a30343a31342031343a3233
3a343700010001a003000100000001000000000000000080000010400010000000010000
```

[*30] https://docs.python.org/ja/3/library/zlib.html

[*31] 要は C 文字列形式の読み出しです。`struct.unpack()` ではフォーマット文字列で定義された構造体のサイズと入力されるバイト列のサイズが一致していないとエラーが出るため可変長の C 文字列に対応させるためには一工夫が必要です。今回は `unpack()` を使わずに `split()` を使って実装してみました。

```
01010400010000009b000000020103000300000002a0100000301030001000000006000000
0601030001000000060000001501030001000000003000000010204000100000030010000
0202040001000000b02100000000000000800008000800ffd8ffe000104a46494600010100
000100010000ffdb004300080606070605080707070909080a0c140d0c0b0b0c1912130f
...
```

出力結果を見ると、`exif` という文字列が見えます。どうやら、この圧縮テキストデータの中には Exif 情報[*32]が格納されているようです。しかしながら、`exif` というキーワードの後には、これまでの経験から、データの長さを示すであろう「`8934`」という数字とデータの本体を示すであろう 16 進数文字列が続きます。

ちなみに、`Pillow` ライブラリを使って、コード 3.42 と同じように出力するコードを書くと、以下のようになります。

コード 3.43: Pillow ライブラリを使用した画像情報の表示

```python
from PIL import PngImagePlugin

def get_metadata(path: str):
    img = PngImagePlugin.PngImageFile(path)
    info = img.info
    for key, value in info.items():
        print(f'{key}: {value}')

get_metadata(filepath)
```

実行結果

```
Raw profile type exif:
exif
    8934
457869660000049492a000800000000900000104000100000000ef030000010104000100000
6202000000201030003000000007a0000001a0105000100000008000000001b01050001000000
880000002801030001000000030000003101020000d000000090000000320102001400000
9e000000698704000100000b2000000c400000000800080000800bd00000000500000000bd00
000005000000047494d5020322e31302e3138000003230323033a30343a31342031343a3233
3a343700010001a003000100000001000000000000000008000001040001000000000010000
01010400010000009b000000020103000300000002a0100000301030001000000006000000
0601030001000000060000001501030001000000003000000010204000100000030010000
0202040001000000b02100000000000000080008000800ffd8ffe000104a46494600010100
000100010000ffdb004300080606070605080707070909080a0c140d0c0b0b0c1912130f
...
443213b467819ef51fda27ff009ed27fdf46a3a28024fb44ff00f3da4ffbe8d46492724e
49a28a00ffd9

icc_profile: b'\x00\x00\x02\xa0lcms\x040\x00\x00mntrRGB XYZ \x07\xe4\x00\x04\x00\x0e\x00\x11\x00\x16\x004acspMSFT\
   x00\x00\x00\x00\x00\x00\x00\x00\x00\x00\x00\x00\x00\x00\x00\x00\x00\x00\x00\x00\x00\x00\x00\x00\xf6\xd6
   \x00\x01\x00\x00\x00\x00\xd3-lcms\x00\x00\x00\x00\x00\x00\x00\x00\x00\x00\x00\x00\x00\x00\x00\x00\x00\x00\
```

*32 写真の撮影日時やカメラの機種名、絞りや ISO 感度といったカメラの設定、編集に使ったソフトウェアなどさまざまな情報を含んだデータの集まりです。

```
  x00\x00\x00\x00\x00\x00\x00\x00\x00\x00\x00\x00\x00\x00\x00\x00\x00\x00\x00\x00\x00\x00\x00\x00\x00\x00\x00\x00
  \rdesc\x00\x00\x01 \x00\x00\x00@cprt\x00\x00\x01‘\x00\x00\x006wtpt\x00\x00\x01\x98\x00\x00\x00\x14chad\x00\x00\
  x01\xac\x00\x00\x00,rXYZ\x00\x00\x01\xd8\x00\x00\x00\x14bXYZ\x00\x00\x01\xec\x00\x00\x00\x14gXYZ\x00\x00\x02\
  x00\x00\x00\x00\x14rTRC\x00\x00\x02\x14\x00\x00\x00 gTRC\x00\x00\x02\x14\x00\x00\x00 bTRC\x00\x00\x02\x14\x00\
  x00\x00 chrm\x00\x00\x024\x00\x00\x00$dmnd\x00\x00\x02X\x00\x00\x00$dmdd\x00\x00\x02|\x00\x00\x00$mluc\x00\x00\
  x00\x00\x00\x00\x00\x01\x00\x00\x00\x0cenUS\x00\x00\x00$\x00\x00\x00\x1c\x00G\x00I\x00M\x00P\x00 \x00b\x00u\
  x00i\x00l\x00t\x00-\x00i\x00n\x00 \x00s\x00R\x00G\x00Bmluc\x00\x00\x00\x00\x00\x00\x00\x01\x00\x00\x00\x0cenUS\
  x00\x00\x00\x1a\x00\x00\x00\x1c\x00P\x00u\x00b\x00l\x00i\x00c\x00 \x00D\x00o\x00m\x00a\x00i\x00n\x00\x00XYZ \
  x00\x00\x00\x00\x00\x00\xf6\xd6\x00\x01\x00\x00\x00\x00\xd3-sf32\x00\x00\x00\x00\x00\x01\x0cB\x00\x00\x05\xde\
  xff\xff\xf3%\x00\x00\x07\x93\x00\x00\xfd\x90\xff\xff\xfb\xa1\xff\xff\xfd\xa2\x00\x00\x03\xdc\x00\x00\xc0nXYZ \
  x00\x00\x00\x00\x00\x00o\xa0\x00\x008\xf5\x00\x00\x03\x90XYZ \x00\x00\x00\x00\x00\x00$\x9f\x00\x00\x0f\x84\x00\
  x00\xb6\xc4XYZ \x00\x00\x00\x00\x00\x00b\x97\x00\x00\xb7\x87\x00\x00\x18\xd9para\x00\x00\x00\x00\x00\x03\x00\
  x00\x00\x02ff\x00\x00\xf2\xa7\x00\x00\rY\x00\x00\x13\xd0\x00\x00\n[chrm\x00\x00\x00\x00\x00\x03\x00\x00\x00\x00
  \xa3\xd7\x00\x00T|\x00\x00L\xcd\x00\x00\x99\x9a\x00\x00&g\x00\x00\x0f\\mluc\x00\x00\x00\x00\x00\x00\x00\x01\x00
  \x00\x00\x0cenUS\x00\x00\x00\x08\x00\x00\x00\x1c\x00G\x00I\x00M\x00Pmluc\x00\x00\x00\x00\x00\x00\x00\x01\x00\
  x00\x00\x0cenUS\x00\x00\x00\x08\x00\x00\x00\x1c\x00s\x00R\x00G\x00B’
dpi: (96.012, 96.012)
```

ただし、`Pillow` のソースコード[*33]を見ると `info` には単純に圧縮テキストデータを格納するだけでなく、様々なメタデータが格納されるようです。

それでは 16 進数文字列をバイト列に変換していきましょう。ここでは PNG ファイルを完璧にパースするプログラムを作ることは本題ではないため、16 進数文字列部分を抜き出せたという前提でプログラムを作っていきます。余力のある人は、自力で 16 進数部分を自動的に抜き出すプログラムを作成してみてください。

コード 3.44: 16 進数文字列のデコード

```
body = """
45786966000049492a00080000000900000104000100000ef030000010104000100000 0
6202000002010300030000007a0000001a010500010000008000000001b01050001000000
8800000028010300010000000300000031010200 0d000000900000003201020014000000
...
35b29aae96a3e6b2b96ca282a2e180dc3ab75ef9fc2b0a8a00b13dd3bdc48d0bcb1c4589
443213b467819ef51fda27ff009ed27fdf46a3a28024fb44ff00f3da4ffbe8d46492724e
49a28a00ffd9
"""
dump(bytes.fromhex(body))
```

1.5.1 のコード 1.54 でも取り上げた `bytes.fromhex()` で、16 進数文字列をバイト列に変換し、結果を第 2 章で作成した `dump()` で表示します。

実行結果

```
         0  1  2  3  4  5  6  7  8  9  A  B  C  D  E  F
00000000:45 78 69 66 00 00 49 49 2A 00 08 00 00 00 09 00   Exif..II*.......
00000010:00 01 04 00 01 00 00 00 EF 03 00 00 01 01 04 00   ................
00000020:01 00 00 00 62 02 00 00 02 01 03 00 03 00 00 00   ....b...........
00000030:7A 00 00 00 1A 01 05 00 01 00 00 00 80 00 00 00   z...............
```

[*33] https://pillow.readthedocs.io/en/stable/_modules/PIL/PngImagePlugin.html

```
00000040:1B 01 05 00 01 00 00 00 88 30 00 00 28 01 03 00   ............(...
00000050:01 00 00 00 03 00 00 00 31 01 02 00 0D 00 00 00   ........1.......
00000060:90 00 00 00 32 01 02 00 14 00 00 00 9E 00 00 00   ....2...........
00000070:69 87 04 00 01 00 00 00 B2 00 00 00 C4 00 00 00   i...............
00000080:08 00 08 00 08 00 BD 00 00 00 05 00 00 00 BD 00   ................
00000090:00 00 05 00 00 00 47 49 4D 50 20 32 2E 31 30 2E   ......GIMP 2.10.
000000A0:31 38 00 00 32 30 32 30 3A 30 34 3A 31 34 20 31   18..2020:04:14 1
000000B0:34 3A 32 33 3A 34 37 00 01 00 01 A0 03 00 01 00   4:23:47.........
000000C0:00 00 01 00 00 00 00 00 00 00 08 00 00 01 04 00   ................
000000D0:01 00 00 00 00 01 00 00 01 01 04 00 01 00 00 00   ................
000000E0:9B 00 00 00 02 01 03 00 03 00 00 00 2A 01 00 00   ............*...
000000F0:03 01 03 00 01 00 00 00 06 00 00 00 06 01 03 00   ................
...
```

出力結果を見ると、また何らかのフォーマット構造のバイナリデータがでてきました。PNG ファイルを作成したソフトウェアと思われる文字列（`GIMP 2.10`）や作成日時と思われる日付文字列（`2020:04:14 14:23:47`）などが見つかります。これらのバイナリデータを自動的にパースするプログラムを書けば、PNG ファイルの Exif 情報を表示する自作ソフトの完成です。これまでの流れを参考に余力のある人は PNG 形式の仕様*34を調べて作成してみましょう。ただ、今回は「`Raw profile type exif`」に Exif 情報が格納されていましたが、PNG 形式の仕様の拡張*35として Exif 情報がサポート*36されるまでは、慣例的に「`Raw profile type APP1`」等で Exif 情報を保存するなど、PNG 形式の Exif 情報の格納方法は JPEG 形式と比較して混沌としています。万能な Exif 情報抜き出しツールの作成には、PNG ファイルを作成する様々なプログラムの実装を調べる必要があり、比較的難易度が高いものとなっています*37。

おまけ：PNG ファイルの中の JPEG ファイル

なお、先程の `dump()` の出力を見ていくと、`0x00000136` 以降は JPEG 形式のデータが現れます。

実行結果

```
         0  1  2  3  4  5  6  7  8  9  A  B  C  D  E  F
...
00000130:08 00 08 00 08 00 FF D8 FF E0 00 10 4A 46 49 46   ..........JFIF
00000140:00 01 01 00 00 01 00 01 00 00 FF DB 00 43 00 08   .............C..
00000150:06 06 07 06 05 08 07 07 07 09 09 08 0A 0C 14 0D   ................
00000160:0C 0B 0B 0C 19 12 13 0F 14 1D 1A 1F 1E 1D 1A 1C   ................
...
```

---

*34 （再掲）`http://www.libpng.org/pub/png/spec/1.2/png-1.2.pdf`

*35 `https://ftp-osl.osuosl.org/pub/libpng/documents/pngext-1.5.0.html`

*36 「10. Appendix: Revision History」を見ると、15 July 2017 (version 1.5.0) に eXIf chunk が追加されました。

*37 実装方法にばらつきがあるからこそ、明示的に Exif 情報が埋め込まれていなくても PNG ファイルを作成したツールの絞り込みが可能とも言えます。

JPEG 形式については、後ほど詳しく解説しますが、どのような画像なのか表示してみましょう。

コード 3.45: メモリ上の JPEG データを描画

```
from io import BytesIO
from PIL import Image

jpg = bytes.fromhex(body)[0x136:]

img = Image.open(BytesIO(jpg))

img
```

このコードは、JPEG 形式のバイト列を、画像データに変換し、表示するものです。

- `from io import BytesIO` で、`BytesIO` クラスをインポートします。`BytesIO` クラスは、メモリ上のバイナリデータストリームを表すオブジェクトを作成するために使用されます。
- `jpg = bytes.fromhex(body)[0x136:]` で、`body` 変数に格納されている 16 進数形式の文字列を `bytes` オブジェクトに変換し、JPEG 形式のバイト列に該当する `0x136` 以降の `bytes` オブジェクトを `jpg` 変数に代入します。
- `BytesIO(jpg)` で、`jpg` バイト列を表すバイナリデータストリームを作成します。その後、`Image.open()` を使用して、`BytesIO` オブジェクトから画像データに変換し、`img` 変数に代入します[38]。

実行結果

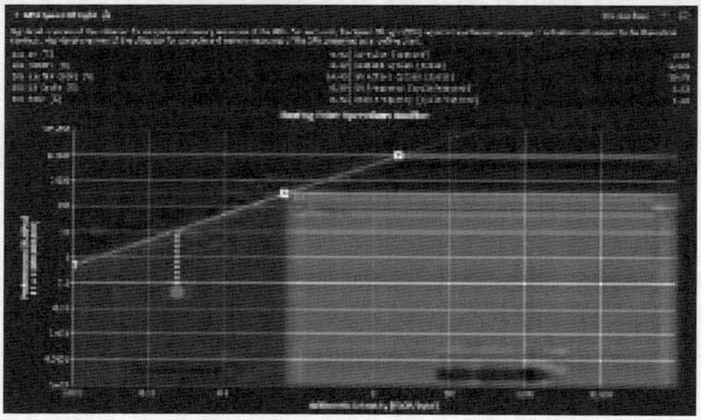

元々の PNG 画像と同じ画像ですが、解像度が荒い画像となっています。どうやら、解析用 PNG

[38] `BytesIO` を使うことで、メモリ上の JPEG 形式のバイト列を一時ファイルとして出力することなく、`Image.open()` で処理できます。

ファイルの `zTXt` チャンクの中にはサムネイル画像が JPEG 形式のバイナリデータとして格納されているようです。何重にもエンコードされているデータを１つ１つデコードしていく作業は、まるで CTF の問題を解いているようです。

コラム　GIF の特許問題と PNG の誕生

1987 年、CompuServe 社で開発された GIF は、オンライン画像フォーマットとして瞬く間に人気を博しました。圧縮率の高さ、透過処理、アニメーション機能など、当時の技術としては画期的な機能を備えていました。しかし、GIF には特許問題という大きな影がつきまとっていました。GIF は画像データ部分を「LZW（Lempel Ziv Wilch）圧縮法」という技術で圧縮していますが、この技術は Unisys 社の特許に抵触していました。

1994 年、Unisys 社は GIF のアルゴリズムが LZW 特許に抵触していることを認知し、特許料の徴収を開始します。これが大きな障壁となり、GIF の普及に急ブレーキがかかってしまいます。国内でも GIF を扱うフリーソフトが公開停止されたり、特許料の徴収に備えてシェアウェアに切り替えるなど大きな混乱が生じました。

このような GIF と特許を巡る混乱の中、1996 年に LZW 特許を回避する新たな画像形式として PNG が誕生します。PNG の頭文字は非公式には「PNG is Not GIF」という意味が込められている[*39]と言われています。PNG は、誕生当初は、GIF ほどの普及には至りませんでした。その理由としては、「当時のブラウザやソフトウェアが PNG に対応していなかった」「GIF の方が歴史が長く、認知度が高かった」「アニメーションに対応していなかった[*40]」などが挙げられます。

1999 年、Unisys 社は個別にライセンスを結ぶのが面倒なサイトに対し、一括 5,000 ドルの特許料を徴収する形式のライセンス形態を発表し、国内では混乱が更に加速しました。当時のウェブサイトでは CGI[*41]で訪問者数を GIF 画像でアニメーション表示する方式が流行っていましたが、サーバ側で実行する Perl の GIF ライブラリが LZW 特許を侵害していないか議論がありました。サーバ側で実行するライブラリが特許を侵害しているか否かは外側からは分かりません。「外形的に特許を侵害

*39 `http://www.libpng.org/pub/png/#history`

*40 アニメーションに対応した APNG(Animated PNG) は 20004 年に Mozilla Foundation が開発し Firefox と Opera に実装されましたが、2007 年に W3C から APNG の公式仕様としての採用を却下されました。

*41 CGI（Common Gateway Interface）は、Web サーバ上においてあるプログラムをクライアントからの要求に応じて動かすための仕組みの１つ

していないか明らかでない以上、特許料を請求される可能性がある」などと様々な誤解[*42]も重なり、GIF から離れる人も増え、PNG に注目が集まりました。

2004 年、LZW 特許の有効期限が切れ、GIF は特許フリーになりました。様々な GIF を扱うソフトウェアも復活しました。現在では、GIF と PNG はそれぞれ異なる用途で利用されています。

今では広く使用されている PNG も、特許問題がなければ誕生していないと思うと感慨深いです。近年では、WebP[*43]や AVIF[*44]など、より新しい画像フォーマットも登場しています。新しいファイルフォーマットは様々な経緯・思惑で誕生します。これらを紐解いていくのも中々面白いと思います。

なお、本コラムは著者の当時（中学〜大学の頃）の記憶・体験[*45]をもとに執筆しているため、若干大げさな表現が混じっている可能性があります。

3.5　JPEG 形式

JPEG は、Joint Photographic Experts Group の略称で、1992 年にリリースされた比較的古いフォーマットです。可逆圧縮形式もサポートしていますが、静止画像を非可逆圧縮して保存するファイル形式として現在でも広く使われているファイル形式です。

3.5.1　解析用 JPEG ファイルの準備

まずは、解析に使用する JPEG ファイルを準備します。Colab の環境内で JPEG ファイルを検索して、解析用 JPEG ファイルとします。

コード 3.46: JPEG ファイルの検索

```
!find / -name "*.jpg"
```

[*42] LZW は LZ78 の発展形であるため、LZ78 で「公知の事実」となっている部分については特許として認められません。従って、LZW を利用していることだけをもって LZW 特許を侵害している事実を認定することはできません。どのような条件を満たせば LZW 特許を侵害しているかは専門家の判断に委ねることになりますが、既に特許の有効期限が切れていることもあり正確に判断できる専門家は少数と思われます。

[*43] https://developers.google.com/speed/webp?hl=ja

[*44] https://aomediacodec.github.io/av1-avif/

[*45] 当時「データ圧縮ハンドブック〜C プログラマのための圧縮技法紹介〜」（M. ネルソン, 1994）を参考に圧縮について学ぶとともに、自分の Web サイトでは自作 CGI で訪問者用の GIF カウンターを設置していました。この書籍でも LZW 特許について触れられています。2000 年に第 2 版が発売されていますが、内容は確認していません。

実行結果

```
...
/usr/share/R/doc/html/up.jpg
/usr/lib/R/site-library/isoband/extcata/ocean-cat.jpg
/usr/lib/R/site-library/googledrive/extdata/example_files/chicken.jpg
...
```

今回は、「`/usr/...（略）.../ocean-cat.jpg`」を使用します。

コード 3.47: 解析用 JPEG ファイルの指定

```
filepath = "/usr/lib/R/site-library/isoband/extdata/ocean-cat.jpg"
```

3.5.2 ライブラリを使った解析

それでは、Pillow ライブラリを使用して Exif 情報の抽出をしてみましょう。

コード 3.48: Pillow ライブラリを使用した画像情報の表示

```
from PIL import Image

im = Image.open(filepath)
im.load()
print(im.info)
```

Pillow を使用した画像情報の表示は BMP ファイル（コード 3.19）でも、PNG ファイル（コード 3.43）でも出てきました。これまで出てきたコードと全く同じコードではありませんが、説明は省略します。

実行結果

```
{'jfif': 257, 'jfif_version': (1, 1), 'dpi': (72, 72), 'jfif_unit': 1, 'jfif_density': (72, 72), 'exif': b'Exif\
   x00\x00MM\x00*\x00\x00\x00\x08\x00\x05\x01\x12\x00\x03\x00\x00\x00\x01\x00\x01\x00\x00\x01\x1a\x00\x05\x00\x00\
   x00\x01\x00\x00\x00J\x01\x1b\x00\x05\x00\x00\x00\x01\x00\x00\x00R\x01(\x00\x03\x00\x00\x00\x01\x00\x02\x00\x00\
   x87i\x00\x04\x00\x00\x00\x01\x00\x00\x00Z\x00\x00\x00\x00\x00\x00\x00H\x00\x00\x00\x01\x00\x00\x00H\x00\x00\x00
   \x01\x00\x05\x90\x00\x00\x07\x00\x00\x00\x040210\xa0\x00\x00\x07\x00\x00\x00\x040100\xa0\x01\x00\x03\x00\x00\
   x00\x01\x00\x01\x00\x00\xa0\x02\x00\x04\x00\x00\x00\x01\x00\x00\x05\xdc\xa0\x03\x00\x04\x00\x00\x00\x01\x00\x00
   \x06\xf5\x00\x00\x00\x00', 'progressive': 1, 'progression': 1}
```

実行結果に `exif` という文字列が見えます。Exif 情報を抽出できましたが、更にバイナリデータを解釈しないと何を意味しているのかわかりません。より詳しく Exif 情報を解釈できるコードを書いてみましょう。

コード 3.49: JPEG ファイルに埋め込まれた Exif 情報の読み込み

```python
from PIL import Image
from PIL.ExifTags import TAGS,GPSTAGS

def load_exif(path):
    ifd_dict = {}
    with Image.open(path) as im:
        exif = im.getexif()
    # {タグ ID: 値}の辞書を{タグ名: 値}の辞書オブジェクトに変換
    ifd_dict["Zeroth"] =  {TAGS[tag_id]: value for tag_id, value in exif.items() }
    ifd_dict["Exif"] =    {TAGS[tag_id]: value for tag_id, value in exif.get_ifd(0x8769).items()}
    ifd_dict["GPSInfo"] = {GPSTAGS[tag_id]: value for tag_id, value in exif.get_ifd(0x8825).items()}
    return ifd_dict,exif

ifd_dict = load_exif(filepath)
print(ifd_dict)
```

このコードは、Pillow ライブラリを用いて、JPEG ファイルに埋め込まれた Exif 情報を読み込み、辞書オブジェクトで返します。

- `from PIL.ExifTags import TAGS, GPSTAGS`：Exif 情報タグの定義モジュールをインポートします。
- `exif = im.getexif()`：画像ファイルに含まれる Exif 情報全体を取得します。
- 各 IFD（Exif 情報ブロック）ごとに、タグ ID と値のペアをタグ名と値のペアに変換し、辞書オブジェクトに格納します。
  - `{TAGS[tag_id]: value for tag_id, value in exif.items() }`：
    * `TAGS` モジュールからタグ ID に対応するタグ名を取得します。
    * `exif.items()` で Exif 情報全体をタグ ID と値のペアのイテレータとして取得します。
    * イテレータを `{タグ名: 値}` の辞書オブジェクトに変換します。

実行結果

```
({'Zeroth': {'ResolutionUnit': 2, 'ExifOffset': 90, 'Orientation': 1, 'XResolution': 72.0, 'YResolution': 72.0}, '
   Exif': {'ExifVersion': b'0210', 'FlashPixVersion': b'0100', 'ColorSpace': 1, 'ExifImageWidth': 1500, '
   ExifImageHeight': 1781}, 'GPSInfo': {}}, <PIL.Image.Exif object at 0x791a1c425090>)
```

このコードは、画像ファイルに Exif 情報が存在する場合のみ有効です。Exif 情報には、カメラや撮影に関する様々な情報が記録されていますが、すべてのカメラがすべての情報を記録しているわけではありません。読み込んだ Exif 情報は、辞書オブジェクトなので、必要に応じて特定の情報を取り出すことができます。

3.5.3 JPEG ファイルの構造

それでは、解析用 JPEG ファイルを例に JPEG ファイルの構造について簡単に解説します。まずは、解析用 JPEG ファイルを `dump2()` を使ってダンプしてみましょう。

コード 3.50: 解析用 JPEG ファイルのダンプ

```
dump2(filepath)
```

実行結果

```
         0  1  2  3  4  5  6  7  8  9  A  B  C  D  E  F
00000000:FF D8 FF E0 00 10 4A 46 49 46 00 01 01 01 00 48   ......JFIF.....H
00000010:00 48 00 00 FF E1 00 A4 45 78 69 66 00 00 4D 4D   .H......Exif..MM
00000020:00 2A 00 00 00 08 00 05 01 12 00 03 00 00 00 01   .*..............
00000030:00 01 00 00 01 1A 00 05 00 00 00 01 00 00 00 4A   ...............J
00000040:01 1B 00 05 00 00 00 01 00 00 00 52 01 28 00 03   ...........R.(..
00000050:00 00 00 01 00 02 00 00 87 69 00 04 00 00 00 01   .........i......
00000060:00 00 00 5A 00 00 00 00 00 00 00 48 00 00 00 01   ...Z.......H....
00000070:00 00 00 48 00 00 00 01 00 05 90 00 00 07 00 00   ...H............
00000080:00 04 30 32 31 30 A0 00 00 07 00 00 00 04 30 31   ..0210........01
00000090:30 30 A0 01 00 03 00 00 00 01 00 01 00 00 A0 02   00..............
000000A0:00 04 00 00 00 01 00 00 05 DC A0 03 00 04 00 00   ................
000000B0:00 01 00 00 06 F5 00 00 00 00 FF E1 03 00 68 74   ..............ht
000000C0:74 70 3A 2F 2F 6E 73 2E 61 64 6F 62 65 2E 63 6F   tp://ns.adobe.co
000000D0:6D 2F 78 61 70 2F 31 2E 30 2F 00 3C 3F 78 70 61   m/xap/1.0/.<?xpa
000000E0:63 6B 65 74 20 62 65 67 69 6E 3D 27 EF BB BF 27   cket begin='...'
000000F0:20 69 64 3D 27 57 35 4D 30 4D 70 43 65 68 69 48    id='W5M0MpCehiH
00000100:7A 72 65 53 7A 4E 54 63 7A 6B 63 39 64 27 3F 3E   zreSzNTczkc9d'?>
00000110:0A 3C 78 3A 78 6D 70 6D 65 74 61 20 78 6D 6C 6E   .<x:xmpmeta xmln
00000120:73 3A 78 3D 27 61 64 6F 62 65 3A 6E 73 3A 6D 65   s:x='adobe:ns:me
00000130:74 61 2F 27 3E 0A 3C 72 64 66 3A 52 44 46 20 78   ta/'>.<rdf:RDF x
00000140:6D 6C 6E 73 3A 72 64 66 3D 27 68 74 74 70 3A 2F   mlns:rdf='http:/
00000150:2F 77 77 77 2E 77 33 2E 6F 72 67 2F 31 39 39 39   /www.w3.org/1999
00000160:2F 30 32 2F 32 32 2D 72 64 66 2D 73 79 6E 74 61   /02/22-rdf-synta
00000170:78 2D 6E 73 23 27 3E 0A 0A 20 3C 72 64 66 3A 44   x-ns#'>.. <rdf:D
00000180:65 73 63 72 69 70 74 69 6F 6E 20 78 6D 6C 6E 73   escription xmlns
00000190:3A 65 78 69 66 3D 27 68 74 74 70 3A 2F 2F 6E 73   :exif='http://ns
000001A0:2E 61 64 6F 62 65 2E 63 6F 6D 2F 65 78 69 66 2F   .adobe.com/exif/
000001B0:31 2E 30 2F 27 3E 0A 20 20 3C 65 78 69 66 3A 4F   1.0/'>.  <exif:O
000001C0:72 69 65 6E 74 61 74 69 6F 6E 3E 54 6F 70 2D 6C   rientation>Top-l
000001D0:65 66 74 3C 2F 65 78 69 66 3A 4F 72 69 65 6E 74   eft</exif:Orient
000001E0:61 74 69 6F 6E 3E 0A 20 20 3C 65 78 69 66 3A 58   ation>.  <exif:X
000001F0:52 65 73 6F 6C 75 74 69 6F 6E 3E 37 32 3C 2F 65   Resolution>72</e
00000200:78 69 66 3A 58 52 65 73 6F 6C 75 74 69 6F 6E 3E   xif:XResolution>
...
```

ダンプデータを見ると画像データ以外にも色々なメタデータが埋め込まれていそうです。

JPEG ファイルは、先頭に `SOI` マーカー、末尾に `EOI` マーカーというもので挟まれており、その間の領域に複数のセグメントと画像データが存在しています。`SOI` マーカーは、JPEG ファイルの先頭にあり、JPEG ファイルの起点を表すマーカーです。中身は `FF D8` という 2 バイトです。 `EOI` マーカーは、JPEG ファイルの終端を示すマーカーです。中身は `FF D9` という 2 バイトです。JPEG 形式にはセグメントの種類を表す多数のマーカーが定義されています。紙面の都合で詳細には解説しませんが、セグメントは概ね以下のような構造になっています。

名称	長さ	説明
マーカーコード	2 バイト	セグメントの種類（ `FF 00` から `FF FF` まで）
Length	2 バイト	セグメントの長さ（Length 部分を含む）
Segment parameter	(Length−2) バイト	セグメントデータ本体

表 3.13　JPEG ファイルのセグメントの構造

マーカーコードは `FF 00` から `FF FF` までですが、厳密に言うと `FF 00` はマーカーとして処理されるのではなく `FF` として処理され、 `FF` が連続する場合は最後の `FF` までマーカーとして処理しない、とされていることに注意が必要です*46。

JPEG 形式にはいくつかの必須セグメントがあります。そのうちの `SOS` （マーカーコードは `FF DA` ）について解説します。 `SOS` は Start Of Scan の略でスキャンヘッダーとも呼ばれます。 `SOS` はイメージデータの先頭に置かれ、直後に画像データが続くことを表しています。 `SOS` の中には後に続く画像データの展開に必要なパラメータ等が格納されています。

`SOS` の直後には画像データが続きますが、画像データの長さについては `SOS` 自体には明示的に格納されていません。 `SOS` の直後から次のマーカーが出現するまでが画像データの本体になります。

3.5.4　JPEG ファイルを分解するプログラムの作成

以上を踏まえて、JPEG ファイルをセグメント単位に分割するプログラムを作成してみましょう。

コード 3.51: JPEG をセグメント単位に分割

```
import struct

with open(filepath,"rb") as f:
    offset = 0
    jpeg = []
    while True:
        marker = struct.unpack(">H",f.read(2))[0]
```

*46 JPEG 形式の仕様は以下のサイトが日本語で詳しく解説しています。「JpegAnalyzer Plus オンラインヘルプ」 https://hp.vector.co.jp/authors/VA032610/contents.htm

```
 8          print(f"{offset:06X}:{marker:04X},",end="")
 9          if marker == 0xFFD8:
10              print("SOI")
11              jpeg.append([offset,marker,None])
12              offset += 2
13          elif marker == 0xFFD9:
14              print("EOI")
15              jpeg.append([offset,marker,None])
16              break
17          else:
18              length = struct.unpack(">H",f.read(2))[0]
19              print(f"{length}␣byte")
20              body = f.read(length-2)
21              if marker == 0xFFDA: #SOS
22                  body2 = bytearray(0)
23                  while True:
24                      toc = struct.unpack("B",f.read(1))[0]
25                      if toc == 0xFF:
26                          while True:
27                              toc2 = struct.unpack("B",f.read(1))[0]
28                              if toc2 == 0xFF:
29                                  body2 += b"\xFF"
30                              elif toc2 == 0x00:
31                                  body2 += b"\xFF"
32                                  break
33                              else:
34                                  break
35                          if toc2 != 00:
36                              f.seek(-2,1)
37                              break
38                      else:
39                          body2 += struct.pack("B",toc)
40
41                  jpeg.append([offset,marker,body,body2])
42                  offset += 2+length
43                  print(f"{offset:06X}:Image␣data,{len(body2)}␣bytes")
44                  offset = f.tell()
45              else:
46                  offset += 2+length
47                  jpeg.append([offset,marker,body])
```

このコードは、JPEG ファイルを読み込み、各セグメントの情報とバイト数を表示しながら、セグメント単位に分割します。`SOS` の後に続く画像データ本体取り出しの処理があるため、これまで紹介したコードに比べて少し複雑なコードになっています。`SOS` マーカー処理部分近辺（18 行目～39 行目）について解説します。

- `length = struct.unpack(">H",f.read(2))[0]` でセグメント長を読み込みます。
- `body = f.read(length-2)` でセグメントデータのうち、マーカーと長さ情報以外の部分をすべて読み込みます。
- `if marker == 0xFFDA:` で `SOS` マーカーであることを確認します。
  - 23 行目の `while True:` で次のマーカーが出現するまでループすることでイメージデータを読み込みます。

- 26 行目〜34 行目は、マーカーコードが `FF 00` および `FF FF` の際のエスケープ処理です。
- 35 行目〜37 行目は、マーカーコードが出現した場合にループを抜け出す処理です。

実行結果

```
000000:FFD8,SOI
000002:FFE0,16 byte
000014:FFE1,164 byte
0000BA:FFE1,768 byte
0003BC:FFDB,67 byte
000401:FFDB,67 byte
000446:FFC2,17 byte
000459:FFC4,28 byte
000477:FFC4,26 byte
000493:FFDA,12 byte
0004A1:Image data,53409 bytes
00D55A:FFC4,55 byte
00D593:FFDA,8 byte
00D59D:Image data,63923 bytes
01CFE7:FFC4,47 byte
01D018:FFDA,8 byte
01D022:Image data,15464 bytes
020CC5:FFC4,52 byte
020CFB:FFDA,8 byte
020D05:Image data,21020 bytes
025F5D:FFC4,88 byte
025FB7:FFDA,8 byte
025FC1:Image data,95484 bytes
03D604:FFC4,43 byte
03D631:FFDA,8 byte
03D63B:Image data,132020 bytes
05DBB4:FFDA,12 byte
05DBC2:Image data,15722 bytes
061985:FFC4,41 byte
0619B0:FFDA,8 byte
0619BA:Image data,34861 bytes
06A23F:FFC4,42 byte
06A26B:FFDA,8 byte
06A275:Image data,39464 bytes
073D48:FFC4,41 byte
073D73:FFDA,8 byte
073D7D:Image data,244385 bytes
0AFBFF:FFD9,EOI
```

実行結果を見ると、解析用 JPEG ファイルは多数のセグメントで構成されていることが分かりました。画像データ本体は、分割して格納されていることが分かります。これは、ダウンロード中でも画像を表示できるようにするためのものです。

なお、コード 3.51 を実行後は、`jpeg` 変数には、JPEG ファイルをセグメント単位に分解した結果が格納されています。コード 3.50 で解析用 JPEG ファイルをダンプした際に表示されたメタデータと思われるデータは、`FF E1` のマーカーコード部分に格納されています。最後に、該当部分を表示してみます。

コード 3.52: 解析用 JPEG ファイルのメタデータの表示①

```
dump(jpeg[2][2])
```

実行結果

```
         0  1  2  3  4  5  6  7  8  9  A  B  C  D  E  F
00000000:45 78 69 66 00 00 4D 4D 00 2A 00 00 00 08 00 05   Exif..MM.*......
00000010:01 12 00 03 00 00 00 01 00 01 00 00 01 1A 00 05   ................
00000020:00 00 00 01 00 00 00 4A 01 1B 00 05 00 00 00 01   .......J........
00000030:00 00 00 52 01 28 00 03 00 00 00 01 00 02 00 00   ...R.(..........
00000040:87 69 00 04 00 00 00 01 00 00 00 5A 00 00 00 00   .i.........Z....
00000050:00 00 00 48 00 00 00 01 00 00 00 48 00 00 00 01   ...H.......H....
00000060:00 05 90 00 00 07 00 00 00 04 30 32 31 30 A0 00   ..........0210..
00000070:00 07 00 00 00 04 30 31 30 30 A0 01 00 03 00 00   ......0100......
00000080:00 01 00 01 00 00 A0 02 00 04 00 00 00 01 00 00   ................
00000090:05 DC A0 03 00 04 00 00 00 01 00 00 06 F5 00 00   ................
000000A0:00 00
```

コード 3.53: 解析用 JPEG ファイルのメタデータの表示②

```
print(jpeg[3][2].decode())
```

実行結果

```
http://ns.adobe.com/xap/1.0/
<?xpacket begin='' id='W5M0MpCehiHzreSzNTczkc9d'?>
<x:xmpmeta xmlns:x='adobe:ns:meta/'>
<rdf:RDF xmlns:rdf='http://www.w3.crg/1999/02/22-rdf-syntax-ns#'>

 <rdf:Description xmlns:exif='http://ns.adobe.com/exif/1.0/'>
  <exif:Orientation>Top-left</exif:Orientation>
  <exif:XResolution>72</exif:XResolution>
  <exif:YResolution>72</exif:YResolution>
  <exif:ResolutionUnit>Inch</exif:ResolutionUnit>
  <exif:ExifVersion>Exif Version 2.1</exif:ExifVersion>
  <exif:FlashPixVersion>FlashPix Version 1.0</exif:FlashPixVersion>
  <exif:ColorSpace>sRGB</exif:ColorSpace>
  <exif:PixelXDimension>2988</exif:PixelXDimension>
  <exif:PixelYDimension>3547</exif:PixelYDimension>
 </rdf:Description>

</rdf:RDF>
</x:xmpmeta>
<?xpacket end='r'?>
```

1 つ目のメタデータは、何らかのフォーマットに従ったバイナリデータの Exif 情報で、更にパースする必要があります。２つ目のメタデータは、XML 形式*47でメタデータが格納されているようです。

コラム　なぜ便利なライブラリがあるのに自作するのか

上記コード 3.51 もそうですが、JPEG ファイルを処理するソフトウェアのほとんどは、`EOI` より後のデータは無視します。また、仮に `EOI` がなくても、画像として表示できる範囲で表示をしようとします。これは、インターネットの通信の品質が悪く、データが不完全であっても画像を表示できる必要があった時代の名残です。この程度のファイルサイズの画像は一瞬でダウンロードできるため、今となってはメリットを感じづらいと思いますが、通信速度が遅かったころは、ダウンロードの途中でも画像が表示できるか否かがユーザー体験に大きな影響を与えていました。そのため、Web で利用されることを前提としたファイル形式の多くは、ファイルが不完全な状態でもある程度表示できることを前提に設計されています。

ところが、攻撃者はこの仕様を悪用し、JPEG ファイルにマルウェアを埋め込むことがあります。最も単純な方法はファイルの末端に悪意あるデータを追加する方法です。先ほど述べた `EOI` より後のデータを無視するという仕様を悪用しています。この方法で埋め込まれたデータは画像編集ソフトでは全く気づくことはできませんし、一般的な画像ライブラリを使用した Python プログラムでも気づくことができません。しかしながら、上記コード 3.51 を少し改良し、`EOI` マーカーの後にデータが続くかチェックするだけで悪意あるデータを検知することが可能です。

本書では、Python の便利なライブラリを紹介するだけでなく、自力でファイル形式に応じたプログラムを作成する方法を紹介しています。これには「便利なライブラリがなくても自力でなんとかする力をつけて欲しい」「ライブラリでは気付けない情報がバイナリファイルに含まれていることを知ってほしい」などの理由のためです。

ただし、プログラムの目的が解析ではない場合は、なるべく既存のライブラリを利用した方がバグが混入する可能性が下がりますし、効率も良いので毎回自作する必要はありません。

*47 Extensible Markup Language (XML) は、任意のデータを定義するルールを提供するマークアップ言語です。マークアップ言語とはテキストをタグで括ることで構造化する表記ルールのことです。XML 形式の最大メリットはその汎用性と拡張性の高さです。データの内容に合わせて文字を修飾する「タグ」を自由に定義することができるため、データ構造も自由に変えられます。

4 バイナリファイルの構造解析 実践編：コンテナファイル（アーカイブ、文書ファイル）

前章では、1つのファイルに1つのコンテンツが前提のファイルを扱いました*[1]。本章ではコンテナ*[2]ファイルを扱います。コンテナファイルとは、様々な種類のファイルや、異なる圧縮ソフトで圧縮されたデータをひとまとめ（コンテナ）に保持できるファイル形式です。シンプルなコンテナファイルは、複数のファイルがひとまとめにされている（圧縮・無圧縮）アーカイブです。格納されているファイル同士が連携しているコンテナファイルの例としては動画ファイルで、ストリーミングを再生し直すのに必要な情報とともに、音声・動画・字幕などに対応しています。

4.1 zip 形式

zip ファイルは、本章冒頭で上げたシンプルなコンテナファイルの代表です。複数のファイル・フォルダを圧縮して1つのファイルに格納することができます。

*[1] 厳密には PNG ファイルの中に JPEG ファイルが紛れ込んでいたり、メタデータをどう解釈するかで微妙なところではありますが…

*[2] 仮想化分野のコンテナとは全然違うので注意してください。

4.1.1　解析用 zip ファイルの準備

まずは、本章で取り扱う解析用の zip ファイルを準備します。Colab の環境内で zip ファイルを検索して、解析用 zip ファイルとします。

コード 4.1: zip ファイルの検索

```
!find / -name "*.zip"
```

実行結果

```
/usr/lib/R/site-library/readr/extdata/mtcars.csv.zip
/usr/lib/R/site-library/zip/example.zip
/usr/lib/R/site-library/data.table/tests/russellCRLF.zip
...
```

今回は、「`/usr/...（略）.../example.zip`」を使用します。

コード 4.2: 解析用 zip ファイルの指定

```
filepath = "/usr/lib/R/site-library/zip/example.zip"
```

4.1.2　ライブラリを使った解析

まずはファイル構造を意識せずに zip ファイルを操作してみましょう。Python 標準の `zipfile` モジュールを使うことで簡単に zip ファイルを扱うことができます。`zipfile` モジュールの詳細は Python のドキュメント[*3]を参照してください。

コード 4.3: zipfile モジュールのインポート

```
import zipfile
```

ファイル一覧の取得

コード 4.4: zip アーカイブ内のファイル一覧の取得

```
with zipfile.ZipFile(filepath,"r") as myzip:
    for info in myzip.infolist():
        print(info.filename)
```

[*3] https://docs.python.org/3/library/zipfile.html

このコードは、 `zipfile` モジュールを使用して、zip ファイルの中身を一覧表示するものです。

- `with zipfile.ZipFile(filepath, "r") as myzip:`
  - `zipfile.ZipFile` : zip ファイルを読み書きするためのモジュール
  - `filepath` : zip ファイルのパス
  - `"r"` : 読み込みモード
  - `as myzip` : zip オブジェクトを myzip という変数に代入
- `myzip.infolist()` : zip ファイル内のファイル情報リストを取得します。

実行結果

```
example/
example/dir/
example/dir/file2
example/file1
```

ファイルの読み込み

zip に格納されたファイルもこれまでのバイナリファイルの読み込みと同じように扱うことができます。

コード 4.5: zip に格納されたファイルの読み込み

```
with zipfile.ZipFile(filepath,"r") as myzip:
    with myzip.open("example/file1") as myfile:
        print(myfile.read())
```

実行結果

```
b'file1\n'
```

`myzip.open()` は、これまでの `open()` の `"rb"` のように明示的にバイナリモードを指定する必要はありません。自動的にバイナリモードとして扱います。

zip ファイル内のファイルを開いた後はこれまでのファイル操作と同じです。 `read()` 等の使い方もこれまでと同じで、本書で作成した各種コードも簡単に zip ファイルに対応させることができます。

解析をするだけであれば、上記 2 つだけで充分です。それ以外の圧縮ファイルの展開、圧縮ファイルの作成などは `zipfile` モジュールのドキュメントを参照してください。

4.1.3　zip ファイルフォーマットの構造

4.1.1 で準備した解析用 zip ファイルを例に zip 形式の仕様に沿ってファイル構造を解説していきます。なお、ここでは分かりやすくするため zip 形式の最もシンプルな仕様だけを解説します。ここで解説する仕様だけで多くの zip ファイルには対応できますが、4GB を超えるような大きさのファイルを格納した zip ファイルについては対応できません。対応できる zip ファイルの種類を増やしたい場合は、各自で zip ファイルの仕様[*4]を調べるようにしてください。

解析用 zip ファイルのダンプ

それではいつもどおり、まずはダンプします。

コード 4.6: 解析用 zip ファイルのダンプ

```
dump2(filepath)
```

実行結果

```
         0  1  2  3  4  5  6  7  8  9  A  B  C  D  E  F
00000000:50 4B 03 04 00 00 00 08 00 00 07 AF AA 56 00 00   PK..........V..
00000010:00 00 00 00 00 00 00 00 00 00 08 00 00 00 65 78   ..............ex
00000020:61 6D 70 6C 65 2F 50 4B 03 04 00 00 00 08 00 00   ample/PK........
00000030:07 AF AA 56 00 00 00 00 00 00 00 00 00 00 00 00   ...V............
00000040:0C 00 00 00 65 78 61 6D 70 6C 65 2F 64 69 72 2F   ....example/dir/
00000050:50 4B 03 04 14 00 08 08 08 00 07 AF AA 56 00 00   PK..........V..
00000060:00 00 00 00 00 00 00 00 00 00 11 00 00 00 65 78   ..............ex
00000070:61 6D 70 6C 65 2F 64 69 72 2F 66 69 6C 65 32 01   ample/dir/file2.
00000080:06 00 F9 FF 66 69 6C 65 32 0A 50 4B 07 08 C7 A4   ....file2.PK....
00000090:04 C9 0B 00 00 00 06 00 00 00 50 4B 03 04 14 00   ..........PK....
000000A0:08 08 08 00 07 AF AA 56 00 00 00 00 00 00 00 00   .......V........
000000B0:00 00 00 00 0D 00 00 00 65 78 61 6D 70 6C 65 2F   ........example/
000000C0:66 69 6C 65 31 01 06 00 F9 FF 66 69 6C 65 31 0A   file1.....file1.
000000D0:50 4B 07 08 04 F7 29 E2 0B 00 00 00 06 00 00 00   PK....).........
000000E0:50 4B 01 02 17 03 00 00 00 08 00 00 07 AF AA 56   PK.............V
000000F0:00 00 00 00 00 00 00 00 00 00 00 00 08 00 00 00   ................
00000100:00 00 00 00 00 00 10 00 ED 41 00 00 00 00 65 78   ..........A....ex
00000110:61 6D 70 6C 65 2F 50 4B 01 02 17 03 00 00 00 08   ample/PK........
00000120:00 00 07 AF AA 56 00 00 00 00 00 00 00 00 00 00   .....V..........
00000130:00 00 0C 00 00 00 00 00 00 00 00 00 10 00 ED 41   ...............A
00000140:26 00 00 00 65 78 61 6D 70 6C 65 2F 64 69 72 2F   &...example/dir/
00000150:50 4B 01 02 17 03 14 00 08 08 08 00 07 AF AA 56   PK.............V
00000160:C7 A4 04 C9 0B 00 00 00 06 00 00 00 11 00 00 00   ................
00000170:00 00 00 00 00 00 00 00 A4 81 50 00 00 00 65 78   ..........P...ex
00000180:61 6D 70 6C 65 2F 64 69 72 2F 66 69 6C 65 32 50   ample/dir/file2P
00000190:4B 01 02 17 03 14 00 08 08 08 00 07 AF AA 56 04   K.............V.
000001A0:F7 29 E2 0B 00 00 00 06 00 00 00 0D 00 00 00 00   .)..............
000001B0:00 00 00 00 00 00 00 A4 81 9A 00 00 00 65 78 61   .............exa
```

*4 https://pkwaredownloads.blob.core.windows.net/pkware-general/Documentation/APPNOTE-6.3.9.TXT など

```
000001C0:6D 70 6C 65 2F 66 69 6C 65 31 50 4B 05 06 00 00   mple/file1PK....
000001D0:00 00 04 00 04 00 EA 00 00 00 E0 00 00 00 00 00   ................
000001E0:
```

zip 形式のバイトオーダーは、リトルエンディアンです。

また、zip 形式を考案した Phil Katz のイニシャルを使った `PK` で始まる 4 バイトがシグネチャとして使用されているため、zip ファイルをダンプすると色々な箇所に `PK` という文字が現れます。

セントラルディレクトリの終端レコード

これまでに解説したファイルは、ヘッダー情報を元にファイルの先頭から順番に処理していきました。一方、zip ファイルはファイルの末端（トレーラー）から処理していくことが仕様上想定されています。

従って、まずは zip ファイルの終わりを表すセントラルディレクトリの終端レコード（EOCD : End of Central Directory）について解説します。今回の場合、EOCD の位置は `000001CA` にあり、EOCD の構造は以下のようになっています。

No.	オフセット	サイズ	説明	ダンプとの対応
0	0	4	シグネチャ	`50 4B 05 06`
1	4	2	EOCD が格納されているディスク No.（x）	`00 00`
2	6	2	CD が格納されているディスク No.	`00 00`
3	8	2	ディスク No.x 上の CD エントリー数	`04 00`
4	10	2	総 CD エントリー数	`04 00`
5	12	4	CD のサイズ (バイト数)	`EA 00 00 00`
6	16	4	最初の CD のオフセットアドレス	`E0 00 00 00`
7	20	2	コメントの長さ（n）	`00 00`
8	22	n	コメント	–

表 4.1　EOCD の構造

ディスク No. については、zip ファイルを分割した場合に使用されます。めったに使用しない分割 zip ファイルへの対応を想定しないのであれば `00 00` として扱ってもいいです。

この EOCD を読み込むことで、セントラルディレクトリ（CD: Central Directory）の位置が判明します。今回の場合は、最初の CD エントリーが `000000E0` に格納されていることが分かります。

次に、CD エントリーの構造については以下のようになっています。

No.	オフセット	サイズ	説明	ダンプとの対応
0	0	4	シグネチャ	`50 4B 01 02`
1	4	2	作成に使用したバージョン	`17 03`
2	6	2	展開に必要なバージョン	`00 00`
3	8	2	汎用目的のフラグ	`00 08`
4	10	2	圧縮方式（0:無圧縮,8:Deflate）	`00 00`
5	12	2	ファイルの最終変更時間	`07 AF`
6	14	2	ファイルの最終変更日付	`AA 56`
7	16	4	CRC	`00 00 00 00`
8	20	4	格納されているファイルサイズ	`00 00 00 00`
9	24	4	展開後のファイルサイズ	`00 00 00 00`
10	28	2	ファイル名の長さ（n）	`08 00`
11	30	2	拡張フィールドの長さ（m）	`00 00`
12	32	2	コメントの長さ（k）	`00 00`
13	34	2	ファイルの先頭が格納されているディスク No.	`00 00`
14	36	2	内部ファイル属性	`00 00`
15	38	4	外部ファイル属性	`10 00 ED 41`
16	42	4	ローカルファイルヘッダーのオフセットアドレス	`00 00 00 00`
17	46	n	ファイル名	`example/`
18	$46+n$	m	拡張フィールド	–
19	$46+n+m$	k	コメント	–

表 4.2　CD エントリーの構造

1 つ目の CD はディレクトリのため、ファイルサイズや CRC の値が `00 00 00 00` となっています。具体的なファイルの中身に関連した情報を格納をしているのはローカルファイルヘッダーです。今回の場合は、1 番目の CD エントリなので、1 番目のローカルファイルヘッダーは zip ファイルの先頭の `00000000` に格納されています。

次に、ローカルファイルヘッダーの構造を見ていきますが、ディレクトリよりはファイルの方が良いと思いますので、3 番目の CD エントリから得られる、`00000050` に置かれた 3 番目のローカルファイルヘッダーを見ていきます。

CD エントリーはローカルファイルヘッダーの拡張版となっていますので、CD エントリーの内容はローカルファイルヘッダーの内容を包含しています。zip ファイルのメタデータが冗長な構造となっているのは、ランダムアクセスした際の効率を重視しているためです。

具体的にローカルファイルヘッダーの構造を見ていきましょう。

No.	オフセット	サイズ	説明	ダンプとの対応
0	0	4	シグネチャ	`50 4B 03 04`
1	4	2	展開に必要なバージョン	`14 00`
2	6	2	汎用目的のフラグ	`08 08`
3	8	2	圧縮方式（0:無圧縮,8:Deflate）	`08 00`
4	10	2	ファイルの最終変更時間	`07 AF`
5	12	2	ファイルの最終変更日付	`AA 56`
6	14	4	CRC	`00 00 00 00`
7	18	4	格納されているファイルサイズ	`00 00 00 00`
8	22	4	展開後のファイルサイズ	`00 00 00 00`
9	26	2	ファイル名の長さ（n）	`11 00`
10	28	2	拡張フィールドの長さ（m）	`00 00`
11	30	n	ファイル名	`example/dir/file2`
12	$30+n$	m	拡張フィールド	–

表 4.3　ローカルファイルヘッダーの構造

今回はディレクトリでなくファイルにも関わらず、CRC やファイルサイズが `00 00 00 00` となっています。「汎用目的のフラグ」の 3 ビット目が 1 の場合、このような状態となります*5。ローカルファイルヘッダーの直後にこのファイルの圧縮データが続きますが、圧縮データの直後に「汎用目的のフラグ」の 3 ビット目が 1 の場合に CRC やファイルサイズの値を含む Data descriptor が追加されます。

*5 zip 形式の仕様には明確に記述されていませんが、zip ファイルを作成時にファイルのランダムアクセスを認めずに、前から順番にアクセスするシーケンシャルアクセスで作成するというポリシーで圧縮処理を実装した場合、ローカルファイルヘッダーを作成した時点では圧縮後のファイルサイズや CRC が計算できていないためだと思います。

No.	オフセット	サイズ	説明	ダンプとの対応
0/-	0/–	4/–	シグネチャ（任意）	`50 4B 07 08`
1/0	4/0	4	CRC	`C7 A4 04 C9`
2/1	8/4	4	格納されているファイルサイズ	`0B 00 00 00`
3/2	12/8	4	展開後のファイルサイズ	`06 00 00 00`

表 4.4　Data descriptor の構造

4.1.4　zip 展開プログラムの自作

これまで説明した zip ファイルの構造を元に zip ファイルを展開するプログラムを書いてみましょう。前の節で説明した順番にコードを改良しながら実装していきます。

セントラルディレクトリの終端レコードの検索

まずは、zip ファイルの終端を示すセントラルディレクトリの終端レコードを検索します。

コード 4.7: セントラルディレクトリの終端レコードの検索

```
with open(filepath,"rb") as f:
    body = f.read()

    #Find End of Central Directory
    offset_eocd = body.rfind(b"\x50\x4b\x05\x06")
    print(f"{offset_eocd:08X}")
```

ファイル全体を `body` に読み込みます。次に、ファイルの後ろからシグネチャを検索するため `rfind()` を使います。前から検索する `find()` を使用しても良いような気がしますが、圧縮データ等が偶然シグネチャに一致してしまった場合にうまく動作しないためファイルの後ろから検索しましょう。

実行結果

```
000001CA
```

セントラルディレクトリの終端レコードの読み込み

コード 4.7 を改良し、セントラルディレクトリの終端レコードの内容を表示してみます。

コード **4.8:** セントラルディレクトリの終端レコードの読み込み

```
import struct

with open(filepath,"rb") as f:
    body = f.read()

    offset_eocd = body.rfind(b"\x50\x4b\x05\x06")
    body_eocd = struct.unpack("<4s4H2_H",body[offset_eocd:offset_eocd+22])
    print(body_eocd)
```

フォーマット文字列 `"<4s4H2LH"` のそれぞれの要素については、表 4.1 を参照してください。

実行結果

```
(b'PK\x05\x06', 0, 0, 4, 4, 234, 224, 0)
```

セントラルディレクトリのオフセットアドレスの取得

EOCD の 6 番目の要素に 1 つ目のセントラルディレクトリのオフセットアドレスが格納されています。コード 4.8 を改良し、セントラルディレクトリを順番に読み込むことで、セントラルディレクトリのオフセットアドレスを取得します。

コード **4.9:** セントラルディレクトリのオフセットアドレスの取得

```
with open(filepath,"rb") as f:
    body = f.read()

    offset_eocd = body.rfind(b"\x50\x4b\x05\x06")
    body_eocd = struct.unpack("<4s4H2LH",body[offset_eocd:offset_eocd+22])

    offset = body_eocd[6]
    offset_cd = [0 for i in range(body_eocd[4])]
    for i in range(body_eocd[4]):
        offset_cd[i] = offset
        (n,m,k) = struct.unpack("<3H",body[offset+28:offset+34])
        print(f"{offset:08X}:{n},{m},{k}")
        offset += 46 + n + m + k
```

`n`、`m`、`k` については、表 4.2 を参照してください。

実行結果

```
000000E0:8,0,0
00000116:12,0,0
00000150:17,0,0
0000018F:13,0,0
```

ローカルファイルヘッダーのオフセットアドレスの取得

セントラルディレクトリには、ローカルファイルヘッダーのオフセットアドレスが格納されています。コード 4.9 を改良し、各セントラルディレクトリからローカルファイルヘッダーを取得します。

コード 4.10: ローカルファイルヘッダーのオフセットアドレスの取得

```
with open(filepath,"rb") as f:
    body = f.read()

    offset_eocd = body.rfind(b"\x50\x4b\x05\x06")
    body_eocd = struct.unpack("<4s4H2LH",body[offset_eocd:offset_eocd+22])

    offset = body_eocd[6]
    offset_cd = [0 for i in range(body_eocd[4])]
    offset_lf = [0 for i in range(body_eocd[4])]
    for i in range(body_eocd[4]):
        offset_cd[i] = offset
        (n,m,k) = struct.unpack("<3H",body[offset+28:offset+34])
        offset_lf[i] = struct.unpack("<L",body[offset+42:offset+46])[0]
        print(f"{offset_lf[i]:08X}")
        offset += 46 + n + m + k
```

実行結果

```
00000000
00000026
00000050
0000009A
```

ローカルファイルのファイル名、圧縮方式の取得

ローカルファイルヘッダーにはファイル名や圧縮方式が格納されています。コード 4.10 を改良し、ローカルファイルヘッダーの情報を元にファイル名や圧縮方式を取得します。

コード 4.11: ローカルファイルのファイル名、圧縮方式の取得

```
with open(filepath,"rb") as f:
    body = f.read()

    offset_eocd = body.rfind(b"\x50\x4b\x05\x06")
    body_eocd = struct.unpack("<4s4H2LH",body[offset_eocd:offset_eocd+22])

    offset = body_eocd[6]
    offset_cd = [0 for i in range(body_eocd[4])]
    offset_lf = [0 for i in range(body_eocd[4])]
    for i in range(body_eocd[4]):
        offset_cd[i] = offset
        (n,m,k) = struct.unpack("<3H",body[offset+28:offset+34])
        offset_lf[i] = struct.unpack("<L",body[offset+42:offset+46])[0]
        header_ld = struct.unpack("<4s5H3L2H",body[offset_lf[i]:offset_lf[i]+30])
        (n2,m2) = header_ld[9:11]
        filename = body[offset_lf[i]+30:offset_lf[i]+30+n2].decode()
```

```
        print(f"{offset_lf[i]:08X}:{filename},{header_ld[3]}")
        offset += 46 + n + m + k
```

`"<4s5H3L2H"` はローカルファイルヘッダーに対応します。各要素の詳細については表 4.3 を参照してください。

実行結果

```
00000000:example/,0
00000026:example/dir/,0
00000050:example/dir/file2,8
0000009A:example/file1,8
```

ローカルファイルの展開

zip ファイルに格納されたファイルを展開する準備ができました。コード 4.11 を更に改良し、ローカルファイルを展開します。

コード 4.12: ローカルファイルの展開

```
import zlib

with open(filepath,"rb") as f:
    body = f.read()

    offset_eocd = body.rfind(b"\x50\x4b\x05\x06")
    body_eocd = struct.unpack("<4s4H2LH",body[offset_eocd:offset_eocd+22])

    offset = body_eocd[6]
    offset_cd = [0 for i in range(body_eocd[4])]
    offset_lf = [0 for i in range(body_eocd[4])]
    for i in range(body_eocd[4]):
        offset_cd[i] = offset
        (n,m,k) = struct.unpack("<3H",body[offset+28:offset+34])
        offset_lf[i] = struct.unpack("<L",body[offset+42:offset+46])[0]
        header_ld = struct.unpack("<4s5H3L2H",body[offset_lf[i]:offset_lf[i]+30])
        (n2,m2) = header_ld[9:11]
        filename = body[offset_lf[i]+30:offset_lf[i]+30+n2].decode()
        print(f"{offset_lf[i]:08X}:{filename},{header_ld[3]}")
        if header_ld[3] == 8:
            # -15 for the window buffer will make it ignore headers/footers
            print(zlib.decompress(body[offset_lf[i]+30+n2+m2:],-15))
        offset += 46 + n + m + k
```

ローカルファイルは Deflate で圧縮されているため、 `zlib` ライブラリを使用することで展開することができます。圧縮データの展開は PNG ファイルの解析でも出てきました。その際は、 `decompress()` はデフォルトの設定で展開していましたが、zip ファイルの場合は `-15` というオプションをつけています。コード内のコメントにも書いてありますが、Deflate のヘッダー等を無視するモードです。

実行結果

```
00000000:example/,0
00000026:example/dir/,0
00000050:example/dir/file2,8
b'file2\n'
0000009A:example/file1,8
b'file1\n'
```

無事に zip ファイルの展開を実装することができました。

4.1.5　応用：破損した zip ファイルの復元

これまでは、「セントラルディレクトリの検索」、「セントラルディレクトリからローカルファイルの格納場所を取得」、「ローカルファイルの中身の取り出し」と zip ファイルの仕様に沿った処理を実装しました。一方、例えばファイルが途中で切れているような破損した zip ファイルの場合、最初のセントラルディレクトリの検索で失敗するため、zip ファイルを展開することができません。そこで、これまでのコードを改良することにより、破損したファイルでも展開できるプログラムに改良します。具体的には、ファイルの先頭からローカルファイルヘッダーを検索しファイルの中身を展開するという処理を実装します。

プログラム自体は割とシンプルです。

コード 4.13: 破損した zip ファイルを展開する関数

```
def zip_recovery(body):
    offset_lf = 0
    while True:
        offset_lf = body.find(b"\x50\x4b\03\04",offset_lf)
        if offset_lf == -1:
            break
        header_lf = struct.unpack("<4s5H3L2H",body[offset_lf:offset_lf+30])
        (n,m) = header_lf[9:11]
        filename = body[offset_lf+30:offset_lf+30+n].decode()
        print(f"{offset_lf:08X}:{filename},{header_lf[3]}")
        if header_lf[3] == 8:
            # -15 for the window buffer will make it ignore headers/footers
            print(zlib.decompress(body[offset_lf+30+n+m:],-15))
        offset_lf += 30 + n + m
```

作成した復元プログラムが上手く動作するか試してみましょう。セントラルディレクトリの情報が得られない状況を想定し、解析用 zip ファイルの先頭から 256 バイトだけのデータでファイルの展開を試してみましょう。

コード 4.14: ファイルの末端が破損した zip ファイルの展開

```
zip_recovery(body[:0x100])
```

実行結果

```
00000000:example/,0
00000026:example/dir/,0
00000050:example/dir/file2,8
b'file2\n'
0000009A:example/file1,8
b'file1\n'
```

すべてのファイルの展開に成功しています。

さらに、ファイルの先頭 50 バイトも破損した場合にファイルの展開ができるか試してみましょう。

コード 4.15: ファイルの先頭と末端が破損した zip ファイルの展開

```
zip_recovery(body[50:0x100])
```

実行結果

```
0000001E:example/dir/file2,8
b'file2\n'
00000068:example/file1,8
b'file1\n'
```

すべてを復元することは当然できませんが、2 つのファイルの展開に成功しています。

コラム 解析業務とアジャイル開発

本章では、zip ファイルを展開するプログラムをアジャイル的[*6]に開発してみました。アジャイル（Agile）とは、直訳すると「素早い」「機敏な」「頭の回転が速い」という意味を表します。アジャイル開発とは、システムやソフトウェア開発におけるプロジェクト開発手法の 1 つで、大きな単位でシステムを区切ることなく、小単位で実装とテストを繰り返して開発を進めていく手法を指します。従来の開発手法に比べて開発期間が短縮されるため、アジャイル（素早い）と呼ばれています。zip 形式の仕様に沿った実装を小分けし、動作を確認しながら実装することで実装ミス（バグ）の切り分けも容易になります。

---

*6 厳密には、本書で取り入れた開発手法は、動作するコードを書きながらきれいに直していくテスト駆動開発で、アジャイル開発の実現に適した手法の 1 つとされているものです。開発の初期段階で不具合を検知・修正でき、後工程へバグを持ち越しにくいなどのメリットがあります。

この復元プログラムを誰でも使える状態にするには、zip ファイルの仕様を網羅した実装をする必要があります。しかしながら、眼の前の破損した zip ファイルを復元する場合は zip ファイルの仕様を網羅する必要はありません。解析は時間との勝負です。限られた時間で効率よく解析を行う必要があります。今回のその場しのぎの復元プログラムは、たった 14 行のプログラムで実現できます。使用者が自分だけだったり特定の業務だけで使う場合は、その場しのぎの最小限の復元プログラムを使用し、動かなかった場合にプログラムを修正するというアジャイル開発で素早く解析を行うことができます。

その場しのぎで作成した解析ツールが有用であった場合、広く使えるようにツール化して他の解析者に配布するようにと要望されることは良くあると思います。他の解析者も使えるようにとした途端、網羅的に仕様を満たす必要があったり、ツールのマニュアルを準備する必要があったりでとても大変です。その場しのぎの解析ツールを一般的な解析ツールに昇格させるか否かは、ツールを適用できる業務がどれだけあるかという需要と、作成にかかる労力のバランスを適切に判断する必要があります。

4.2　PDF 形式

文書ファイルには、様々な図表、場合によっては音声・動画が埋め込まれます。文書ファイルフォーマットの仕様にもよりますが、様々なファイル（オブジェクト）を 1 つのファイルにまとめているという意味で、文書ファイルはコンテナファイルの一種です。

文書ファイルの 1 つである PDF（Portable Document Format）は、Adobe 社によって開発されたファイルフォーマットで、様々なデバイスや OS 上で、文書の内容を忠実に再現できることを目的とした汎用性の高いファイルフォーマットです。セキュリティやアクセシビリティなどの機能も備えており、様々な場面で利用されています。

4.2.1　解析用 PDF ファイルの準備

まずは、本章で使用する解析用 PDF ファイルを準備します。Colab の環境内で PDF ファイルを検索して、解析用 PDF ファイルとします。

コード 4.16: PDF ファイルの検索

```
!find / -name "*.pdf"
```

実行結果

```
...
/usr/lib/R/site-library/brew/Sweave-test-1-007.pdf
/usr/local/lib/python3.10/dist-packages/music21/mei/test/test_file.pdf
/usr/local/lib/python3.10/dist-packages/matplotlib/mpl-data/images/hand.pdf
...
```

今回は、「`/usr/...（略）.../test_file.pdf`」を使用します。

コード 4.17: 解析用 PDF ファイルの指定

```
filepath = "/usr/local/lib/python3.10/dist-packages/music21/mei/test/test_file.pdf"
```

4.2.2　ライブラリを使った解析

PDF ファイルを扱うライブラリはいくつかあります。ここでは、代表的な 2 つのライブラリについて簡単に紹介します。

pypdf

`pypdf` *7（旧 `PyPDF2` *8）は、PDF ファイルの読み取り、書き込み抽出などを行うことができるライブラリです。

Colab のランタイムにはインストールされていないため、使用するためには以下のコマンドで必要な環境をインストールする必要があります。

コード 4.18: pypdf のインストール

```
!pip install pypdf
```

インストールは数秒で終了します。

簡単な使用例を紹介します。

コード 4.19: pypdf の使用例

```
from pypdf import PdfReader

reader = PdfReader(filepath)

```

*7 https://pypi.org/project/pypdf/

*8 2022 年末、`pypdf` プロジェクトは 12 年ぶりにバージョン 3.1.0 がリリース。以降、`pypdf` が現在の正式プロジェクトです。

```
5  metadata = reader.metadata
6  print(metadata)
7
8  n_of_pages = len(reader.pages)
9  print(f"Total␣{n_of_pages}␣pages.")
10
11 page = reader.pages[0]
12 text = page.extract_text()
13 print(text)
```

`pypdf` では、 `PDFReader` クラスを使い、PDF ファイルの操作を行います。

- `PDFReader` クラスのインスタンスを作成する際に解析対象の PDF ファイルのファイルパスを指定します。3 行目で、作成したインスタンスを `reader` 変数に代入しています。
- `metadata` には、PDF ファイルのメタデータが辞書オブジェクトで格納されています（5 から 6 行目）。
- `pages` に PDF ファイルの各ページの情報が配列として格納されています。 `len()` を使用することで、 `pages` の大きさ（ページ数）を得ることができます（8 から 9 行目）。
- `extract_text()` を使用することで、PDF の指定したページから本文を抽出することができます。

実行結果

```
{'/Producer': 'GPL Ghostscript 9.07', '/CreationDate': "D:20141210171630-05'00'", '/ModDate': "D
   :20141210171630-05'00'", '/Creator': 'LilyPond 2.18.2', '/Author': 'Christopher Antila', '/Title': 'Test File',
    '/Subtitle': 'Movement title', '/Composer': 'Christopher Antila'}
Total 1 pages.

Test File
Movement title
Christopher Antila
...
```

その他、使用方法は多岐に渡るため、詳細はユーザーガイド[*9]を参照してください。

pdfminer.six

`pdfminer.six` [*10]は、`pypdf` 同様、Python で PDF を操作するためのライブラリです。 `pypdf` より細かい操作が可能ですが、より PDF の仕様に沿った実装となっているため、使いこなすためには PDF の仕様を把握している必要があります。

*9 https://pypdf.readthedocs.io/en/stable/index.html
*10 https://pypi.org/project/pdfminer.six/

本家は `PDFMiner`[*11]ですが、`pdfminer.six` は、本家からコミュニティがフォーク（派生）したプロジェクトです。本家は 2019 年 11 月にリリースされたものが最新ですが、`pdfminer.six` は 2023 年 12 月にリリースされたものが最新となっています。

Colab のランタイムにはインストールされていないため、使用するためには以下のコマンドで必要な環境をインストールする必要があります。

コード 4.20: pyminer.six のインストール

```
!pip install pdfminer.six
```

インストールは数秒で終了します。

使用方法について簡単に例示します。

コード 4.21: pdfminer.six を使ったメタデータの抽出

```
import pdfminer.pdfparser
import pdfminer.pdfdocument

with open(filepath, 'rb') as f:
    p = pdfminer.pdfparser.PDFParser(f)
    d = pdfminer.pdfdocument.PDFDocument(p)
    print(d.info)
```

`pypdf` では、ファイル操作はライブラリ側で処理していましたが、`pdfminer.six` では、ファイル操作は、ライブラリ利用者が実装する必要があります。また、PDF ファイルをパースして各オブジェクトへ分解（ `PDFParser` ）し、分解したオブジェクトからドキュメント構造の構築（ `PDFDocument` ）といった、PDF の仕様を意識したコーディングが必要です。ドキュメント構造を構築後は `info` にメタデータが格納されます。

実行結果

```
[{'Producer': b'GPL Ghostscript 9.07', 'CreationDate': b"D:20141210171630-05'00'", 'ModDate': b"D
   :20141210171630-05'00'", 'Creator': b'LilyPond 2.18.2', 'Author': b'Christopher Antila', 'Title': b'Test File',
   'Subtitle': b'Movement title', 'Composer': b'Christopher Antila'}]
```

`pypdf` の際はメタデータが辞書オブジェクトで格納されていましたが、`pdfminer.six` の場合は、更にリスト形式で格納されており、メタデータが複数ある場合にも対応しています。

コード 4.22: pdfminer.six による本文の抽出

```
from pdfminer.high_level import extract_text

```

[*11] https://pypi.org/project/pdfminer/

```
text = extract_text(filepath)
print(text)
```

`pdfminer.six` の場合、基本的に PDF の仕様を意識した低レイヤーのコーディングが必要ですが、高レイヤーの関数も用意されています。 `extract_text()` を使用することで、指定したファイルパスの PDF ファイルの本文を簡単に抽出することができます。

実行結果

```
(cid:1)

(cid:1)

(cid:1)

...

Test File
Movement title

...
```

`pypdf` の場合と違い、 `(cid:1)` といった出力が混在しています。PDF ファイル内の文字と Unicode の対応付けが不完全な場合、このような出力となります[*12]。

その他、詳細な使用方法については、 `pdfminer.six` のマニュアル[*13]を参照してください。

4.2.3　PDF の仕様概要

PDF の仕様は、国際標準化機構（ISO）によって標準化されました。PDF 1.7 の基本仕様は ISO 32000-1:2008 に規定され、Adobe 社のウェブサイトでも公開されています[*14]。基本仕様だけでも 752 ページと膨大ですので、ここでは解析に必要な最低限の部分だけかいつまんで紹介します。

ファイル構造

PDF のファイル構造は先頭から順に Header、Body（PDF 本体）、Cross-reference table、Trailer、EOF（End of File）で構成されています。

---

*12 https://pdfminersix.readthedocs.io/en/latest/faq.html#why-are-there-cid-x-values-in-the-textual-output

*13 https://pdfminersix.readthedocs.io/en/latest/index.html

*14 https://opensource.adobe.com/dc-acrobat-sdk-docs/pdfstandards/PDF32000_2008.pdf

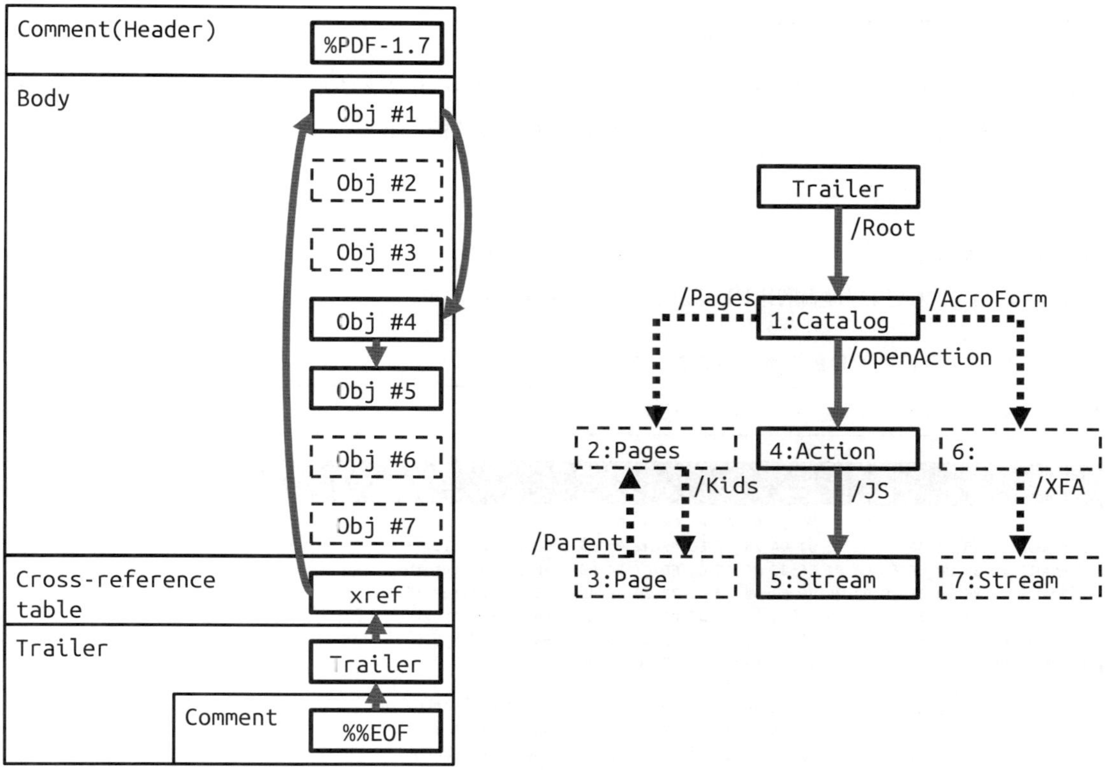

図 4-1　**PDF** のファイル構造（左）とドキュメント構造（右）の例

それぞれの概要について簡単に説明します。Header は「`%PDF-1.7`」のようになっており、「`%`」はコメント行であることを示し、「`1.7`」は PDF のバージョンを示しています。Body は PDF の本体です。文書ファイルを構成する様々なオブジェクトが格納されています。Cross-reference table にはオブジェクトが格納されているオフセットアドレス等が格納されています。PDF は Body の中の各オブジェクトを組み合わせることでドキュメントを表現しています。このドキュメント構造は Trailer オブジェクトを起点とするツリー構造となっており、PDF の構造を解析するためにはまず、Trailer オブジェクトを読み込む必要があります。EOF はその名の通りファイルの終端を示すシグネチャです。値は「`%%EOF`」となっており、Header と同様でコメント行になっています。

4.2.4　PDF を解析しながら仕様を学ぶ

PDF は先程述べたとおり、仕様が膨大であるため、解析用ファイルを逐次解析しながら、PDF の仕様を学んでいきます。ここでは、解析用ファイルの解析に必要な最低限のプログラムを作成します。

ファイルのダンプ

まずは、いつもどおり解析用 PDF ファイルをダンプします。

コード 4.23: 解析用 PDF ファイルのダンプ

```
dump2(filepath)
```

実行結果

```
         0  1  2  3  4  5  6  7  8  9  A  B  C  D  E  F
00000000:25 50 44 46 2D 31 2E 34 0A 25 C7 EC 8F A2 0A 35   %PDF-1.4.%.....5
00000010:20 30 20 6F 62 6A 0A 3C 3C 2F 4C 65 6E 67 74 68    0 obj.<</Length
00000020:20 36 20 30 20 52 2F 46 69 6C 74 65 72 20 2F 46    6 0 R/Filter /F
00000030:6C 61 74 65 44 65 63 6F 64 65 3E 3E 0A 73 74 72   lateDecode>>.str
00000040:65 61 6D 0A 78 9C C5 5D 4B 93 25 C7 55 B6 18 CB   eam.x..]K.%.U...
00000050:98 86 C0 06 01 EB BB 53 F7 A2 8B 7C 3F 96 40 00   .......S...|?.@.
...
0000E790:0A 78 72 65 66 0A 30 20 33 35 0A 30 30 30 30 30   .xref.0 35.00000
0000E7A0:30 30 30 30 30 20 36 35 35 33 35 20 66 20 0A 30   00000 65535 f .0
0000E7B0:30 30 30 30 30 36 37 30 36 20 30 30 30 30 30 20   000006706 00000
0000E7C0:6E 20 0A 30 30 30 30 30 35 39 30 33 30 20 30 30   n .0000059030 00
0000E7D0:30 30 30 20 6E 20 0A 30 30 30 30 30 30 36 36 34   000 n .000000664
...
0000EA50:30 30 30 20 6E 20 0A 74 72 61 69 6C 65 72 0A 3C   000 n .trailer.<
0000EA60:3C 20 2F 53 69 7A 65 20 33 35 20 2F 52 6F 6F 74   < /Size 35 /Root
0000EA70:20 31 20 30 20 52 20 2F 49 6E 66 6F 20 32 20 30    1 0 R /Info 2 0
0000EA80:20 52 0A 2F 49 44 20 5B 3C 36 45 43 44 34 34 39    R./ID [<6ECD449
0000EA90:36 32 44 39 38 37 41 46 34 38 42 36 41 39 31 42   62D987AF48B6A91B
0000EAA0:34 30 39 41 35 33 41 31 44 3E 3C 36 45 43 44 34   409A53A1D><6ECD4
0000EAB0:34 39 36 32 44 39 38 37 41 46 34 38 42 36 41 39   4962D987AF48B6A9
0000EAC0:31 42 34 30 39 41 35 33 41 31 44 3E 5D 0A 3E 3E   1B409A53A1D>].>>
0000EAD0:0A 73 74 61 72 74 78 72 65 66 0A 35 39 32 38 31   .startxref.59281
0000EAE0:0A 25 25 45 4F 46 0A                              .%%EOF.
```

Header を示す「`%PDF-1.4`」、Cross-reference table を示す「`xref`」、Trailer を示す「`trailer`」、そして EOF を示す「`%%EOF`」などの文字があることを確かめましょう。

PDF ファイルの読み込み

まずは、PDF ファイル全体を読み込みます。

コード 4.24: 解析用 PDF ファイルの読み込み

```python
with open(filepath, "rb") as f:
    body = f.read()
```

`body` に解析用 PDF ファイル全体のバイナリデータが格納されます。

Trailer を検索

それでは、ドキュメントツリーの起点である Trailer を検索しましょう。Trailer は EOF の直前にあるオブジェクトで「 `trailer` 」という文字列から始まります。

コード 4.25: Trailer の検索

```python
def find_trailer(body):
    s_eof = b"%%EOF"
    s_trailer =b"trailer"

    offset_eof = body.rfind(s_eof)
    offset_trailer = body[:offset_eof].rfind(s_trailer)

    return (offset_trailer,offset_eof)

(offset_trailer,offset_eof) = find_trailer(body)
print(f"{offset_trailer:08X}-{offset_eof-1:08X}:trailer")
print(f"{offset_eof:08X}:EOF")

trailer = body[offset_trailer:offset_eof]
print(trailer)
```

実は、PDF ファイルには EOF や Trailer が複数格納されていることがあります。これは、PDF ファイルを編集した場合、元の PDF ファイル部分を維持したまま変更部分をファイルの末端に追記するという仕様のためです。詳細はともかくとして、複数出現した場合は後のものが優先されるので、シグネチャの検索は前から検索する `find()` ではなく後ろから検索する `rfind()` で実装しています。実行結果は次のとおりです。

実行結果

```
0000EA57-0000EAE0:trailer
0000EAE1:EOF
b'trailer\n<< /Size 35 /Root 1 0 R /Info 2 0 R\n/ID [<6ECD44962D987AF48B6A91B409A53A1D><6
   ECD44962D987AF48B6A91B409A53A1D>]\n>>\nstartxref\n59281\n'
```

解析用 PDF ファイルのどこに Trailer が格納されているかが分かりました。また、Trailer 部分を抜き出して表示することもできました。

Cross-reference table の検索

Trailer の末端に「`startxref`」という文字列があります。この文字の後列に Cross-reference table を格納しているオフセットアドレスを示す 10 進数文字列が続きます。Trailer から該当するアドレス値を抜き出し、Cross-reference table 部分を抜き出しましょう。なお、Cross-reference table と Trailer は連続して格納されているので、Cross-reference table の終端は Trailer の開始直前と一致します。

コード 4.26: Cross-reference table の検索

```
def find_xref(trailer):
    s_xref = b"startxref"
    pos = trailer.rfind(s_xref)
    xref_offset = int(trailer[pos:].split(b"\n",3)[1].decode())

    return xref_offset

offset_xref = find_xref(trailer)
print(f"{offset_xref:08X}-{offset_trailer-1:08X}:xref")
xref=body[offset_xref:offset_trailer]
print(xref.decode())
```

プログラムは比較的単純です。Trailer から「`startxref`」文字列を検索し、後に続く文字列を数値に変換するだけです。実行結果は次のとおりです。

実行結果

```
0000E791-0000EA56:xref
xref
0 35
0000000000 65535 f
0000006706 00000 n
0000059030 00000 n
0000006647 00000 n
...
0000008790 00000 n
0000008963 00000 n
0000009539 00000 n
0000057532 00000 n
```

Cross-reference table の分解

Cross-reference table の各行の意味は次のとおりです。1 行目はシグネチャ（`xref`）です。2 行目はオブジェクト番号の開始番号と格納されているオブジェクトの数を示しています。「`0 35`」はオブジェクト番号 0 から 34 までの 35 個のオブジェクトの情報が格納されていることを示しています。3 行目以降は各オブジェクトの情報を示しています。1 つ目の数値はオフセットアドレスを示す 10 進数文字列、2 つ目の数値はオブジェクトの世代番号、3 つ目はオブジェクトを使用しているか否か（`n`：使用、`f`：未使用）を示しています。世代番号は大抵は 0 です。前述の元々の PDF ファイル構造を維持したまま PDF の編集をした場合で、既存のオブジェクトの内容を書き換える必要がある場合により大きな世代番号を設定した新しいオブジェクトを PDF ファイルに追加します。オブジェクト番号 0 のものは特別なオブジェクトのため、世代番号は 65535 を格納することがほとんどです。

以上を踏まえて Cross-reference table を分解してみます。

コード 4.27: Cross-reference table の分解

```
def parse_xref(xref):
    lines = xref.split(b"\n")
    obj_num = lines[1].split(b"␣")
    start_obj_num = int(obj_num[0].decode())
    total_obj_num = int(obj_num[1].decode())

    n = start_obj_num
    offset_objs = {}
    for line in lines[2:2+total_obj_num-start_obj_num]:
        obj_info = line.split(b"␣")
        offset = int(obj_info[0].decode())
        if obj_info[2] == b"n":
            print(f"{offset:08X}:␣obj␣{n}")
            offset_objs[n] = offset
        n += 1
    return offset_objs

offset_objs = parse_xref(xref)
```

実行結果

```
00001A32: obj 1
0000E696: obj 2
000019F7: obj 3
00001942: obj 4
...
00002256: obj 31
00002303: obj 32
00002543: obj 33
0000E0BC: obj 34
```

PDF ファイルを作成するソフト次第ですが、解析用 PDF ファイルの場合、オブジェクトの格納位置がオブジェクト番号順になっていないことが分かります。格納されている順に並び替えてみましょう。

コード 4.28: オブジェクトの格納順に並び替え

```
for obj in sorted(offset_objs.items(), key=lambda x:x[1]):
    print(f"{obj[1]:08X}:␣obj␣{obj[0]}")
```

このコードは、辞書オブジェクト `offset_objs` を特定のキーでソートし、ソートされた結果をフォーマットして出力する処理を行っています。

- `offset_objs.items()`：辞書オブジェクト `offset_objs` のキーと値のペアをタプルのリストとして返します。
- `sorted(...)`：このリストをソートする関数です。
- `key=lambda x:x[1]`：ソートの基準を指定します。 `lambda x:x[1]` は、ラムダ式です[*15]。ここでは、タプル `x` の 2 番目の要素（つまり値）でソートすることを意味します。
- `for obj in ...`：ソートされたタプルのリストを、1 つずつ `obj` に代入して繰り返し処理を行います。

実行結果

```
0000000F: obj 5
0000192E: obj 6
00001942: obj 4
000019F7: obj 3
00001A32: obj 1
...
0000A535: obj 27
0000BD08: obj 17
0000BF1A: obj 28
0000E0BC: obj 34
0000E696: obj 2
```

`obj 2` が Body（PDF 本体）の最後に配置されています。ここで、Trailer の内容を表示した結果を再掲します。

実行結果

```
0000EA57-0000EAE0:trailer
0000EAE1:EOF
b'trailer\n<< /Size 35 /Root 1 0 R /Info 2 0 R\n/ID [<6ECD44962D987AF48B6A91B409A53A1D><6
   ECD44962D987AF48B6A91B409A53A1D>]\n>>\nstartxref\n59281\n'
```

「`/Info 2 0 R`」という文字列があります。これは PDF ファイルの情報（ `/Info` ）がオブジェクト番号 2 の中にある（ `2 0 R` ）ことを示しています。 `R` は参照（Reference）の略と思われます。

[*15] ラムダ式は無名関数とも呼ばれ、 `lambda 引数: 式` という構文をとり、関数の定義と代入を同時に行います。詳細は https://docs.python.org/ja/3/tutorial/controlflow.html#lambda-expressions を参照してください。

オブジェクトの読み込み

オブジェクトを読み込むプログラムを作成し、オブジェクト番号 2 の該当部分を表示してみましょう。なお、オブジェクトの末端は `endobj` という文字列になっています。

コード 4.29: オブジェクトの読み込み

```
def read_obj(body,offset):
    offset_endobj = body.find(b"endobj\n",offset)
    body_obj = body[offset:offset_endobj+7]
    obj_name = body_obj.split(b"\n",1)[0]
    print(f"{offset:08X}-{offset_endcbj+6:08X}:␣{obj_name.decode()}")
    return body_obj

print(read_obj(body,offset_objs[2]).cecode())
```

実行結果

```
0000E696-0000E790: 2 0 obj
2 0 obj
<</Producer(GPL Ghostscript 9.07)
/CreationDate(D:20141210171630-05'0э')
/ModDate(D:20141210171630-05'00')
/Creator(LilyPond 2.18.2)
/Author(Christopher Antila)
/Title(Test File)
/Subtitle(Movement title)
/Composer(Christopher Antila)>>endobj
```

PDF を作成したソフト、作成日、作者等のメタ情報を表示することができました。

続いて、Trailer の「 `/Root 1 0 R` 」という文字列に着目します。これは PDF ファイルのドキュメントツリーの頂点が（ `/Root` ）がオブジェクト番号 1 の中にある（ `1 0 R` ）ことを示しています。

オブジェクト番号 1 の該当部分を表示してみましょう。

コード 4.30: オブジェクト番号 1 の表示

```
print(read_obj(body,offset_objs[1]).decode())
```

実行結果

```
00001A32-00001A72: 1 0 obj
1 0 obj
<</Type /Catalog /Pages 3 0 R
/Metadata 34 0 R
>>
endobj
```

「/Metadata 34 0 R」という気になる文字列が表示されました。どうやら解析用 PDF ファイルのメタデータがオブジェクト番号 34 に格納されているようです。

オブジェクト番号 34 の該当部分を表示してみましょう。

コード 4.31: オブジェクト番号 34 の表示

```
print(read_obj(body,offset_objs[34]).decode())
```

実行結果

```
0000E0BC-0000E695: 34 0 obj
34 0 obj
<</Type/Metadata
/Subtype/XML/Length 1421>>stream
<?xpacket begin='' id='W5M0MpCehiHzreSzNTczkc9d'?>
<?adobe-xap-filters esc="CRLF"?>
<x:xmpmeta xmlns:x='adobe:ns:meta/' x:xmptk='XMP toolkit 2.9.1-13, framework 1.6'>
<rdf:RDF xmlns:rdf='http://www.w3.org/1999/02/22-rdf-syntax-ns#' xmlns:iX='http://ns.adobe.com/iX/1.0/'>
<rdf:Description rdf:about='uuid:bd895b61-b8d6-11ef-0000-812a4229ded1' xmlns:pdf='http://ns.adobe.com/pdf/1.3/'
   pdf:Producer='GPL Ghostscript 9.07'/>
<rdf:Description rdf:about='uuid:bd895b61-b8d6-11ef-0000-812a4229ded1' xmlns:xmp='http://ns.adobe.com/xap/1.0/'><
   xmp:ModifyDate>2014-12-10T17:16:30-05:00</xmp:ModifyDate>
<xmp:CreateDate>2014-12-10T17:16:30-05:00</xmp:CreateDate>
<xmp:CreatorTool>LilyPond 2.18.2</xmp:CreatorTool></rdf:Description>
<rdf:Description rdf:about='uuid:bd895b61-b8d6-11ef-0000-812a4229ded1' xmlns:xapMM='http://ns.adobe.com/xap/1.0/mm
   /' xapMM:DocumentID='uuid:bd895b61-b8d6-11ef-0000-812a4229ded1'/>
<rdf:Description rdf:about='uuid:bd895b61-b8d6-11ef-0000-812a4229ded1' xmlns:dc='http://purl.org/dc/elements/1.1/'
    dc:format='application/pdf'><dc:title><rdf:Alt><rdf:li xml:lang='x-default'>Test File</rdf:li></rdf:Alt></dc:
   title><dc:creator><rdf:Seq><rdf:li>Christopher Antila</rdf:li></rdf:Seq></dc:creator></rdf:Description>
</rdf:RDF>
</x:xmpmeta>


<?xpacket end='w'?>
endstream
endobj
```

オブジェクト番号 2 の内容と多くが共通しますが、若干詳しく PDF ファイルの情報が XML 形式で格納されているようです。

Stream データの読み込み

これまで説明していませんでしたが、オブジェクト番号 34 を例にオブジェクトの構造を解説します。1 行目にはオブジェクト番号と世代番号そしてオブジェクトであることを示す「`obj`」キーワードが含まれています。この `obj` キーワードと最後の行の `endobj` で挟まれた部分がオブジェクト本体です。オブジェクト本体には「`<<`」と「`>>`」で挟まれた「辞書」と呼ばれるオブジェクトが必ず含まれます。ここに様々なオブジェクトのメタ情報が平文で格納されます。辞書オブジェクトの後に場合によって Stream データと呼ばれるデータが格納されることがあります。Stream データは「`stream`」キーワードと「`endstream`」キーワードに挟まれた部分に格納されます。Stream データはメタ情報の場合は平文で格納するきまりになっていますが、それ以外は大抵何らかのエンコードがされています。暗号化された PDF ファイルで暗号化されるのは Stream データだけです。この仕組みにより、PDF 閲覧ソフトによるドキュメント構造の解析と機密情報の保護が両立されています。

それでは、オブジェクト番号 34 を例に、辞書オブジェクトと Stream データに分割するプログラムを作ってみましょう。

コード 4.32: オブジェクトを辞書と Stream に分解

```
1  def obj_parse(body_obj):
2      d_start = body_obj.find(b"<<")
3      head_obj = body_obj[:d_start]
4      pos = d_start+2
5      lv = 2
6      while lv > 0:
7          if body_obj[pos:pos+1] == b'<':
8              lv += 1
9          elif body_obj[pos:pos+1] == b'>':
10             lv -= 1
11         pos += 1
12     d_end = pos
13     body_dict = body_obj[d_start:d_end]
14
15     s_start = b"stream\n"
16     s_end = b"endstream\n"
17
18     offset_stream_start = body_obj.find(s_start,d_end)
19     if offset_stream_start == -1:
20         body_stream = None
21     else:
22         offset_stream_start += len(s_start)
23         offset_stream_end = body_obj.rfind(s_end)
24         body_stream = body_obj[offset_stream_start:offset_stream_end]
25
26     return (head_obj,body_dict,body_stream)
27
28 print(obj_parse(read_obj(body,offset_objs[34])))
```

2 行目から 13 行目が辞書オブジェクトを抜き出す部分です。最初に見つかった「`<<`」に対応する「`>>`」を検索する必要がありますが、辞書オブジェクトの中に更に辞書オブジェクトが入るという入れ子（ネストした）構造が想定されるため、「`<`」と「`>`」が見つかるたびに `lv` 変数の値を増減させています[*16]。

[*16] この実装は解析用 PDF ファイルをパースするのに必要最低限の実装です。仕様を勘違いしたりパースを妨害するために仕様から若干ずれた PDF ファイルや、重要なキーワードにエスケープ処理が施されていたりする PDF ファイルに対応するための実装が必要です。

実行結果

```
0000E0BC-0000E695: 34 0 obj
(b'34 0 obj\n', b'<</Type/Metadata\n/Subtype/XML/Length 1421>>', b'<?xpacket begin=\'\xef\xbb\xbf\' id=\'
   W5M0MpCehiHzreSzNTczkc9d\'?>\n<?adobe-xap-filters esc="CRLF"?>\n<x:xmpmeta xmlns:x=\'adobe:ns:meta/\' x:xmptk
   =\'XMP toolkit 2.9.1-13, framework 1.6\'>\n<rdf:RDF xmlns:rdf=\'http://www.w3.org/1999/02/22-rdf-syntax-ns#\'
   xmlns:iX=\'http://ns.adobe.com/iX/1.0/\'>\n<rdf:Description rdf:about=\'uuid:bd895b61-b8d6-11ef-0000-812
   a4229ded1\' xmlns:pdf=\'http://ns.adobe.com/pdf/1.3/\' pdf:Producer=\'GPL Ghostscript 9.07\'/>\n<rdf:
   Description rdf:about=\'uuid:bd895b61-b8d6-11ef-0000-812a4229ded1\' xmlns:xmp=\'http://ns.adobe.com/xap
   /1.0/\'><xmp:ModifyDate>2014-12-10T17:16:30-05:00</xmp:ModifyDate>\n<xmp:CreateDate>2014-12-10T17:16:30-05:00</
   xmp:CreateDate>\n<xmp:CreatorTool>LilyPond 2.18.2</xmp:CreatorTool></rdf:Description>\n<rdf:Description rdf:
   about=\'uuid:bd895b61-b8d6-11ef-0000-812a4229ded1\' xmlns:xapMM=\'http://ns.adobe.com/xap/1.0/mm/\' xapMM:
   DocumentID=\'uuid:bd895b61-b8d6-11ef-0000-812a4229ded1\'/>\n<rdf:Description rdf:about=\'uuid:bd895b61-b8d6-11
   ef-0000-812a4229ded1\' xmlns:dc=\'http://purl.org/dc/elements/1.1/\' dc:format=\'application/pdf\'><dc:title><
   rdf:Alt><rdf:li xml:lang=\'x-default\'>Test File</rdf:li></rdf:Alt></dc:title><dc:creator><rdf:Seq><rdf:li>
   Christopher Antila</rdf:li></rdf:Seq></dc:creator></rdf:Description>\n</rdf:RDF>\n</x:xmpmeta>\n
                                                                                   \n
                                                                                   \n<?xpacket end=\'w\'?>\n')
```

とりあえず上手く分解できたようです。

エンコードされた Stream データのデコード

次に、何らかのエンコードがされている Stream データがついたオブジェクトを分解してみましょう。ここではオブジェクト番号 5 を表示してみます。

コード 4.33: オブジェクト番号 5 の分解

```python
print(obj_parse(read_obj(body,offset_objs[5])))
```

実行結果

```
0000000F-0000192D: 5 0 obj
(b'5 0 obj\n', b'<</Length 6 0 R/Filter /FlateDecode>>', b'x\x9c\xc5]K\x93%\xc7U\xb6\x18\xcb\x98\x86\xc0\x06\x01\
   xeb\xbbS\xf7\xa2\x8b|?\x96@\x00\x11\x0e9\x02\xc3\xec\x04\x0b#\xab%;fd[\x06\x1c\xfcK~\x12\xdfw\xb2\xf2UU}{\x98\
   xbah\xa27}\xcf\xfd*\xf3\xe4\xeb\xbc\xb3\xeeo/jQ\xe1\xa2\xf8W\xff\xf9\xe2\xed\xdd_\xffs\xbc|\xf5\xbb;u\xf9\xea\
   xee\xb7w:,!\x84(\xdf\x8d\xff\x7f\xf1\xf6\xf2\xb7\xaf\x01M\x17\xad\x96\xecC\xb8\xbc~\xba\xd3\x05v1i\xb1\x0e\xc0d
   \xe2\x12]\xbc\xbc~
...
\xff\x02k(~\xdf')
```

オブジェクト番号 5 の Stream データの取り出しに成功しました。また、辞書オブジェクトを見ると「 `/Filter /FlateDecode` 」という文字列があります。どうやら Stream データは Deflate で圧縮されているようです。Deflate で圧縮されたデータを展開するプログラムは本書で既に何回か出ています（1.6.3、3.4.4 や 4.1.4）。オブジェクト番号 5 に格納されている Stream データの中身を表示してみましょう。

コード 4.34: **Deflate で圧縮された Stream データを展開**

```python
import zlib

body_stream = zlib.decompress(obj_parse(read_obj(body,offset_objs[5]))[2])
print(f"stream size: {len(body_stream)} bytes")
dump(body_stream)
```

実行結果

```
0000000F-0000192D: 5 0 obj
stream size: 26510 bytes
         0  1  2  3  4  5  6  7  8  9  A  B  C  D  E  F
00000000:71 20 30 2E 30 36 20 30 20 30 20 30 2E 30 36 20   q 0.06 0 0 0.06
00000010:30 20 30 20 63 6D 0A 2F 52 37 20 67 73 0A 30 20   0 0 cm./R7 gs.0
00000020:67 0A 71 0A 31 36 2E 36 36 36 37 20 30 20 30 20   g.q.16.6667 0 0
00000030:31 36 2E 36 36 36 37 20 30 20 30 20 63 6D 20 42   16.6667 0 0 cm B
00000040:54 0A 2F 52 38 20 31 30 2E 39 35 36 36 20 54 66   T./R8 10.9566 Tf
00000050:0A 31 20 30 20 30 20 31 20 32 38 2E 33 34 36 37   .1 0 0 1 28.3467
00000060:20 38 32 37 2E 37 34 37 20 54 6D 0A 28 20 29 54    827.747 Tm.( )T
00000070:6A 0A 2F 52 31 30 20 31 37 2E 33 39 38 32 20 54   j./R10 17.3982 T
00000080:66 0A 32 33 30 2E 31 37 33 20 2D 31 37 2E 39 30   f.230.173 -17.90
00000090:37 34 20 54 64 0A 5B 28 54 29 33 37 2E 37 31 36   74 Td.[(T)37.716
000000A0:31 28 65 29 2D 32 2E 37 37 30 30 32 28 73 29 31   1(e)-2.77002(s)1
000000B0:31 2E 31 39 36 33 28 74 29 2D 34 2E 31 32 32 32   1.1963(t)-4.1222
000000C0:28 20 29 33 2E 34 39 37 34 37 28 46 29 2D 31 31   ( )3.49747(F)-11
000000D0:2E 31 35 37 35 28 69 29 2D 31 2E 34 36 38 33 36   .1575(i)-1.46836
000000E0:28 6C 29 30 2E 30 36 33 39 38 38 33 28 65 29 5D   (l)0.0639883(e)]
000000F0:54 4A 0A 2F 52 31 30 20 31 32 2E 33 30 31 39 20   TJ./R10 12.3019
00000100:54 66 0A 2D 39 2E 30 39 38 39 31 20 2D 31 37 2E   Tf.-9.09891 -17.
...
```

無事に中身を取り出せました。

このように、順番に処理をすることで、仕様が複雑な PDF ファイルであっても手動で解析することができます。

コラム　o-checker: ファイルフォーマットに着目したマルウェア検知ツール

この章では、膨大な PDF の仕様を把握することなく、最低限の知識で PDF ファイルの解析を試みました。説明やプログラムを簡単にするため、この章で作成したプログラムでは、解析しようと思ってもエラーが発生してしまう PDF ファイルもたくさんあることでしょう。その際は、PDF の仕様を見るだけでなく、エラーの原因となった PDF ファイルそのものにも注意してください。実は PDF の仕様どおりに実装されていない PDF ファイルは世の中にたくさんあるのです。Adobe 社が PDF の標準化に取り組み、仕様を無料で見れるようにしているのも、ファイル構造が無茶苦茶な

PDF ファイルが出回り、その対応に苦慮していたからです[*17]。

とにかく、Adobe 社は PDF ファイルの標準化に取り組み、仕様に沿わない PDF ファイルの数を減らしつつも、現状存在する仕様に沿わない PDF ファイルに対応するため、強力なエラー訂正機能を閲覧ソフトに組み込んでいます。通常の PDF 解析ライブラリではエラーが発生するような PDF ファイルでも、Adobe 製 PDF 閲覧ソフトでは何事もなかったように表示できます。この状況は攻撃者にとって有利な状況で、解析ライブラリを使っている検知ソフトでは解析に失敗し、PDF 閲覧ソフトでは何事もなかったように表示可能で悪意あるコードを実行する悪性文書ファイルを作ることを可能にします。

悪性文書ファイルには、いわゆるマクロ型と脆弱性を突くタイプの大きく 2 種類があり、脆弱性を突くタイプの悪性文書ファイルにはマルウェア本体の実行ファイルが埋め込まれていることがよくあります[*18]。この、脆弱性を突くタイプの悪性文書ファイルを検知・解析するために開発したものが o-checker[*19]です。膨大な PDF の基本仕様や追加実装を熟読し、数万個の悪性 PDF ファイルを正しく分解し、解析を行うことができるように試行錯誤の上作成した集大成です。また、発表当時では主要な PDF ライブラリでは暗号化された PDF ファイルには対応していませんでしたが、暗号化された PDF も解析をすることができます[*20]。

o-checker は、私が初めて作った Python プログラムでもあります。Python の文法を学ぶことなく、いろいろなアルゴリズムのサンプルコードを見ながら手探りで作成しました。なので、決して美しい Python コードではなく、ところどころ力技な実装となっています。Python にとってインデントが特別な意味を持つことを知ったのは、o-checker のほとんどが完成した後というのは良い思い出です[*21]。

[*17] 勝手な実装に困っていた Adobe 社が「Adobe Supplement to the ISO 32000」という形で独自実装をしていたことは内緒です。PDF 2.0 も含め様々な仕様は次のサイトにまとめられています。
`https://pdfa.org/resource/pdf-specification-archive/`

[*18] 閲覧ソフトの脆弱性への攻撃に成功すると、プログラムの制御が閲覧ソフトからシェルコードというプログラムに移ります。シェルコードは脆弱性の種類によってはサイズ等に厳しい制約がかかることから、シェルコードはマルウェア本体を準備・実行する機能だけを備えていることが多いです。マルウェア本体を悪性文書ファイルの中から取り出すものはドロッパー、ネットワークを通じて準備するものはダウンローダに分類されます。それぞれ攻撃者にとって利点・欠点がありますが、よりシステムの深部に潜り込みたい場合はドロッパーが好んで使われる傾向があります。

[*19] o-checker は CODE BLUE 2013（`https://codeblue.jp/2013/`）、Black Hat USA 2016（`https://www.blackhat.com/us-16/briefings.html`）で発表しています。コードは GitHub（`https://github.com/yotsubo/o-checker`）でも公開しています。

[*20] 解析ツールとしての使い方は GitHub を参照してください。

[*21] 「そんな状況でどうやって Python のプログラムを書けたんだ」というツッコミは甘んじて受けます…が、複数言語のプログラムを習得した人は文法が分からなくても、未学習のプログラムを読めるし書けるというのはよくある話で…

5 応用編1　バイナリファイル解析の道具箱 Binary Refinery

5.1 Binary Refinery とは

Binary Refinery[*1]は Jesko Hüttenhain 氏が開発している、バイナリファイルを解析するための Python ベースのツールです。Windows、Linux、macOS など様々なオペレーティングシステムで使用できます。Binary Refinery はバイナリデータの表示、切り出し、デコード等の操作といった小さな機能の単位に分かれているコマンドを多数提供しており、様々なコマンドをパイプでつなげて実行することでバイナリファイルの解析を行うことができます。パイプは Linux の bash などのシェル、Windows のコマンドプロンプトや PowerShell でコマンドを実行する際に使用できる記法です。`command1 | command2` のようにパイプ記号 `|` を 2 つのコマンドの間に入れてコマンドを実行することで、`command1` の出力を `command2` の入力として与えることができます。`command2` の後にさらに `| command3` などを繋げていけば 3 個以上のコマンドも連結して実行できます。個々のコマンドの機能は Python モジュールとしても使えるため、Python モジュールを組み合わせて複雑な解析を行う Python スクリプトを書くこともできます。Binary Refinery は多数の圧縮アルゴリズムや暗号アルゴリズムをサポートしており、主にマルウェア解析の用途のために開発されているため、Microsoft Office 文書ファイルからマクロを抽出する機能や実行ファイルのコードを逆アセンブルする機能なども提供されています。

[*1] `https://github.com/binref/refinery`

このように、Binary Refinery はバイナリファイル解析のための道具がぎっしり詰まった道具箱のようなツールです。Binary Refinery を駆使してマルウェア解析を行う例がチュートリアル[*2]としていくつか公開されていて、Binary Refinery を使うとどんなことができるのかを知ることができます。英国の政府機関である Government Communications Headquarters(GCHQ) が開発している、ウェブブラウザ上でバイナリファイルを解析できる CyberChef[*3]という著名な解析ツールがあります。CyberChef をご存じの方には、Binary Refinery は CyberChef と同様の機能をコマンドラインや Python モジュールで使える解析ツール、と言うとどういったものかイメージしやすいかもしれません。

5.1.1　実行環境のセットアップ

本章では実行環境として Colab またはローカルで動作している Ubuntu を想定しています。Ubuntu は広く使われている Linux ディストリビューションの一種で、Colab の環境は Ubuntu がベースになっています。コマンドやプログラムの実行例は Colab 上で入力するコマンドを記載しています。ローカルの Ubuntu 上で実行する場合はコマンドの先頭に付いている Colab 用のコマンドのプレフィクスである `!` または `%` を除いてコマンドを入力すると実行できます。

本章の Colab ノートブックのファイルを本書の GitHub リポジトリ (`https://github.com/editor-kagaku/Binary`) の `chapter5/notebooks` ディレクトリに置いています。ウェブブラウザで `https://github.com/editor-kagaku/Binary/archive/refs/heads/main.zip` にアクセスしてリポジトリのファイルをまとめてダウンロードして、Colab ノートブックのファイルを Google ドライブにアップロードしてご利用いただくと全てのコマンドがあらかじめ入力されているため便利です。Colab ノートブックを新規作成された場合は例示されている各コマンドをコードセルに入力して実行してください。

最初に本章で使用するファイルをバージョン管理ソフトウェア Git[*4]の `git` コマンドを使って本書の GitHub リポジトリから Colab 上にまとめてダウンロードします。[*5]本章では `chapter5` デ

[*2] `https://github.com/binref/refinery/tree/master/tutorials`

[*3] `https://gchq.github.io/CyberChef/`

[*4] `https://git-scm.com/`

[*5] ダウンロード時間を短縮するため、ここでは Git の sparse-checkout という機能を使って `chapter5` ディレクトリ以下のファイルのみをダウンロードしています。全ての章のファイルを一度にダウンロードしたい場合は代わりに `!git clone https://github.com/editor-kagaku/Binary.git` を実行して、続いて `%cd Binary/chapter5` を実行してカレントディレクトリを変更してください。sparse-checkout など Git について詳しく知りたい方は「実用 Git 第 3 版」(オライリー・ジャパン、`https://www.oreilly.co.jp/books/9784814400614/`) や「Pro Git 2nd edition」(`https://git-scm.com/book/ja/v2`) を参照してください。

ィレクトリのファイルを使用するため、`%cd Binary`と`%cd chapter5`でカレントディレクトリを`/content/Binary/chapter5`に変更します。以後のコマンドやプログラムの実行例ではカレントディレクトリが`/content/Binary/chapter5`である前提で実行しています。

```
!git clone --filter=blob:none --sparse https://github.com/editor-kagaku/Binary.git
%cd Binary
!git sparse-checkout set chapter5
%cd chapter5
```

もしローカルの Ubuntu をお使いで`git`コマンドがインストールされていない場合は、以下のコマンドでインストールしてください。

```
$ sudo apt install git
```

Binary Refinery は以下のように`pip`コマンドを使ってインストールできます。Binary Refinery が必要とする他の Python モジュールも自動的にインストールされます。Binary Refinery のコマンドによっては実行時に追加の Python モジュールのインストールを求められる場合があります。

```
!pip install binary-refinery
```

Ubuntu 24.04 LTS などの Python のバージョン 3.12 を使用している環境では、OS が提供している Python のパッケージと`pip`コマンドを使ってインストールした Python のパッケージが混在することによるトラブルを防止するために`pip`コマンドを使って Python のパッケージをインストールすることが制限されています。Binary Refinery をインストールしようとすると`error: externally-managed-environment`というエラーでインストールできないかもしれません。その場合は以下のように制限を緩める`--break-system-packages`オプションを付けてインストールしてみてください[*6]。

```
$ pip install --break-system-packages binary-refinery
```

1.2.1 でも説明されているように、Colab の無料版では 90 分以上操作をしない、または使用開始から 12 時間経過すると環境がリセットされます。そのため、本書の GitHub リポジトリからダウンロードしたファイル、インストールした Binary Refinery、コマンドや Python スクリプトによって作成されたファイルなどは削除されてしまいます。環境がリセットされたら再度ダウンロードとインストールが必要です。

[*6] ここでは最短の手順で Binary Refinery を使えるようにするために、非推奨である`--break-system-packages`オプションを使用する方法を紹介しています。推奨されている方法は Python の仮想環境（`https://docs.python.org/ja/3/library/venv.html`）を作成して、仮想環境の中で`pip`コマンドを使用する方法です。

5.2 Binary Refinery のドキュメントとヘルプ

Binary Refinary のドキュメント[*7]にコマンドの一覧や各コマンドのオプションの説明があります。どのような機能があるか詳しく知りたい場合はそちらを見ていただくとよいでしょう。本章では多数の機能の中から主要なものについて、コマンドで使用する場合と Python モジュールで使用する場合の 2 つのパターンで紹介します。各コマンドは `-h` オプションを使用して実行すると引数やオプションについての説明が表示されます。キーワードを指定して `binref` コマンドを実行すると、そのキーワードに関連するコマンドの説明が表示されます。

以後は Binary Refinery の機能をコマンド例とサンプルコードを使って淡々と紹介していくためやや退屈に感じるかもしれません。しかし Binary Refinery が提供する膨大な数の機能はバイナリファイルを解析する際に痒い所に手が届いてとても便利です。機能の使い方をマスターすることで、既存の解析ツールや Python モジュールでは対応していないようなバイナリファイルを解析するために解析ツールを自作する際に大いに役立ちます。多数の機能を紹介しますがどうぞお付き合いください。

5.3 入出力に使う機能

入出力に使う機能として以下の 4 つのコマンドを紹介します。

- `ef` (emit file) コマンド
- `cfmt` (Convert to ForMaT) コマンド
- `emit` コマンド
- `dump` コマンド

5.3.1 ファイルの内容の出力

`ef` コマンドは引数で指定したファイルの内容を標準出力に出力します。以下の例では Linux の `echo` コマンドで `0123` という文字列を出力して `>` のリダイレクト[*8]を使って `0123.txt` というファイルに保存し、その内容を `ef` コマンドで表示しています。

---

*7 `https://binref.github.io/`

*8 リダイレクトは Linux の bash などのシェル、Windows のコマンドプロンプトや PowerShell でコマンドを実行する際に使用できます。 `>` のリダイレクトを使用すると指定したファイルの内容が上書きされます。上書きせずに既存の内容に追記したい場合は `>>` のリダイレクトを使用します。指定したファイルの内容を読み込むために `<` のリダイレクトも使用できます。

```
!echo 0123 > 0123.txt
!ef 0123.txt
```

実行結果

```
0123
```

5.3.2 データに関する情報の出力

`cfmt` コマンドは、フォーマットを指定してパイプで別のコマンドから受け取ったデータやそのデータに関する情報を出力するコマンドです。フォーマットはコマンドの引数で指定して、以下のような値を埋め込むことができます。

- `{}`: パイプで受け取ったデータ自体
- `{size}`: データのサイズ
- `{ext}`: データから自動判別したファイル拡張子
- `{entropy}`: データのエントロピー*9
- `{ic}`: 一致指数 (Index of Coincidence)。データの偏りを表す指数で `0` から `1` までの間の小数で表現されます。例えば、 `A` という文字のみを含む文字列 `AAAA` から計算した値は偏りが多く、 `1.0000` となり、全て異なる文字で構成された文字列 `ABCD` から計算した値は偏りが少なく、 `0.0000` となります。一致指数は暗号化されたデータから暗号化方式を推定する際に使われます。
- `{magic}`: データから自動判別したファイルの種類
- `{crc32}`: 32 ビットの巡回冗長検査 (Cyclic Redundancy Check) チェックサム
- `{md5}`: MD5 ハッシュ値
- `{sha1}`: SHA-1 ハッシュ値
- `{sha256}`: SHA-256 ハッシュ値

ハッシュ値は任意の長さのデータを入力して固定長の値を計算するハッシュ関数によって出力される値です。ハッシュ関数のうちデータの改ざんの検出やパスワード認証などのセキュリティの用途に適しているものを暗号学的ハッシュ関数と呼びます。暗号学的ハッシュ関数には

*9 Binary Refinery は 2.2.4 のエントロピーの計算式で計算した値を 8 で割って出力するため、値の範囲は 0～8 ではなく 0～1 となります。

- 入力データが同一であればハッシュ値は同一の値になる
- ハッシュ値に対して、計算するとそのハッシュ値となるような入力データを現実的な時間では探索できない
- ハッシュ値が同一となる異なる入力データの組を探索して特定することが現実的な時間では不可能

といった性質が求められます。MD5[*10]、SHA-1[*11]、SHA-256[*12]は広く使われている代表的な暗号学的ハッシュ関数のアルゴリズムです。Linux には `md5sum` 、 `sha1sum` 、 `sha256sum` などのハッシュ値を計算するコマンドがありますし、Binary Refinery にも `md5` 、 `sha1` 、 `sha256` などの同様のコマンドがあります。本章では元のデータとデコード後のデータが同一かどうかを確認するためにハッシュ値を使用する場面があります。

以下の例では先程作成した `0123.txt` について、 `cfmt` コマンドを使ってファイルサイズ、ファイル拡張子、ファイルの種類、ファイルの内容を出力しています。

```
!ef 0123.txt | cfmt "Size:{size}\nExtension:{ext}\nType:{magic}\nContent:{}\n"
```

実行結果

```
Size:5
Extension:txt
Type:ASCII text
Content:0123
```

Binary Refinery のコマンドには `[| コマンド ]` という記法があり、複数のファイルの内容のデータそれぞれに対して指定したコマンドを実行することができます。この記法では Binary Refinery が提供するコマンドを指定する必要があります。それ以外のコマンドを指定した場合は動作しません。また、コマンドと `]` の間にスペースを入れる必要があります。この記法を使う際は `cfmt` コマンドでフォーマットにファイルの相対パスを表す `{path}` を使用することができます。

以下の例では `0123.txt` と `abcd.txt` の 2 つのファイルについて `cfmt` コマンドでファイルの情報と内容を表示しています。

```
!echo abcd > abcd.txt
!ef 0123.txt abcd.txt [| cfmt "Path:{path}\nSize:{size}\nType:{magic}\nContent:{}\n" ]
```

*10 https://datatracker.ietf.org/doc/html/rfc1321
*11 https://datatracker.ietf.org/doc/html/rfc3174
*12 https://datatracker.ietf.org/doc/html/rfc6234

実行結果

```
Path:0123.txt
Size:5
Type:ASCII text
Content:0123

Path:abcd.txt
Size:5
Type:ASCII text
Content:abcd
```

`ef` コマンドはコマンドの引数に指定されたファイルの内容を出力する点で Linux の `cat` コマンドに似ていますが、`[| コマンド ]` の記法と組み合わせて一度に複数のファイルに対して何か処理を行いたい場合には `cat` コマンドではなく `ef` コマンドを使う必要があります。

5.3.3 ef コマンドの機能を使った Python スクリプト

`ef` コマンドを Python モジュールとして使ってみましょう。以下のスクリプトはファイルのパス、サイズ、拡張子、自動判別した種類の情報と、ファイルの内容についてテキストファイルの場合は先頭から 32 文字、バイナリファイルの場合は先頭から 16 バイトを 16 進数に変換して表示します。

コード 5.1: ef クラスを使ったファイルの情報と内容の出力

```python
# ef.py: ファイルの情報と先頭部分の内容を出力するスクリプト

import argparse
import refinery.units.meta.ef

def show_text_content(content: str):
    # 先頭から32文字までを表示する
    if len(content) > 32:
        content = content[:32]
        print(f"Content:{content}...")
    else:
        print(f"Content:{content}")

def show_binary_content(content: bytes):
    # バイナリデータをそのまま出力すると文字化けしてしまうため
    # 16進数に変換する
    content_hex = content.hex()

    # 先頭から32文字まで(ファイルの先頭から16バイト分)を表示する
    if len(content_hex) > 32:
        content_hex = content_hex[:32]
        print(f"Content(hex):{content_hex}...")
    else:
        print(f"Content(hex):{content_hex}")

# オプションや引数の処理
parser = argparse.ArgumentParser()
parser.add_argument("filepath", help="読み込むファイルのパス")
```

```python
args = parser.parse_args()

# efクラスのインスタンスの初期化
ef = refinery.units.meta.ef.ef(args.filepath)

# ファイルのデータを読み出すジェネレータを生成する
data_gen = ef.process(None)

# data_genはジェネレータであるためループで処理する必要がある
for data in data_gen:
    # cfmtコマンドでも使用可能なメタデータを取得して表示する
    path = data.meta.get("path")
    size = data.meta.get("size")
    ext = data.meta.get("ext")
    magic = data.meta.get("magic")

    print(f"Path:{path}")
    print(f"Size:{size}")
    print(f"Extension:{ext}")
    print(f"Type:{magic}")

    # ファイルの種類がテキストの場合はそのまま表示する
    if b"text" in magic:
        # dataはBinary RefineryのChunkと呼ばれるクラスのインスタンスで、
        # これをUTF-8のテキストとしてデコードしてstrの文字列に変換する
        content = data.decode()
        show_text_content(content)
    else:
        # dataをバイト列として処理したい場合はbytes()でバイト列に変換する
        content = bytes(data)
        show_binary_content(content)
```

Python 標準ライブラリの `argparse` モジュール[*13]を使うことで、ファイル名が指定されていない場合にエラーメッセージを表示したり、 `-h` オプションで引数やオプションの説明を表示したりすることができます。スクリプト中のコメントで言及しているジェネレータは連続するデータの要素を一つずつ返す特殊な関数です。詳細については Python の公式ドキュメント[*14]を参照してください。

`ef.py` を引数無しで実行するとファイルパスを指定するようエラーメッセージを出力して終了します。

```
!python3 ef.py
```

実行結果

```
usage: ef.py [-h] filepath
ef.py: error: the following arguments are required: filepath
```

`-h` オプションを付けて実行するとヘルプが表示されます。

[*13] https://docs.python.org/ja/3/library/argparse.html
[*14] https://docs.python.org/ja/3/howto/functional.html#generators

```
!python3 ef.py -h
```

実行結果

```
usage: ef.py [-h] filepath

positional arguments:
  filepath    読み込むファイルのパス

options:
  -h, --help  show this help message and exit
```

テキストファイルの `/etc/shells` の情報と先頭部分の内容を表示してみます。

```
!python3 ef.py /etc/shells
```

実行結果

```
Path:/etc/shells
Size:142
Extension:txt
Type:ASCII text
Content:# /etc/shells: valid login shell...
```

続いて実行ファイルの `/bin/ls` の情報と先頭部分の内容を 16 進数で表示してみます。

```
!python3 ef.py /bin/ls
```

実行結果

```
Path:/bin/ls
Size:138208
Extension:bin
Type:ELF 64-bit LSB shared object, x86-64, version 1 (SYSV)
Content(hex):7f454c460201010000000000000000000...
```

正しいファイルの種類は実行ファイルである `ELF 64-bit LSB pie executable, x86-64, version 1 (SYSV)` なのですが、共有ライブラリである `ELF 64-bit LSB shared object, x86-64, version 1 (SYSV)` という少し異なる判別結果になっています。これは、Binary Refinery がファイルの種類の判別に 3.2.1 で紹介されている `python-magic` ライブラリの `magic.from_buffer()` 関数を使用しているためです。

5.3.4 手入力によるバイナリデータの出力

`emit` コマンドは Linux の `echo` コマンドのように引数に指定された文字列を出力するコマンドです。`h:16 進数`、`q:URL エンコードされた文字列`、`b64:Base64 エンコードされた文字列` のような記法でバイナリデータを出力することもでき、手入力によるバイナリデータの作成や簡易的なデコードに使えます。以下の 3 つの例ではエンコードされた文字列を `emit` コマンドでデコードしています。

```
!emit h:507974686F6EE381A7
```

実行結果

```
Pythonで
```

```
!emit q:%E5%AE%9F%E8%B7%B5%E3%81%99%E3%82%8B
```

実行結果

```
実践する
```

```
!emit b64:440Q44Kk440K440q6Kej5p6Q
```

実行結果

```
バイナリ解析
```

5.3.5 emit コマンドの機能を使った Python スクリプト

先程の例と同じデコードを Python モジュールを使ってしてみましょう。Binary Refinery では `emit` コマンドの内部で使われている `refinery.lib.argformats` モジュールの `multibin()` 関数でデコードを行うことができます。以下は `multibin()` 関数でデコードするコードと、Python 標準ライブラリの `binascii` モジュール、`urllib.parse` モジュール、`base64` モジュールでデコードするコードを含む Python スクリプトです。

コード 5.2: multibin() 関数を使ったデコード

```python
# multibin.py: multibin()関数を使ってデコードするスクリプト

import base64
import binascii
import urllib.parse
import sys
from refinery.lib import argformats

# エンコードされた文字列のリスト
encoded_list = ["h:507974686F6EE381A7",
                "q:%E5%AE%9F%E8%B7%B5%E3%81%99%E3%82%8B",
                "b64:440Q44Kk440K440q6Kej5p6Q"]

# print()とsys.stdout.buffer.write()が混在していると、print()はバッファリングがあり、
# sys.stdout.buffer.write()はバッファリングがないことで出力の順序が変わってしまうため、
# このスクリプトでは全てsys.stdout.buffer.write()に統一する。メッセージはencode()で
# UTF-8のバイト列に変換しておく。
message = "Binary␣Refineryでのデコード結果:\n".encode()
sys.stdout.buffer.write(message)
for encoded in encoded_list:
    # 文字列をデコード
    decoded = argformats.multibin(encoded)

    # デコードした文字列をバイト列として出力
    sys.stdout.buffer.write(decoded)

    # デコードした文字列には改行が含まれていないため改行を出力
    sys.stdout.buffer.write(b"\n")

message = "\nPython標準ライブラリでのデコード結果:\n".encode()
sys.stdout.buffer.write(message)
for encoded in encoded_list:
    # 標準のPythonモジュールの場合はエンコーディングの種別を表す部分を取り除いてからデコードする
    if encoded[:2] == "h:":
        # 16進数の文字列をデコード
        decoded = binascii.a2b_hex(encoded[2:])
        sys.stdout.buffer.write(decoded)
    elif encoded[:2] == "q:":
        # URLエンコードされた文字列をバイト列にデコード
        decoded = urllib.parse.unquote_to_bytes(encoded[2:])

        sys.stdout.buffer.write(decoded)
    elif encoded[:4] == "b64:":
        # Base64エンコードされた文字列をデコード
        decoded = base64.b64decode(encoded[4:])
        sys.stdout.buffer.write(decoded)

    sys.stdout.buffer.write(b"\n")
```

`multibin.py` を実行するとデコード結果が出力されます。

```
!python3 multibin.py
```

実行結果

```
Binary Refineryでのデコード結果:
Pythonで
実践する
バイナリ解析

Python標準ライブラリでのデコード結果:
Pythonで
実践する
バイナリ解析
```

このスクリプトの 19 行目などで使っている `sys` モジュールの `sys.stdout.buffer.write()` 関数は `bytes` オブジェクトのデータをバイト列として標準出力に出力する関数です。 `bytes` オブジェクトのデータを `print()` 関数で出力すると `b'...'` の形式の文字列に変換されて出力されるため、バイト列そのものを出力したい場合は `sys.stdout.buffer.write()` 関数を使う必要があります。

以下の例では UTF-8 の文字コードで「バイナリ」を表すバイト列を `print()` 関数と `sys.stdout.buffer.write()` 関数で出力しています。コードが非常に短い場合は `python3` コマンドの `-c` オプションの後にコードを 1 行で記述することで実行できます。このようにコマンドラインにコードを 1 行で記述して実行することをワンライナーといいます。

最初の例では `print()` 関数を使っているため `b'...'` の形式の文字列に変換されて出力されています。

```
!python3 -c 'print(b"\xE3\x83\x90\xE3\x82\xA4\xE3\x83\x8A\xE3\x83\xAA")'
```

実行結果

```
b'\xe3\x83\x90\xe3\x82\xa4\xe3\x83\x8a\xe3\x83\xaa'
```

2 番目の例では `sys.stdout.buffer.write()` 関数を使っているため「バイナリ」の文字列が出力されています。ワンライナーで複数の文を実行する際はこの例のようにセミコロンで文を区切ります。

```
!python3 -c 'import sys; sys.stdout.buffer.write(b"\xE3\x83\x90\xE3\x82\xA4\xE3\x83\x8A\xE3\x83\xAA")'
```

実行結果

```
バイナリ
```

`sys.stdout.buffer.write()` 関数を使うメリットとして、UTF-8 の文字コードのバイト列の前後に UTF-8 の範囲外の値の余計なバイト列が付いているような場合もエラーにならずに文字列として読める形で出力できる、ということがあります。

先程の例の UTF-8 の文字コードで「バイナリ」を表すバイト列の先頭に UTF-8 の範囲外の値である 16 進数で `FF` の 1 バイトが追加されたものを `decode()` 関数で UTF-8 のバイト列から文字列にデコードして `print()` 関数で出力しようとすると、 `decode()` 関数の実行時にエラーが発生してしまって出力することができません。

```
!python3 -c 'print(b"\xFF\xE3\x83\x90\xE3\x82\xA4\xE3\x83\x8A\xE3\x83\xAA".decode())'
```

実行結果

```
Traceback (most recent call last):
  File "<string>", line 1, in <module>
UnicodeDecodeError: 'utf-8' codec can't decode byte 0xff in position 0: invalid start byte
```

`sys.stdout.buffer.write()` 関数を使って出力する場合は `FF` の 1 バイトは UTF-8 の範囲外の値であるため文字として読めないものの、「バイナリ」の文字列は読める形で出力できています。

```
!python3 -c 'import sys; sys.stdout.buffer.write(b"\xFF\xE3\x83\x90\xE3\x82\xA4\xE3\x83\x8A\xE3\x83\xAA")'
```

実行結果

```
�バイナリ
```

Colab の仕様のためコードセル内で `sys.stdout.buffer.write()` 関数を使おうとすると、 `AttributeError: 'OutStream' object has no attribute 'buffer'` のようなエラーが発生して使うことができません。 `sys.stdout.buffer.write()` 関数を使う必要がある場合は Python スクリプトのファイルを作成して `!python3 ファイル名` で実行するか、ワンライナーで実行してください。

5.3.6 ファイルへの出力

`dump` コマンドはパイプで受け取ったデータを引数で指定されたファイル名のファイルに保存します。ファイル名を指定する際に `cfmt` コマンドのところで紹介した `{ext}` などの記法を使用して、データの内容に基づいてファイル名や拡張子を自動的に指定して出力できます。以下の例は `Binary Refinery[改行]` という文字列をあらかじめ 16 進数にエンコードしたものを `emit` コマンドでデコードして、それを `dump` コマンドを使ってファイルに保存しています。 `dump` コマンドの引数に `{md5}.{ext}` と指定することで、パイプで受け取ったデータの MD5 ハッシュ値 `1d04d35c1522a454bf7cb92062a961ad` とデータから判別したファイルの拡張子 `txt` に基づくファイル名 `1d04d35c1522a454bf7cb92062a961ad.txt` にデータが保存されます。

```
!emit h:42696E61727920526566696E6572790A | dump {md5}.{ext}
!cat 1d04d35c1522a454bf7cb92062a961ad.txt
```

実行結果

```
Binary Refinery
```

5.3.7 dump コマンドの機能を使った Python スクリプト

以下は `dump` コマンドを Python モジュールとして使ってファイルへ出力を行うスクリプトです。先程のコマンド例と同じ処理を行います。 `refinery.lib.meta` クラスの `metavars()` 関数を使うと、 `cfmt` コマンドのところで出力に埋め込むことができると説明したデータのサイズ、拡張子、ハッシュ値等の値を得ることができます。

コード 5.3: dump クラスを使ったファイルへの出力

```python
# dump.py: ファイルへの出力を行うスクリプト

from refinery.lib.argformats import multibin
from refinery.lib.meta import metavars
from refinery.units.sinks.dump import dump

# 16進数でエンコードされた"Binary Refinery[改行]"の文字列
encoded = "h:42696E61727920526566696E6572790A"

# 文字列をデコード
decoded = multibin(encoded)

# デコード後のデータからMD5ハッシュ値とファイル拡張子を得る
md5 = metavars(decoded).md5
ext = metavars(decoded).ext

filename = f"{md5}.{ext}"

# dumpクラスのインスタンスの初期化
d = dump(filename)

# ファイルへ出力するためのジェネレータを生成
gen = d.process(decoded)

# genは要素を1つずつ返すジェネレータになるためforループで処理します。
# genから要素を読み出す際にdumpクラス内の処理によってファイルへの
# 出力が自動的に行われるため、ループ内では何もする必要はありません。
for _ in gen:
    pass

print(f"Output file: {filename}")
```

20 行目の `dump()` 関数は 2.2.1 の `dump()` 関数とは別のものです。29 行目の `pass` *15は何もしない文で、関数やループなどの内部には必ず何か文が必要だけれどもコードとしては何も実行したくない場合に使用します。この前の行の `for _ in gen:` でジェネレータ `gen` の要素を 1 つずつ読み出す都度 `dump` クラスの内部でファイル出力が自動的に行われますが、`for` ループ内では何もする必要がないため `pass` を置いています。`_` は変数名で、この変数に代入された値は使わない、という意味で慣習的に使われています。

```
!python3 dump.py
```

実行結果

```
Output file: 1d04d35c1522a454bf7cb92062a961ad.txt
```

```
!cat 1d04d35c1522a454bf7cb92062a961ac.txt
```

実行結果

```
Binary Refinery
```

5.4 データの表示に使う機能

5.4.1 ファイルの内容の 16 進ダンプ表示

データの表示に使う機能として `peek` コマンドを紹介します。`peek` コマンドは 2.2.1 の `dump()` 関数のようにファイルの内容の 16 進ダンプを表示するコマンドです。Linux には同様の機能を持つ `hexdump` コマンドや `xxd` コマンドがありますが、`peek` コマンドはファイルのサイズ、エントロピーや自動判別したファイルの種類の情報も表示することができます。

`peek` コマンドはデフォルトでターミナルエミュレーターの幅に合わせて 1 行に表示するデータのバイト数が変わり、10 行分のデータを表示します。`-W 16` オプションを指定すると `hexdump` コマンドや `xxd` コマンドと同様に 1 行に 16 バイトずつ表示されます。ファイルの全ての内容を表示したい場合は `-a` オプションを指定します。サイズ等の情報を複数行で表示したい場合は `-m` オプションを指定します。この後の他の機能の説明でも `peek` コマンドをよく使いますのでぜひ使い方を覚えておいてください。

*15 https://docs.python.org/ja/3/tutorial/controlflow.html#pass-statements

以下の例では `/bin/ls` ファイルの内容を 1 行に 16 バイトずつ表示しています。

```
!ef /bin/ls | peek -W 16
```

実行結果

```
--------------------------------------------------------------------------
00.138 MB; 72.47% entropy; ELF 64-bit LSB shared object, x86-64, vers...
--------------------------------------------------------------------------
00000: 7F 45 4C 46 02 01 01 00 00 00 00 00 00 00 00 00  .ELF...........
00010: 03 00 3E 00 01 00 00 00 B0 6A 00 00 00 00 00 00  ..>......j......
00020: 40 00 00 00 00 00 00 00 20 14 02 00 00 00 00 00  @..............
00030: 00 00 00 00 40 00 38 00 0D 00 40 00 1F 00 1E 00  ....@.8...@.....
00040: 06 00 00 00 04 00 00 00 40 00 00 00 00 00 00 00  ........@.......
00050: 40 00 00 00 00 00 00 00 40 00 00 00 00 00 00 00  @.......@.......
00060: D8 02 00 00 00 00 00 00 D8 02 00 00 00 00 00 00  ................
00070: 08 00 00 00 00 00 00 00 03 00 00 00 04 00 00 00  ................
00080: 18 03 00 00 00 00 00 00 18 03 00 00 00 00 00 00  ................
00090: 18 03 00 00 00 00 00 00 1C 00 00 00 00 00 00 00  ................
--------------------------------------------------------------------------
```

次の例では `/bin/ls` ファイルの内容を幅を変えて 1 行に 10 バイトずつ表示し、エントロピー、ファイルの種類、ファイルサイズを複数行で表示しています。

```
!ef /bin/ls | peek -W 10 -m
```

実行結果

```
----------------------------------------------
  entropy = 72.47%
    magic = ELF 64-bit LSB shared object, x86...
     size = 00.138 MB
----------------------------------------------
00000: 7F 45 4C 46 02 01 01 00 00 00  .ELF......
0000A: 00 00 00 00 00 00 03 00 3E 00  ........>.
00014: 01 00 00 00 B0 6A 00 00 00 00  .....j....
0001E: 00 00 40 00 00 00 00 00 00 00  ..@.......
00028: 20 14 02 00 00 00 00 00 00 00  ..........
00032: 00 00 40 00 38 00 0D 00 40 00  ..@.8...@.
0003C: 1F 00 1E 00 06 00 00 00 04 00  ..........
00046: 00 00 40 00 00 00 00 00 00 00  ..@.......
00050: 40 00 00 00 00 00 00 00 40 00  @.......@.
0005A: 00 00 00 00 00 00 D8 02 00 00  ..........
----------------------------------------------
```

紙面上ではモノクロになっていますが、 `peek` コマンドの出力は各バイトの値によって以下のように色分けされています。Colab 上では色分けされた出力を見ることができます。

- `00`：グレー

- `09` (タブ)、`0A` (改行)、`0D` (復帰)、`20` (スペース): 青
- `21～7E` (ASCII 印字可能文字): ターミナルエミュレーター標準の文字色 (黒、白等)
- それ以外の値: 赤

5.4.2 peek コマンドの機能を使った Python スクリプト

以下の Python スクリプトは `peek` コマンドを Python モジュールとして使ってみた例です。`peek` クラスを使うことでデータを 16 進数と文字の両方で表示できるため、バイナリファイルを解析する Python スクリプトを作成中に、スクリプトが処理している途中のデータを表示してデバッグするのに役立ちます。

コード 5.4: peek クラスを使ったファイルの内容の 16 進ダンプ出力

```
# peek.py: ファイルの内容の16進ダンプを出力するスクリプト
#
# --stdoutオプションを付けない場合は標準エラー出力にカラーで出力されます。出力をlessなど
# のページャを使って見たい場合は
#
# python3 peek.py filepath 2>&1 | less -r
#
# のように"2>&1"で標準エラー出力を標準出力にリダイレクトするとよいでしょう。
# lessの-rオプションはカラー出力を有効にするオプションです。

import argparse
import sys
from refinery.units.sinks import peek

# オプションや引数の処理
parser = argparse.ArgumentParser()
parser.add_argument("filepath", help="読み込むファイルのパス")
parser.add_argument("--stdout",
                    help="標準出力に出力する(デフォルトは標準エラー出力)",
                    action="store_true")
args = parser.parse_args()

try:
    # 引数で指定されたファイルを読み込む
    with open(args.filepath, "rb") as f:
        data = f.read()
except Exception as e:
    # ファイルを読み込めなかった場合はエラーメッセージを出力して終了する
    print(e)
    sys.exit(1)

# peekクラスのインスタンスの初期化
#
# all: Trueの場合はファイル全体の16進ダンプを出力します。
# Falseの場合は10行分だけ出力します。
# gray: Trueの場合は出力に色を付けません。Falseの場合はNULLバイトがグレー、
#       英数字が白、空白文字が青、それ以外のバイトが赤で出力されます。
# stdout: Trueの場合は出力先が標準出力になります。
# Falseの場合は標準エラー出力になります。
# expand: Trueの場合は同じ値が連続して続く際に出力を省略しないようにします。
# Falseの場合は省略します。
```

```
42 # meta: Trueの場合はファイルのエントロピー、ファイルの種類、ファイルサイズ
43 # の情報を複数行で表示します。Falseの場合は1行で簡略表示します。
44 # width: 1行に表示するバイト数
45 p = peek.peek(all=False, gray=False, stdout=args.stdout,
46               expand=True, meta=True, width=16)
47 
48 # ファイルのデータから16進ダンプ出力を生成する
49 output_gen = p.process(data)
50 
51 # output_genは要素を1つずつ返すジェネレータになるためforループで処理します。
52 # 出力先がpeekクラスのデフォルトの出力先である標準エラー出力の場合は、
53 # output_genから要素を読み出す際に16進ダンプがpeekクラス内の処理に
54 # よって自動的に出力されるためループ内では何もする必要はありません。
55 if args.stdout:
56     # 標準出力の場合はループ内で出力の処理が必要
57     for output in output_gen:
58         print(output)
59 else:
60     # 標準エラー出力の場合は何もしなくてよい
61     for output in output_gen:
62         pass
```

23 行目の `try:` と 27 行目の `except Exception as e:` のブロックは例外処理というもので、`try:` のブロック内で何かエラー (例外) が発生した場合に `except Exception as e:` の例外を処理するブロックが実行されます。エラーが発生しなかった場合は例外を処理するブロックは実行されません。このスクリプトでは指定したファイル名が間違っているなどしてファイルを開けなかった場合にエラーメッセージを表示して終了するために例外処理を使用しています。例外処理の使用方法の詳細については Python の公式ドキュメント[*16]を参照してください。

`peek.py` を引数無しで実行するとファイルパスを指定するようエラーメッセージを出力して終了します。

```
!python3 peek.py
```

実行結果

```
usage: peek.py [-h] [--stdout] filepath
peek.py: error: the following arguments are required: filepath
```

`-h` オプションを付けて実行するとヘルプが表示されます。

```
!python3 peek.py -h
```

[*16] https://docs.python.org/ja/3/tutorial/errors.html

```
実行結果
usage: peek.py [-h] [--stdout] filepath

positional arguments:
  filepath    読み込むファイルのパス

options:
  -h, --help  show this help message and exit
  --stdout    標準出力に出力する(デフォルトは標準エラー出力)
```

以下の例では `/bin/ls` ファイルの内容を表示しています。

```
!python3 peek.py /bin/ls
```

```
実行結果
----------------------------------------------------------------------
  entropy = 72.47%
    magic = ELF 64-bit LSB shared object, x86-64, version 1 (SYSV)
     size = 00.138 MB
----------------------------------------------------------------------
00000: 7F 45 4C 46 02 01 01 00 00 00 00 00 00 00 00 00  .ELF...........
00010: 03 00 3E 00 01 00 00 00 B0 6A 00 00 00 00 00 00  ..>......j......
00020: 40 00 00 00 00 00 00 00 20 14 02 00 00 00 00 00  @..............
00030: 00 00 00 00 40 00 38 00 0D 00 40 00 1F 00 1E 00  ....@.8...@.....
00040: 06 00 00 00 04 00 00 00 40 00 00 00 00 00 00 00  ........@.......
00050: 40 00 00 00 00 00 00 00 40 00 00 00 00 00 00 00  @.......@.......
00060: D8 02 00 00 00 00 00 00 D8 02 00 00 00 00 00 00  ...............
00070: 08 00 00 00 00 00 00 00 03 00 00 00 04 00 00 00  ...............
00080: 18 03 00 00 00 00 00 00 18 03 00 00 00 00 00 00  ...............
00090: 18 03 00 00 00 00 00 00 1C 03 00 00 00 00 00 00  ...............
```

5.5 データの切り出しに使う機能

データの切り出しに使う機能として `snip` コマンドと `chop` コマンドを紹介します。

5.5.1 範囲指定によるデータの切り出し

`snip` コマンドはパイプで受け取ったデータを Python のスライスと同様に `始点:終点:ステップ` で範囲を指定して切り出すことができます。以下の 4 つの例では `00` から `FF` までの 16 バイトのデータについて範囲を変えながら `snip` コマンドでデータを切り出して、 `peek` コマンドで切り出したデータを表示しています。 `peek` コマンドの `-r` オプションはサイズ等の情報を表示しないオプションです。

```
!emit h:00112233445566778899aabbccddeeff | peek -W 16 -r
```

実行結果

```
--------------------------------------------------------------------
00: 00 11 22 33 44 55 66 77 88 99 AA BB CC DD EE FF  .."3DUfw........
--------------------------------------------------------------------
```

```
!emit h:00112233445566778899aabbccddeeff | snip 4:12 | peek -W 16 -r
```

実行結果

```
-------------------------------------------------------------------
0: 44 55 66 77 88 99 AA BB                          DUfw....
-------------------------------------------------------------------
```

```
!emit h:00112233445566778899aabbccddeeff | snip :-5:-1 | peek -W 16 -r
```

実行結果

```
-------------------------------------------------------------------
0: FF EE DD CC                                      ....
-------------------------------------------------------------------
```

```
!emit h:00112233445566778899aabbccddeeff | snip ::2 | peek -W 16 -r
```

実行結果

```
-------------------------------------------------------------------
0: 00 22 44 66 88 AA CC EE                          ."Df....
-------------------------------------------------------------------
```

上の 4 つの例で指定したスライスと切り出した範囲はこのようになっています。

- `4:12` → 5 バイト目 (`44`) から 12 バイト目 (`BB`) まで
- `:-5:-1` → 最後のバイト (`FF`) から逆順 (`-1`) で最後から 4 バイト目 (`CC`) まで
- `::2` → 1 バイトおきに最初のバイト (`00`) から最後から 2 バイト目 (`EE`) まで

5.5.2　データの分割

`chop` コマンドはパイプで受け取ったデータを引数で指定したバイト数毎に分割します。以下は `00` から `FF` までの 16 バイトのデータについて `chop` コマンドで 8 バイト毎に分割した場合と 5 バ

イト毎に分割した場合の例です。`[| コマンド ]` の記法を使って `chop` コマンドで分割した各データに `peek` コマンドを実行して表示しています。

```
!emit h:00112233445566778899aabbccddeeff | chop 8 [| peek -W 16  -r ]
```

実行結果

```
-------------------------------------------------------------------
0: 00 11 22 33 44 55 66 77                          .."3DUfw
-------------------------------------------------------------------
0: 88 99 AA BB CC DD EE FF                          ........
-------------------------------------------------------------------
```

```
!emit h:00112233445566778899aabbccddeeff | chop 5 [| peek -W 16 -r ]
```

実行結果

```
-------------------------------------------------------------------
0: 00 11 22 33 44                                   .."3D
-------------------------------------------------------------------
0: 55 66 77 88 99                                   Ufw..
-------------------------------------------------------------------
0: AA BB CC DD EE                                   .....
-------------------------------------------------------------------
0: FF                                               .
-------------------------------------------------------------------
```

5.5.3 snip コマンドと chop コマンドの機能を使った Python スクリプト

以下は `snip` コマンドと `chop` コマンドを Python モジュールとして使ってみた例です。処理する対象のデータは数字の 0(0x30) から 9(0x39)、アルファベットの A(0x41) から F(0x46) までの 16 バイトのバイト列で、文字列としては `0123456789ABCDEF` になります。`snip` クラスを使った場合は Python のスライスを使う場合に比べると冗長なコードになります。15 行目の `snip` クラスの初期化では `slice()` 関数で指定したスライスのリストで切り出す範囲を 2 つ指定しています。指定した範囲をスライスの記法で表すと先程のコマンド例でも使用した `4:12` と `:-5:-1` になります。`chop` クラスは 4 バイトずつ分割するように初期化しています。

コード 5.5: snip クラスと chop クラスを使ったデータの切り出し

```
1  # snip-chop.py: データの切り出しを行うスクリプト
2
3  from refinery.units.meta import chop
```

```
from refinery.units.strings import snip

# 0(0x30)から9(0x39)、A(0x41)からF(0x46)までの16バイトのバイト列
# 0123456789ABCDEF
data = b"\x30\x31\x32\x33\x34\x35\x36\x37\x38\x39\x41\x42\x43\x44\x45\x46"

# バイト列を文字列として出力
print(f"Original data:\n{data.decode()}\n")

# 5バイト目(4)から12バイト目(B)まで、最後のバイト(F)から逆順(-1)で最後から
# 4バイト目(C)までの2つの範囲を指定してsnipクラスのインスタンスを初期化する
sn = snip.snip([slice(4, 12), slice(None, -5, -1)])

# データを切り出すジェネレータを生成する
gen = sn.process(data)

# genは要素を1つずつ返すジェネレータになるためforループで処理する
print("Snipped data:")
for snipped in gen:
    print(snipped)

print()

# 4バイトずつ分割するようにchopクラスのインスタンスを初期化する
ch = chop.chop(4)

gen = ch.process(data)

print("Chopped data:")
for chopped in gen:
    print(chopped)
```

snip-chop.py を実行すると元のデータを切り出した結果が出力されます。

```
!python3 snip-chop.py
```

実行結果

```
Original data:
0123456789ABCDEF

Snipped data:
456789AB
FEDC

Chopped data:
0123
4567
89AB
CDEF
```

5.6　バイナリと数値の変換に使う機能

バイナリと数値の変換に使う機能として hex コマンドと pack コマンドを紹介します。

5.6.1　16 進数からのデコード

hex コマンドはパイプで受け取った 16 進数でエンコードされたデータを元のデータにデコードします。エンコードされたデータはコンマ区切りやスペース区切りの形式でもデコードできます。-R オプションを付けると動作が逆になりデータを 16 進数でエンコードします。

以下の例では 00112233445566778899aabbccddeeff の文字列を emit コマンドで出力して、それをバイナリデータにデコードして peek コマンドで表示しています。

```
!emit 00112233445566778899aabbccddeeff | hex | peek -W 16 -r
```

実行結果

```
--------------------------------------------------------------------
00: 00 11 22 33 44 55 66 77 88 99 AA BB CC DD EE FF  .."3DUfw........
--------------------------------------------------------------------
```

以下の 2 つの例では Binary Refinery の文字列を 16 進数の文字列にエンコードして、16 進数の文字列をデコードしています。

```
!emit "Binary Refinery" | hex -R
```

実行結果

```
42696E61727920526566696E657279
```

```
!emit 42696E61727920526566696E657279 | hex
```

実行結果

```
Binary Refinery
```

16 進数の文字列は以下の 2 つの例のようにコンマ区切りやスペース区切りになっていてもデコードできます。

```
!emit 42,69,6E,61,72,79,20,52,65,66,69,6E,65,72,79 | hex
```

実行結果

```
Binary Refinery
```

```
!emit 42 69 6E 61 72 79 20 52 65 66 69 6E 65 72 79 | hex
```

実行結果

```
Binary Refinery
```

5.6.2　2 進数、8 進数等のデコード

pack コマンドは hex コマンドよりも汎用的で、引数に基数を指定することで 16 進数に加えて 2 進数、8 進数や 10 進数などについてもデコードを行えます。基数を指定しない場合は 10 進数になります。デコードするデータは何らかの区切り文字で区切られている必要があります。 -R オプションを付けると動作が逆になり、データを指定された基数に基づいてエンコードします。

以下の例では Binary Refinery の文字列がコンマ区切りの 10 進数の文字列にエンコードされたものをデコードしています。

```
!emit 66,105,110,97,114,121,32,82,101,102,105,110,101,114,121 | pack
```

実行結果

```
Binary Refinery
```

以下の例では Binary Refinery の文字列を 10 進数の文字列にエンコードしています。エンコードすると数字が 1 行ずつ改行されて出力されるためやや使いにくいです。

```
!emit "Binary Refinery" | pack -R
```

実行結果

```
66
105
110
97
114
121
32
82
101
102
105
110
101
114
121
```

引数で指定された文字を末尾に付加して連結する cca (ConCat Append) コマンドを組み合わせ

て、出力をコンマ区切りやスペース区切りにすると使いやすくなります。

```
!emit "Binary Refinery" | pack -R [| cca , ]
```

実行結果

```
66,105,110,97,114,121,32,82,101,102,105,110,101,114,121,
```

以下の例は 16 進数で `01020304` の 4 バイトのバイト列を 2 進数にエンコードしています。2 進数にエンコードする場合にデフォルトでは左側の 0 が省略されます。

```
!emit h:01020304 | pack -R 2
```

実行結果

```
1
10
11
100
```

0 が省略されては困る場合は `-w 8` オプションで桁数を 8 と指定すると省略されずに出力されます。

```
!emit h:01020304 | pack -R 2 -w 8
```

実行結果

```
00000001
00000010
00000011
00000100
```

以下の例では桁数を 8 桁にしてスペース区切りで出力しています。

```
!emit h:01020304 | pack -R 2 -w 8 [| cca " " ]
```

実行結果

```
00000001 00000010 00000011 00000100
```

5.6.3 pack コマンドの機能を使った Python スクリプト

`pack` コマンドを Python モジュールとして使ってみましょう。`pack` クラスは 16 進数のデコードとエンコードもできますので、以下のスクリプトでは `hex` クラスを使わずに `pack` クラスのみを使っています。基数は `-2`、`-8`、`-10`、`-16` のいずれかのオプションで指定して、デコードする場合のデータは何らかの区切り文字で区切られている必要があります。エンコードする場合の区切り文字は `-s` オプションで指定して、`\n` や `\t` を使って改行やタブを指定することもできます。デコードには `process()` 関数を使用して、エンコードには `reverse()` 関数を使用します。Binary Refinery のデコード、圧縮や暗号に関する機能など、コマンドで使用する際に `-R` オプションを指定することで逆の操作を行うことができる機能については Python モジュールとして使用する際に `process()` 関数と `reverse()` 関数のペアが用意されています。

`argparse` モジュールの `add_mutually_exclusive_group()` 関数[*17]を使用してその引数に `required=True` を指定すると、いずれかのオプションの指定を必須としてかつ複数のオプションを同時に指定できないように設定できます。`sys` モジュールの `sys.stdin.buffer.read()` 関数は標準入力からデータを `bytes` オブジェクトとして受け取る関数です。

コード 5.6: pack クラスを使った 2 進数、8 進数、10 進数、16 進数のデコードとエンコード

```
# pack.py: 2進数、8進数、10進数、16進数のデコードとエンコードを行うスクリプト

import argparse
import sys
import types
from refinery.units.blockwise import pack

# オプションの処理
# -2、-8、-10、-16のいずれかの指定を必須にする
parser = argparse.ArgumentParser()
group = parser.add_mutually_exclusive_group(required=True)
group.add_argument("-2", dest="opt_bin", help="2進数のデコード", action="store_true")
group.add_argument("-8", dest="opt_oct", help="8進数のデコード", action="store_true")
group.add_argument("-10", dest="opt_dec", help="10進数のデコード", action="store_true")
group.add_argument("-16", dest="opt_hex", help="16進数のデコード", action="store_true")
parser.add_argument("-R", dest="opt_encode", help="エンコードを実行", action="store_true")
parser.add_argument("-s", dest="opt_separator",
                    help="エンコード時の出力の区切り文字", action="store", type=str)
args = parser.parse_args()

# 標準入力からデータを受け取る
data = sys.stdin.buffer.read()

# オプションに応じてpackクラスの初期化を行う
if args.opt_bin:
    decoder = pack.pack(base=2, width=8)
elif args.opt_oct:
    decoder = pack.pack(base=8)
elif args.opt_dec:
    decoder = pack.pack(base=10)
elif args.opt_hex:
    decoder = pack.pack(base=16, width=2)

# エンコードはreverse()、デコードはprocess()を実行する
```

*17 https://docs.python.org/ja/3/library/argparse.html#mutual-exclusion

```
if args.opt_encode:
    output = decoder.reverse(data)
else:
    output = decoder.process(data)

# 出力がジェネレータの場合はループで処理する
if type(output) is types.GeneratorType:
    o = next(output)
    while True:
        try:
            # エンコードしたデータを出力する
            sys.stdout.buffer.write(bytes(o))

            # 次の要素を先読みする。上で出力したデータが最後の要素で
            # もう要素が残っていない場合はStopIterationの例外が発生
            # してこの下の区切り文字を出力する処理はスキップされる。
            o = next(output)

            # decode("unicode_escape")を実行することで\nを改行に、
            # \tをタブに変換できる。
            if args.opt_separator:
                sep = args.opt_separator.encode()
                sep = sep.decode("unicode_escape").encode()
                sys.stdout.buffer.write(sep)
        except StopIteration:
            break
else:
    # デコードしたデータを出力する。
    # outputはBinary RefineryのChunkと呼ばれるクラスのインスタンスで、
    # bytes()であらかじめバイト列に変換してから出力する。
    sys.stdout.buffer.write(bytes(output))

# エンコードする場合は最後に改行を出力する
if args.opt_encode:
    sys.stdout.buffer.write(b"\x0a")
```

-h オプションを付けて pack.py を実行するとヘルプが表示されます。

```
!python3 pack.py -h
```

実行結果

```
usage: pack.py [-h] (-2 | -8 | -10 | -16) [-R] [-s OPT_SEPARATOR]

options:
  -h, --help         show this help message and exit
  -2                 2進数のデコード
  -8                 8進数のデコード
  -10                10進数のデコード
  -16                16進数のデコード
  -R                 エンコードを実行
  -s OPT_SEPARATOR   エンコード時の出力の区切り文字
```

以下の例では Binary[改行] の文字列をコンマ区切りの 2 進数の文字列にエンコードしています。

```
!echo "Binary" | python3 pack.py -2 -R -s ,
```

実行結果

```
01000010,01101001,01101110,01100001,01110010,01111001,00001010
```

次の例では先程出力された 2 進数の文字列をデコードしています。

```
!emit 01000010,01101001,01101110,01100001,01110010,01111001,00001010 | python3 pack.py -2
```

実行結果

```
Binary
```

以下の例では `Binary[改行]` の文字列をスペース区切りの 8 進数の文字列にエンコードしています。

```
!echo "Binary" | python3 pack.py -8 -R -s " "
```

実行結果

```
102 151 156 141 162 171 12
```

次の例では先程出力された 8 進数の文字列をデコードしています。

```
!emit 102 151 156 141 162 171 12 | python3 pack.py -8
```

実行結果

```
Binary
```

以下の例では `Binary[改行]` の文字列をタブ区切りの 10 進数の文字列にエンコードしています。

```
!echo Binary | python3 pack.py -10 -R -s "\t"
```

実行結果

```
66	105	110	97	114	121	10
```

次の例では前の例と同じ出力を `printf` コマンドで出力し、それをデコードしています。`printf` コマンドの出力の `\t` の位置にタブが挿入されます。

```
!printf "66\t105\t110\t97\t114\t121\t10" | python3 pack.py -10
```

実行結果

```
Binary
```

以下の例では `Binary[改行]` の文字列を 16 進数の文字列にエンコードして 1 行ずつ出力しています。

```
!echo Binary | python3 pack.py -16 -R -s "\n"
```

実行結果

```
42
69
6E
61
72
79
0A
```

次の例では前の例と同じ出力を `printf` コマンドで出力し、それをデコードしています。 `printf` コマンドの出力の `\n` の位置に改行が挿入されます。

```
!printf "42\n69\n6E\n61\n72\n79\n0A" | python3 pack.py -16
```

実行結果

```
Binary
```

5.7 ビット演算に使う機能

ビット演算に使う機能として以下の 7 個のコマンドを紹介します。

- `add` コマンド
- `sub` コマンド
- `neg` コマンド
- `rotl` コマンド
- `rotr` コマンド
- `shl` コマンド
- `shr` コマンド

5.7.1　加算と減算

`add` コマンドは加算、 `sub` コマンドは減算を行うコマンドです。パイプで受け取ったデータの各バイトにコマンドの引数で指定された数を加算または減算します。引数は 10 進数として扱われますが、先頭に `0b` を付けると 2 進数、 `0o` を付けると 8 進数、 `h:` または `0x` を付けると 16 進数として指定することができます。加算する際に `FF` に 1 を足すと `00` になります。減算する際に `00` から 1 を引くと `FF` になります。

`h:AABBCCDD` のようにバイト列を引数に指定することもできます。この場合は異なる動作になり、2 つのバイト列の同じ位置のバイト同士を加算していきます。バイト列を引数に指定する際に `h:` を付けた場合はビッグエンディアン、 `0x` を付けた場合と 10 進数で指定した場合はリトルエンディアンで扱われ、リトルエンディアンではバイト列の並び順がビッグエンディアンとは逆になることに注意が必要です。

以下の例では 16 進数で `0011223344556677` の 8 バイトのバイト列を `peek` コマンドで表示しています。

```
!emit h:0011223344556677 | peek -W 16 -r
```

実行結果

```
--------------------------------------------------------------------
0: 00 11 22 33 44 55 66 77                             .."3DUfw
--------------------------------------------------------------------
```

次の例ではこのバイト列の各バイトを 8 ずつ加算した結果を表示しています。

```
!emit h:0011223344556677 | add 8 | peek -W 16 -r
```

実行結果

```
--------------------------------------------------------------------
0: 08 19 2A 3B 4C 5D 6E 7F                             ..*;L]n.
--------------------------------------------------------------------
```

その次の例では最初の例のバイト列の各バイトを 8 ずつ減算した結果を表示しています。

```
!emit h:0011223344556677 | sub 8 | peek -W 16 -r
```

実行結果

```
--------------------------------------------------------------------
0: F8 09 1A 2B 3C 4D 5E 6F                             ...+<M^o
--------------------------------------------------------------------
```

以下の例は最初の例のバイト列に 16 進数で `11223344` の 4 バイトのバイト列を加算しています。

```
!emit h:0011223344556677 | add h:11223344 | peek -W 16 -r
```

実行結果

```
-----------------------------------------------------------------
0: 11 33 55 77 55 77 99 BB                          .3UwUw..
-----------------------------------------------------------------
```

バイト列を加算する場合の動作は以下の図のようになっています。同じ位置のバイト同士を加算していって、この例では `0011223344556677` よりも `11223344` の方が短いため、`11223344` の `44` を加算したら一周して次は先頭の `11` を加算します。減算やこの後の 5.8.1 で解説する XOR 演算もバイト列同士で演算する場合は同様の動作で演算を行います。

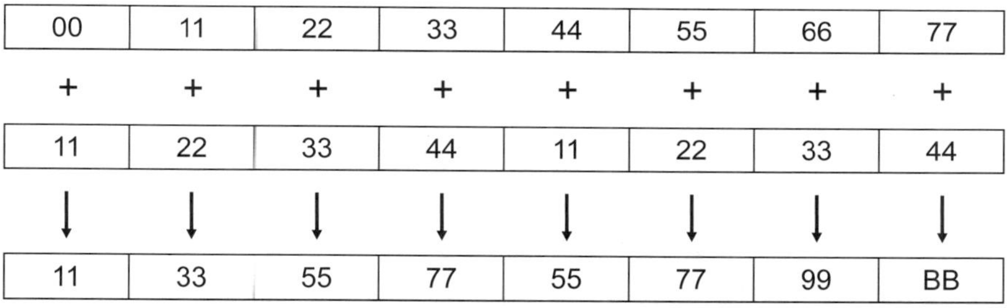

図 **5-1**　バイト列を加算する場合の動作

次の例は同じ演算を `add` コマンドの引数をリトルエンディアンとして扱われる `0x44332211` と指定して実行しています。

```
!emit h:0011223344556677 | add 0x44332211 | peek -W 16 -r
```

実行結果

```
-----------------------------------------------------------------
0: 11 33 55 77 55 77 99 BB                          .3UwUw..
-----------------------------------------------------------------
```

以下の例は最初の例のバイト列に 16 進数で `11223344` の 4 バイトのバイト列を減算しています。

```
!emit h:0011223344556677 | sub h:11223344 | peek -W 16 -r
```

実行結果

```
--------------------------------------------------------------------
0: EF EF EF EF 33 33 33 33                            ....3333
--------------------------------------------------------------------
```

次の例は同じ演算を `sub` コマンドの引数をリトルエンディアンとして扱われる `0x44332211` と指定して実行しています。

```
!emit h:0011223344556677 | sub 0x44332211 | peek -W 16 -r
```

実行結果

```
--------------------------------------------------------------------
0: EF EE EE EE 33 33 33 33                            ....3333
--------------------------------------------------------------------
```

5.7.2　add コマンドと sub コマンドの機能を使った Python スクリプト

`add` コマンドと `sub` コマンドを Python モジュールとして使って先程の例と同じ加算と減算を実行してみましょう。元のデータに複数バイト分のバイト列を加算、減算する場合は、ループを使って元のデータの各バイトについて整数として加算、減算を行うようなコードを書く必要がありますが、Binary Refinery を使うことで以下のスクリプトのようにシンプルな形で書くことができます。

コード 5.7: add クラスと sub クラスを使った加算と減算

```python
# add-sub.py: 加算と減算を行うスクリプト

from refinery.units.blockwise import add, sub
from refinery.units.sinks import peek

# peekクラスを使ってデータの16進ダンプを出力する関数
def hexdump(data: bytes):
    # bare=Trueの場合はサイズ、ファイルの種類、エントロピーの情報を表示しない
    p = peek.peek(width=16, bare=True, stdout=True)
    output_gen = p.process(data)

    for output in output_gen:
        print(output)

    print("--------------------------------------------------------------------\n")

data = b"\x00\x11\x22\x33\x44\x55\x66\x77"

print("Original␣data:")
hexdump(data)

operator = add.add(8)
output = operator.process(data)
```

```
24
25 print("add 8:")
26 hexdump(output)
27
28 operator = sub.sub(8)
29 output = operator.process(data)
30
31 print("sub 8:")
32 hexdump(output)
33
34 operator = add.add(b"\x11\x22\x33\x44')
35 output = operator.process(data)
36
37 print("add h:11223344:")
38 hexdump(output)
39
40 operator = add.add(0x44332211)
41 output = operator.process(data)
42
43 print("add 0x44332211:")
44 hexdump(output)
45
46 operator = sub.sub(b"\x11\x22\x33\x44")
47 output = operator.process(data)
48
49 print("sub h:11223344:")
50 hexdump(output)
51
52 operator = sub.sub(0x44332211)
53 output = operator.process(data)
54
55 print("sub 0x44332211:")
56 hexdump(output)
```

このスクリプトは先程の一連のコマンド例と同じ演算を行います。演算結果のバイト列は 7 行目から 15 行目で定義している `hexdump()` 関数で `peek` クラスを使って出力しています。

```
!python3 add-sub.py
```

実行結果

```
Original data:
-------------------------------------------------------------------
0: 00 11 22 33 44 55 66 77                         .."3DUfw
-------------------------------------------------------------------

add 8:
-------------------------------------------------------------------
0: 08 19 2A 3B 4C 5D 6E 7F                         ..*;L]n.
-------------------------------------------------------------------

sub 8:
-------------------------------------------------------------------
0: F8 09 1A 2B 3C 4D 5E 6F                         ...+<M^o
-------------------------------------------------------------------

add h:11223344:
```

```
-------------------------------------------------------------------
0: 11 33 55 77 55 77 99 BB                             .3UwUw..
-------------------------------------------------------------------

add 0x44332211:
-------------------------------------------------------------------
0: 11 33 55 77 55 77 99 BB                             .3UwUw..
-------------------------------------------------------------------

sub h:11223344:
-------------------------------------------------------------------
0: EF EF EF EF 33 33 33 33                             ....3333
-------------------------------------------------------------------

sub 0x44332211:
-------------------------------------------------------------------
0: EF EE EE EE 33 33 33 33                             ....3333
-------------------------------------------------------------------
```

5.7.3　ビットの反転、ローテート、シフト

続いて `neg` コマンド、`rotl` コマンド、`rotr` コマンド、`shl` コマンド、`shr` コマンドの 5 つのコマンドを紹介します。`neg` コマンドはビットの反転を行います。`rotl` コマンドはビットの左へのローテート (循環シフト)、`rotr` コマンドは右へのローテートを行います。ローテートは論理シフトに似たビット演算です。左にローテートすると各ビットを左にシフトして、左端のビットは右端に移動します。例えば 8 ビットの 2 進数で `10000000` を左に 1 ビットローテートすると `00000001` になります。右にローテートすると各ビットを右にシフトして、右端のビットは左端に移動します。`shl` コマンドはビットの左への論理シフト、`shr` コマンドは右への論理シフトを行います。`neg` コマンド以外のコマンドは引数にローテートまたはシフトするビット数を指定します。以下の一連の例では 2 進数で `11001001` (10 進数で `201`、16 進数で `c9`) のデータに対して各コマンドを使って演算を行っています。`pack 2` で `11001001` の 2 進数の文字列をデータに変換し、`pack -R 2 -w 8` で演算後のデータを再び 2 進数の文字列に戻しています。

以下の例ではビットの反転を行っています。元のデータの 0 が 1 に変わり、1 が 0 に変わっています。

```
!emit 11001001 | pack 2 | neg | pack -R 2 -w 8
```

実行結果

```
00110110
```

以下の例では 3 ビット左にローテートしています。元のデータの左端にあった `110` は右端に移動

しています。

```
!emit 11001001 | pack 2 | rotl 3 | pack -R 2 -w 8
```

実行結果

```
01001110
```

以下の例では 4 ビット右にローテートしています。元のデータの右端にあった `1001` は左端に移動しています。

```
!emit 11001001 | pack 2 | rotr 4 | pack -R 2 -w 8
```

実行結果

```
10011100
```

以下の例では 3 ビット左にシフトしています。元のデータの左端にあった `110` は消滅し、右端に `000` が追加されています。

```
!emit 11001001 | pack 2 | shl 3 | pack -R 2 -w 8
```

実行結果

```
01001000
```

以下の例では 4 ビット右にシフトしています。元のデータの右端にあった `1001` は消滅し、左端に `0000` が追加されています。

```
!emit 11001001 | pack 2 | shr 4 | pack -R 2 -w 8
```

実行結果

```
00001100
```

バイト列に `rotl` コマンド、 `rotr` コマンド、 `shl` コマンド、 `shr` コマンドを使用すると、デフォルトではバイトの境界を跨がずに各バイトに閉じた形でローテートやシフトの演算を行います。

以下の例では 2 進数で `10000000 00010000 00001000 00000001` の 4 バイトのバイト列の各バイトを左に 5 ビットローテートしています。

```
!emit 10000000 00010000 00001000 00000001 | pack 2 | rotl 5 | pack -R 2 -w 8
```

実行結果

```
00010000
00000010
00000001
00100000
```

以下の図のように各バイトに閉じた形でローテートが行われています。

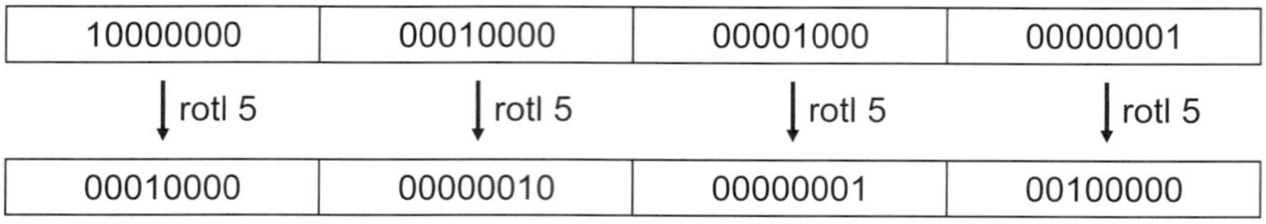

図 **5-2**　バイト列のローテートの動作

バイトの境界を跨がせたい場合は、`-B` オプションでブロックサイズを指定することでブロックサイズの範囲内でバイトの境界を跨がせることができます。

以下の例では先程と同じコマンドで `rotl` コマンドのオプションに `-B 2` を追加して、2 バイトのブロック内でバイトの境界を跨いでローテートしています。

```
!emit 10000000 00010000 00001000 00000001 | pack 2 | rotl -B 2 5 | pack -R 2 -w 8
```

実行結果

```
00000010
00010000
00000000
00100001
```

`-B` オプションを追加した場合はデフォルトでバイト列をリトルエンディアンとして扱うため、先程の例では以下の図のようにローテートの前後でバイトオーダーの変換を行っています。

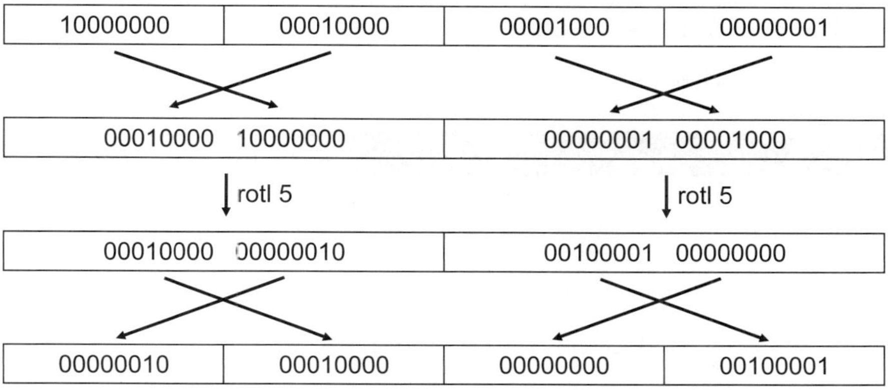

図 **5-3**　バイトの境界を跨ぐローテートの動作 (リトルエンディアン)

バイト列をビッグエンディアンとして扱いたい場合は `-E` オプションを追加します。

```
!emit 10000000 00010000 00001000 00000001 | pack 2 | rotl -E -B 2 5 | pack -R 2 -w 8
```

実行結果

```
00000010
00010000
00000000
00100001
```

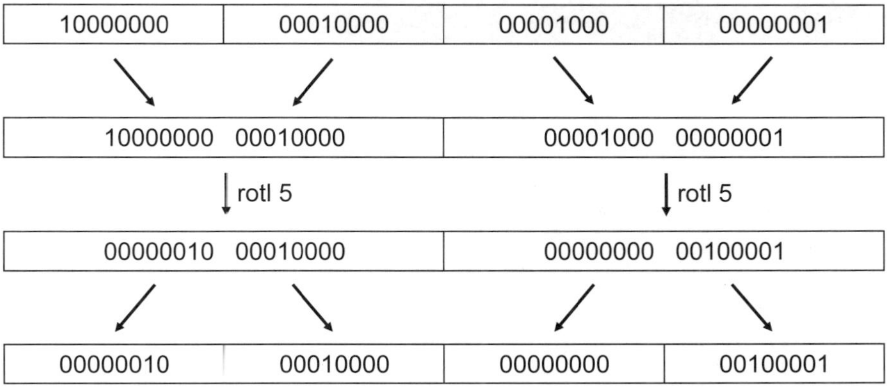

図 **5-4**　バイトの境界を跨ぐローテートの動作 (ビッグエンディアン)

続いてバイト列に対するシフト演算の動作も確認してみましょう。先程の一連の例と同じ 4 バイトのバイト列を 5 ビット左にシフトします。

```
!emit 10000000 00010000 00001000 00000001 | pack 2 | shl 5 | pack -R 2 -w 8
```

実行結果

```
00000000
00000000
00000000
00100000
```

以下の図のように各バイトに閉じた形でシフトが行われています。

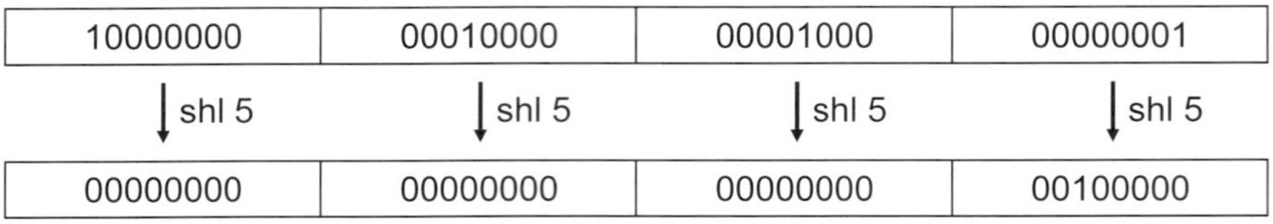

図 **5-5**　バイト列のシフトの動作

以下の例では先程と同じコマンドで `shl` コマンドのオプションに `-B 2` を追加して、2 バイトのブロック内でバイトの境界を跨いでシフトしています。

```
!emit 10000000 00010000 00001000 00000001 | pack 2 | shl -B 2 5 | pack -R 2 -w 8
```

実行結果

```
00000000
00010000
00000000
00100001
```

`rotl` コマンドのオプションに `-B 2` を追加した場合と同様にシフトの前後でバイトオーダーの変換を行っています。

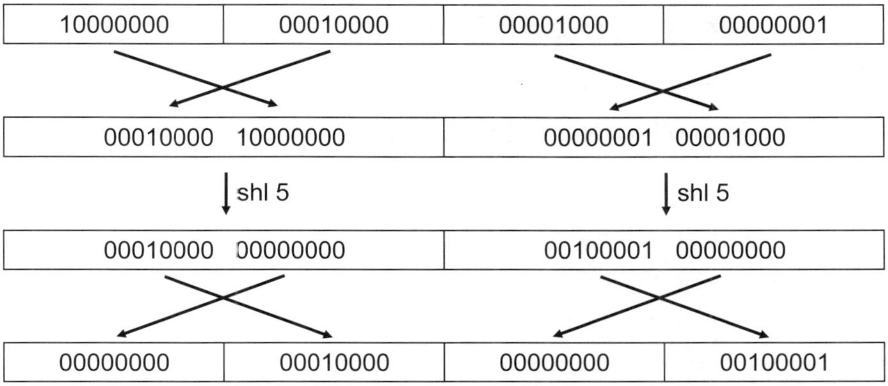

図 5-6　バイトの境界を跨ぐシフトの動作 (リトルエンディアン)

バイト列をビッグエンディアンとして扱いたい場合は `rotl` コマンドと同様に `-E` オプションを追加します。

```
!emit 10000000 00010000 00001000 00000001 | pack 2 | shl -E -B 2 5 | pack -R 2 -w 8
```

実行結果

```
00000010
00000000
00000000
00100000
```

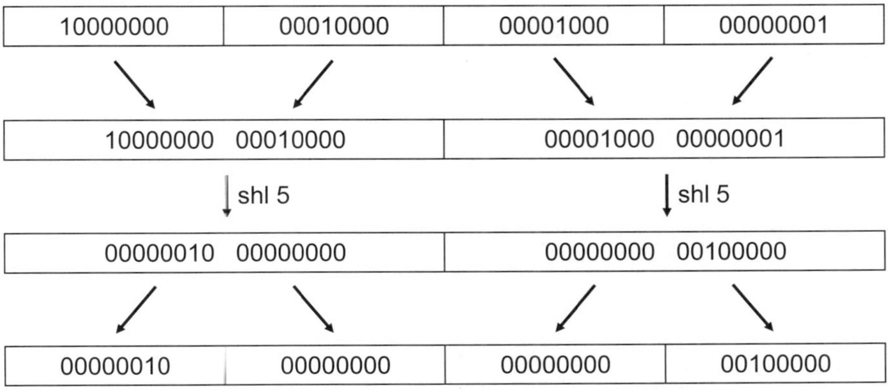

図 5-7　バイトの境界を跨ぐシフトの動作 (ビッグエンディアン)

5.7.4　neg コマンド等の機能を使った Python スクリプト

各コマンドを Python モジュールとして使って先程の例と同じビット演算を実行してみましょう。以下のスクリプトは先程の一連のコマンド例と同じ演算を行います。

コード 5.8: neg、rotl、rotr、shl、shr のクラスを使ったビット反転、ローテートとシフト

```
# negate-rotate-shift.py: ビット反転、ローテート、シフトを行うスクリプト

from refinery.units.blockwise import neg, rotl, rotr, shl, shr, pack

# packクラスを使ってバイト列を2進数の文字列で出力する関数
def bindump(data: bytes):
    decoder = pack.pack(base=2, width=8)
    output_gen = decoder.reverse(data)

    for output in output_gen:
        print(f"{output}\n")

# 2進数の数値からバイト列に変換
data = 0b11001001
data_bytes = data.to_bytes(length=1, byteorder="big")

print("Original␣data:")
bindump(data_bytes)

# ビット反転
operator = neg.neg()
output_bytes = operator.process(data_bytes)

print("neg:")
bindump(output_bytes)

operator = rotl.rotl(3)
output_bytes = operator.process(data_bytes)

# 左に3ビットローテート
print("rotl␣3:")
bindump(output_bytes)

operator = rotr.rotr(4)
output_bytes = operator.process(data_bytes)

# 右に4ビットローテート
print("rotr␣4:")
bindump(output_bytes)

operator = shl.shl(3)
output_bytes = operator.process(data_bytes)

# 左に3ビットシフト
print("shl␣3:")
bindump(output_bytes)

# 右に4ビットシフト
operator = shr.shr(4)
output_bytes = operator.process(data_bytes)

print("shr␣4:")
bindump(output_bytes)
```

データの表示は6行目から11行目で定義している `bindump()` 関数で `pack` クラスの `reverse()` 関数を使ってバイト列から2進数の文字列への変換 (エンコード) を行っています。

```
!python3 negate-rotate-shift.py
```

実行結果

```
Original data:
11001001

neg:
00110110

rotl 3:
01001110

rotr 4:
10011100

shl 3:
01001000

shr 4:
00001100
```

5.8 XOR 演算関係の機能

XOR もビット演算の一つですが、説明する事項が多いため別枠として説明します。ここでは XOR 演算関係の機能として以下の3つのコマンドを紹介します。

- `xor` コマンド
- `xkey` コマンド
- `autoxor` コマンド

5.8.1 XOR 演算

残るビット演算のコマンドは `xor` 、`xkey` 、`autoxor` の3つの排他的論理和 (Exclusive OR:XOR) の演算に関するコマンドです。 `xor` コマンドはパイプで受け取ったデータの各バイトに対して引数に指定された値 (XOR キー) を使って XOR の演算を行います。XOR キーには複数バイト分の値を指定することもできます。以下の一連の例では `a` の文字1バイト (2進数: `01100001` 、16進数: `61`) に対して16進数で `23` 、2進数で `00100011` の値を XOR キーに指定して XOR の演算を行っています。

最初に元のデータを pack コマンドを使って 2 進数で表示し、 peek コマンドを使って 16 進数と文字で表示します。

```
!emit h:61 | pack -R 2 -w 8
```

実行結果

```
01100001
```

```
!emit h:61 | peek -W 16 -r
```

実行結果

```
--------------------------------------------------------------------------
0: 61                                                      a
--------------------------------------------------------------------------
```

続いて XOR キーを 2 進数で表示します。

```
!emit h:23 | pack -R 2 -w 8
```

実行結果

```
00100011
```

XOR 演算の結果を pack コマンドを使って 2 進数で表示し、 peek コマンドを使って 16 進数と文字で表示します。

```
!emit h:61 | xor h:23 | pack -R 2 -w 8
```

実行結果

```
01000010
```

```
!emit h:61 | xor h:23 | peek -W 16 -r
```

実行結果

```
--------------------------------------------------------------------------
0: 42                                                      B
--------------------------------------------------------------------------
```

演算結果は 2 進数で `01000010` 、16 進数で `42` となり、 `B` の文字 1 バイトのデータに変換されることになります。2 進数での元のデータ、XOR キー、演算結果の各桁を比較すると、元のデータと XOR キーの同じ桁のどちらかが 0 でもう片方が 1 の場合は演算結果の同じ桁が 1 となり、両方が 0 または 1 で揃っている場合は演算結果の同じ桁が 0 となっていることが分かります。

マルウェアの通信先のホスト名などの設定情報や追加で感染させる別のマルウェアのファイルなどのマルウェアの内部に埋め込まれているデータを、解析者がマルウェアのファイル内の文字列を抽出したり実行ファイルのヘッダーのシグネチャで検索しても発見できないように、マルウェア開発者がそれらを隠すための簡易的な手法として XOR の演算はよく用いられています。1 バイトの XOR キーであれば 16 進数で `01` から `FF` までの値で XOR の演算を総当たりで試行して (XOR キーが `00` の場合は XOR の演算結果が元のデータと同じになります)、演算後のデータがきちんと読める文字列や実行ファイルのヘッダーなどのもっともらしい内容になっているかどうかを確認することで XOR キーを特定することができます。

5.8.2 xor コマンドと rotl コマンドの機能を組み合わせた Python スクリプト

パイプで受け取ったデータを `xor` コマンドと `rotl` コマンドの機能を組み合わせてエンコード、デコードする Python スクリプトを作ってみましょう。このスクリプトはオプションで指定された XOR キーとローテートするビット数を使って、XOR、左ローテートの順にパイプで受け取ったデータのエンコードを行って標準出力に出力します。デコードする場合は逆に右ローテート、XOR の順でデコードを行います。

コード 5.9: xor クラスと rotl クラスによるエンコードとデコード

```
# xor-rotl.py: XORとビットローテートを組み合わせてエンコードとデコードを行うスクリプト

import argparse
import sys
from refinery.lib.argformats import multibin
from refinery.units.blockwise import rotl, rotr, xor

# オプションの処理
parser = argparse.ArgumentParser()
parser.add_argument("-R", dest="opt_encode", help="エンコードを実行", action="store_true")
parser.add_argument("-r", dest="rot_bits", help="左にローテートするビット数(デコード時は右)",
                    type=int, default=0)
parser.add_argument("-x", dest="xor_key", help="XORキー(例:1234ABCD)", default="00")
args = parser.parse_args()

# 16進数で指定されたXORキーをバイナリデータに変換する
xor_key = multibin("h:" + args.xor_key)

# 標準入力からデータを受け取る
data = sys.stdin.buffer.read()

```

```
if args.opt_encode:
    # XORを実行する
    operator = xor.xor(xor_key)
    output = operator.process(data)

    # 左ビットローテートを実行する
    operator = rotl.rotl(args.rot_bits)
    output = operator.process(output)
else:
    # 右ビットローテートを実行する
    operator = rotr.rotr(args.rot_bits)
    output = operator.process(data)

    # XORを実行する
    operator = xor.xor(xor_key)
    output = operator.process(output)

# デコードしたデータを出力する。
# outputはBinary RefineryのChunkと呼ばれるクラスのインスタンスで、
# bytesであらかじめバイト列に変換してから出力する。
sys.stdout.buffer.write(bytes(output))
```

`-h` オプションを付けて `xor-rotl.py` を実行するとヘルプが表示されます。

```
!python3 xor-rotl.py -h
```

実行結果

```
usage: xor-rotl.py [-h] [-R] [-r ROT_BITS] [-x XOR_KEY]

options:
  -h, --help   show this help message and exit
  -R           エンコードを実行
  -r ROT_BITS  左にローテートするビット数(デコード時は右)
  -x XOR_KEY   XORキー(例:1234ABCD)
```

以下のコマンドでは `secret message[改行]` という文字列に対して 16 進数で `1BE7CF92` と表記される 4 バイトの XOR キーで XOR 演算を行います。続いて 3 ビット左にローテートしてエンコードすることで文字列として読めない状態にします。

```
!echo "secret message" | python3 xor-rotl.py -R -r 3 -x 1BE7CF92 | peek -W 16 -r
```

実行結果

```
------------------------------------------------------------------------
0: 43 14 65 07 F3 9C 7F FF F3 A4 E5 9F E3 14 2E     C.e...........
------------------------------------------------------------------------
```

次のコマンドではエンコードされたデータをデコードして元の文字列に戻しています。

```
!emit h:43146507F39C7FFFF3A4E59FE3142E | python3 xor-rotl.py -r 3 -x 1BE7CF92
```

実行結果

```
secret message
```

5.8.3 XOR キーの推定

`xkey` コマンドは XOR 演算が行われた後のデータをパイプで受け取って、データから推定した XOR キーを出力するコマンドです。

以下の例では最初のコマンドで `/bin/ls` のファイルに対して 16 進数で `CC` という XOR キーを使って XOR 演算した結果の先頭部分を `peek` コマンドで表示しています。

```
!ef /bin/ls | xor 0xcc | peek -W 16 -r
```

実行結果

```
----------------------------------------------------------------------
00000: B3 89 80 8A CE CD CD CC CC CC CC CC CC CC CC CC  ................
00010: CF CC F2 CC CD CC CC CC 7C A6 CC CC CC CC CC CC  ........|.......
00020: 8C CC CC CC CC CC CC CC EC D8 CE CC CC CC CC CC  ................
00030: CC CC CC CC 8C CC F4 CC C1 CC 8C CC D3 CC D2 CC  ................
00040: CA CC CC CC C8 CC CC CC 8C CC CC CC CC CC CC CC  ................
00050: 8C CC CC CC CC CC CC CC 8C CC CC CC CC CC CC CC  ................
00060: 14 CE CC CC CC CC CC CC 14 CE CC CC CC CC CC CC  ................
00070: C4 CC CC CC CC CC CC CC CF CC CC CC C8 CC CC CC  ................
00080: D4 CF CC CC CC CC CC CC D4 CF CC CC CC CC CC CC  ................
00090: D4 CF CC CC CC CC CC CC D0 CC CC CC CC CC CC CC  ................
----------------------------------------------------------------------
```

次の例では XOR 演算後のデータに `xkey` コマンドを使って XOR キーを推定しています。推定した XOR キーはバイナリデータとして出力されるため、 `hex` コマンドで 16 進数に変換しています。`CC` の値が出力されており、正しく XOR キーを推定できていることが分かります。

```
!ef /bin/ls | xor 0xcc | xkey | hex -R
```

実行結果

```
CC
```

5.8.4 xkey コマンドが XOR キーを推定する方法

`xkey` コマンドが XOR キーを推定する方法について説明します。XOR 演算には NULL バイト (16 進数で `00`) に演算を行うと演算結果が XOR キーの値になるという性質があります。

以下の例では 8 バイトの NULL バイトのみのデータに XOR 演算を行うと XOR キーの `11223344AABBCCDD` が演算結果にそのまま表れていることが分かります。

```
!emit h:0000000000000000 | xor h:11223344AABBCCDD | peek -W 16 -r
```

実行結果

```
-----------------------------------------------------------------
0: 11 22 33 44 AA BB CC DD                         ."3D....
-----------------------------------------------------------------
```

実行ファイルやディスクイメージファイル、古い形式の Microsoft Office 文書ファイルのように、ファイルに多数の NULL バイトを含んでいるファイル形式があります。このようなファイルのデータに XOR 演算を行うと演算後のデータには XOR キーが多数含まれていることになります。

以下の例では Linux の実行ファイル `/bin/ls` の先頭部分を `peek` コマンドで表示しています。この部分には NULL バイトが多く含まれています。

```
!ef /bin/ls | peek -W 16 -r
```

実行結果

```
--------------------------------------------------------------------
00000: 7F 45 4C 46 02 01 01 00 00 00 00 00 00 00 00 00  .ELF...........
00010: 03 00 3E 00 01 00 00 00 B0 6A 00 00 00 00 00 00  ..>.....j......
00020: 40 00 00 00 00 00 00 00 20 14 02 00 00 00 00 00  @..............
00030: 00 00 00 00 40 00 38 00 0D 00 40 00 1F 00 1E 00  ....@.8...@....
00040: 06 00 00 00 04 00 00 00 40 00 00 00 00 00 00 00  ........@......
00050: 40 00 00 00 00 00 00 00 40 00 00 00 00 00 00 00  @.......@......
00060: D8 02 00 00 00 00 00 00 D8 02 00 00 00 00 00 00  ...............
00070: 08 00 00 00 00 00 00 00 03 00 00 00 04 00 00 00  ...............
00080: 18 03 00 00 00 00 00 00 18 03 00 00 00 00 00 00  ...............
00090: 18 03 00 00 00 00 00 00 1C 00 00 00 00 00 00 00  ...............
--------------------------------------------------------------------
```

以下の例では 16 進数で `CC` の値を XOR キーとして `xor` コマンドで XOR 演算を行っていて、元のデータの NULL バイトがあった位置に XOR キーの `CC` が現れています。ファイル中で出現頻度の高い値を調べることで、この例では `CC` が多いことから XOR キーが `CC` であると推定できます。

```
!ef /bin/ls | xor 0xcc | peek -W 16 -r
```

実行結果

```
------------------------------------------------------------------------
00000: B3 89 80 8A CE CD CD CC CC CC CC CC CC CC CC CC  ................
00010: CF CC F2 CC CD CC CC CC 7C A6 CC CC CC CC CC CC  ........|.......
00020: 8C CC CC CC CC CC CC CC EC D8 CE CC CC CC CC CC  ................
00030: CC CC CC CC 8C CC F4 CC C1 CC 8C CC D3 CC D2 CC  ................
00040: CA CC CC CC C8 CC CC CC 8C CC CC CC CC CC CC CC  ................
00050: 8C CC CC CC CC CC CC CC 8C CC CC CC CC CC CC CC  ................
00060: 14 CE CC CC CC CC CC CC 14 CE CC CC CC CC CC CC  ................
00070: C4 CC CC CC CC CC CC CC CF CC CC CC C8 CC CC CC  ................
00080: D4 CF CC CC CC CC CC CC D4 CF CC CC CC CC CC CC  ................
00090: D4 CF CC CC CC CC CC CC D0 CC CC CC CC CC CC CC  ................
------------------------------------------------------------------------
```

以下の例では 16 進数で `FFEEDDCC` の 4 バイトの XOR キーで演算を行っていて、演算結果には `FFEEDDCC` の 4 バイトのパターンが多く現れています。

```
!ef /bin/ls | xor h:FFEEDDCC | peek -W 16 -r
```

実行結果

```
------------------------------------------------------------------------
00000: 80 AB 91 8A FD EF DC CC FF EE DD CC FF EE DD CC  ................
00010: FC EE E3 CC FE EE DD CC 4F 84 DD CC FF EE DD CC  ........O.......
00020: BF EE DD CC FF EE DD CC DF FA DF CC FF EE DD CC  ................
00030: FF EE DD CC BF EE E5 CC F2 EE 9D CC E0 EE C3 CC  ................
00040: F9 EE DD CC FB EE DD CC BF EE DD CC FF EE DD CC  ................
00050: BF EE DD CC FF EE DD CC BF EE DD CC FF EE DD CC  ................
00060: 27 EC DD CC FF EE DD CC 27 EC DD CC FF EE DD CC  '.......'.......
00070: F7 EE DD CC FF EE DD CC FC EE DD CC FB EE DD CC  ................
00080: E7 ED DD CC FF EE DD CC E7 ED DD CC FF EE DD CC  ................
00090: E7 ED DD CC FF EE DD CC E3 EE DD CC FF EE DD CC  ................
------------------------------------------------------------------------
```

このような複数バイトの XOR キーが使われている場合も `xkey` コマンドで推定することができます。以下の例では `xkey` コマンドと `hex` コマンドを使って `FFEEDDCC` の XOR キーを得られます。

```
!ef /bin/ls | xor h:FFEEDDCC | xkey | hex -R
```

実行結果

```
FFEEDDCC
```

`xkey` コマンドはこのような方法で XOR キーを推定しているため、元のデータが NULL バイトを含んでいない場合は残念ながら正しく XOR キーを推定できません。以下の例では `CC` の XOR キーを `A9` と誤って推定しています。

```
!echo "secret message" | xor 0xcc | peek -W 16 -r
```

実行結果

```
--------------------------------------------------------------------
0: BF A9 AF BE A9 B8 EC A1 A9 BF BF AD AB A9 C6     ...............
--------------------------------------------------------------------
```

```
!echo "secret message" | xor 0xcc | xkey | hex -R
```

実行結果

```
A9
```

`xkey` コマンドは 2 バイト目から 32 バイト目までの 31 バイトの範囲 (Python のスライスの記法で `1:32`) の値の出現頻度から XOR キーを推定します。この範囲にあるデータが XOR キーの推定に適していない場合は `snip` コマンドを使って推定に使うデータの範囲を切り出して使うとよいでしょう。以下の一連の例のように元のデータに NULL バイトが少ない範囲を使って XOR キーを推定すると正しく推定できていません。

```
!ef /bin/ls | snip 0x1000:0x1300 | peek -W 16 -r
```

実行結果

```
----------------------------------------------------------------------
000: 6B 00 61 62 6F 72 74 00 6D 61 6C 6C 6F 63 00 73  k.abort.malloc.s
010: 74 61 74 78 00 5F 5F 73 74 61 63 6B 5F 63 68 6B  tatx.__stack_chk
020: 5F 66 61 69 6C 00 6E 6C 5F 6C 61 6E 67 69 6E 66  _fail.nl_langinf
030: 6F 00 73 74 72 63 68 72 00 5F 5F 63 74 79 70 65  o.strchr.__ctype
040: 5F 62 5F 6C 6F 63 00 73 74 72 6C 65 6E 00 5F 5F  _b_loc.strlen.__
050: 63 74 79 70 65 5F 67 65 74 5F 6D 62 5F 63 75 72  ctype_get_mb_cur
060: 5F 6D 61 78 00 6D 65 6D 70 63 70 79 00 6D 62 73  _max.mempcpy.mbs
070: 74 6F 77 63 73 00 5F 5F 6D 62 73 74 6F 77 63 73  towcs.__mbstowcs
080: 5F 63 68 6B 00 69 73 77 70 72 69 6E 74 00 77 63  _chk.iswprint.wc
090: 73 77 69 64 74 68 00 77 63 73 74 6F 6D 62 73 00  swidth.wcstombs.
----------------------------------------------------------------------
```

```
!ef /bin/ls | xor h:FFEEDDCC | snip 0x1000:0x1300 | peek -W 16 -r
```

実行結果

```
----------------------------------------------------------------------
000: 94 EE BC AE 90 9C A9 CC 92 8F B1 A0 90 8D DD BF  ................
010: 8B 8F A9 B4 FF B1 82 BF 8B 8F BE A7 A0 8D B5 A7  ................
020: A0 88 BC A5 93 EE B3 A0 A0 82 BC A2 98 87 B3 AA  ................
```

```
030: 90 EE AE B8 8D 8D B5 BE FF B1 82 AF 8B 97 AD A9  ................
040: A0 8C 82 A0 90 8D DD BF 8B 9C B1 A9 91 EE 82 93  ................
050: 9C 9A A4 BC 9A B1 BA A9 8B B1 B0 AE A0 8D A8 BE  ................
060: A0 83 BC B4 FF 83 B8 A1 8F 8D AD B5 FF 83 BF BF  ................
070: 8B 81 AA AF 8C EE 82 93 92 8C AE B8 90 99 BE BF  ................
080: A0 8D B5 A7 FF 87 AE BB 8F 9C B4 A2 8B EE AA AF  ................
090: 8C 99 B4 A8 8B 86 DD BB 9C 9D A9 A3 92 8C AE CC  ................
------------------------------------------------------------------------
```

```
!ef /bin/ls | xor h:FFEEDDCC | snip 0x1000:0x1300 | xkey | hex -R
```

実行結果

```
FFEE82AF8C8BB893FF8CAEB8908DDDBFA08BB1A191EE82A38F9ABEBE
```

XOR キーの推定に使う範囲を変えることで、以下の一連の例のように正しい XOR キー `FFEEDDCC` を推定できるようになります。

```
!ef /bin/ls | snip 256:512 | peek -W 16 -r
```

実行結果

```
------------------------------------------------------------------------
000: 00 40 00 00 00 00 00 00 46 31 01 00 00 00 00 00  .@......F1......
010: 46 31 01 00 00 00 00 00 00 10 00 00 00 00 00 00  F1..............
020: 01 00 00 00 04 00 00 00 00 80 01 00 00 00 00 00  ................
030: 00 80 01 00 00 00 00 00 00 80 01 00 00 00 00 00  ................
040: 58 74 00 00 00 00 00 00 58 74 00 00 00 00 00 00  Xt......Xt......
050: 00 10 00 00 00 00 00 00 01 00 00 00 06 00 00 00  ................
060: 00 00 02 00 00 00 00 00 00 10 02 00 00 00 00 00  ................
070: 00 10 02 00 00 00 00 00 78 12 00 00 00 00 00 00  ........x.......
080: 40 25 00 00 00 00 00 00 00 10 00 00 00 00 00 00  @%..............
090: 02 00 00 00 06 00 00 00 98 0A 02 00 00 00 00 00  ................
------------------------------------------------------------------------
```

```
!ef /bin/ls | xor h:FFEEDDCC | snip 256:512 | peek -W 16 -r
```

実行結果

```
------------------------------------------------------------------------
000: FF AE DD CC FF EE DD CC B9 DF DC CC FF EE DD CC  ................
010: B9 DF DC CC FF EE DD CC FF FE DD CC FF EE DD CC  ................
020: FE EE DD CC FB EE DD CC FF 6E DC CC FF EE DD CC  .........n......
030: FF 6E DC CC FF EE DD CC FF 6E DC CC FF EE DD CC  .n.......n......
040: A7 9A DD CC FF EE DD CC A7 9A DD CC FF EE DD CC  ................
050: FF FE DD CC FF EE DD CC FE EE DD CC F9 EE DD CC  ................
060: FF EE DF CC FF EE DD CC FF FE DF CC FF EE DD CC  ................
070: FF FE DF CC FF EE DD CC 87 FC DD CC FF EE DD CC  ................
080: BF CB DD CC FF EE DD CC FF FE DD CC FF EE DD CC  ................
```

```
090: FD EE DD CC F9 EE DD CC 67 E4 DF CC FF EE DD CC  ........g.......
----------------------------------------------------------------------
```

```
!ef /bin/ls | xor h:FFEEDDCC | snip 256:512 | xkey | hex -R
```

実行結果

```
FFEEDDCC
```

5.8.5　XOR キー推定による自動デコード

`autoxor` コマンドはパイプで受け取ったデータについて `xkey` コマンドの機能を使って XOR キーを推定し、それを使って XOR 演算を行った結果を出力します。`autoxor` コマンドを実行して動作を確認してみましょう。ここでは `/bin/ls` ファイルに 16 進数で `CC` の XOR キーで XOR 演算を行い、その結果のデータに対して `autoxor` コマンドを使って自動的に XOR キーを推定してデコードします。

まず `/bin/ls` ファイルの先頭部分の内容を確認して、`/bin/ls` ファイルと `autoxor` コマンドでデコード後のデータが同一であることを後ほど確認するために `/bin/ls` ファイルの MD5 ハッシュ値も `cfmt` コマンドを使って確認しておきます。

```
!ef /bin/ls | peek -W 16 -r
```

実行結果

```
------------------------------------------------------------------------
00000: 7F 45 4C 46 02 01 01 00 00 00 00 00 00 00 00 00  .ELF............
00010: 03 00 3E 00 01 00 00 00 B0 6A 00 00 00 00 00 00  ..>......j......
00020: 40 00 00 00 00 00 00 00 20 14 02 00 00 00 00 00  @...............
00030: 00 00 00 00 40 00 38 00 0D 00 40 00 1F 00 1E 00  ....@.8...@.....
00040: 06 00 00 00 04 00 00 00 40 00 00 00 00 00 00 00  ........@.......
00050: 40 00 00 00 00 00 00 00 40 00 00 00 00 00 00 00  @.......@.......
00060: D8 02 00 00 00 00 00 00 D8 02 00 00 00 00 00 00  ................
00070: 08 00 00 00 00 00 00 00 03 00 00 00 04 00 00 00  ................
00080: 18 03 00 00 00 00 00 00 18 03 00 00 00 00 00 00  ................
00090: 18 03 00 00 00 00 00 00 1C 00 00 00 00 00 00 00  ................
------------------------------------------------------------------------
```

```
!ef /bin/ls | cfmt {md5}
```

実行結果

```
586256cbd58140ec8c3b2c910cf80c27
```

続いて `xor 0xcc` のコマンドで XOR 演算を行った結果の先頭部分を確認します。

```
!ef /bin/ls | xor 0xcc | peek -W 16 -r
```

実行結果

```
--------------------------------------------------------------------------
00000: B3 89 80 8A CE CD CD CC CC CC CC CC CC CC CC CC  ................
00010: CF CC F2 CC CD CC CC CC 7C A6 CC CC CC CC CC CC  ........|.......
00020: 8C CC CC CC CC CC CC CC EC D8 CE CC CC CC CC CC  ................
00030: CC CC CC CC 8C CC F4 CC C1 CC 8C CC D3 CC D2 CC  ................
00040: CA CC CC CC C8 CC CC CC 8C CC CC CC CC CC CC CC  ................
00050: 8C CC CC CC CC CC CC CC 8C CC CC CC CC CC CC CC  ................
00060: 14 CE CC CC CC CC CC CC 14 CE CC CC CC CC CC CC  ................
00070: C4 CC CC CC CC CC CC CC CF CC CC CC C8 CC CC CC  ................
00080: D4 CF CC CC CC CC CC CC D4 CF CC CC CC CC CC CC  ................
00090: D4 CF CC CC CC CC CC CC D0 CC CC CC CC CC CC CC  ................
--------------------------------------------------------------------------
```

XOR 演算の結果を `autoxor` コマンドでデコードした出力の先頭部分を確認します。

```
!ef /bin/ls | xor 0xcc | autoxor | peek -W 16 -r
```

実行結果

```
--------------------------------------------------------------------------
00000: 7F 45 4C 46 02 01 01 00 00 00 00 00 00 00 00 00  .ELF............
00010: 03 00 3E 00 01 00 00 00 B0 6A 00 00 00 00 00 00  ..>......j......
00020: 40 00 00 00 00 00 00 00 20 14 02 00 00 00 00 00  @...............
00030: 00 00 00 00 40 00 38 00 0D 00 40 00 1F 00 1E 00  ....@.8...@.....
00040: 06 00 00 00 04 00 00 00 40 00 00 00 00 00 00 00  ........@.......
00050: 40 00 00 00 00 00 00 00 40 00 00 00 00 00 00 00  @.......@.......
00060: D8 02 00 00 00 00 00 00 D8 02 00 00 00 00 00 00  ................
00070: 08 00 00 00 00 00 00 00 03 00 00 00 04 00 00 00  ................
00080: 18 03 00 00 00 00 00 00 18 03 00 00 00 00 00 00  ................
00090: 18 03 00 00 00 00 00 00 1C 00 00 00 00 00 00 00  ................
--------------------------------------------------------------------------
```

`autoxor` コマンドの出力全体の MD5 ハッシュ値を確認します。MD5 ハッシュ値は元の `/bin/ls` のものと同じ `586256cbd58140ec8c3b2c910cf80c27` となり、正しい XOR キーである `CC` を推定して元通りにデコードできていることが分かります。

```
!ef /bin/ls | xor 0xcc | autoxor | cfmt {md5}
```

実行結果

```
586256cbd58140ec8c3b2c910cf80c27
```

5.8.6　xkey コマンドの機能を使った Python スクリプト

今度は `xor` コマンドのところで紹介した `xor-rotl.py` でエンコードしたデータを自動的にデコードできるような Python スクリプトを `xkey` コマンドの機能を使って作ってみましょう。`xor-rotl.py` でエンコードする際は XOR 演算をしてから左にローテートしていましたので、右にローテートしてから XOR キーの推定をする、という動作をローテートするビット数を 0 ビットから 7 ビットまで変えながら繰り返します。推定した XOR キーでデコードした結果に対して 37 行目の `metavars()` 関数を使ってファイルの種類を判別して、推定した XOR キーが正しいものであるかどうかの判断材料に使います。

コード 5.10: xkey クラスによる XOR キーの推定

```
1  # xor-rotl-guess-keys.py:
2  # xor-rotl.pyでエンコードされたデータのローテートされたビット数とXORキーを
3  # 推定するスクリプト
4  
5  import binascii
6  import sys
7  from refinery.lib.meta import metavars
8  from refinery.units.blockwise import rotr, xor
9  from refinery.units.misc import xkey
10 
11 # 標準入力からデータを受け取る
12 data = sys.stdin.buffer.read()
13 
14 # ローテートするビット数を変えながら右にローテートしてXORキーの推定を繰り返す
15 for i in range(8):
16     if i == 0:
17         rotr_output = data
18     else:
19         r = rotr.rotr(i)
20         rotr_output = r.process(data)
21 
22     # XORキーの推定
23     xk = xkey.xkey()
24     xor_key = xk.process(rotr_output)
25 
26     # 推定したXORキーはバイナリデータになるのでbinascii.b2a_hexで
27     # 16進数に変換する。この16進数の型はbytesになるため、この後に
28     # printで出力する際に b'****' とならないようにdecodeしたうえで
29     # さらにupperで小文字を大文字にする。
30     xor_key_hex = binascii.b2a_hex(xor_key).decode().upper()
31 
32     # 推定したXORキーでデコードする
33     x = xor.xor(xor_key)
34     xor_output = x.process(rotr_output)
35 
```

```python
    # デコード結果のファイルの種類をmetavarsを使って判別する
    magic = metavars(xor_output).magic

    print(f"ROTL␣bits:␣{i}")
    print(f"XOR␣key(hex):␣{xor_key_hex}")
    print(f"File␣type:␣{magic}\n")
```

`xor-rotl-guess-keys.py` が出力するファイルの種類と比較するため、エンコードする `/bin/ls` のファイルの種類を `cfmt` コマンドを使ってあらかじめ確認しておきます。

```
!ef /bin/ls | cfmt {magic}
```

実行結果

```
ELF 64-bit LSB shared object, x86-64, version 1 (SYSV)
```

`xor-rotl.py` を使って `/bin/ls` ファイルを左に3ビットローテートして16進数で `0123456789ABCDEF` の 8 バイトの XOR キーで XOR 演算します。作成した `xor-rotl-guess-keys.py` でその結果を処理すると、右にローテートするビット数が 3 ビットの時に推定した XOR キーが `0123456789ABCDEF` で、デコード結果のファイルの種類が `ELF 64-bit LSB shared object, x86-64, version 1 (SYSV)` となりました。これは `cfmt` コマンドで確認しておいた `/bin/ls` のファイルの種類と一致しますので、エンコードされたデータから左にローテートしたビット数が3で XOR キーが `0123456789ABCDEF` であると特定することができました。

```
!ef /bin/ls | python3 xor-rotl.py -R -r 3 -x 0123456789ABCDEF | python3 xor-rotl-guess-keys.py
```

実行結果

```
ROTL bits: 0
XOR key(hex): 08192A3B4C5D6E7F
File type: DOS 2.0 backup id file, sequence 42

ROTL bits: 1
XOR key(hex): 048C159D26AE37BF
File type: DOS 2.0 backup id file, sequence 21

ROTL bits: 2
XOR key(hex): 02468ACE13579BDF
File type: data

ROTL bits: 3
XOR key(hex): 0123456789ABCDEF
File type: ELF 64-bit LSB shared object, x86-64, version 1 (SYSV)

ROTL bits: 4
XOR key(hex): 8091A2B3C4D5E6F7
File type: data
```

```
ROTL bits: 5
XOR key(hex): 40C851D962EA73FB
File type: data

ROTL bits: 6
XOR key(hex): 2064A8EC3175B9FD
File type: data

ROTL bits: 7
XOR key(hex): 1032547698BADCFE
File type: data
```

`xor-rotl.py` でエンコードする際のローテートするビット数や XOR キーを変えても特定できることを確認してみたり、テキストファイルなどの元のデータに NULL バイトが少ないファイルをエンコードした場合は正しい XOR キーを推定できないことも確認してみてください。

コラム　xkey コマンドと autoxor コマンドが役立つ場面

第 4 章の章末のコラムにマルウェアの実行ファイルが埋め込まれている悪性文書ファイルの話がありましたが、親ファイルである悪性文書ファイルやマルウェアの実行ファイルの内部に子ファイルである別のマルウェアの実行ファイルが 16 進数や XOR など様々な方法でエンコードされて隠されていることがあります。このような構造のマルウェアのファイルでは親ファイルが開かれたまたは実行された際に子ファイルが自動的にデコードされて実行されますので、そのようなファイルを解析する場合は隔離された安全な解析環境で親ファイルを開いてみて (動的解析)、その際に作成された子ファイルを確保してどのような動作をするのか解析する、という作業の流れになります。

しかし、ある悪性文書ファイルが特定のソフトウェアの特定のバージョンの脆弱性を悪用するもので、この文書ファイルが想定しているソフトウェアのバージョンと解析環境で使っているソフトウェアのバージョンが異なっていて、解析環境でこの文書ファイルを開いても脆弱性を悪用するコードがうまく動作せず、この文書ファイル内に隠されている子ファイルのマルウェアのデコードと実行まで到達できない場合があります。また、あるマルウェアの実行ファイルの部分に何か不具合があって実行の途中でクラッシュする、攻撃対象の組織の環境など特定の環境で実行されることを想定して作られていて解析環境がその環境と異なるため手の内を晒さないように実行を終了する、といったことでこの実行ファイル内に隠されている子ファイルのマルウェアのデコードと実行まで到達できない場合もあります。そうすると、子ファイルが一体どのような機能を持っているか分からない、子ファイルが攻撃者の指令サーバ[*18]と通信して攻撃者から遠隔操作されるようなタイプの場合に攻撃者の指令

[*18] 英語では"command and control server"と呼ぶため C2 サーバや C&C サーバとも呼ばれます。

サーバが分からないため攻撃者のサーバへの通信をブロックして防御することができない、といった困ったことになります。

このような場合に正攻法で対処するのであれば、親ファイルが子ファイルをデコードして実行するためのコードと子ファイルが埋め込まれている位置を特定して、そのコードを読み解いて (静的解析) どのような方法でデコードすればよいかを解明したうえで子ファイルをデコードして解析することになりますが、時間がかかってしまいます。子ファイルをデコードするコードを特定して読み解いていく前にとりあえず子ファイルが埋め込まれていそうな範囲を切り出して[*19] `xkey` コマンドや `autoxor` コマンドを使ってみて、もし子ファイルのエンコード方法が運よく 1 バイトの XOR キーによる XOR のようなごく単純な方法だった場合はすぐに XOR キーを特定して子ファイルをデコードでき、子ファイルを解析する次のステップに短時間で進むことができます。`xkey` コマンドと `autoxor` コマンドはこういった場面で役立ちます。

また、悪性文書ファイルに埋め込まれた実行ファイルがどのようにエンコードされているのかや自動的に検知・取り出しするにはどうしたらよいかについては論文[*20]にまとめられていますので、興味のある方はご覧になってください。

5.9 デコードとエンコードに使う機能

デコードとエンコードに使う機能として以下の 5 つのコマンドを紹介します。

- `b64` コマンド
- `rev` コマンド
- `byteswap` コマンド
- `rot` コマンド
- `url` コマンド

[*19] 2.2.5 で解説されていたバイナリファイルの画像化を行うことで、子ファイルが埋め込まれている部分とその前後の部分の画像の表示の傾向が異なっていることによって子ファイルが埋め込まれている位置を特定できることがありますし、熟練しているマルウェア解析者であれば画像化をしなくても親ファイルをバイナリエディタで開いてざっとスクロールして全体を眺めるだけで各バイトの値の出現傾向がある位置を境に急に変わっていることに気付いて子ファイルが埋め込まれている位置を特定できるかもしれません。これがまさに第 2 章の章末のコラムで出てきた「目 grep」です。

[*20] 三村守, 大坪雄平, 田中英彦. "悪性文書ファイルに埋め込まれた RAT の検知手法." 情報処理学会論文誌 55.2 (2014): 1089-1099. https://lab.iisec.ac.jp/~tanaka_lab/images/pdf/journal/journal-2014-01.pdf

5.9.1 Base64 デコード

`b64` コマンドはパイプで受け取ったデータを Base64 でデコードします。1.6.2 で紹介されているように Base64*21 は `A` から `Z` の 26 文字、`a` から `z` の 26 文字、`0` から `9` の 10 文字、`+` と `/` の 2 文字の合計 64 文字とパディングのための `=` を使ってバイナリデータとテキストデータの変換を行うエンコード方式で、電子メールの添付ファイルなど様々な用途に用いられています。

ビット列と文字の変換のための文字セットが異なる類似のエンコード方式である Base32*22、Base58*23、Base85*24、Base92*25 に対応する Binary Refinery のコマンドとして `b32`、`b58`、`b85`、`b92` というコマンドもあります。Base32、Base64、Base85 は Python の標準ライブラリの `base64` モジュールでもサポートしていますが、Base58 と Base92 はサポートしていません。

`b64` コマンドは `-R` オプションを付けると動作が逆になり、パイプで受け取ったデータをエンコードします。`-u` オプションを付けると、ビット列と文字の変換のための文字セットについて URL で使った際に特別な意味を持つ `+` と `/` を `-` (ハイフン) と `_` (アンダースコア) に置き換えた Base64URL*26 というエンコード方式でデコードとエンコードを行います。

以下は `b64` コマンドで `Binary Refinery[改行]` の文字列の Base64 エンコードとデコードを行った例です。

```
!echo "Binary Refinery" | b64 -R
```

実行結果

```
QmluYXJ5IFJlZmluZXJ5Cg==
```

```
!emit QmluYXJ5IFJlZmluZXJ5Cg== | b64
```

実行結果

```
Binary Refinery
```

*21 https://datatracker.ietf.org/doc/html/rfc4648

*22 https://datatracker.ietf.org/doc/html/rfc4648#section-6

*23 Base58 は暗号資産の Bitcoin のアドレス表記に使われています。(https://en.bitcoin.it/wiki/Base58Check_encoding)

*24 Base85 は単一の定義が無く、Ascii85 と呼ばれる方式、Adobe 社が PostScript や PDF で使用している方式、バージョン管理ソフトウェアの Git で使用している方式などの様々な方式があります。Python 標準ライブラリの `base64` モジュールは Ascii85、Adobe 社の方式、Git の方式のいずれも対応していて (https://docs.python.org/ja/3/library/base64.html#base64.a85encode)、Binary Refinery では Git の方式のみ対応しています。

*25 https://www.dcode.fr/base92-encoding#q1

*26 https://datatracker.ietf.org/doc/html/rfc4648#section-5

次の例は 16 進数で `00112233FFEEDDCC` の 8 バイトのデータの Base64 エンコードとデコードを行っています。

```
!emit h:00112233FFEEDDCC | b64 -R
```

実行結果

```
ABEiM//u3cw=
```

```
!emit ABEiM//u3cw= | b64 | peek -W 16 -r
```

実行結果

```
------------------------------------------------------------------------
0: 00 11 22 33 FF EE DD CC                                 .."3....
------------------------------------------------------------------------
```

最後の例は先程と同じ 8 バイトのデータを Base64URL でエンコードとデコードを行っています。エンコードした際に `-u` オプションが無い場合の出力の `//` の箇所が `-u` オプションが有る場合は `__` になっていることが分かります。Base64URL でエンコードされたデータをデコードする際は `-u` オプションを付けていなくても使われている文字から自動的に Base64URL であることを判別してデコードできます。

```
!emit h:00112233FFEEDDCC | b64 -R -u
```

実行結果

```
ABEiM__u3cw=
```

```
!emit ABEiM__u3cw= | b64 | peek -W 16 -r
```

実行結果

```
------------------------------------------------------------------------
0: 00 11 22 33 FF EE DD CC                                 .."3....
------------------------------------------------------------------------
```

5.9.2 カスタム文字セットを使った Base64 エンコードとデコード

Base64 はマルウェアの内部に設定情報などのデータを埋め込む際にも使われます。マルウェア解析者がマルウェアから Base64 エンコードされた文字列を抽出、デコードして元のデータを確認するのを妨害するためにマルウェア開発者が Base64 のビット列と文字の変換のための文字セットを通常とは異なるものに変えてエンコードすることがあります (1.7 で紹介した変形 Base64)。異なる文字セットを使ってエンコードされたデータを通常の文字セットを使ってデコードすると元のデータとは異なる内容にデコードされてしまいます。正しくデコードするにはマルウェアのコードを解析してどのような文字セットが使われているかを特定しなければならないため、解析者の手間が増えることになります。`b64` コマンドには異なる文字セットを使ってエンコード、デコードするためのオプションはありませんが、`b64` コマンドを Python モジュールとして使い、エンコード、デコードする処理の前後に文字セット間の文字の置換処理を加えることで異なる文字セットを使うことができます。Python の標準ライブラリの `base64` モジュールを使う場合も同様です。

以下は通常の文字セットをシャッフルして順序を変えたカスタム文字セットを使ってエンコード、デコードを行う Python スクリプトの例です。30 行目と 33 行目で Python 標準ライブラリの `maketrans()` 関数を使って通常の文字セットとカスタム文字セットの変換テーブルを作成し、31 行目と 35 行目で `translate()` 関数を使って変換を行っています。

コード 5.11: カスタム文字セットを使った b64 クラスによる Base64 エンコードとデコード

```
1  # custom-base64.py: 通常とは異なる文字セットでBase64エンコード/デコードするスクリプト
2  
3  import argparse
4  import sys
5  from refinery.units.encoding.b64 import b64
6  
7  # 通常の文字セット
8  standard_charset = "ABCDEFGHIJKLMNOPQRSTUVWXYZabcdefghijklmnopqrstuvwxyz0123456789+/="
9  
10 # 通常の文字セットをシャッフルして順序を変えたカスタム文字セット
11 custom_charset = "ts7kKbfeTcixX1p2ZguzoqrORGNYM=w49BmWLhEJyDaA3dvC+U/H8F0n5IVQPjlS6"
12 
13 # オプションの処理
14 parser = argparse.ArgumentParser()
15 parser.add_argument("-R", dest="opt_encode", help="エンコードを実行", action="store_true")
16 args = parser.parse_args()
17 
18 # 標準入力からデータを受け取る
19 data_bytes = sys.stdin.buffer.read()
20 
21 # b64クラスのインスタンスの初期化を行う。このスクリプトではBase64URLは使用しない。
22 decoder = b64(urlsafe=False)
23 
24 # エンコードはreverse、デコードはprocessを実行する。
25 # str.maketransとtranslateを使って A <-> t, B <-> s, C <-> 7のように
26 # 通常の文字セットとカスタム文字セットの間で文字の置換を行う。
27 if args.opt_encode:
28     output_bytes = decoder.reverse(data_bytes)
29     output_str = output_bytes.decode()
30     trans = str.maketrans(standard_charset, custom_charset)
31     print(output_str.translate(trans))
32 else:
33     trans = str.maketrans(custom_charset, standard_charset)
34     data_str = data_bytes.decode()
```

```
    data_str = data_str.translate(trans)
    data_bytes = data_str.encode()
    output = decoder.process(data_bytes)
    sys.stdout.buffer.write(output)
```

`-h` オプションを付けて `custom-base64.py` を実行するとヘルプが表示されます。

```
!python3 custom-base64.py -h
```

実行結果

```
usage: custom-base64.py [-h] [-R]

options:
  -h, --help  show this help message and exit
  -R          エンコードを実行
```

以下の例では `Binary Refinery[改行]` の文字列のエンコードとデコードを行っています。元のデータは `b64` コマンドでの例と同じ文字列ですが、文字セットが異なるため `custom-base64.py` でエンコードした時の出力は `b64` コマンドでエンコードした時の `QmluYXJ5IFJlZmluZXJ5Cg==` とは異なる `ZEhvROcITbchGEhvGOcI7966` になっています。

```
!echo "Binary Refinery" | python3 custom-base64.py -R
```

実行結果

```
ZEhvROcITbchGEhvGOcI7966
```

```
!emit ZEhvROcITbchGEhvGOcI7966 | python3 custom-base64.py
```

実行結果

```
Binary Refinery
```

次の例では 16 進数で `00112233FFEEDDCC` の 8 バイトのデータのエンコードとデコードを行っています。 `custom-base64.py` でエンコードした時の出力は `tsKmXSSvnM+6` となり、こちらも `b64` コマンドでエンコードした時の `ABEiM//u3cw=` とは異なるものになっています。

```
!emit h:00112233FFEEDDCC | python3 custom-base64.py -R
```

実行結果

```
tsKmXSSvnM+6
```

```
!emit tsKmXSSvnM+6 | python3 custom-base64.py | peek -W 16 -r
```

実行結果

```
-------------------------------------------------------------------
0: 00 11 22 33 FF EE DD CC                          .."3....
-------------------------------------------------------------------
```

5.9.3　バイト列の逆順への並べ替え

`rev` コマンドはパイプで受け取ったデータのバイト列を逆順に並べ替えます。Python のスライスの機能を使って `[::-1]` のようにすることでバイト列を逆順に並べ替えることもできますが、`rev` コマンドは `-B` オプションを使ってブロックサイズを指定することでブロックサイズ単位で逆順に並べ替えることもできるので便利です。

以下のコマンド例では 16 進数で `00112233445566778899AABBCCDDEEFF` の 16 バイトのバイト列を逆順に並べ替えています。最初の例はワンライナーでスライスの機能を使っていて、`data[::-1]` でバイト列を逆順に並べ替えています。コマンドは紙面の都合で 2 行になっていますが 1 行で入力します。

```
!emit h:00112233445566778899AABBCCDDEEFF | python3 -c "import sys; data = sys.stdin.buffer.read(); sys.stdout.
buffer.write(data[::-1])" | peek -W 16 -r
```

実行結果

```
-------------------------------------------------------------------
00: FF EE DD CC BB AA 99 88 77 66 55 44 33 22 11 00  ........wfUD3"..
-------------------------------------------------------------------
```

2 つ目以降の例では `rev` コマンドをブロックサイズを変えながら実行しています。`-B` オプションを付けない場合のデフォルトのブロックサイズは 1 バイトです。ブロックサイズによって出力のバイト列の並びがどのように変わるかを確認してみてください。

```
!emit h:00112233445566778899AABBCCDDEEFF | rev | peek -W 16 -r
```

実行結果

```
----------------------------------------------------------------
00: FF EE DD CC BB AA 99 88 77 66 55 44 33 22 11 00  ........wfUD3"..
----------------------------------------------------------------
```

```
!emit h:00112233445566778899AABBCCDDEEFF | rev -B 2 | peek -W 16 -r
```

実行結果

```
----------------------------------------------------------------
00: EE FF CC DD AA BB 88 99 66 77 44 55 22 33 00 11  ........fwDU"3..
----------------------------------------------------------------
```

```
!emit h:00112233445566778899AABBCCDDEEFF | rev -B 4 | peek -W 16 -r
```

実行結果

```
----------------------------------------------------------------
00: CC DD EE FF 88 99 AA BB 44 55 66 77 00 11 22 33  ........DUfw.."3
----------------------------------------------------------------
```

```
!emit h:00112233445566778899AABBCCDDEEFF | rev -B 8 | peek -W 16 -r
```

実行結果

```
----------------------------------------------------------------
00: 88 99 AA BB CC DD EE FF 00 11 22 33 44 55 66 77  .........."3DUfw
----------------------------------------------------------------
```

2バイト以上のブロックサイズを指定すると、ブロックサイズでデータを分割してブロック同士の順序を逆順に入れ替えますが、各ブロック内のバイト列の順序は変わっていないことが分かります。

5.9.4　各ブロック内のバイト列の逆順への並べ替え

`byteswap` コマンドは `rev` コマンドとは異なる方法でバイト列を並べ替えるコマンドです。`rev` コマンドが `-B` オプションで指定されたブロックサイズでデータを分割してブロック同士の順序を逆順に入れ替えて、各ブロック内のバイト列の順序はそのまま変えないのに対して、`byteswap` コマンドは引数で指定されたブロックサイズでデータを分割してブロック同士の順序はそのまま変えずに、各ブロック内のバイト列の順序を逆順に入れ替える点が異なっています。

以下の一連のコマンド例では 16 進数で `00112233445566778899AABBCCDDEEFF` の 16 バイトのバイト列をブロックサイズを変えながら並べ替えています。ブロックサイズを指定しない場合のデフォルトのブロックサイズは 4 バイトです。ブロックサイズによって `byteswap` コマンドの出力のバイト列の並びがどのように変わるか、同じブロックサイズの `rev` コマンドの出力と `byteswap` コマンドの出力がどのように異なるかを確認してみてください。

```
!emit h:00112233445566778899AABBCCDDEEFF | byteswap | peek -W 16 -r
```

実行結果

```
-------------------------------------------------------------------
00: 33 22 11 00 77 66 55 44 BB AA 99 88 FF EE DD CC  3"..wfUD........
-------------------------------------------------------------------
```

```
!emit h:00112233445566778899AABBCCDDEEFF | byteswap 1 | peek -W 16 -r
```

実行結果

```
-------------------------------------------------------------------
00: 00 11 22 33 44 55 66 77 88 99 AA BB CC DD EE FF  .."3DUfw........
-------------------------------------------------------------------
```

```
!emit h:00112233445566778899AABBCCDDEEFF | byteswap 2 | peek -W 16 -r
```

実行結果

```
-------------------------------------------------------------------
00: 11 00 33 22 55 44 77 66 99 88 BB AA DD CC FF EE  ..3"UDwf........
-------------------------------------------------------------------
```

```
!emit h:00112233445566778899AABBCCDDEEFF | byteswap 4 | peek -W 16 -r
```

実行結果

```
-------------------------------------------------------------------
00: 33 22 11 00 77 66 55 44 BB AA 99 88 FF EE DD CC  3"..wfUD........
-------------------------------------------------------------------
```

```
!emit h:00112233445566778899AABBCCDDEEFF | byteswap 8 | peek -W 16 -r
```

実行結果

```
------------------------------------------------------------------
00: 77 66 55 44 33 22 11 00 FF EE DD CC BB AA 99 88  wfUD3"..........
------------------------------------------------------------------
```

`rev` コマンドと `byteswap` コマンドは指定したブロックサイズが 2 バイト以上でパイプで受け取ったデータがブロックサイズの倍数でない場合にデータの末尾のブロックサイズに満たない部分を切り捨てるという動作をするため、データの欠落が生じることに注意してください。

以下の 2 つの例では 16 進数で `00112233445566778899AABBCCDDEE` の 15 バイトのデータに対してブロックサイズを 8 バイトと指定して `rev` コマンドと `byteswap` コマンドを実行していて、`8899AABBCCDDEE` の 7 バイトがブロックサイズに満たないため切り捨てられています。

```
!emit h:00112233445566778899AABBCCDDEE | rev -B 8 | peek -W 16 -r
```

実行結果

```
------------------------------------------------------------------
0: 00 11 22 33 44 55 66 77                          .."3DUfw
------------------------------------------------------------------
```

```
!emit h:00112233445566778899AABBCCDDEE | byteswap 8 | peek -W 16 -r
```

実行結果

```
------------------------------------------------------------------
0: 77 66 55 44 33 22 11 00                          wfUD3"..
------------------------------------------------------------------
```

5.9.5 シーザー暗号

`rot` コマンドはパイプで受け取ったデータに含まれるアルファベットの文字を引数で指定された数の後のアルファベットの文字に置換するシーザー暗号のコマンドです。数字や記号などのアルファベット以外の文字については対象外となり置換は行われません。引数を指定しない場合のデフォルトの数は 13 で、この置換の方式を 1.6.1 でも紹介した ROT13 と呼びます。おさらいになりますが、例えば ROT13 では `A` → `N`、`G` → `T`、`Z` → `M` のようにアルファベットの文字が置換され、小文字の場合は該当する小文字に置換されます。アルファベットは大文字、小文字それぞれ 26 文字あるため、ROT13 の操作を 2 回行うと元の文字に戻ることになります。

以下は rot コマンドの使用例です。`Binary Refinery` という文字列の前後に記号を付加した `*#Binary Refinery+-` という文字列に対して `rot` コマンドを実行しています。引数を付けない場合は 13 文字後の文字に置換されて、2 回目に元の文字列に戻っています。

```
!echo "*#Binary Refinery+-" | rot
```

実行結果

```
*#Ovanel Ersvarel+-
```

```
!echo "*#Ovanel Ersvarel+-" | rot
```

実行結果

```
*#Binary Refinery+-
```

次の例は引数を `5` にした場合です。元の文字列に戻すには `-5` を引数に指定する必要があります。

```
!echo "*#Binary Refinery+-" | rot 5
```

実行結果

```
*#Gnsfwd Wjknsjwd+-
```

引数にマイナスの数字を指定したい場合はオプションとして解釈されないように引数の前に `--` を置いて以降の引数はオプションでないと示す必要があります。

```
!echo "*#Gnsfwd Wjknsjwd+-" | rot -- -5
```

実行結果

```
*#Binary Refinery+-
```

引数に `29` を指定した場合は 26 文字で一周して元の文字に戻るため、実質 3 つ後の文字に置換するのと同じことになります。

```
!echo "*#Binary Refinery+-" | rot 29
```

実行結果

```
*#Elqdub Uhilqhub+-
```

引数に -3 を指定して 3 つ前の文字に置換すると元の文字列に戻ります。

```
!echo "*#Elqdub Uhilqhub+-" | rot -- -3
```

実行結果

```
*#Binary Refinery+-
```

5.9.6 URL デコード

url コマンドは、ひらがな、カタカナ、漢字などの URL に直接使用できない文字を %xx (xx は 16 進数) という形式でエスケープした、いわゆる URL エンコードされた文字列をデコードするためのコマンドです。Python の標準ライブラリでは urllib モジュールの urllib.parse.quote() 関数と urllib.parse.unquote() 関数[*27]で同様の処理を行うことができます。 url コマンドは -R オプションを付けると動作が逆になり、パイプで受け取ったデータをエンコードします。

以下の一連の例では https://example.com/Binary Refineryで解析/ という日本語を含む URL について URL エンコードとデコードを行っています。

```
!emit "https://example.com/Binary Refineryで解析/" | url -R
```

実行結果

```
https://example.com/Binary%20Refinery%E3%81%A7%E8%A7%A3%E6%9E%90/
```

```
!emit "https://example.com/Binary%20Refinery%E3%81%A7%E8%A7%A3%E6%9E%90/" | url
```

実行結果

```
https://example.com/Binary Refineryで解析/
```

デフォルトではスペースは %20 にエンコードされますが、 -p オプションを付けると %20 の代わりに + にエンコードされます。

```
!emit "https://example.com/Binary Refineryで解析/" | url -R -p
```

*27 https://docs.python.org/ja/3/library/urllib.parse.html#url-quoting

実行結果

```
https://example.com/Binary+Refinery%E3%81%A7%E8%A7%A3%E6%9E%90/
```

デコードする際に `+` をスペースに変換する必要がある場合も `-p` オプションを付ける必要があります。

```
!emit "https://example.com/Binary+Refinery%E3%81%A7%E8%A7%A3%E6%9E%90/" | url -p
```

実行結果

```
https://example.com/Binary Refineryで解析/
```

5.9.7　rev コマンド等の機能を組み合わせた Python スクリプト

それでは `rev` コマンド、`rot` コマンド、`url` コマンドを Python モジュールとして使って、これらのコマンドを組み合わせてあらかじめエンコードされた秘密の文字列をデコードしてみましょう。

コード 5.12: rev、rot、url のクラスを組み合わせたデコード

```python
# rev-rot-url.py: rev、rot、urlを組み合わせてデコードを行うスクリプト

from refinery.units.crypto.cipher import rot
from refinery.units.blockwise import rev
from refinery.units.encoding import url

# エンコードされた秘密の文字列
# processで直接扱えるようにここではbを付けてバイト列にしている
secret = b"79%88%5R%79%QN%5R%78%69%6R%RN%18%3R%68%SN%5R%89%7N%7R%S9%18%3R%3N%18%3R%S0%Q0%4R%29%28%3R%yeh8N%18%3R%gbe8N
    %18%3R%ire"
print("Encoded␣secret:␣" + secret.decode())

# バイト列を逆順にする
decoder = rev.rev()
output = decoder.process(secret)
print("After␣rev:␣" + output.decode())

# ROT13のデコードを行う
decoder = rot.rot()
output = decoder.process(output)
print("After␣rot:␣" + output.decode())

# URLデコードを行う
decoder = url.url()
output = decoder.process(output)
print("After␣url:␣" + output.decode())
```

`rev-rot-url.py` はエンコードされた秘密の文字列とデコードの各段階の状態も表示しています。各段階でデコード結果がどのようになっているか確認してみましょう。

```
!python3 rev-rot-url.py
```

実行結果

```
Encoded secret: 79%88%5R%79%QN%5R%78%69%6R%RN%18%3R%68%SN%5R%89%7N%7R%S9%18%3R%3N%18%3R%S0%Q0%4R%29%28%3R%yeh8N%18
%3R%gbe8N%18%3R%ire
After rev: eri%R3%81%N8ebg%R3%81%N8hey%R3%82%92%R4%0Q%0S%R3%81%N3%R3%81%9S%R7%N7%98%R5%NS%86%R3%81%NR%R6%96%87%R5%
NQ%97%R5%88%97
After rot: rev%E3%81%A8rot%E3%81%A8url%E3%82%92%E4%BD%BF%E3%81%A3%E3%81%9F%E7%A7%98%E5%AF%86%E3%81%AE%E6%96%87%E5%
AD%97%E5%88%97
After url: revとrotとurlを使った秘密の文字列
```

ちなみに秘密の文字列は以下のコマンドでエンコードされていました。

```
!emit "revとrotとurlを使った秘密の文字列" | url -R | rot | rev
```

実行結果

```
79%88%5R%79%QN%5R%78%69%6R%RN%18%3R%68%SN%5R%89%7N%7R%S9%18%3R%3N%18%3R%S0%Q0%4R%29%28%3R%yeh8N%18%3R%gbe8N%18%3R%ire
```

複数の方法を組み合わせてエンコードされているデータをデコードするには、例えばそのデータを使うマルウェアのコードなどを解析してどのような方法でエンコードされているかを解明する必要があります。エンコードされたデータのみを調べてエンコードの方法を特定するのは簡単ではありません。

5.10 圧縮関係の機能

Binary Refinery は様々な圧縮アルゴリズムに対応しています。本章の執筆時点では以下の 22 種類の圧縮アルゴリズム (ライブラリ) をサポートしており、それぞれに対応するコマンドがあります。コマンドによっては展開のみ対応しています (表 5.1 で*が付いているもの)。

APLib	BriefLZ	BZip2	Deflate (zlib)	JCALG *	LZMA
LZ4 *	LZF	LZG *	LZIP *	LZJB	LZNT1
LZO *	LZW *	MSZIP *	NRV2B *	NRV2D *	NRV2E *
QuickLZ *	SZDD *	XPRESS *	ZStandard		

表 5.1 Binary Refinery が対応している圧縮アルゴリズム (ライブラリ)

ここは代表的なものとして以下の 3 つのコマンドを紹介します。

- `zl` コマンド
- `lzma` コマンド
- `decompress` コマンド

ここで紹介するコマンドは ZIP ファイルや圧縮展開ソフトウェア 7-Zip の 7z ファイルなどの圧縮ファイルを展開するものではなく、圧縮ファイルや PDF ファイルなどに含まれている個別の圧縮されたデータを展開するものになります。圧縮関係の機能を活用することであなた独自の圧縮展開ツールを作成することもできます。圧縮ファイルを展開するための Binary Refinery のコマンドとして `xt7z` や `xtzip` などの `xt` で始まる名前のコマンドがあります。

5.10.1　zlib で圧縮されたデータの展開

`zl` コマンドは 1.6.3 で紹介した Deflate 圧縮アルゴリズムを実装したライブラリである zlib で圧縮されたデータを展開するコマンドです。Deflate 圧縮アルゴリズムは ZIP ファイルや gzip(GNU zip) ファイルの圧縮などに幅広く使用されています。`zl` コマンドのデフォルトの動作は展開で、`-R` オプションを付けると動作が逆になり圧縮を行います。

以下の例では `emit` コマンドと、パイプで受け取ったデータの各バイトを引数で指定された回数ずつ繰り返して出力する Binary Refinery のコマンドである `stretch` コマンドを組み合わせて 16 進数で `11` の値が 96 バイト分続いているデータを出力し、それを `zl` コマンドで圧縮しています。`zl` コマンドで圧縮するとデフォルトではヘッダーが付加されずに圧縮されたデータのみが出力されます。

```
!emit h:11 | stretch 96 | zl -R | peek -W 16
```

実行結果

```
-----------------------------------------------------------------
00.006 kB; 28.15% entropy; data
-----------------------------------------------------------------
0: 13 14 A4 2D 00 00                                 ...-..
-----------------------------------------------------------------
```

`-z` オプションを付けると zlib のヘッダーが付加されます。zlib のヘッダーが付加された圧縮データは PDF ファイルなどで使用されています。

```
!emit h:11 | stretch 96 | zl -R -z | peek -W 16
```

実行結果

```
----------------------------------------------------------------------
00.012 kB; 42.73% entropy; zlib compressed data
----------------------------------------------------------------------
0: 78 DA 13 14 A4 2D 00 00 35 9F 06 61          x....-..5..a
----------------------------------------------------------------------
```

-g オプションを付けると gzip 圧縮ファイルのヘッダーが付加されます。

```
!emit h:11 | stretch 96 | zl -R -g | peek -W 16
```

実行結果

```
----------------------------------------------------------------------
00.024 kB; 40.01% entropy; gzip compressed data, max compression, ...
----------------------------------------------------------------------
00: 1F 8B 08 00 00 00 00 00 02 03 13 14 A4 2D 00 00  ..............-..
10: EA 5F 86 E2 60 00 00 00                          ._..`...
----------------------------------------------------------------------
```

各コマンドの出力を見比べていただくと、最初に実行したコマンドでは 16 進数で 1314A42D0000 の 6 バイトの圧縮データが出力されています。 -z オプションを付けた場合は同じ圧縮データの前に 78DA の 2 バイト、後ろに 359F0661 の 4 バイトの zlib ヘッダーとフッターが付加されています。 -g オプションを付けた場合の gzip 圧縮ファイルの出力には同じ圧縮データの前に 1F8B0800000000000203 の 10 バイト、後ろに EA5F86E260000000 の 8 バイトの gzip ヘッダーとフッターが付加されています。zlib ヘッダーが付いた圧縮データと gzip 圧縮ファイルの構造はそれぞれ以下の表 5.2 と表 5.3 のようになっています。各フィールドの値の意味などデータ構造の詳細については"ZLIB Compressed Data Format Specification version 3.3"[*28]と"GZIP file format specification version 4.3"[*29]を参照してください。

[*28] https://datatracker.ietf.org/doc/html/rfc1950

[*29] https://datatracker.ietf.org/doc/html/rfc1952

オフセット	サイズ	説明	コマンド例でのデータ
0	1	圧縮方法に関する情報	`78`
1	1	フラグ	`DA`
2	6(可変)	圧縮データ	`13 14 A4 2D 00 00`
8	4	Adler-32 チェックサム	`35 9F 06 61`

表 5.2　zlib ヘッダー付きの圧縮データの構造の例

オフセット	サイズ	説明	コマンド例でのデータ
0	2	シグネチャ (固定値)	`1F 8B`
2	1	圧縮方法	`08`
3	1	フラグ	`00`
4	4	元のファイルの更新日時	`00 00 00 00`
8	1	拡張フラグ	`02`
9	1	オペレーティングシステム	`03`
10	0(可変)	オプションヘッダー	なし
10	6(可変)	圧縮データ	`13 14 A4 2D 00 00`
16	4	CRC32	`EA 5F 86 E2`
20	4	元のファイルのサイズ	`60 00 00 00`

表 5.3　gzip 圧縮ファイルの構造の例

`-z` オプションを付けた場合と `-g` オプションを付けた場合は付加されたヘッダー情報を `peek` コマンドが読み取ってデータの種類を判別し、 `zlib compressed data` や `gzip compressed data` といったデータの種類を示す情報が出力されていますが、最初に実行したコマンドの出力は圧縮データのみでデータの種類を判別するヒントとなる情報を持たないため、単にバイナリデータであることを示す `data` が出力されています。 `-g` オプションを付けた場合の出力は gzip 圧縮ファイルになりますので Linux の `gzip` コマンドを使って展開することができます。

以下の例では `zl` コマンドの出力を `dump` コマンドで `11.bin.gz` というファイル名で保存して、 `11.bin.gz` で保存したファイルを `gzip` コマンドで展開 (`-d` オプション) して標準出力に出力 (`-c` オプション) しています。

```
!emit h:11 | stretch 96 | zl -R -g | dump 11.bin.gz
!gzip -cd 11.bin.gz | peek -W 16
```

実行結果

```
--------------------------------------------------------------------
00.096 kB; 00.00% entropy; data
--------------------------------------------------------------------
00: 11 11 11 11 11 11 11 11 11 11 11 11 11 11 11 11  ................
..:                        4 repetitions
50: 11 11 11 11 11 11 11 11 11 11 11 11 11 11 11 11  ................
--------------------------------------------------------------------
```

`peek` コマンドはデフォルトでは同じ値のデータが繰り返されている場合に `4 repetitions` のように省略して出力しますが、 `-E` オプションを付けると省略せずに出力します。

```
!gzip -cd 11.bin.gz | peek -W 16 -E
```

実行結果

```
--------------------------------------------------------------------
00.096 kB; 00.00% entropy; data
--------------------------------------------------------------------
00: 11 11 11 11 11 11 11 11 11 11 11 11 11 11 11 11  ................
10: 11 11 11 11 11 11 11 11 11 11 11 11 11 11 11 11  ................
20: 11 11 11 11 11 11 11 11 11 11 11 11 11 11 11 11  ................
30: 11 11 11 11 11 11 11 11 11 11 11 11 11 11 11 11  ................
40: 11 11 11 11 11 11 11 11 11 11 11 11 11 11 11 11  ................
50: 11 11 11 11 11 11 11 11 11 11 11 11 11 11 11 11  ................
--------------------------------------------------------------------
```

以下の例では `zl` コマンドを使って展開して、同様に元の 96 バイトのデータが出力されています。

```
!ef 11.bin.gz | zl | peek -W 16 -E
```

実行結果

```
--------------------------------------------------------------------
00.096 kB; 00.00% entropy; data
--------------------------------------------------------------------
00: 11 11 11 11 11 11 11 11 11 11 11 11 11 11 11 11  ................
10: 11 11 11 11 11 11 11 11 11 11 11 11 11 11 11 11  ................
20: 11 11 11 11 11 11 11 11 11 11 11 11 11 11 11 11  ................
30: 11 11 11 11 11 11 11 11 11 11 11 11 11 11 11 11  ................
40: 11 11 11 11 11 11 11 11 11 11 11 11 11 11 11 11  ................
50: 11 11 11 11 11 11 11 11 11 11 11 11 11 11 11 11  ................
--------------------------------------------------------------------
```

5.10.2　LZMA で圧縮されたデータの展開

`lzma` コマンドは Lempel-Ziv-Markov chain-Algorithm(LZMA) という圧縮アルゴリズムで圧縮されたデータを展開するコマンドです。LZMA は圧縮展開ソフトウェア 7-Zip での 7z 圧縮ファイルの作成や Linux などで使われている圧縮展開ソフトウェア XZ Utils での xz 圧縮ファイルの作成などに使用されています。`lzma` コマンドも `zl` コマンドと同様にデフォルトの動作は展開で、`-R` オプションを付けると動作が逆になり圧縮を行います。

以下の例では `zl` コマンドの例と同様に 16 進数で `11` の値が 96 バイト分続いているデータを `lzma` コマンドで圧縮しています。`-r` オプションを付けるとヘッダーやフッターが付加されずに圧縮されたデータのみが出力されます。

```
!emit h:11 | stretch 96 | lzma -R -r | peek -W 16
```

実行結果

```
-----------------------------------------------------------------
00.014 kB; 30.05% entropy; data
-----------------------------------------------------------------
0: E0 00 5F 00 06 5D 00 08 EE 96 00 00 00 00        .._..]........
-----------------------------------------------------------------
```

オプションなしまたは `-x` オプションを付けると xz 圧縮ファイルとして出力されます。

```
!emit h:11 | stretch 96 | lzma -R | peek -W 16
```

実行結果

```
-----------------------------------------------------------------
00.068 kB; 57.86% entropy; XZ compressed data, checksum CRC64
-----------------------------------------------------------------
00: FD 37 7A 58 5A 00 00 04 E6 D6 B4 46 02 00 21 01  .7zXZ......F..!.
10: 1C 00 00 00 10 CF 58 CC E0 00 5F 00 06 5D 00 08  ......X..._..]..
20: EE 96 00 00 00 00 00 00 8B 10 54 B1 74 40 C8 BB  ..........T.t@..
30: 00 01 22 60 53 92 86 CA 1F B6 F3 7D 01 00 00 00  .."`S......}....
40: 00 04 59 5A                                      ..YZ
-----------------------------------------------------------------
```

```
!emit h:11 | stretch 96 | lzma -R -x | peek -W 16
```

実行結果

```
-----------------------------------------------------------------
00.068 kB; 57.86% entropy; XZ compressed data, checksum CRC64
-----------------------------------------------------------------
00: FD 37 7A 58 5A 00 00 04 E6 D6 B4 46 02 00 21 01  .7zXZ......F..!.
```

```
10: 1C 00 00 00 10 CF 58 CC E0 00 5F 00 06 5D 00 08  ......X..._..]..
20: EE 96 00 00 00 00 00 00 8B 10 54 B1 74 40 C8 BB  ..........T.t@..
30: 00 01 22 60 53 92 86 CA 1F B6 F3 7D 01 00 00 00  .."`S......}....
40: 00 04 59 5A                                      ..YZ
------------------------------------------------------------------
```

`-a` オプションを付けると LZMA コンテナ (LZMA Alone) として出力されます。

```
!emit h:11 | stretch 96 | lzma -R -a | peek -W 16
```

実行結果

```
------------------------------------------------------------------
00.026 kB; 28.63% entropy; LZMA compressed data, streamed
------------------------------------------------------------------
00: 5D 00 00 00 04 FF FF FF FF FF FF FF FF 00 08 EE  ]...............
10: 97 07 FF FF FF FF 80 00 00 00                    ..........
------------------------------------------------------------------
```

LZMA には LZMA1 と LZMA2 の 2 つの方式があり、`lzma` コマンドではヘッダーとフッターを付加しない場合と xz ファイルとして出力する場合は LZMA2 が使われて、LZMA コンテナとして出力する場合は LZMA1 が使われます。

`zl` コマンドの時と同様に各コマンドの出力を見比べてみると、最初に実行したコマンドでは 16 進数で `E0005F00` で始まって `00000000` で終わる 14 バイトの圧縮データが出力されています。オプションがない場合と `-x` オプションを付けた場合は同じ圧縮データの前に `FD377A58` から `10CF58CC` までの 24 バイト、後ろに `8B1054B1` から `0004595A` までの 28 バイトの xz ヘッダーとフッターが付加されています。`-a` オプションを付けた場合は先頭に `5D000000` から `FFFFFFFF` までの 13 バイトのヘッダーがあり、その後に `0008EE97` から `80000000` まで 13 バイトの圧縮データが続く形となっています。これらの例の xz ファイルと LZMA コンテナの構造はそれぞれ以下の表 5.4 と表 5.5 のようになっています。各フィールドの値の意味などデータ構造の詳細については"The .xz File Format"[*30]と"LZMA Specification (Draft)"[*31]を参照してください。

*30 https://tukaani.org/xz/xz-file-format.txt
*31 https://www.7-zip.org/sdk.html

オフセット	サイズ	説明	コマンド例でのデータ
0	6	シグネチャ (固定値)	`FD 37 7A 58 5A 00`
6	2	ストリームフラグ	`00 04`
8	4	ストリームフラグの CRC32	`E6 D6 B4 46`
12	12(可変)	ブロックヘッダー	`02 00 21 01` 〜 `10 CF 58 CC`
24	14(可変)	圧縮データ	`E0 00 5F 00` 〜 `00 00 00 00`
38	2(可変)	パディング	`00 00`
40	8	元のファイルの CRC64	`8B 10 54 B1 74 40 C8 BB`
48	8(可変)	インデックス	`00 01 22 60 53 92 86 CA`
56	4	後続の 2 つの値の CRC32	`1F B6 F3 7D`
60	4	インデックスのサイズ	`01 00 00 00`
64	2	ストリームフラグ	`00 04`
66	2	シグネチャ (固定値)	`59 5A`

表 **5.4**　**xz** 圧縮ファイルの構造の例

オフセット	サイズ	説明	コマンド例でのデータ
0	1	LZMA モデルプロパティ	`5D`
1	4	辞書サイズ	`00 00 00 04`
5	8	元のデータのサイズ	`FF FF FF FF FF FF FF FF`
13	13(可変)	圧縮データ	`00 08 EE 97` 〜 `80 00 00 00`

表 **5.5**　**LZMA** コンテナの構造の例

5.10.3　様々な圧縮アルゴリズムによる圧縮データの自動展開

`decompress` コマンドは圧縮されたデータを展開するコマンドです。 `zl` コマンドや `lzma` コマンドのように各圧縮アルゴリズムやライブラリに対応したコマンドで圧縮されたデータを展開できるのですが、 `decompress` コマンドは Binary Refinery が対応している全ての圧縮アルゴリズムやライブラリについて自動的に展開を試みます。

以下は前述のコマンド例と同様に 16 進数で `11` の値が 96 バイト分続いているデータを `zl` コマンドで圧縮したものを `decompress` コマンドで展開しています。圧縮時の `zl` コマンドのオプションの違いによって圧縮されたデータが異なっていても decompress コマンドが対応して展開できています。

```
!emit h:11 | stretch 96 | zl -R | decompress | peek -W 16
```

実行結果

```
--------------------------------------------------------------------
00.096 kB; 00.00% entropy; data
--------------------------------------------------------------------
00: 11 11 11 11 11 11 11 11 11 11 11 11 11 11 11 11  ................
..:                    4 repetitions
50: 11 11 11 11 11 11 11 11 11 11 11 11 11 11 11 11  ................
--------------------------------------------------------------------
```

```
!emit h:11 | stretch 96 | zl -R -z | decompress | peek -W 16
```

実行結果

```
--------------------------------------------------------------------
00.096 kB; 00.00% entropy; data
--------------------------------------------------------------------
00: 11 11 11 11 11 11 11 11 11 11 11 11 11 11 11 11  ................
..:                    4 repetitions
50: 11 11 11 11 11 11 11 11 11 11 11 11 11 11 11 11  ................
--------------------------------------------------------------------
```

```
!emit h:11 | stretch 96 | zl -R -g | decompress | peek -W 16
```

実行結果

```
--------------------------------------------------------------------
00.096 kB; 00.00% entropy; data
--------------------------------------------------------------------
00: 11 11 11 11 11 11 11 11 11 11 11 11 11 11 11 11  ................
..:                    4 repetitions
50: 11 11 11 11 11 11 11 11 11 11 11 11 11 11 11 11  ................
--------------------------------------------------------------------
```

続いて、lzma コマンドで圧縮されたデータについても decompress コマンドで展開してみましょう。

```
!emit h:11 | stretch 96 | lzma -R -r | decompress | peek -W 16
```

実行結果

```
------------------------------------------------------------------
00.014 kB; 30.05% entropy; data
------------------------------------------------------------------
0: E0 00 5F 00 06 5D 00 08 EE 96 00 00 00 00       .._..]........
------------------------------------------------------------------
```

```
!emit h:11 | stretch 96 | lzma -R | decompress | peek -W 16
```

実行結果

```
-------------------------------------------------------------------
00.096 kB; 00.00% entropy; data
-------------------------------------------------------------------
00: 11 11 11 11 11 11 11 11 11 11 11 11 11 11 11 11  ................
..:                     4 repetitions
50: 11 11 11 11 11 11 11 11 11 11 11 11 11 11 11 11  ................
-------------------------------------------------------------------
```

```
!emit h:11 | stretch 96 | lzma -R -x | decompress | peek -W 16
```

実行結果

```
-------------------------------------------------------------------
00.096 kB; 00.00% entropy; data
-------------------------------------------------------------------
00: 11 11 11 11 11 11 11 11 11 11 11 11 11 11 11 11  ................
..:                     4 repetitions
50: 11 11 11 11 11 11 11 11 11 11 11 11 11 11 11 11  ................
-------------------------------------------------------------------
```

```
!emit h:11 | stretch 96 | lzma -R -a | decompress | peek -W 16
```

実行結果

```
-------------------------------------------------------------------
00.096 kB; 00.00% entropy; data
-------------------------------------------------------------------
00: 11 11 11 11 11 11 11 11 11 11 11 11 11 11 11 11  ................
..:                     4 repetitions
50: 11 11 11 11 11 11 11 11 11 11 11 11 11 11 11 11  ................
-------------------------------------------------------------------
```

一番最初の `lzma -R -r` のコマンドでヘッダーやフッターが付加されずに圧縮されたデータを展開した場合については展開に失敗していて、その他の場合はうまく展開できています。このように decompress コマンドは万能ではなく、展開に失敗する場合があることに留意して使う必要があります。また、展開の成功、失敗どちらでも何かしらデータが出力されるため、失敗したことが分かりづらいです。以下の例のように -P オプションを付けておくと展開に失敗した際にメッセージが表示されますので、失敗したことが分かりやすくなります。

```
!emit h:11 | stretch 96 | lzma -R -r | decompress -P | peek -W 16
```

実行結果

```
(13:16:34) warning in decompress: no compression engine worked, returning original data.
--------------------------------------------------------------------
00.014 kB; 30.05% entropy; data
--------------------------------------------------------------------
0: E0 00 5F 00 06 5D 00 08 EE 96 00 00 00 00        .._..]........
--------------------------------------------------------------------
```

5.10.4 decompress コマンドの機能を使った Python スクリプト

それでは decompress コマンドを Python モジュールとして使って圧縮されたファイルを展開する Python スクリプト decompress.py を作ってみましょう。このスクリプトは Linux の gzip コマンドなどを使って 1 個のファイルが圧縮されたファイルを展開できます。ZIP ファイルや 7z ファイルのような複数のファイルが圧縮されているファイルには対応していません。展開に失敗した場合は出力 output が元のデータ data と同一になるため、28 行目でそれを利用して展開の成否を判定しています。

コード 5.13: decompress クラスを使った圧縮ファイルの展開

```
1  # decompress.py: 圧縮ファイルを展開するスクリプト
2  
3  import argparse
4  import os
5  import sys
6  from refinery.lib import meta
7  from refinery.units.compression import decompress
8  
9  # オプションや引数の処理
10 parser = argparse.ArgumentParser()
11 parser.add_argument("filepath", help="圧縮ファイルのパス")
12 args = parser.parse_args()
13 
14 # バイナリモードでファイルを読み込む
15 with open(args.filepath, "rb") as f:
16     data = f.read()
17 
18 # 圧縮ファイルの種類を判別する
19 magic = meta.metavars(data).magic
```

```
print(f"Type:␣{magic}")

# prepend=Falseはコマンドで-Pオプションを付けた場合と同様の動作となる
decomp =  decompress.decompress(prepend=False)
output = decomp.process(data)

# outputとdataが同一の場合は展開に失敗しているため、
# 標準エラー出力にエラーメッセージを表示する。
if output == data:
    print("エラー:␣展開に失敗しました。", file=sys.stderr)
else:
    # textfile.txt.gzのように末尾に圧縮ファイルの拡張子が付いていると仮定して、
    # その拡張子を除いたファイル名で展開されたファイルを作成する。
    #
    # 例えばos.path.splitext()はtextfile.txt.gzをtextfile.txtとgzに分割
    # するので、textfile.txtの部分([0])を出力ファイル名として使用する。
    output_path = os.path.splitext(args.filepath)[0]

    # バイナリモードでファイルを書き込む
    with open(output_path, "wb") as f:
        f.write(output)

    print(f"{output_path}にファイルを展開しました。")
```

Linux のバージョン情報が書かれている `/etc/os-release` ファイルを Linux の `gzip` コマンド、`bzip2` コマンド、`xz` コマンドを使って圧縮して、圧縮されたファイルを `decompress.py` で展開してみましょう。`bzip2` コマンド[*32]は Julian Seward 氏によって開発された bzip2 圧縮ファイルの作成と展開を行うコマンドです。bzip2 も gzip と xz と同様に Linux で広く使われている圧縮ファイル形式の一つです。

最初に `/etc/os-release` ファイルの内容を確認します。

```
!cat /etc/os-release
```

実行結果

```
PRETTY_NAME="Ubuntu 22.04.3 LTS"
NAME="Ubuntu"
VERSION_ID="22.04"
VERSION="22.04.3 LTS (Jammy Jellyfish)"
VERSION_CODENAME=jammy
ID=ubuntu
ID_LIKE=debian
HOME_URL="https://www.ubuntu.com/"
SUPPORT_URL="https://help.ubuntu.com/"
BUG_REPORT_URL="https://bugs.launchpad.net/ubuntu/"
PRIVACY_POLICY_URL="https://www.ubuntu.com/legal/terms-and-policies/privacy-policy"
UBUNTU_CODENAME=jammy
```

*32 https://www.sourceware.org/bzip2/

`/etc/os-release` ファイルを Linux の `gzip` コマンド、 `bzip2` コマンド、 `xz` コマンドを使って圧縮します。 `-h` オプションを付けて `decompress.py` を実行するとヘルプが表示されます。

```
!gzip -c /etc/os-release > os-release gz
!bzip2 -c /etc/os-release > os-release.bz2
!xz -c /etc/os-release > os-release.xz
!python3 decompress.py -h
```

実行結果

```
usage: decompress.py [-h] filepath

positional arguments:
  filepath    圧縮ファイルのパス

options:
  -h, --help  show this help message and exit
```

`os-release.gz` ファイルを `decompress.py` で展開します。

```
!python3 decompress.py os-release.gz
```

実行結果

```
Type: gzip compressed data, was "os-release", last modified: Wed Aug  2 13:14:26 2023, from Unix
os-releaseにファイルを展開しました。
```

正しく展開できています。

```
!cat os-release
```

実行結果

```
PRETTY_NAME="Ubuntu 22.04.3 LTS"
NAME="Ubuntu"
VERSION_ID="22.04"
VERSION="22.04.3 LTS (Jammy Jellyfish)"
VERSION_CODENAME=jammy
ID=ubuntu
ID_LIKE=debian
HOME_URL="https://www.ubuntu.com/"
SUPPORT_URL="https://help.ubuntu.com/"
BUG_REPORT_URL="https://bugs.launchpad.net/ubuntu/"
PRIVACY_POLICY_URL="https://www.ubuntu.com/legal/terms-and-policies/privacy-policy"
UBUNTU_CODENAME=jammy
```

展開されて作成された `os-release` ファイルを削除して、 `os-release.bz2` ファイルを `decompress.py` で展開します。

```
!rm os-release
!python3 decompress.py os-release.bz2
```

実行結果

```
Type: bzip2 compressed data, block size = 900k
os-releaseにファイルを展開しました。
```

bzip2 圧縮ファイルも正しく展開できています。

```
!cat os-release
```

実行結果

```
PRETTY_NAME="Ubuntu 22.04.3 LTS"
NAME="Ubuntu"
VERSION_ID="22.04"
VERSION="22.04.3 LTS (Jammy Jellyfish)"
VERSION_CODENAME=jammy
ID=ubuntu
ID_LIKE=debian
HOME_URL="https://www.ubuntu.com/"
SUPPORT_URL="https://help.ubuntu.com/"
BUG_REPORT_URL="https://bugs.launchpad.net/ubuntu/"
PRIVACY_POLICY_URL="https://www.ubuntu.com/legal/terms-and-policies/privacy-policy"
UBUNTU_CODENAME=jammy
```

展開されて作成された `os-release` ファイルを削除して、`os-release.xz` ファイルを `decompress.py` で展開します。

```
!rm os-release
!python3 decompress.py os-release.xz
```

実行結果

```
Type: XZ compressed data, checksum CRC64
os-releaseにファイルを展開しました。
```

xz 圧縮ファイルも正しく展開できています。

```
!cat os-release
```

実行結果

```
PRETTY_NAME="Ubuntu 22.04.3 LTS"
NAME="Ubuntu"
VERSION_ID="22.04"
```

```
VERSION="22.04.3 LTS (Jammy Jellyfish)"
VERSION_CODENAME=jammy
ID=ubuntu
ID_LIKE=debian
HOME_URL="https://www.ubuntu.com/"
SUPPORT_URL="https://help.ubuntu.com/"
BUG_REPORT_URL="https://bugs.launchpad.net/ubuntu/"
PRIVACY_POLICY_URL="https://www.ubuntu.com/legal/terms-and-policies/privacy-policy"
UBUNTU_CODENAME=jammy
```

うまく圧縮ファイルの種類を判別して元の `os-release` ファイルを展開できています。`decompress` コマンドの機能を使うことで、比較的短いコードで複数の種類の圧縮ファイルを展開できる Python スクリプトを作成することができました。

5.11 その他の機能

残念ながら紙面の都合で個々のコマンドについて詳しく解説することができませんが、その他にも知っておくと便利な機能がありますので簡単に紹介します。紹介する機能はもちろんコマンドと Python モジュールのどちらとしても使えます。

5.11.1 暗号関係の機能

Binary Refinery は様々な暗号アルゴリズムや暗号データフォーマットに対応しています。本章の執筆時点では以下の 32 種類の暗号アルゴリズムと暗号データフォーマットをサポートしており、暗号鍵アルゴリズム名と暗号データフォーマット名と同様の名前のコマンド (例: `aes` コマンド) があります。Fernet は復号のみ対応しています。

AES	BlaBla	Blowfish	Camellia	CAST	ChaCha
Chaskey	DES	Triple DES	Fernet	GOST	HC-128
HC-256	ISAAC	RABBIT	RC2	RC4	RC5
RC6	RNCryptor	ROT	RSA	Salsa	SEAL
SecureString	Serpent	SM4	Sosemanuk	TEA	Vigenère
XTEA	XXTEA				

表 5.6　**Binary Refinery** が対応している暗号アルゴリズムと暗号データフォーマット

5.11.2　ファイルの構造をパースする機能

Binary Refinery には様々なファイル形式についてファイルの構造をパースしてデータを出力するコマンドがあります。本章の執筆時点では 43 種類のファイル形式をサポートしており、それぞれに対応するコマンドがあります。アーカイブファイルについては以下の 16 種類のファイル形式に対応しています。ファイル形式の後に関連するコマンド名を記載しています。

- 7-Zip ファイル: `xt7z`
- ACE ファイル: `xtace`
- ASAR ファイル: `xtasar`
- CAB ファイル: `xtcab`
- CPIO ファイル: `xtcpio`
- GZip ファイル: `xtgz`
- ISO ファイル: `xtiso`
- Install Shield Setup ファイル: `xtiss`
- SIMH magtape ファイル: `xtmagtape`
- Nuitka で生成された実行ファイル: `xtnuitka`
- NSIS ファイル: `xtnsis`
- Python Installer ファイル: `xtpyi`
- tar ファイル: `xttar`
- ZIP ファイル: `xtzip`
- ZPAQ ファイル: `xtzpaq`
- コンパイルされた Node.js アプリケーション: `xtnode`

アーカイブファイル以外のファイルについては以下の 27 種類のファイル形式に対応しています。

- CSV ファイル: `csv`
- DEX ファイル: `dexstr`
- HTML: `xthtml`
- Java 言語でシリアライズされたデータ: `dsjava`
- JSON ファイル: `xtjson`
- macOS の実行ファイル (Mach-O): `machometa` 、 `xtmacho`
- MessagePack ファイル: `msgpack`
- Microsoft Office 文書ファイル: `doctxt` 、 `officecrypt` 、 `xlxtr` 、 `xtdoc` 、 `xtvba` 等

- MSI ファイル: `xtmsi`
- OneNote 文書ファイル: `xtone`
- pcap ファイル: `pcap` 、 `pcap_http`
- PDF ファイル: `xtpdf`
- PHP 言語でシリアライズされたデータ: `dsphp`
- PKCS #7 電子署名ファイル: `pkcs7sig`
- Python バイトコードファイル: `pyc`
- tnetstring ファイル: `tnetmtm`
- Windows イベントログファイル: `evtx`
- Windows ショートカットファイル: `lnk`
- Windows レジストリファイル: `winreg`
- Windows の実行ファイル (PE): `pedebloat` 、 `peoverlay` 、 `perc` 、 `pesig` 、 `pestrip`
- Windows の.NET 実行ファイル (PE): `dnblob` 、 `dncfx` 、 `dnds` 、 `dnfields` 、 `dnhdr` 等
- XML ファイル: `xtxml`
- コンパイルされた AutoIt スクリプト: `a3x`
- コンパイルされた Pascal スクリプト: `ifps` 、 `ifpsstr`
- ステガノグラフィーのファイル: `stego`
- リッチテキストファイル: `xtrtf`
- 電子メール: `xtmail`

また、 `xt` という名前のコマンドがあり、対応している各ファイル形式について自動的にパースを試行する機能があります。

5.11.3　ファイルカービングの機能

Binary Refinery にはファイル内に埋め込まれているファイルを発見して抽出するファイルカービングを行うコマンドがあり、以下の 7 種類のファイル形式に対応しています。ファイル形式の後に関連するコマンド名を記載しています。

- 7-Zip ファイル: `carve_7z`
- JSON ファイル: `carve_json`
- Windows ショートカットファイル: `carve_lnk`
- Windows の実行ファイル (PE): `carve_pe`

- リッチテキストファイル: `carve_rtf`
- XML ファイル: `carve_xml`
- ZIP ファイル: `carve_zip`

文字列などのファイルよりも小さい単位のデータをカービングで抽出する `carve` コマンドというコマンドもあり、数値、文字列、Base64 エンコードされた文字列、16 進数、数値の配列、16 進数の配列などの様々な形式を指定してデータを抽出できます。

5.12　演習:難読化された PHP スクリプトの解析

本章を締めくくる演習としてエンコードや圧縮を組み合わせて難読化されたプログラムを Binary Refinery を使って解析してみましょう。攻撃者がウェブサーバを攻撃して侵入した際にウェブシェルと呼ばれるウェブアプリケーションのプログラムを仕込んで攻撃者がウェブサーバを遠隔操作できるようにすることがあり、もしウェブサーバの管理者にウェブシェルを発見された場合にウェブシェルがどのような機能を持っているかを隠すために攻撃者がウェブシェルのコードを難読化することがあります。ここではウェブアプリケーションを作成するためによく利用されているプログラミング言語である PHP (PHP: Hypertext Preprocessor) で書かれた無害なプログラムが難読化されたものを解析します。難読化の方式はあるウェブシェルで実際に使われていたものを使っています。

まず演習の準備として PHP スクリプトを実行できるようにするために以下のコマンドを実行してコマンドライン版の PHP をインストールします。5.1 の終わりで説明したように、時間の経過によって環境がリセットされて Binary Refinery や PHP は削除されますので、環境がリセットされた場合は再度インストールしてください。

```
!sudo apt install php-cli
```

5.12.1　解析対象の PHP スクリプト

解析する `obfuscated.php` は以下のようなものです。間違えずに手入力するのは大変ですので、本章の冒頭で `git` コマンドを使って本書の GitHub リポジトリからダウンロードしたファイルを使ってください。 `obfuscated.php` の最初の行の `<?php` と最後の行の `?>` 以外の部分は紙面上複数行のように見えますが非常に長い 1 行です。

コード 5.14: 難読化された PHP スクリプト obfuscated.php

```
<?php
eval(gzinflate(base64_decode(strrev(str_rot13("==NN9U624/57W8J1whjN21O27Ua78oBMUf942XclelXOdnMzGWu0oA/tII4OZZChvKDcBmluA
G4wt4wWDoyYqClnfaN5NTWVSk/+XLP0MUrp1nwxorLBH7dXc80V9QSu6iscl+DrYrNrljIWMx94eq3z8hJ49InAhQwF3v3F8nRrXk9eKFBc6jn5RPMVC9Op8
6NbpLXVOxntNcej2LZpwgR4fFaJX41F0QNUKqsugGM8z7nsxLTY17EHoCE37F5h+Vq41Gk3XQiXMdsiF4uRhZkYujKV8PPUTy3tDLwigp9ymeFf6svBx4W43
WEEJkRuovjQ91ECI8Y9evMloMEwSFW4B5iWzEsU4RUvfSc2YpTvMWfvIfc4FCEh+XmLyZmxSfEBCegXo0Pz9BbFbOsMi9LHx7t9/s+mwWUpyhRnmp0icThz/
EGXNkvFalQjdVX+BZFYWxkaSLRFAev1htyeCTrQN97WrgLPO6vBzl9isZSOWtFqQMM")))))
?>
```

以下のように obfuscated.php を実行するとパスワードの入力を求められます。Colab 上では Password: の横をクリックするとパスワードを入力できます。入力したパスワードはエコーバックしないようにしているため表示されません。何か適当にパスワードを入力すると「残念!パスワードが違います。」というメッセージが表示されて終了します。 obfuscated.php を解析して正しいパスワードを特定するのがこの演習の課題です。

```
!php obfuscated.php
```

実行結果

```
Password:
残念!パスワードが違います。
```

5.12.2 可読化方法の解明

obfuscated.php のコードをじっくりと見てみてると、ダブルクォートで囲まれている難読化された文字列を以下のような順番で複数の関数を使って処理していることが分かります。脚注に関数のドキュメントの URL を記載していますので各関数の詳しい説明はそちらをご覧ください。

1. str_rot13() 関数: ROT13 の変換を行う関数 [*33]
2. strrev() 関数: 文字列を逆順にする関数 [*34]
3. base64_decode() 関数: Base64 デコードをする関数 [*35]
4. gzinflate() 関数: Deflate アルゴリズムで圧縮されたデータ (zlib ヘッダー無し) を展開する関数 [*36]
5. eval() 関数: 文字列を PHP のコードとして評価する関数 [*37]

[*33] https://www.php.net/manual/ja/function.str-rot13
[*34] https://www.php.net/manual/ja/function.strrev
[*35] https://www.php.net/manual/ja/function.base64-decode
[*36] https://www.php.net/manual/ja/function.gzinflate
[*37] https://www.php.net/manual/ja/function.eval

PHP のコードを実行する `eval()` 関数以外の各関数と等価な機能を持つ Binary Refinery のコマンドは以下のとおりです。どのコマンドの機能をどういう順番で使えば可読化できそうか分かればこっちのものです。

- `str_rot13()` 関数: `rot` コマンド
- `strrev()` 関数: `rev` コマンド
- `base64_decode()` 関数: `b64` コマンド
- `gzinflate()` 関数: `zl` コマンド

5.12.3 難読化された部分を可読化する Python スクリプト

それでは、PHP スクリプトの難読化されている部分を可読化する Python スクリプト `deobfuscate.py` を作成してみましょう。 `obfuscated = b"..."` の部分は紙面上複数行のように見えますが非常に長い 1 行です。デコードした出力を次のデコードの入力として与えて順番にデコードしていきます。

コード 5.15: 難読化された部分の可読化

```
# deobfuscate.py: 難読化されたPHPコードを可読化するスクリプト

import sys
from refinery.units.blockwise import rev
from refinery.units.compression import zl
from refinery.units.crypto.cipher import rot
from refinery.units.encoding import b64

# 難読化されたPHPコード
# ここではbytesとして扱うため b""を使っている。
obfuscated = b"==NN9U624/57W8J1whjN21027Ua78oBMpUf942XclelXOdnMzGWu0oA/tII4OZZChvKDcBmluAG4wt4wWDoyYqClnfaN5NTWVSk/+XLP0
MUrp1nwxorLBH7dXc80V9QSu6iscl+DrYrNrljIWMx94eq3z8hJ49InAhQwF3v3F8nRrXk9eKFBc6jn5RPMVC9Op86NbpLXVOxntNcej2LZpwgR4fFaJX41F
0QNUKqsugGM8z7nsxLTY17EHoCE37F5h+Vq41Gk3XQiXMdsiF4uRhZkYujKV8PPUTy3tDLwigp9ymeFf6svBx4W43WEEJkRuovjQ91ECI8Y9evMloMEwSFW4
B5iWzEsU4RUvfSc2YpTvMWfvIfc4FCEh+XmLyZmxSfEBCegXo0Pz9BbFbOsMi9LHx7t9/s+mwWUpyhRnmp0icThz/EGXNkvFalQjdVX+BZFYWxkaSLRFAev1
htyeCTrQN97WrgLPO6vBzl9isZSOWtFqQMM"

# ROT13のデコード
rot = rot.rot()
output = rot.process(obfuscated)

# 文字列の順序の反転
rev = rev.rev()
output = rev.process(output)

# Base64のデコード
b64 = b64.b64()
output = b64.process(output)

# Deflateアルゴリズムでの展開(zlibヘッダー無し)
zl = zl.zl()
output = zl.process(output)
```

```
# 可読化されたPHPコードはbytesとなっているため、
# print()の代わりにsys.stdout.buffer.write()で出力する
sys.stdout.buffer.write(output)
```

`deobfuscate.py` を実行すると PHP のコードが出力されました。

```
!python3 deobfuscate.py
```

実行結果

```
$password = "youcannotguessthispassword:)";

// bashの組み込みコマンドのreadコマンドを使って、パスワードをエコーバック
// しないようにしながらパスワード入力を受け付ける
print("Password: ");
$input = exec("bash -c 'read -s input; echo \$input'");

// 入力されたパスワードを比較した結果によってメッセージを変える
if (strcmp($input, $password) == 0) {
    print("\nおめでとうございます!正しいパスワードです。\n");
} else {
    print("\n残念!パスワードが違います。\n");
}
```

このコードの `$password = "youcannotguessthispassword:)";` の行から、パスワードは `youcannotguessthispassword:)` と判明しました。

このコードでは `$input = exec("bash -c 'read -s input; echo \$input'");` の行で Linux のシェルである `bash` の組み込みコマンドの `read` コマンドを `-s` オプションを付きで実行することでパスワードをエコーバックしないようにしながらパスワード入力を受け付けて、入力されたパスワードを `$input` 変数に代入します。続いて `strcmp()` 関数[*38]で入力されたパスワードを `$password` 変数のパスワードと比較して、同一であるかどうかによって表示するメッセージを変えています。

再び `obfuscated.php` を実行して判明したパスワードを入力してみましょう。「おめでとうございます!正しいパスワードです。」というメッセージが表示されればこの演習の課題はクリアです。

```
!php obfuscated.php
```

実行結果

```
Password:
おめでとうございます!正しいパスワードです。
```

[*38] https://www.php.net/manual/ja/function.strcmp

5.12.4　別解:コマンド実行による可読化

`obfuscated.php` の難読化は比較的単純なため、`rot`、`rev`、`b64`、`zl` のコマンドをパイプでつなげて実行することでも可読化できます。コマンドは非常に長いですが 1 行で入力します。

```
!emit ==NN9U624/57W8J1whjN21027Ua78oBMpUf942XclelXOdnMzGWu0oA/tII40ZZChvKDcBmluAG4wt4wWDoyYqClnfaN5NTWVSk+XLP0MUrp1nwxor
LBH7dXc80V9QSu6iscl+DrYrNrljIWMx94eq3z8hJ49InAhQwF3v3F8nRrXk9eKFBc6jn5RPMVC90p86NbpLXVOxntNcej2LZpwgR4fFaJX41F0QNUKqsugG
M8z7nsxLTY17EHoCE37F5h+Vq41Gk3XQiXMdsiF4uRhZkYujKV8PPUTy3tDLwigp9ymeFf6svBx4W43WEEJkRuovjQ91ECI8Y9evMloMEwSFW4B5iWzEsU4R
UvfSc2YpTvMWfvIfc4FCEh+XmLyZmxSfEBCegXo0Pz9BbFbOsMi9LHx7t9/s+mwWUpyhRnmp0icThz/EGXNkvFalQjdVX+BZFYWxkaSLRFAev1htyeCTrQN9
7WrgLPO6vBzl9isZSOWtFqQMM | rot | rev | b64 | zl
```

実行結果

```
$password = "youcannotguessthispassword:)";

// bashの組み込みコマンドのreadコマンドを使って、パスワードをエコーバック
// しないようにしながらパスワード入力を受け付ける
print("Password: ");
$input = exec("bash -c 'read -s input; echo \$input'");

// 入力されたパスワードを比較した結果によってメッセージを変える
if (strcmp($input, $password) == 0) {
    print("\nおめでとうございます!正しいパスワードです。\n");
} else {
    print("\n残念!パスワードが違います。\n");
}
```

5.12.5　難読化を行う PHP スクリプト

ちなみに、`obfuscated.php` は以下のような `encode.php` で難読化されていました。4 行目の `$code = <<<'END'` から 19 行目の `END;` までの行はヒアドキュメント[*39]というもので、複数行の文字列を変数に代入したい場合に使用します。`$code = <<<'END'` の次の行から `END;` の前の行までが `$code` 変数に代入されます。`'END'` のようにシングルクォートで括っているのはコード中の `$password` などの文字列を PHP の変数として展開させないためです。`encode.php` の後半で使っているヒアドキュメントでは `END` をシングルクォートで括っておらず、難読化後のコードが入っている `$obfuscated_code` が展開されて出力されます。

コード 5.16: 難読化の処理を行う encode.php

```
1 <?php
2 // 難読化前のPHPコード
3 // 'END'とシングルクォートで括っているのはコード中の変数を展開させないため
```

*39 https://www.php.net/manual/ja/language.types.string.php#language.types.string.syntax.heredoc

```
$code = <<<'END'
$password = "youcannotguessthispassword:)";

// bashの組み込みコマンドのreadコマンドを使って、パスワードをエコーバック
// しないようにしながらパスワード入力を受け付ける
print("Password:␣");
$input = exec("bash␣-c␣'read␣-s␣input;␣echo␣\$input'");

// 入力されたパスワードを比較した結果によってメッセージを変える
if (strcmp($input, $password) == 0) {
    print("\nおめでとうございます!正しいパスワードです。\n");
} else {
    print("\n残念!パスワードが違います。\n");
}

END;

// Deflateアルゴリズムでの圧縮(zlibヘッダー無し)
// ↓
// Base64エンコード
// ↓
// 文字列の順序の反転
// ↓
// ROT13
//
// の順番で操作してPHPコードを難読化し、デコードして実行する処理を追加して出力する
$obfuscated_code = str_rot13(strrev(base64_encode(gzdeflate($code))));
$output = <<<END
<?php
eval(gzinflate(base64_decode(strrev(str_rot13("$obfuscated_code")))))
?>

END;
print($output)
?>
```

encode.php を実行すると obfuscated.php と同じ内容が出力されます。

```
!php encode.php
```

実行結果

```
<?php
eval(gzinflate(base64_decode(strrev(str_rot13("==NN9U624/57W8J1whjN21O27Ua78oBMpUf942XclelXOdnMzGWu0oA/tII4OZZChvKDcBm
luAG4wt4wWDoyYqClnfaN5NTWVSk/+XLP0MUrp1nwxorLBH7dXc80V9QSu6iscl+DrYrNrljIWMx94eq3z8hJ49InAhQwF3v3F8nRrXk9eKFBc6jn5RPMV
C9Op86NbpLXVOxntNcej2LZpwgR4fFaJX41F0CNUKqsugGM8z7nsxLTY17EHoCE37F5h+Vq41Gk3XQiXMdsiF4uRhZkYujKV8PPUTy3tDLwigp9ymeFf6s
vBx4W43WEEJkRuovjQ91ECI8Y9evMloMEwSFW4B5iWzEsU4RUvfSc2YpTvMWfvIfc4FCEh+XmLyZmxSfEBCegXo0Pz9BbFbOsMi9LHx7t9/s+mwWUpyhRn
mp0icThz/EGXNkvFalQjdVX+BZFYWxkaSLRFAev1htyeCTrQN97WrgLPO6vBzl9isZSOWtFqQMM")))))
?>
```

Binary Refinery の多種多様なバイナリファイル解析の機能は解析に役立つことがお分かりいただけたかと思います。ぜひマルウェア解析など様々な解析に活用してみてください。

コラム　Binary Refinery を活用して開発しているバイナリファイル解析ツール

旧 McAfee 社 (現 Trellix 社) が無償で公開している FileInsight*40*41 という Windows で使用できるとてもマイナーなマルウェア解析向けのバイナリエディタがあるのですが、私 (萬谷) は FileInsight が Python でプラグインを作成して機能を拡張できることに着目して、2012 年から FileInsight-plugins というマルウェア解析に役立つ FileInsight のプラグイン集を開発して GitHub で公開しています*42。10 年以上休日に少しずつ開発を続けて、本書執筆時点で圧縮、暗号、エンコードなど 9 つのカテゴリに分類される 153 個のプラグインがあります。2019 年に CODE BLUE の Bluebox*43、2021 年に Black Hat USA の Arsenal*44 というサイバーセキュリティに関する著名な国際カンファレンスにおいて自作のツールを発表する場で FileInsight-plugins を発表しました*45。FileInsight-plugins はとてもマイナーなバイナリファイル解析ツールではありますが、ありがたいことに国内外のマルウェア解析者の方が使ってくださっています。

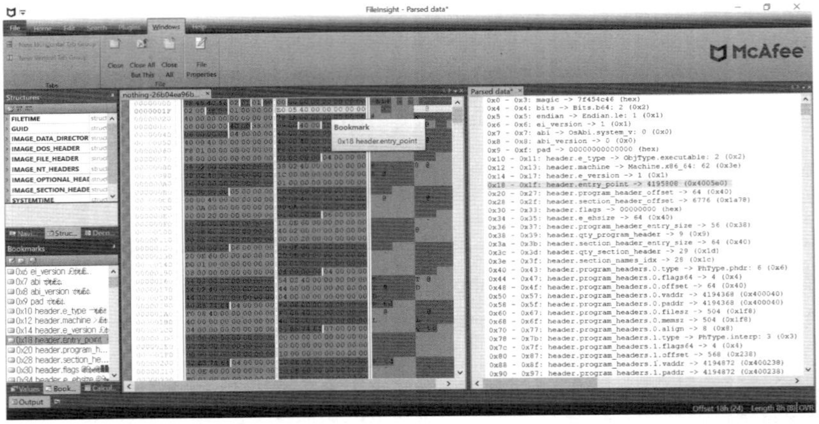

図 5-8　FileInsight-plugins で Linux の実行ファイルの構造をパースした結果のスクリーンショット

---

*40 `https://downloadcenter.trellix.com/products/mcafee-avert/fileinsight.msi`

*41 FileInsight のウェブサイトが存在しないためインストーラの URL を記載しています。FileInsight-plugins をインストールすると FileInsight も一緒にインストールされます。

*42 `https://github.com/nmantani/FileInsight-plugins/blob/master/README.ja.md`

*43 `https://codeblue.jp/2019/bluebox/FileInsight-plugins/`

*44 `https://www.blackhat.com/us-21/arsenal/schedule/`

*45 Black Hat USA での発表資料を `https://github.com/nmantani/FileInsight-plugins/blob/master/docs/FileInsight-plugins-Black%20Hat%20USA%202021%20Arsenal.pdf` で公開しています。FileInsight-plugins でどのようなことができるのかはそちらを見ていただくと分かりやすいです。

FileInsight-plugins は様々なサードパーティの Python モジュールを使って開発していて、暗号関係の一部のプラグインで Camellia などの暗号アルゴリズムに対応するためと Microsoft Office 文書ファイルから VBA マクロを抽出するプラグインを作成するために Binary Refinery を Python モジュールとして使っています。プラグインを作成する過程で Binary Refinery の暗号関係のモジュールの不具合を見付けて開発者の Jesko Hüttenhain 氏に報告して修正していただいたことがありますし[*46]、機能を追加するコードを書いてマージしていただいた[*47]こともあります。本書の執筆中にも Binary Refinery の当時の最新バージョンの 0.6.36 で `ef` コマンドでファイルを相対パスで指定するとファイルを開けない不具合を見付けて報告したところ[*48]、なんと数時間で修正してくださって新しいバージョンの 0.6.38 がリリースされました。読者の皆さんも Binary Refinery を活用して便利なバイナリファイル解析ツールを開発したり、Binary Refinery の開発に参加してみてはいかがでしょうか。

[*46] https://github.com/binref/refinery/issues/24

[*47] https://github.com/binref/refinery/pull/25

[*48] https://github.com/binref/refinery/issues/46

6 バイナリファイルの構造解析 実践編：実行ファイル

この章から第 8 章までは、バイナリファイルの中でも特に実行可能形式のファイルについて扱います。Python を用いて逆アセンブリを具体的に解析する手法については後の章で紹介しますが、この章では Linux で使用される実行形式の ELF フォーマットについて解説し、また、アセンブリコードの読み方についても説明します。実行ファイルはプログラムコードだけでなく、様々なメタデータ、テキストデータ、画像データなどが埋め込まれており、第 4 章で取り扱ったコンテナフォーマットの 1 つと捉えることもできます。

6.1 解析用ファイルの準備

本章では Colab の環境内にある実行ファイルを例に、ファイル構造を解説しながら解析をしていきます。

今回は第 2 章でも使った「 `/usr/bin/ls` 」を使用します。

コード 6.1: 解析用ファイルの指定

```
filepath = "/usr/bin/ls"
```

Python ではありませんが、Linux のコマンドを使って解析用ファイルの情報を整理しておきます。

コード **6.2: ls** コマンドによるファイル情報の表示

```
!ls -l /usr/bin/ls
```

実行結果

```
-rwxr-xr-x 1 root root 138208 Feb  7  2022 /usr/bin/ls
```

解析用ファイルは実行権限（`x`）のあるファイルサイズ 138,208 バイトのファイルです。

コード **6.3: file** コマンドによるファイル情報の表示

```
!file /usr/bin/ls
```

実行結果

```
/usr/bin/ls: ELF 64-bit LSB pie executable, x86-64, version 1 (SYSV), dynamically linked, interpreter /lib64/
ld-linux-x86-64.so.2, BuildID[sha1]=897f49cafa98c11d63e619e7e40352f855249c13, for GNU/Linux 3.2.0,
stripped
```

ファイル情報を表示する `file` コマンドによると、ELF 形式のファイルであることが分かります。ELF は Executable and Linkable Format の略で、コンパイラが生成するオブジェクトファイルや実行ファイルで利用されているファイルフォーマットになります。ELF ファイルは、BSD（Berkeley Software Distribution）派生の OS、Linux などオープンソースの OS におけるデフォルトの実行ファイル形式として使用されています。

コード **6.4: readelf** コマンドによるファイル情報の表示

```
!readelf -e -W /usr/bin/ls
```

実行結果

```
ELF Header:
  Magic:   7f 45 4c 46 02 01 01 00 00 00 00 00 00 00 00 00
  Class:                             ELF64
  Data:                              2's complement, little endian
  Version:                           1 (current)
  OS/ABI:                            UNIX - System V
  ABI Version:                       0
  Type:                              DYN (Position-Independent Executable file)
  Machine:                           Advanced Micro Devices X86-64
  Version:                           0x1
  Entry point address:               0x6ab0
  Start of program headers:          64 (bytes into file)
  Start of section headers:          136224 (bytes into file)
  Flags:                             0x0
  Size of this header:               64 (bytes)
```

```
  Size of program headers:           56 (bytes)
  Number of program headers:         13
  Size of section headers:           64 (bytes)
  Number of section headers:         31
  Section header string table index: 30

Section Headers:
  [Nr] Name              Type            Address  Off    Size   ES Flg Lk Inf Al
  [ 0]                   NULL            00000000 000000 000000 00      0   0  0
  [ 1] .interp           PROGBITS        00000318 000318 00001c 00   A  0   0  1
  [ 2] .note.gnu.property NOTE           00000338 000338 000030 00   A  0   0  8
  [ 3] .note.gnu.build-id NOTE           00000368 000368 000024 00   A  0   0  4
  [ 4] .note.ABI-tag     NOTE            0000038c 00038c 000020 00   A  0   0  4
  [ 5] .gnu.hash         GNU_HASH        000003b0 0003b0 00004c 00   A  6   0  8
  [ 6] .dynsym           DYNSYM          00000400 000400 000b88 18   A  7   1  8
  [ 7] .dynstr           STRTAB          00000f88 000f88 0005a6 00   A  0   0  1
  [ 8] .gnu.version      VERSYM          0000152e 00152e 0000f6 02   A  6   0  2
  [ 9] .gnu.version_r    VERNEED         00001628 001628 0000c0 00   A  7   2  8
  [10] .rela.dyn         RELA            000016e8 0016e8 0013e0 18   A  6   0  8
  [11] .rela.plt         RELA            00002ac8 002ac8 000960 18  AI  6  25  8
  [12] .init             PROGBITS        00004000 004000 000025 00  AX  0   0  4
  [13] .plt              PROGBITS        00004030 004030 000650 10  AX  0   0 16
  [14] .plt.got          PROGBITS        00004680 004680 000030 10  AX  0   0 16
  [15] .plt.sec          PROGBITS        000046b0 0046b0 000640 10  AX  0   0 16
  [16] .text             PROGBITS        00004cf0 004cf0 012441 00  AX  0   0 16
  [17] .fini             PROGBITS        00017134 017134 000012 00  AX  0   0  4
  [18] .rodata           PROGBITS        00018000 018000 004dcc 00   A  0   0 32
  [19] .eh_frame_hdr     PROGBITS        0001cdcc 01cdcc 00056c 00   A  0   0  4
  [20] .eh_frame         PROGBITS        0001d338 01d338 002120 00   A  0   0  8
  [21] .ctors            PROGBITS        00021000 020000 000010 00  WA  0   0  8
  [22] .dtors            PROGBITS        00021010 020010 000010 00  WA  0   0  8
  [23] .data.rel.ro      PROGBITS        00021020 020020 000a78 00  WA  0   0 32
  [24] .dynamic          DYNAMIC         00021a98 020a98 0001c0 10  WA  7   0  8
  [25] .got              PROGBITS        00021c58 020c58 0003a0 08  WA  0   0  8
  [26] .data             PROGBITS        00022000 021000 000278 00  WA  0   0 32
  [27] .bss              NOBITS          00022280 021278 0012c0 00  WA  0   0 32
  [28] .gnu_debugaltlink PROGBITS        00000000 021278 000049 00      0   0  1
  [29] .gnu_debuglink    PROGBITS        00000000 0212c4 000034 00      0   0  4
  [30] .shstrtab         STRTAB          00000000 0212f8 000125 00      0   0  1
...
```

`readelf` コマンドは ELF ファイルについての情報を表示するコマンドです。出力結果は、若干整形しています。ELF ファイルは、それぞれ異なる役割と機能を持った様々な種類のセクションから構成されています。詳細な説明は割愛しますが、現時点では解析用ファイルには無名のセクションも含めて 31 個のセクションが存在するということだけ理解していれば十分です。本章では、ELF ファイルフォーマットを理解し、`readelf` コマンドで出力されるヘッダー情報や、セクション一覧の情報を一部ライブラリの力を借りながら Python で利用できることを目標にします。

6.2 ELF 解析ライブラリ：elftools の準備

Python で ELF ファイルを扱うライブラリはいくつかありますが、ここでは `elftools` を使います。Colab の標準環境にはインストールされていないため、以下のコマンドでインストールする必要があります。

コード 6.5: elftools のインストール

```
!pip install pyelftools
```

インストールは 15 秒ほどで完了します。以降、ELF ファイルの具体的な構造を説明しながら、`elftools` の使用例も学んでいきます。

6.3 ELF ファイルの構造

まずは、いつものように解析用ファイルをダンプします。

コード 6.6: 解析用ファイルのダンプ

```
dump2(filepath)
```

実行結果

```
         0  1  2  3  4  5  6  7  8  9  A  B  C  D  E  F
00000000:7F 45 4C 46 02 01 01 00 00 00 00 00 00 00 00 00   .ELF............
00000010:03 00 3E 00 01 00 00 00 B0 6A 00 00 00 00 00 00   ..>......j......
00000020:40 00 00 00 00 00 00 00 20 14 02 00 00 00 00 00   @....... .......
00000030:00 00 00 00 40 00 38 00 0D 00 40 00 1F 00 1E 00   ....@.8...@.....
00000040:06 00 00 00 04 00 00 00 40 00 00 00 00 00 00 00   ........@.......
00000050:40 00 00 00 00 00 00 00 40 00 00 00 00 00 00 00   @.......@.......
00000060:D8 02 00 00 00 00 00 00 D8 02 00 00 00 00 00 00   ................
00000070:08 00 00 00 00 00 00 00 03 00 00 00 04 00 00 00   ................
00000080:18 03 00 00 00 00 00 00 18 03 00 00 00 00 00 00   ................
00000090:18 03 00 00 00 00 00 00 1C 00 00 00 00 00 00 00   ................
000000A0:1C 00 00 00 00 00 00 00 01 00 00 00 00 00 00 00   ................
000000B0:01 00 00 00 04 00 00 00 00 00 00 00 00 00 00 00   ................
000000C0:00 00 00 00 00 00 00 00 00 00 00 00 00 00 00 00   ................
000000D0:28 34 00 00 00 00 00 00 28 34 00 00 00 00 00 00   (4......(4......
000000E0:00 10 00 00 00 00 00 00 01 00 00 00 05 00 00 00   ................
000000F0:00 40 00 00 00 00 00 00 00 40 00 00 00 00 00 00   .@.......@......
00000100:00 40 00 00 00 00 00 00 46 31 01 00 00 00 00 00   .@......F1......
...
```

ELF ファイルは、ファイルの先頭から、ELF ヘッダー、プログラムヘッダー、セクション、セクションヘッダーという構造になっています。

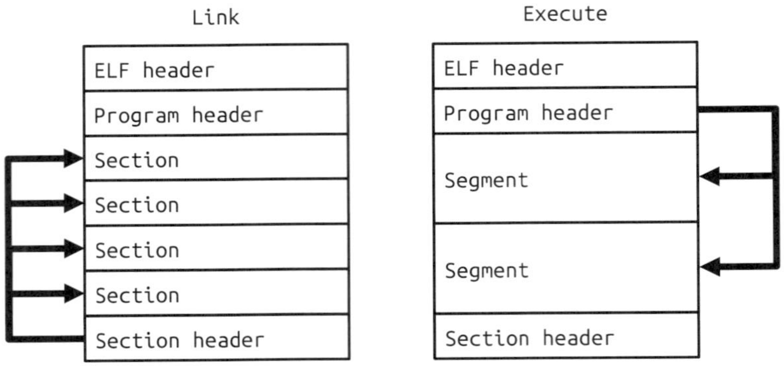

図 6-1　ELF ファイルの構造

ELF ファイルは、Linux システムで広く使われるオブジェクトファイルと実行ファイルのフォーマットです。プログラムのリンクと実行に関わる重要な役割を担っており、これら 2 つの観点からファイル構造を理解することができます。

まずは、リンクの観点から説明します。プログラムは、複数のオブジェクトファイルから構成されることが一般的です。ELF ファイルは、リンカーと呼ばれるツールによって結合され、最終的な実行ファイルが生成されます。セクションは、リンクの観点から見たオブジェクトファイルの情報 (命令、データ、シンボルテーブル、再配置情報など) の大部分を保持します。セクションは、ELF ファイルを処理する際の小単位となっており、セクションヘッダーの情報から情報を得ることができます。

次に、実行の観点から説明します。ELF ファイルは、実行時にプログラムなどがメモリにロードされ、実行されることになります。この際、ローダーと呼ばれるプログラムが、ELF ヘッダーの情報に基づいて、プログラムヘッダーテーブルを読み込み、各プログラムセグメントをメモリにロードします。ロードされたセグメントは、CPU が実行できる形式で配置され、プログラムが実行されます。セグメントは、実行時にメモリに対応付けできる最小単位となっています。

6.3.1　ELF ヘッダーの構造

ファイルの先頭に位置し、ELF シグネチャ、アーキテクチャ情報、エントリーポイント（最初に実行するプログラムの位置）等の情報が格納されています。ELF ヘッダーの大きさは、64 ビットおよび 32 ビットアーキテクチャで異なり、64 ビットアーキテクチャの場合、64 バイトとなっています。ELF ヘッダーの構造のうち本書に関係するものを抽出すると以下のとおりになります。

オフセット	フィールド名	説明
00-03	EI_MAG	シグネチャ
04	EI_CLASS	フォーマットの種類（02：64-bit format）
05	EI_DATA	データの格納方式（01：リトルエンディアン）
18-1F	e_entry	エントリーポイント（仮想アドレス）
20-27	e_phoff	プログラムヘッダーテーブルの開始位置
28-2F	e_shoff	セクションヘッダーテーブルの開始位置
3C-3D	e_shnum	セクションヘッダーテーブルのエントリ数
3E-3F	e_shstrndx	セクション名を格納しているセクション No.

表 6.1　ELF ヘッダーの構造概要

より詳細を知りたい方は、英語版の Wikipedia*1 に詳しく記載されているので参照してください。それでは、elftools を使って*2 ヘッダーの情報を表示してみましょう。

コード 6.7: ELF ヘッダーの読み込み

```
import elftools.elf.elffile

with open(filepath, "rb") as f:
    elf = elftools.elf.elffile.ELFFile(f)

    header = elf.header
    print(header)
```

実行結果

```
Container({'e_ident': Container({'EI_MAG': [127, 69, 76, 70], 'EI_CLASS': 'ELFCLASS64', 'EI_DATA': '
ELFDATA2LSB', 'EI_VERSION': 'EV_CURRENT', 'EI_OSABI': 'ELFOSABI_SYSV', 'EI_ABIVERSION': 0}), 'e_type': '
ET_DYN', 'e_machine': 'EM_X86_64', 'e_version': 'EV_CURRENT', 'e_entry': 27312, 'e_phoff': 64, 'e_shoff':
136224, 'e_flags': 0, 'e_ehsize': 64, 'e_phentsize': 56, 'e_phnum': 13, 'e_shentsize': 64, 'e_shnum': 31,
'e_shstrndx': 30})
```

各フィールドが表示される順番は、オフセット順になっているのでダンプデータとの突き合わせは簡単にできます。

*1 https://en.wikipedia.org/wiki/Executable_and_Linkable_Format

*2 これまでと同様に、struct 等を使って自作しても構いません。

6.3.2　セクションヘッダーの構造

ELF ファイルは、それぞれ異なる役割と機能を持った様々な種類のセクションから構成されています。例えば、プログラムコードは「 `.text` 」という名前のセクションに格納されることが慣例となっています。しかしながら、セクション名は任意であり、あくまで参考情報です。マルウェアの開発者が解析を妨害するためにセクション名を改変することはよくあります。

まずは、セクションの一覧を作成するため、セクションヘッダーの構造を見てみましょう。セクションヘッダーのオフセットアドレスは、ELF ヘッダーの情報から得られます。ここでも最低限の情報のみを紹介します。

オフセット	フィールド名	説明
`00-03`	`sh_name`	セクション名が格納されているアドレス
`04-07`	`sh_type`	セクションのタイプ（ `03` ：プログラム）
`08-0F`	`sh_flag`	セクションの属性（ `04` ：実行可能）
`10-17`	`sh_addr`	メモリに読み込まれた場合の仮想アドレス
`18-1F`	`sh_offset`	ELF ファイル上のオフセットアドレス
`20-27`	`sh_size`	ELF ファイル上のセクションのサイズ

表 6.2　セクションヘッダーの構造概要

セクション名の文字列はセクション名を格納する専用セクション（ `.shstrtab` ）に格納されています。セクションヘッダーにはこの専用セクションにおけるオフセットアドレスが格納されています。専用セクションが何番目のセクションであるかは ELF ヘッダーの `e_shstrndx` に格納されています。この情報を参考に `.shstrtab` セクションをダンプしてみましょう。

コード 6.8: .shstrtab セクションのダンプ

```python
with open(filepath, "rb") as f:
    elf = elftools.elf.elffile.ELFFile(f)
    strtbl = elf.get_section(elf.header.e_shstrndx)
    dump(strtbl.data())
```

実行結果

```
         0  1  2  3  4  5  6  7  8  9  A  B  C  D  E  F
00000000:00 2E 73 68 73 74 72 74 61 62 00 2E 69 6E 74 65   ..shstrtab..inte
00000010:72 70 00 2E 6E 6F 74 65 2E 67 6E 75 2E 70 72 6F   rp..note.gnu.pro
00000020:70 65 72 74 79 00 2E 6E 6F 74 65 2E 67 6E 75 2E   perty..note.gnu.
00000030:62 75 69 6C 64 2D 69 64 00 2E 6E 6F 74 65 2E 41   build-id..note.A
```

```
00000040:42 49 2D 74 61 67 00 2E 67 6E 75 2E 68 61 73 68   BI-tag..gnu.hash
00000050:00 2E 64 79 6E 73 79 6D 00 2E 64 79 6E 73 74 72   ..dynsym..dynstr
00000060:00 2E 67 6E 75 2E 76 65 72 73 69 6F 6E 00 2E 67   ..gnu.version..g
00000070:6E 75 2E 76 65 72 73 69 6F 6E 5F 72 00 2E 72 65   nu.version_r..re
00000080:6C 61 2E 64 79 6E 00 2E 72 65 6C 61 2E 70 6C 74   la.dyn..rela.plt
00000090:00 2E 69 6E 69 74 00 2E 70 6C 74 2E 67 6F 74 00   ..init..plt.got.
000000A0:2E 70 6C 74 2E 73 65 63 00 2E 74 65 78 74 00 2E   .plt.sec..text..
000000B0:66 69 6E 69 00 2E 72 6F 64 61 74 61 00 2E 65 68   fini..rodata..eh
000000C0:5F 66 72 61 6D 65 5F 68 64 72 00 2E 65 68 5F 66   _frame_hdr..eh_f
000000D0:72 61 6D 65 00 2E 63 74 6F 72 73 00 2E 64 74 6F   rame..ctors..dto
000000E0:72 73 00 2E 64 61 74 61 2E 72 65 6C 2E 72 6F 00   rs..data.rel.ro.
000000F0:2E 64 79 6E 61 6D 69 63 00 2E 64 61 74 61 00 2E   .dynamic..data..
00000100:62 73 73 00 2E 67 6E 75 5F 64 65 62 75 67 61 6C   bss..gnu_debugal
00000110:74 6C 69 6E 6B 00 2E 67 6E 75 5F 64 65 62 75 67   tlink..gnu_debug
00000120:6C 69 6E 6B 00                                    link.
```

セクション名は C 文字列（NULL で終わる文字列）で格納されています。

それでは、セクション一覧を表示してみましょう。

コード 6.9: セクション一覧の表示

```
1  with open(filepath, "rb") as f:
2      elf = elftools.elf.elffile.ELFFile(f)
3
4      strtbl = elf.get_section(elf.header.e_shstrndx)
5
6      for s in elf.iter_sections():
7          start_addr = s.header.sh_addr
8          end_addr = s.header.sh_addr+s.header.sh_size
9          name = strtbl.data()[s.header.sh_name:].split(b"\0", 1)[0].decode()
10
11         print(f"{start_addr:08X}-{end_addr:08X}:{name}")
```

9 行目の C 文字列の取り出しは、コード 3.42 と同じで `split()` で実装しています。

実行結果

```
00000000-00000000:
00000318-00000334:.interp
00000338-00000368:.note.gnu.property
00000368-0000038C:.note.gnu.build-id
0000038C-000003AC:.note.ABI-tag
000003B0-000003FC:.gnu.hash
00000400-00000F88:.dynsym
00000F88-0000152E:.dynstr
0000152E-00001624:.gnu.version
00001628-000016E8:.gnu.version_r
000016E8-00002AC8:.rela.dyn
00002AC8-00003428:.rela.plt
00004000-00004025:.init
00004030-00004680:.plt
00004680-000046B0:.plt.got
000046B0-00004CF0:.plt.sec
00004CF0-00017131:.text
00017134-00017146:.fini
```

```
00018000-0001CDCC:.rodata
0001CDCC-0001D338:.eh_frame_hdr
0001D338-0001F458:.eh_frame
00021000-00021010:.ctors
00021010-00021020:.dtors
00021020-00021A98:.data.rel.ro
00021A98-00021C58:.dynamic
00021C58-00021FF8:.got
00022000-00022278:.data
00022280-00023540:.bss
00000000-00000049:.gnu_debugaltlink
00000000-00000034:.gnu_debuglink
00000000-00000125:.shstrtab
```

これで各セクションが仮想メモリ上のどこに配置されているか把握することができました。

6.4　最初に実行されるプログラムコードの取得

ELF ファイルにおいて、プログラムコードは `.text` という名前のセクションに格納されることが慣例となっています。とは言え、セクション名は簡単に書き換えることが出来るため、別の情報を頼りにプログラムコードを取り出していきます。

最初に実行されるプログラムコードの位置を示すエントリーポイント自体は ELF ファイルヘッダーに格納されています。エントリーポイントのアドレスを表示してみましょう。

コード 6.10: エントリーポイントのアドレスの表示

```python
with open(filepath, "rb") as f:
    elf = elftools.elf.elffile.ELFFile(f)

    ep = elf.header.e_entry
    print(f"{ep:08X}")
```

実行結果

```
00006AB0
```

上記のプログラムのように簡単にエントリーポイントを得ることができます。しかしながらエントリーポイントに格納されているアドレスは仮想アドレスのため、各セクションのメモリ上の仮想アドレスを得ていなければ最初に実行されるプログラムコードを取り出すことはできません。

コード 6.9 で各セクションの一覧を作成するプログラムを作成したのはこのためです。それでは、最初に実行されるプログラムコードを取り出してみましょう。

コード 6.11: 最初に実行されるプログラムコードの抽出

```
with open(filepath, "rb") as f:
    elf = elftools.elf.elffile.ELFFile(f)
    ep = elf.header.e_entry

    ep_code = bytes(0)
    for s in elf.iter_sections():
        start_addr = s.header.sh_addr
        end_addr = s.header.sh_addr+s.header.sh_size
        if ep >= start_addr and ep < end_addr:
            ep_code = s.data()[ep-start_addr:]
            break
dump(ep_code[:0x100])
```

各セクションについて、開始アドレスとセクションサイズを元に終了アドレスを計算しています。さらに、開始アドレスと終了アドレスの間にあるか否かを判定条件に、エントリーポイントのアドレスがどのセクションのデータなのかを特定しています。その後、エントリーポイントから 256 バイト分を抽出し、ダンプします。

実行結果

```
         0  1  2  3  4  5  6  7  8  9  A  B  C  D  E  F
00000000:F3 0F 1E FA 31 ED 49 89 D1 5E 48 89 E2 48 83 E4   ....1.I..^H..H..
00000010:F0 50 54 45 31 C0 31 C9 48 8D 3D 51 E2 FF FF FF   .PTE1.1.H.=Q....
00000020:15 C3 B4 01 00 F4 66 2E 0F 1F 84 00 00 00 00 00   ......f.........
00000030:48 8D 3D 91 B7 01 00 48 8D 05 8A B7 01 00 48 39   H.=....H......H9
00000040:F8 74 15 48 8B 05 A6 B4 01 00 48 85 C0 74 09 FF   .t.H......H..t..
00000050:E0 0F 1F 80 00 00 00 00 C3 0F 1F 80 00 00 00 00   ................
00000060:48 8D 3D 61 B7 01 00 48 8D 35 5A B7 01 00 48 29   H.=a...H.5Z...H)
00000070:FE 48 89 F0 48 C1 EE 3F 48 C1 F8 03 48 01 C6 48   .H..H..?H...H..H
00000080:D1 FE 74 14 48 8B 05 9D B4 01 00 48 85 C0 74 08   ..t.H......H..t.
00000090:FF E0 66 0F 1F 44 00 00 C3 0F 1F 80 00 00 00 00   ..f..D..........
000000A0:F3 0F 1E FA 80 3D 25 B7 01 00 00 75 7B 55 48 83   .....=%....u{UH.
000000B0:3D 82 B4 01 00 00 48 89 E5 41 54 53 74 0C 48 8B   =.....H..ATSt.H.
000000C0:3D 93 B4 01 00 E8 26 DB FF FF 48 8D 05 8F A4 01   =.....&...H.....
000000D0:00 48 8D 1D 90 A4 01 00 48 29 C3 49 89 C4 48 8B   .H......H).I..H.
000000E0:05 F3 B6 01 00 48 C1 FB 03 48 83 EB 01 48 39 D8   .....H...H...H9.
000000F0:73 21 66 0F 1F 44 00 00 48 83 C0 01 48 89 05 D5   s!f..D..H...H...
```

6.5 Python で逆アセンブル

コード 6.11 でエントリーポイント近辺のプログラムコードを取り出しましたが、機械語（16 進数）では何を意味しているのか把握は困難です。機械語を分かりやすいように記号化した言語であるアセンブリ言語に変換（逆アセンブル）してみましょう。アセンブリ言語は機械語の命令と一対一に対応しています。

Python で逆アセンブルするライブラリはいくつかありますが、ここでは `capstone` [*3]を使用します。Colab の標準の環境ではインストールされていないため、以下のコマンドで `capstone` をインストールします。

コード 6.12: capstone のインストール

```
!pip install capstone
```

インストールは 10 秒ほどで終了します。

それでは逆アセンブルしてみましょう。

コード 6.13: エントリーポイントのバイナリを逆アセンブル

```
1  from capstone import *
2  from capstone.x86 import *
3  
4  with open(filepath, "rb") as f:
5      elf = elftools.elf.elffile.ELFFile(f)
6  
7      # load disassembler
8      if elf.header.e_machine == 'EM_X86_64':
9          md = Cs(CS_ARCH_X86, CS_MODE_64)
10     elif elf.header.e_machine == 'EM_386':
11         md = Cs(CS_ARCH_X86, CS_MODE_32)
12     else:
13         assert False
14     md.detail = True
15 
16     ep = elf.header.e_entry
17 
18     ep_code = bytes(0)
19     for s in elf.iter_sections():
20         start_addr = s.header.sh_addr
21         end_addr = s.header.sh_addr+s.header.sh_size
22         if ep >= start_addr and ep < end_addr:
23             ep_code = s.data()[ep-start_addr:]
24             break
25 
26 for i in md.disasm(ep_code, ep,30):
27     print(f"{i.address:08X}:␣{i.mnemonic:␣<8}␣{i.op_str}")
```

逆アセンブルするためには対象 CPU アーキテクチャ等を指定する必要があるため、7 行目から 14 行目で ELF ヘッダーを元に対象 CPU アーキテクチャ（ `md` ）を設定しています。

実行結果

```
00006AB0: endbr64
00006AB4: xor      ebp, ebp
00006AB6: mov      r9, rdx
00006AB9: pop      rsi
00006ABA: mov      rdx, rsp
```

---

*3 https://www.capstone-engine.org/lang_python.html

```
00006ABD: and     rsp, 0xfffffffffffffff0
00006AC1: push    rax
00006AC2: push    rsp
00006AC3: xor     r8d, r8d
00006AC6: xor     ecx, ecx
00006AC8: lea     rdi, [rip - 0x1daf]
00006ACF: call    qword ptr [rip + 0x1b4c3]
00006AD5: hlt
...
```

最初に実行されるプログラムコードを逆アセンブルできました。

なお、一般的にプログラムは `main()` から始まると説明されることが多いですが、実は正確な意味でプログラムが最初に実行するのは `main()` ではありません。`main()` の呼び出しは、ここでは `call qword ptr [rip + 0x1b4c3]` で呼び出されるコードにあります。このコードは `main()` 関数の前に実行されるスタートアップという初期化処理です。

「GNU Project」による標準ライブラリ `libc`[*4]の実装である `glibc` ではスタートアップの実装[*5]は以下のようになっています（コメントを省くなど整形しています）。

コード 6.14: glibc におけるスタートアップコード

```
ENTRY (_start)
    cfi_undefined (rip)
    xor  ebp, ebp
    mov  r9, rdx
    pop  rsi
    mov  rdx, rsp
    and  rsp, ~15
    push rax
    push rsp
    mov  r8, __libc_csu_fini
    mov  rcx, __libc_csu_init
    mov  rdi, main
    call *__libc_start_main@GOTPCREL(rip)
    hlt
END (_start)
```

逆アセンブル結果と完全に一致しています。このように、エントリーポイント近辺のコードを見るだけでも、実行ファイルの開発環境を推測できたりします。

[*4] C 言語の標準ライブラリ名を `libc`（リブシー）といい、多くのプログラムで共通して使われるような、システムコールを始めとする基本的な「部品」を集めたもの

[*5] https://github.com/lattera/glibc/blob/master/sysdeps/x86_64/start.S

コラム　パッカーとエントリーポイント

本章では、実行ファイルのエントリーポイント近辺のプログラムコードを抽出し、このコードだけで開発環境を推測できることを紹介しました。実は、このエントリーポイントに着目することで、パッカーの種類を推定することもできます。

パッカーとは、プログラムをパッキング（暗号化／圧縮）するソフトウェアの総称です。マルウェアの多くは、静的解析[*6]を妨害するために、パッキングという技術を用いています。静的解析をするためには、パッカーの種類を特定し、アンパック[*7]手順を検討し、マルウェア本来のコード（オリジナルコード）を抽出する必要があります。既知のパッカーで、アンパックの手順が確立しているものであれば、パッカーの種類を特定することにより解析の負担を軽減することができます。

パッキングされたプログラムファイルには、パッキングされたコードやデータの他にアンパックコードが含まれています。このアンパックコードにより、自己展開および実行が可能となっています。パッキングされたプログラムが実行されると、アンパックコードが先に処理され、次にメモリ上にアンパックされたオリジナルコードが実行されます。パッカーがパッキングする際に、アンパックコードを先に実行させるために、エントリーポイントを書き換えます。したがって、エントリーポイントにはパッカーの特徴が現れます。

以上のことから、エントリーポイントに着目することでパッカーの推定をすることができます。既存研究では、エントリーポイントのプログラムコードだけで、高精度でパッカーを特定する手法[*8*9]が発表されています。その他、セクションの構造など様々な箇所にパッカーの特徴は現れるので、パッキングされたプログラムを見かけた場合は是非調べてみてください。

6.6　アセンブリコードの読み方入門

ここまでは、アセンブリの詳細に触れず、コードが似ているか否かを眺めていただけですが、この章以降、アセンブリ言語の知識を前提とした解説が続きます。そこで、アセンブリについて紹介した

*6 マルウェアを動作させせることなくプログラムコードから情報を得る解析

*7 パッキングを解除すること

*8 Isawa, Ryoichi, et al. "An accurate packer identification method using support vector machine." IEICE Transactions on Fundamentals of Electronics, Communications and Computer Sciences 97.1 (2014): 253-263.

*9 大坪雄平, 大塚玲, 岩田吉弘, 三村守, 榊剛史. "転移学習による機械語命令列分類における学習の効率化." 人工知能学会全国大会論文集 第 33 回 (2019). 一般社団法人 人工知能学会, 2019.

いところですが、紙面の都合で、本書を読み進めるための必要最低限の知識に絞って紹介します。また、開発者によって用語の使い方に差異があるため、ここで紹介するものを参考としつつ、解析を行いたいCPUアーキテクチャに対応したアセンブリ言語の専門書*10を参照するようにしてください。

6.6.1 （逆）コンパイルと（逆）アセンブル

CPUが直接理解し実行することができる命令からなる言語のことを機械語またはマシン語といいます。機械語は0と1を並べたビット列で表現されますが、桁数が多く可読性が低いため16進数で表現されることもあります。

機械語（16進数）では何を意味しているのか把握は困難であるため、機械語を分かりやすいように記号化したものがアセンブリ言語です。アセンブリ言語は機械語の命令と一対一に対応しています*11。アセンブリコードから機械語に変換する処理をアセンブルといいます。逆に機械語からアセンブリコードに変換する処理を逆アセンブルといいます。

機械語・アセンブリ言語は、低水準言語と呼ばれ、CPUが直接理解できる代入、加算といった極めて小さな命令を多数組み合わせることで複雑な動作を実現させています。従って、コードの量が膨大になり、人間が理解するのに大変な労力がかかります。加えて、ハードウェア・OSと強く結びついたコードであるため、別のハードウェア・OSにコードを再利用できないことがあります。

そこで、記述の抽象度を高め、人間にとってわかりやすく、プロセッサに依存した処理等を意識しなくてよい、高水準言語が開発されました。Pythonも高水準言語の1つで、ハードウェアやOSの違いを意識せずにプログラムできます。C言語も高水準言語の1つですが、ハードウェア寄りの記述も可能な低水準言語の特徴も持っています。

Pythonで作成されたプログラムの実行には、インタープリタを使って実行することが一般的です。インタープリタは、プログラムを実行するために必要な処理を行うソフトウェア（処理系）*12がプログラムを実行する都度ソースコードを読み込む方法を指します。したがって、Pythonで作成されたプログラムは、人間が理解しやすいソースコードを入手できる可能性が高いため、解析を行う場合はソースコードを解析することが一般的です。

一方、C言語で作成されたソースコードは、そのままでは実行できず、コンパイラ等を使って実行

---

*10 x86-64の場合は、以下のIntel公式ガイド（日本語版）を参照してください。（ただし、英語版のほうが正確です。）`https://www.intel.co.jp/content/dam/www/public/ijkk/jp/ja/documents/developer/EM64T_VOL1_30083402_i.pdf` `https://www.intel.co.jp/content/dam/www/public/ijkk/jp/ja/documents/developer/EM64T_VOL2_30083502_i.pdf`

*11 厳密には、マクロ等があるため一対一ではありません。

*12 例えばUbuntuの`python3`コマンド（CPython）やColabはPythonの処理系です。

ファイルを作成し、作成した実行ファイルを実行することが一般的です。実行ファイルを作成する手順を簡略化して説明すると、以下のとおりとなります。

- **コンパイル**: コンパイラでソースコードをアセンブリコードに変換します。
- **アセンブル**: アセンブリコードをアセンブラで機械語（オブジェクトファイル、中間ファイル）に変換します。
- **リンク**: オブジェクトファイルや画像等のリソースファイルをリンカーで 1 つにまとめて実行ファイルを作成します。

この一連の処理をビルドと呼ぶこともあります。こうして作成された実行ファイルの中には人間が理解しやすいソースコード等は通常含まれていないため、実行ファイルを解析するには、逆アセンブルしてアセンブリコードを読み解くか、実行ファイルから直接またはアセンブリコードから C 言語に変換するデコンパイルにより生成されたプログラムコードを読み解くことになります。

6.6.2　アセンブリコードを読む自習の準備

ここでは、アセンブリコードを読む自習ができるよう、ソースコードからアセンブリコードを生成する方法について紹介します。生成したアセンブリコードの挙動はソースコードで設計したものと一致していますので、アセンブリコードの解釈に迷った際はソースコードを正解として参照することができます。

本書は、Python がメインの書籍であるため、Python のコードからアセンブリコードを生成したいところですが、6.6.1 で触れたとおり、Python はインタープリタ言語であり通常はコンパイルしないため、Python のコードに対応するアセンブリコードを見ることはありません。また、Python のコードから実行ファイルを生成するツールもあり、生成された実行ファイルを逆アセンブルすることで、Python のコードに対応したアセンブリコードを見れる可能性はあります。しかしながら、おそらくは、後ほど第 7 章で紹介する Python バイトコードという中間言語を処理するアセンブリコードが見られるだけです。

したがって、本書で「Python」と銘打っておきながら、ここでは、C 言語または C++ 言語のソースコードをコンパイルしアセンブリコードを生成する方法という Python とは全く関係ない話をします。本書は、C 言語および C++ 言語の解説書ではないため、C 言語および C++ 言語については解説しません。

各種アルゴリズムの紹介など既存の解説サイトから、各自で分かりやすい小さなコードをダウンロードし、アセンブリコードを生成して、アセンブリコードの理解を深めるということが、ここでの目標です。

Colab でテキスト（ソース）ファイルの準備

コンパイルにはソースファイルが必要です。まずは、Colab 上でソースファイルを扱えるように準備しましょう。テキストエディタ等でソースファイルを作成し、そのファイルをランタイム上にアップロードするという方法でも良いですが、Colab Notebook だけで操作が完結していた方が、ソースファイルの中身も確認できて分かりやすいと思います。ここでは、Colab のセルを実行するだけでテキストファイルを作成する方法を紹介します。

テキストファイルの作成方法は簡単です。Colab のセルの最初の行に `%%file` と記述し、次にファイル名を入力します。2 行目からがファイルの中身になります。具体例を見てみましょう。

コード 6.15: ソースファイルの作成

```
%%file hello.c
#include  <stdio.h>

char *rot13(char *s) {
    int i;
    char storeh[] = "NOPQRSTUVWXYZABCDEFGHIJKLM";
    char storel[] = "nopqrstuvwxyzabcdefghijklm";

    for (i = 0; s[i] != '\0'; i++) {
        if ((s[i] > 64 && s[i] < 91) || (s[i] > 96 && s[i] < 123)) {
            s[i] = (s[i] - 65 > 25) ? storel[s[i] - 97] : storeh[s[i] - 65];
        }
    }
    return (s);
}

int main(void) {
    char s[] = "Hello,␣World!";
    puts(rot13(s));
    puts(rot13(s));
    return 0;
}
```

この例では、 `hello.c` というテキストファイルを作成しています。ファイルの作成に成功すると、実行結果は次のようになります。

実行結果

```
Writing hello.c
```

ここで注意するのは、ファイルが作成されるのはカレントディレクトリ上ということです。2.1.3 で調べたとおり、カレントディレクトリは `/content` です。したがって、今回の例では、`/content/hello.c` というファイルが作成されます。

実行ファイルを作成して挙動の確認

それでは、準備したソースコードから実行ファイルを作成し、挙動を確認してみましょう。

コード 6.16: コンパイルと実行

```
!gcc hello.c
!/content/a.out
```

準備したソースコードは C 言語であるため C コンパイラの `gcc` でコンパイルすることができます。生成する実行ファイルの名前を指定するオプションを付けていないため、実行ファイルの生成に成功すると `a.out` というデフォルトの名前のファイルが生成されます。実行する際はファイル名だけではなく、相対パスまたは絶対パスで実行ファイルを指定してください。今回は、絶対パスで `a.out` を実行しています。

実行結果

```
Uryyb, Jbeyq!
Hello, World!
```

実行すると、ソースコードの挙動を確認することができます。今回の例では、ROT13 のエンコードを C 言語で実装したものでした[*13]。

以降で、3 種類の CPU アーキテクチャについて、対応したアセンブリコードを生成する方法を紹介します。

x86-64 の場合

執筆時点では CPU のみの Colab のランタイムは x86-64 の CPU アーキテクチャの仮想マシンで、Ubuntu が OS として使われています。したがって、`gcc` で生成されるコードは、ランタイムと同じ x86-64 向けのコードです。

コード 6.17: コンパイルとアセンブリコードの表示

```
!gcc -masm=intel -Os -fverbose-asm -fno-asynchronous-unwind-tables -S hello.c
!cat hello.s
```

`-fverbose-asm` は、アセンブリコードにコメントを追加するオプションです。`-fno-asynchronous-unwind-tables` は、「CFI ディレクティブ」という特殊な疑似命令を無効化するオプションです。アセンブリコードの自習には「CFI ディレクティブ」は邪魔になるので無効化しています。これらオプションを付けることでソースコードとアセンブリコードの対比がしやすくなります。`-Os` は、生

*13 実装の方法は無数にあります。今回の実装はあくまで一例です。

成されるコードのサイズを小さくする最適化オプションです。その他、 `-O0` 、 `-O1` 、 `-O2` 、 `-O3` などの最適化オプションがありますが、今回は、 `-Os` が一番シンプルで分かりやすいコードだったので採用しています。各自で色々試してみてください。 `-S` を付けることで実行ファイルではなく、アセンブリコードを生成します。出力されるアセンブリコードファイルの拡張子は `.s` となるので `cat` で中身を表示します。

実行結果

```
...
rot13:
        endbr64
        sub     rsp, 72 #,
# hello.c:3: char *rot13(char *s) {
        mov     r8, rdi # s, tmp112
# hello.c:5:     char storeh[] = "NOPQRSTUVWXYZABCDEFGHIJKLM";
        mov     ecx, 27 # tmp98,
# hello.c:3: char *rot13(char *s) {
        mov     rax, QWORD PTR fs:40    # tmp120, MEM[(<address-space-1> long unsigned int *)40B]
        mov     QWORD PTR 56[rsp], rax  # D.2546, tmp120
        xor     eax, eax        # tmp120
# hello.c:5:     char storeh[] = "NOPQRSTUVWXYZABCDEFGHIJKLM";
        lea     rdi, 2[rsp]     # tmp96,
        lea     rsi, .LC0[rip]  # tmp97,
        mov     rdx, r8 # ivtmp.8, s
        rep movsb
# hello.c:6:     char storel[] = "nopqrstuvwxyzabcdefghijklm";
        lea     rdi, 29[rsp]    # tmp99,
        lea     rsi, .LC1[rip]  # tmp100,
        mov     ecx, 27 # tmp101,
        rep movsb
.L2:
# hello.c:8:     for (i = 0; s[i] != '\0'; i++) {
        movsx   eax, BYTE PTR [rdx]     #, MEM[(char *)_2]
# hello.c:8:     for (i = 0; s[i] != '\0'; i++) {
        test    al, al  # _13
        je      .L10    #,
...
```

アセンブリコードは長いため `rot13()` の一部を表示しています。アセンブリコード中にコメントとして、対応する C 言語のソースコードの位置・コードが追加されています。

Arm の場合

ホスト OS の CPU アーキテクチャとは異なる OS またはアーキテクチャ向けにコンパイルすることをクロスコンパイルといいます。Colab のランタイムは x86-64 ですが、クロスコンパイル環境を整えることで、様々なアーキテクチャ向けのコードを生成することができます。

ここでは、Arm 向けのクロスコンパイル環境を構築します。

コード 6.18: クロスコンパイル環境構築

```
!sudo apt install g++-arm-linux-gnueabihf
```

コマンドを 1 つ実行するだけで Arm 向けのクロスコンパイル環境を構築することができます。環境構築は約 1 分ほどで終了します。

後の手順は、x86-64 の場合と同じです。

コード 6.19: クロスコンパイルとアセンブリコードの表示

```
!arm-linux-gnueabihf-gcc -Os -fverbose-asm -fno-asynchronous-unwind-tables -S hello.c
!cat hello.s
```

実行結果

```
...
rot13:
        @ args = 0, pretend = 0, frame = 64
        @ frame_needed = 0, uses_anonymous_args = 0
        ldr     r2, .L12        @ tmp164,
        ldr     r3, .L12+4      @ tmp163,
.LPIC3:
        add     r2, pc  @ tmp164
        push    {r4, r5, r6, lr}        @
        mov     r4, r0  @ s, tmp162
        sub     sp, sp, #64     @,,
@ hello.c:3: char *rot13(char *s) {
        ldr     r3, [r2, r3]    @ tmp163,
@ hello.c:5:     char storeh[] = "NOPQRSTUVWXYZABCDEFGHIJKLM";
        add     r2, sp, #4      @ tmp127,,
@ hello.c:3: char *rot13(char *s) {
        ldr     r3, [r3]        @ tmp163
        str     r3, [sp, #60]   @ tmp163, D.6260
        mov     r3, #0  @ tmp163
@ hello.c:5:     char storeh[] = "NOPQRSTUVWXYZABCDEFGHIJKLM";
        ldr     r3, .L12+8      @ tmp126,
.LPIC0:
        add     r3, pc  @ tmp126
        add     r6, r3, #24     @ tmp128, tmp126,
.L2:
        mov     r5, r2  @ tmp129, tmp127
        ldr     r0, [r3]        @ unaligned     @,
        ldr     r1, [r3, #4]    @ unaligned     @,
        adds    r3, r3, #8      @ tmp126, tmp126,
        cmp     r3, r6  @ tmp126, tmp128
        stmia   r5!, {r0, r1}   @ tmp129,,
        mov     r2, r5  @ tmp127, tmp129
        bne     .L2             @,
        ldrh    r1, [r3]        @ unaligned     @ tmp133,
...
```

Arm64（AArch64）の場合

Arm64 の場合も、クロスコンパイル環境の構築に必要なコマンドが少し増えるだけで手順は共通です。

コード 6.20: クロスコンパイル環境構築

```
!sudo apt install g++-aarch64-linux-gnu qemu-user-binfmt
!sudo ln -s /usr/aarch64-linux-gnu/lib/ /lib/aarch64-linux-gnu
!sudo ln -s /lib/aarch64-linux-gnu/ld-2.23.so /lib/ld-linux-aarch64.so.1
```

コード 6.21: クロスコンパイルとアセンブリコードの表示

```
!aarch64-linux-gnu-gcc -Os -fverbose-asm -fno-asynchronous-unwind-tables -S hello.c
!cat hello.s
```

実行結果

```
...
rot13:
.LFB13:
        .cfi_startproc
        stp     x29, x30, [sp, -96]!    //,,,
        .cfi_def_cfa_offset 96
        .cfi_offset 29, -96
        .cfi_offset 30, -88
        adrp    x1, :got:__stack_chk_guard      // tmp104,
        mov     x3, x0  // ivtmp.8, s
        mov     x29, sp //,
// hello.c:3: char *rot13(char *s) {
        ldr     x1, [x1, #:got_lo12:__stack_chk_guard]  // tmp103, tmp104,
// hello.c:5:     char storeh[] = "NOPQRSTUVWXYZABCDEFGHIJKLM";
        add     x4, sp, 24      // tmp107,,
// hello.c:6:     char storel[] = "nopqrstuvwxyzabcdefghijklm";
        add     x5, sp, 56      // tmp113,,
// hello.c:3: char *rot13(char *s) {
        ldr     x2, [x1]        // tmp134,
        str     x2, [sp, 88]    // tmp134, D.4446
        mov     x2, 0   // tmp134
// hello.c:5:     char storeh[] = "NOPQRSTUVWXYZABCDEFGHIJKLM";
        adrp    x1, .LC0        // tmp106,
        add     x1, x1, :lo12:.LC0      // tmp105, tmp106,
        ldr     q0, [x1]        // tmp109,
        str     q0, [sp, 24]    // tmp109, storeh
        ldr     q0, [x1, 11]    // tmp110,
// hello.c:6:     char storel[] = "nopqrstuvwxyzabcdefghijklm";
        adrp    x1, .LC1        // tmp112,
        add     x1, x1, :lo12:.LC1      // tmp111, tmp112,
// hello.c:5:     char storeh[] = "NOPQRSTUVWXYZABCDEFGHIJKLM";
        str     q0, [x4, 11]    // tmp110, storeh
// hello.c:6:     char storel[] = "nopqrstuvwxyzabcdefghijklm";
        ldr     q0, [x1]        // tmp115,
        str     q0, [sp, 56]    // tmp115, storel
```

```
        ldr     q0, [x1, 11]    // tmp116,
        str     q0, [x5, 11]    // tmp116, storel
.L2:
// hello.c:8:      for (i = 0; s[i] != '\0'; i++) {
        ldrb    w1, [x3]        // _12, MEM[(char *)_8]
// hello.c:8:      for (i = 0; s[i] != '\0'; i++) {
        cbnz    w1, .L6 // _12,
// hello.c:14: }
        adrp    x1, :got:__stack_chk_guard      // tmp130,
        ldr     x1, [x1, #:got_lo12:__stack_chk_guard]  // tmp129, tmp130,
        ldr     x3, [sp, 88]    // tmp135, D.4446
        ldr     x2, [x1]        // tmp136,
        subs    x3, x3, x2      // tmp135, tmp136
        mov     x2, 0   // tmp136
        beq     .L7             //,
        bl      __stack_chk_fail                //
...
```

Arm64 の場合は、`.cfi_def_cfa_offset` 等の CFI ディレクティブの疑似命令が残っています。また、自動で `-fstack-protector-strong -fstack-clash-protection` といったセキュリティを強化するオプションがデフォルトで有効化されているため、コードが若干複雑になっています。同じ gcc 系であっても、オプションの動作が若干異なることがあるため、気になる場合は各コンパイラのマニュアルを確認するようにしてください。

6.6.3　アセンブリの文法

ここでは、Windows でよく使われている x86-64 の CPU アーキテクチャ*14を例に紹介します。アセンブリの文法は非常にシンプルです。x86-64 の CPU アーキテクチャのアセンブリの記法は 2 種類（Intel 記法、AT&T 記法）あり、ここでは Intel 記法で紹介します。

コード 6.22: アセンブリコードの例

```
00006AB6: mov       r9, rdx
```

基本的にアセンブリの命令は 1 つのオペコード（ニーモニック）と 0 個以上のオペランドで構成されます。オペコードは、CPU に与える操作（operation）に関する命令のコード（code）で、オペレーションコード（operation code）を省略したものです。オペランドは、命令の引数を指します。オペランドには、即値、レジスタ、メモリ内のデータの位置を示すアドレスなどがあります。上記の例では、`mov` はオペコード、`r9` と `rdx` はオペランドです。オペランドは前から順番に、第 1 オペラン

*14 Android 端末のほとんど、iPhone、iPad、Mac の CPU は Arm ベースの CPU アーキテクチャを採用しており、Windows についても今後は Arm の CPU を搭載した端末の増加が見込まれます。したがって、実は Arm の CPU アーキテクチャを例に挙げたほうが良いのかもしれません…

ド、第 2 オペランドと番号を付けて呼ばれます。Intel 記法では、しばしば、第 1 オペランドが命令により値が変更される宛先（destination）になり、第 2 オペランドが値を読み出されるソースになります。`mov` は代入を意味するオペコードで、上記の例では `r9` レジスタに `rdx` レジスタの値が代入されます。

即値

即値は、命令中に直に書き込まれた数値を指します。

コード **6.23:** アセンブリコードの即値の例

```
00006ABD: and     rsp, 0xfffffffffffffff0
```

`and` は、ビット論理積を示すオペコードで、上記の例では、`rsp` レジスタの値と即値（`0xfffffffffffffff0`）をビット論理積した結果を `rsp` レジスタに代入します。

レジスタ

CPU には、レジスタと呼ばれる、データを一時的に保存する小さな記憶領域が付いています。レジスタ用の領域は非常に小さいですが、一般的にメモリよりも高速に動作します。x86-64 は 64 ビットの CPU アーキテクチャのため、レジスタの大きさも基本的[*15]には 64 ビットです。レジスタのうち、下位 x ビットだけ使うといったことも可能です。その場合レジスタの名称が変化[*16]します。代表的なレジスタについては以下のとおりです。

[*15] XMM（SSE）レジスタの大きさは 128 ビットです。

[*16] 以前から使われているレジスタの場合、名称を引き継いでいます。CPU アーキテクチャが 8 ビットのときが `A`、16 ビットのときが `ax` で、32 ビットのとき `eax`（**E**xtend **AX**）となり、64 ビットで `rax`（**R**egister **AX**）となりました。

64 ビット	下位 32 ビット	下位 16 ビット	下位 8 ビット	使われ方
rax	eax	ax	al	汎用
rbx	ebx	bx	bl	汎用
rcx	ecx	cx	cl	汎用・カウンタ
rdx	edx	dx	dl	汎用
rsi	esi	si	sil	汎用・アドレス
rdi	edi	di	dil	汎用・アドレス
r1	r1d	r1w	r1b	汎用
⋮	⋮	⋮	⋮	⋮
r8	r8d	r8w	r8b	汎用
rsp	esp	sp	spl	スタックの先頭
rbp	ebp	bp	bpl	ローカル変数の参照
rip	–	–	–	プログラムカウンタ

表 6.3　レジスタの代表例

アドレス値

Intel 記法でアドレス値を表記する場合は、角括弧（ `[]` ）で囲みます。

コード 6.24: アセンブリコードでアドレス値の表記例

```
00006ACF: call      qword ptr [rip + 0x1b4c3]
```

この例では、 `[rip + 0x1b4c3]` がアドレス値を示します。 `rip` レジスタはプログラムカウンタなので、命令が格納されているアドレス値である `00006ACF` が格納されています。 `qword ptr [rip + 0x1b4c3]` は、計算結果のアドレス値（ `00021F92` ）に格納された 4 バイト値（ `qword ptr` ）を示します。この場合、メモリ上に格納された値は、関数の開始位置を示しています。 `call` は関数の呼び出しを示すオペコードです。つまり、このコードは、関数の間接呼び出し[*17]をしています。

アドレス値については、上記の例のとおり、機械語としては多少複雑な計算式を 1 つの命令で表現することが可能です。この特性を利用して、複雑な計算結果の代入にアドレス値が使われることがあります。

[*17] メモリやレジスタに入った値を利用して関数を呼び出すこと

コード **6.25:** アドレス値を使った計算結果の代入

```
00006AE0: lea      rdi, [rip + 0x1b791]
```

`lea` は、アドレス値を代入するオペコードです。 `rip + 0x1b791` の計算結果が `rdi` レジスタに代入されます。 `lea` を `mov` に変えた場合は、計算したアドレス値のメモリ上に格納された値が `rdi` レジスタに代入されます。 `mov` と `lea` の違いは、慣れるまでは混乱しやすいので注意してください。

6.6.4 スタック

スタックとは、データ構造の 1 つで、最後に入れたデータが最初に取り出されるという特徴を持っています。この特徴を、LIFO（Last In First Out）と呼びます。スタックは、本を積み上げる様子を想像すると分かりやすいと思います。本を積み上げる場合、通常は一番上に新しい本を置いていき、本を取り出す場合も通常は一番上の新しい本から取り出していきます[*18]。

ここで、データをスタックに新しく積むことを push と言います。逆にデータをスタックから取り出すことを pop と言います。

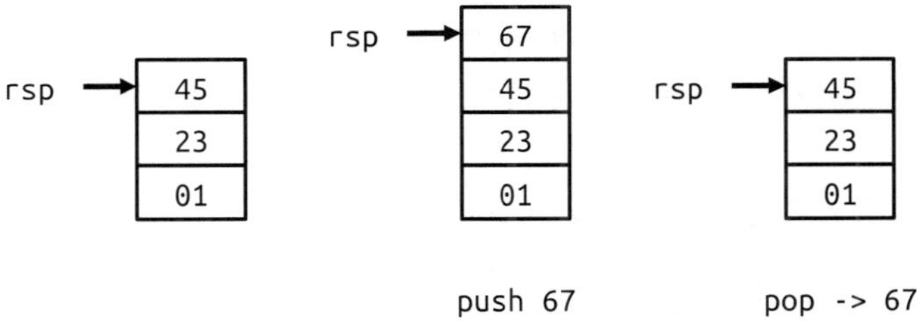

図 **6-2**　スタックのイメージ

アセンブリ言語には、スタックに関する命令も定義されています。スタックトップ（最も新しいデータの位置）は、 `rsp` レジスタで管理されています。

push と pop

`push` と `pop` は、スタックの積み上げ・取り出し操作に使われるオペコードです。

*18 「通常は」としたのは、やろうと思えば出来るが大変だからやらないという意味です。スタックに関しても一番新しいデータ以外にアクセスすることも可能ですが、通常はしません。もしする必要が頻繁にあるのであれば、その目的に適したデータ構造を検討する必要があります。

`push` が実行されると、`rsp` レジスタの値が 8（8 バイト、64 ビット）減算されます。その後、`[rsp]` に第 1 オペランドの値が代入されることで、スタックに新しいデータが積まれます。

`pop` が実行されると、第 1 オペランドに `[rsp]` の値が代入され、その後 `rsp` レジスタの値に 8 が加算されます。

`push` と `pop` は、レジスタの値を一時的に保存する際によく使われます。その他、関数を呼び出す際の引数の受け渡しにも使われます。

call と ret

`call` と `ret` は、関数の呼び出し・復帰に使われるオペコードです。関数を呼び出すと、関数部分に制御が移りますが、関数の処理が終了した場合に元の処理部分に制御を復帰させる必要があります。元の処理部分に制御を復帰させるためには戻るアドレス値を保存する必要があり、スタックが使われます。

`call` が実行されると、復帰アドレス（`call` 命令の次の命令の位置）を push します。その後、制御を第 1 オペランドで指定されたアドレスに移動します。

`ret` が実行されると、スタックから復帰アドレスを取り出し、制御を復帰アドレスに移します。

`call` と `ret` は、`push`、`pop` および後で紹介するジャンプ命令で再現可能です。関数の呼び出し・復帰は非常によく使う処理のため専用のオペコードが準備され、動作も最適化されています。

6.6.5　条件分岐: フラグレジスタとジャンプ命令

1.3.5 では、Python における条件分岐を紹介しました。Python では、条件分岐を `if` 文のように 1 行で表現することができました。アセンブリで条件分岐を実現するには、複数の命令を組み合わせて実現することになりますが、その仕組みを理解するにはフラグレジスタとジャンプ命令に関する知識が必要です。

フラグレジスタ

フラグレジスタは、命令の実行結果や CPU の状態を示す特別なレジスタです。CPU の種類によって様々なフラグが存在します。代表的なフラグとその意味については以下のとおりです。

- `ZF`（ゼロフラグ）：演算結果が 0
- `SF`（符号フラグ）：演算結果が負
- `CF`（キャリーフラグ）：符号なし演算における桁上り
- `OF`（オーバーフローフラグ）：符号付き演算における桁あふれ

各フラグの大まかな意味については上記のとおりですが、オペコード毎に演算結果がどのようにフラグに反映されるかは細かく定義されています。したがって、フラグの値の変化について正確に把握するためには、各 CPU アーキテクチャのリファレンスマニュアルを確認する必要があります。

ジャンプ命令

プログラムカウンタ（`rip` レジスタ）の値を変化させる命令がジャンプ命令です。無条件でジャンプする場合には `jmp` を使います。

コード 6.26: アセンブリにおける無条件ジャンプの例

```
00006AFF: jmp      rax
```

この例では `rax` レジスタの値が示すアドレスに無条件ジャンプします。

条件分岐を実現するため、各フラグの状態によりジャンプするか否か選択できる様々なジャンプ命令が準備されています。代表的なジャンプ命令については以下のとおりです。

オペコード	ジャンプ条件	補足説明（主に cmp A,B での比較結果）
ja / jnbe	CF =0 かつ ZF =0	$A > B$、符号なし
jae / jnb	CF =0	$A \geqq B$、符号なし
jb / jnae	CF =1	$A < B$、符号なし
jbe / jna	CF =1 または ZF =1	$A \leqq B$、符号なし
jc	CF =1	
jcxz	cx レジスタの値が 0	
je / jz	ZF =1	$A = B$
jecxz	ecx レジスタの値が 0	
jg / jnle	ZF =0 かつ SF = OF	$A > B$、符号付き
jge / jnl	SF = OF	$A \geqq B$、符号付き
jl / jnge	SF ≠ OF	$A < B$、符号付き
jle / jng	ZF =1 または SF ≠ OF	$A \leqq B$、符号付き
jmp	–	
jnc	CF =0	
jne / jnz	ZF =0	$A \neq B$
jno	OF =0	
jnp / jpo	PF =0	奇数
jns	SF =0	符号がない
jo	OF =1	
jp / jpe	PF =1	偶数
jrcxz	rcx レジスタの値が 0	
js	SF =1	符号がある

表 6.4　代表的なジャンプ命令

表 6.4 を見ると、オペコードには一定の命名規則があることが分かります。したがって、この表の内容を全て覚えなくても、オペコードの命名規則に従ってなんとなくの意味を推測することができます。

それでは、条件分岐を含むアセンブリコードを読んでみましょう。以下のコードは、コード 6.13 を実行すると出力されるアセンブリコードの一部です。

コード **6.27:** アセンブリにおける条件分岐の例

```
1 00006AEE: cmp     rax, rdi
2 00006AF1: je      0x6b08
3 00006AF3: mov     rax, qword ptr [rip + 0x1b4a6]
4 00006AFA: test    rax, rax
5 00006AFD: je      0x6b08
6 00006AFF: jmp     rax
7 00006B01: nop     dword ptr [rax]
8 00006B08: ret
```

- 1 行目の `cmp` は、比較を行う命令です。第 1 オペランドから第 2 オペランドを減算し、その結果に基づきフラグを変化させます。ただし、各オペランドの値は変更しません。
- 2 行目の `je` は、 `rax` = `rdi` の場合に 8 行目にジャンプします。
- 3 行目は、 `rax` ≠ `rdi` の場合に実行されます。 `mov` は、コード 6.22 でも出てきました。 `rip + 0x1b4a6` に格納された値を `rax` レジスタに代入します。
- 4 行目の `test` も `cmp` と同様に、比較を行う命令です。第 1 オペランドと第 2 オペランドを AND（論理積）し、その結果に基づきフラグを変化させます。ただし、各オペランドの値は変更しません。
- 5 行目の `je` は、 `test` とセットで使われたときは、大抵の場合、 `rax` =0 で動作する条件分岐となります。したがって、 `rax` =0 の場合に 8 行目にジャンプします。
- 6 行目は `rax` ≠0 の場合に実行されます。 `rax` の示すアドレスにジャンプします。これは、いわゆる間接ジャンプ[19]です。
- 7 行目は何もしません。 `nop` は **N**o **OP**eration の略です。
- 8 行目の `ret` は基本的に関数呼び出しの `call` とセットで、関数から戻る場合に使います。 `call` によりスタック上に蓄えられた復帰アドレスにジャンプします。

以上をまとめると、

- `rax` ≠ `rdi` かつ `[rip + 0x1b4a6]` ≠0 の場合に、 `[rip + 0x1b4a6]` の示すアドレスに制御を移す。
- それ以外の場合は何もせずに戻る（ `ret` ）

となります。

[19] メモリやレジスタに入った値を利用してジャンプすること

6.6.6　関数

ここでは、x86-64 における関数の呼び出し規則について紹介します。呼び出し規則は、複数種類ありますが、英語版 Wikipedia に主要なものとリンクがまとめられています[*20]。ここでは、Linux などで使われる System V AMD64 ABI[*21]をベースに紹介します。

関数を呼び出すサンプルコードの準備

6.6.2 で学んだアセンブリコードの自習方法を使い、簡単な関数の呼び出しをするアセンブリコードを生成してみましょう。まず、簡単な関数の呼び出しをする C 言語のコード（ `function.c` ）を作成します。

コード 6.28: 簡単な関数の呼び出しをする **C** ソースコードを作成

```
%%file function.c
#include <stdio.h>

int f(int a, int b) {
    return (a+b);
}

int main(void) {
    int c;

    c=f(1,2);
    printf("%d",c);

    return 0;
}
```

1.3.2 で解説したとおり、Python は変数のデータ型の宣言が不要な動的型付けの言語ですが、C 言語はデータ型の宣言が必要な静的型付け言語です。C 言語の文法について、詳細は解説しませんが、 `int` は整数値を示しています。 `f()` は整数値の引数 `a` と `b` をとり、2 つの引数を加算した結果を戻り値として返します。

上記ソースコードをコンパイルし、アセンブリコードを生成します。コンパイルオプションは最適化を実施しない `-O0` を指定しています。

コード 6.29: 関数を呼び出すアセンブリコードを準備

```
!gcc -masm=intel -O0 -fverbose-asm -fno-asynchronous-unwind-tables -S function.c
!cat function.s
```

*20 https://en.wikipedia.org/wiki/X86_calling_conventions

*21 https://gitlab.com/x86-psABIs/x86-64-ABI/-/jobs/artifacts/master/raw/x86-64-ABI/abi.pdf?job=build

実行結果

```
...
f:
        endbr64
        push    rbp     #
        mov     rbp, rsp        #,
        mov     DWORD PTR -4[rbp], edi  # a, a
        mov     DWORD PTR -8[rbp], esi  # b, b
# function.c:4:     return (a+b);
        mov     edx, DWORD PTR -4[rbp]  # tmp84, a
        mov     eax, DWORD PTR -8[rbp]  # tmp85, b
        add     eax, edx        # _3, tmp84
# function.c:5: }
        pop     rbp     #
        ret
        .size   f, .-f
        .section        .rodata
.LC0:
        .string "%d"
        .text
        .globl  main
        .type   main, @function
main:
        endbr64
        push    rbp     #
        mov     rbp, rsp        #,
        sub     rsp, 16 #,
# function.c:10:    c=f(1,2);
        mov     esi, 2  #,
        mov     edi, 1  #,
        call    f       #
        mov     DWORD PTR -4[rbp], eax  # c, tmp84
# function.c:11:    printf("%d",c);
        mov     eax, DWORD PTR -4[rbp]  # tmp85, c
        mov     esi, eax        #, tmp85
        lea     rax, .LC0[rip]  # tmp86,
        mov     rdi, rax        #, tmp86
        mov     eax, 0  #,
        call    printf@PLT      #
# function.c:13:    return 0;
        mov     eax, 0  # _5,
# function.c:14: }
        leave
        ret
...
```

以降、この生成されたアセンブリコード（サンプルコード）を例に、関数の呼び出し規則について学んでいきます。他の CPU アーキテクチャ、コンパイラであっても同様の手順を踏むことで関数の呼び出し規則について学ぶことができます。

引数を渡す

x86-64 の呼び出し規則では、引数は最初の 6 つがレジスタで渡され、残りの引数はスタックで渡されます。引数の値が整数値を取る場合は、第 1 引数は `rdi` 、第 2 引数は `rsi` 、第 3 引数は `rdx` 、第 4 引数は `rcx` 、第 5 引数は `r8` および第 6 引数は `r9` となります。残りの引数は、スタックで右（後）から左（前）へ push されます。

サンプルコードの該当部分は以下の 2 箇所です。

コード 6.30: 関数に引数を渡すコード 1

```
# function.c:10:      c=f(1,2);
        mov     esi, 2  #,
        mov     edi, 1  #,
        call    f       #
```

`f()` は 32 ビット整数の引数を 2 つ取るので、第 1 引数の `rdi` の下位 32 ビットの `edi` に `1` が、第 2 引数の `rsi` の下位 32 ビットの `esi` に `2` が代入されています。

コード 6.31: 関数に引数に渡すコード 2

```
# function.c:11:      printf("%d",c);
        mov     eax, DWORD PTR -4[rbp]  # tmp85, c
        mov     esi, eax        #, tmp85
        lea     rax, .LC0[rip]  # tmp86,
        mov     rdi, rax        #, tmp86
        mov     eax, 0  #,
        call    printf@PLT      #
```

`printf()` も引数を 2 つ取ります。 `"%d"` は文字列ですが、 `lea` を使い、文字列を格納しているアドレスを第 1 引数に渡しています。 `lea` については、6.6.3 でも触れました。

戻り値を受け取る

関数の戻り値は、 `rax` に格納されます。サンプルコードで関数の戻り値を受け取っている部分を以下に示します。

コード 6.32: 関数の戻り値の受け取り

```
        call    f       #
        mov     DWORD PTR -4[rbp], eax  # c, tmp84
```

関数の戻り値 `rax` の下位 32 ビットの `eax` の値を 32 ビット整数のローカル変数 `c` に格納しています。

関数のプロローグ

関数のプロローグは、関数が実行を開始する前に実行される処理の集合です。一般的なプロローグには、以下の処理が含まれます。

- **ベースポインタの設定**: `rbp` を現在のスタックポインタに設定します。このレジスタは、関数のローカル変数やスタック上の引数にアクセスするために使用されます。
- **スタックポインタの調整**: `rsp` の値を必要なだけ減らして、ローカル変数のための領域を確保します。
- **レジスタの保存**: 関数の呼び出し側が使用していたレジスタの値をスタックに保存します。これは、関数の実行中にレジスタの値が変更される可能性があるために行われます。

`f()` のプロローグを以下に示します。

コード 6.33: f() のプロローグ

```
1  f:
2          endbr64
3          push    rbp     #
4          mov     rbp, rsp        #,
5          mov     DWORD PTR -4[rbp], edi  # a, a
6          mov     DWORD PTR -8[rbp], esi  # b, b
```

4 行目の `mov rbp, rsp` でベースポインタを設定しています。スタックポインタの調整は、`f()` がシンプルでローカル変数のための領域を確保する必要がないため、省略されています。3 行目の `push rbp` で関数が使用するレジスタの値を保存しています。`rbp` は、先ほどのベースポインタの設定で使われています。5 行目と 6 行目は、引数の値をローカル変数に代入しています。

1 行目の `endbr64` は、比較的新しい命令で、攻撃者が制御を奪うために使えるような未定義動作をプログラム実行中に検知できる機能として準備されているものです。6.6.3 でも紹介した関数の間接呼び出しのような間接分岐命令の分岐先が `endbr64` でない場合、例外が発生しプログラムが終了します。これにより、攻撃者がプログラムの制御を奪う control flow hijacking という攻撃の被害を緩和することができます[*22]。

`main()` のプロローグを以下に示します。

コード 6.34: main() のプロローグ

```
main:
        endbr64
```

*22 詳細は、FFRI の「脆弱性緩和技術の最前線」というレポートに詳しくまとめられています。https://www.ffri.jp/assets/files/research/research_papers/recent_advances_vuln_mitig_jp.pdf

```
3	push	rbp	#
4	mov	rbp, rsp	#,
5	sub	rsp, 16 #,
```

`main()` のプロローグも `f()` のプロローグとほぼ同様です。5 行目の `sub rsp, 16` はスタックポインタの調整です。

関数のエピローグ

関数のエピローグは、関数が実行を終了する前に実行される処理の集合です。一般的なエピローグには、以下の処理が含まれます:

- **レジスタの復元**: 関数の呼び出し側が使用していたレジスタの値をスタックから復元します。
- **スタックポインタの調整**: `rsp` を元の値に戻して、関数が使用するスタック領域を解放します。
- **ベースポインタの復元**: `rbp` を呼び出し側のベースポインタに復元します。
- **関数の終了**: `ret` を実行して、呼び出し側に制御を戻します。

`f()` のエピローグ部分を以下に示します。

コード 6.35: f() のエピローグ

```
1	# function.c:5: }
2		pop	rbp	#
3		ret
```

2 行目の `pop rbp` はベースポインタの復元です。コード 6.33 の 3 行目の `push rbp` と対応しています。

`main()` のエピローグ部分を以下に示します。

コード 6.36: main() のエピローグ

```
1	# function.c:14: }
2		leave
3		ret
```

2 行目の `leave` は以下の 2 つの命令と同等の処理をします。

コード 6.37: leave と同等の動作をするコード

```
	mov	rsp, rbp
	pop	rbp
```

関数のエピローグ処理における、スタックポインタの調整とベースポインタの復元の処理は頻出のため、`leave` という 1 つの命令で実現できるように準備されています。

ちなみに、関数のプロローグでよく出てくる以下のコードと同じ処理をする `enter` という命令も準備されています。

コード 6.38: enter と同等の動作をするコード

```
        push    rbp
        mov     rbp, rsp
        sub     rsp, N
```

ただし、パフォーマンス上の問題から `enter` を見ることは少ないかもしれません。

6.6.7 命令セット

ここでは、x86-64 を例に代表的なオペコードをアルファベット順に簡略化して紹介します。これまでに出てきたものも含めて紹介しますが、ジャンプ命令だけは、表 6.4 を参照してください。特に断りがない場合は、`op1` は第 1 オペランド、`op2` は第 2 オペランド、→ は代入を表します。演算子は 1.3 で紹介した Python の演算子で表現しています。

- `adc`：加算（`CF` 込） `op1 + op2 CF` → `op1`
- `add`：加算 `op1 + op2` → `op1`
- `and`：論理積 `op1 & op2` → `op1`
- `call`：関数の呼び出し スタックに `call` の次の命令のアドレスを格納し、`op1` → `rip`
- `clc`：キャリーフラグをクリア 0→ `CF`
- `cmp`：比較（減算） `op1 - op2` の結果に基づきフラグだけ更新
- `dec`：減算 `op1 - 1` → `op1`
- `div`：除算 `op1 / op2`、商 → `rax`、剰余 → `rdx`
- `endbr`：分岐先冒頭に置く脆弱性緩和用の命令（攻撃を受けなければ `nop` と同等）
- `enter`：関数のプロローグ処理
- `hlt`：動作の休止
- `inc`：加算 `op1 + 1` → `op1`
- `int`：割り込みを発生させる `int 3` の場合はブレークポイント
- `lea`：`op2` の示すアドレス値 → `op1`、フラグは更新しない
- `leave`：関数のエピローグ処理
- `loop`： `rcx - 1` → `rcx`、`rcx` ≠ 0 のとき `op1` へジャンプ

- `mov`：代入 `op2` → `op1`
- `mul`：乗算 `rax * op1` → `rax`
- `neg`：2 の補数を作る `~op1+1` → `op1`
- `nop`：何もしない
- `not`：反転 `~op1` → `op1`
- `or`：論理和 `op1 | op2` → `op1`
- `pop`：スタックから値を取り出し `op1` に代入
- `push`：スタックへ `op1` の値を格納
- `rcl`：`CF` も含めて `op1` を左にローテート[*23]
- `rcr`：`CF` も含めて `op1` を右にローテート
- `ret`：関数の戻り（呼び出し元にジャンプ）≒ `pop rip`
- `rol`：`op1` を左にローテート
- `ror`：`op1` を右にローテート
- `sal` / `shl`：左シフト `op1 << op2` → `op1`
- `sar`：右算術シフト `op1 >> op2` → `op1`
- `sbb`：減算（`CF` 込）`op1 - op2 - CF` → `op1`
- `shr`：右論理シフト `(op1 & 0xffffffff) >> op2` → `op1` (32 ビットの場合[*24])
- `sub`：減算 `op1 - op2` → `op1`
- `test`：比較（論理積）`op1 & op2` の結果に基づきフラグだけ更新
- `xchg`：交換 `op1` ↔ `op2`
- `xor`：排他的論理和 `op1 ^ op2` → `op1`

[*23] ローテートの詳細は、5.7.3 を参照してください。

[*24] Python で論理シフトを実装する方法の詳細は、1.4.5 を参照してください。

7 応用編 2 バイナリ解析実践 CTF

7.1 CTF とバイナリ解析

前章では、ELF 形式の実行ファイルのファイルフォーマットと、プログラムに含まれる逆アセンブリを取得する方法を学びました。逆アセンブリはコンピューターに対する命令列ですので、これを解析することで、プログラムやマルウェアが持つ機能や仕様を詳細に調査することができます。本章では、CTF のリバースエンジニアリングを題材としたサンプルプログラムを用いて、Python で逆アセンブリを解析していく方法について説明します。

セキュリティの分野では CTF (Capture The Flag) というコンテストが毎週のように開催され、世界中のハッカーが参加して腕を競い合っています。本章で用意したサンプルプログラムは、CTF におけるリバースエンジニアリングというジャンルにならった問題形式で、この実行ファイルの挙動を解析して、「フラグ」と呼ばれる解答を取得することがゴールになります。実際の CTF では世界中の腕利きが何時間もかけて取り組む難しい問題が多く出題されますが、本書では Colab と Python だけで解ける簡単な例題を扱います[*1]。

CTF におけるリバースエンジニアリングの問題では、多くの場合、実行ファイルが渡されます。このファイルを実行するとパスワードが要求され、正しいパスワードを入れた場合にのみ成功を示す

[*1] 今回は入門という位置づけで Colab 上で実行できる方法を紹介しています。付録 C で紹介しますが、実際のリバースエンジニアリングでは Python に限らず多様なツールを使用します。

メッセージが表示されるというもので、この正しいパスワードが送信すべき解答（フラグ）になります。この判定処理を調べるためにバイナリ解析を行います。

7.2　x86-64 プログラムの解析

本章の準備として、演習用のファイルを `git` コマンドで Colab にダウンロードして、chapter7 ディレクトリに移動します。

コード 7.1: 演習用ファイルをダウンロードする

```
!git clone --filter=blob:none --sparse https://github.com/editor-kagaku/Binary.git
%cd Binary
!git sparse-checkout set chapter7
%cd chapter7
```

実行結果

```
/content/Binary/chapter7
```

7.2.1　例題 1：メモリに展開されたパスワード

リバースエンジニアリングの例題として、プログラム prob7-1 を解析します。まずは、実行権限を付与してプログラム prob7-1 を実行してみます。

コード 7.2: プログラム **prob7-1** を実行する

```
!chmod u+x prob7-1
!./prob7-1
```

実行結果

```
Input password.
```

すると、このように `Input password.` というパスワードを求めるメッセージが表示されました。そこで、適当な引数として `aaaa` を指定して実行してみます。

コード 7.3: 適当な引数を入れてプログラム **prob7-1** を実行する

```
!./prob7-1 aaaa
```

実行結果

```
Authentication failed.
```

すると、今度は認証に失敗したことを示す `Authentication failed.` というメッセージが表示されました。この実行ファイルに対する正しいパスワードを推測する必要がありそうです。ブルートフォース攻撃*2を行うというアイデアもありますが、現実的な時間で完了するかは分かりません。ここでは、リバースエンジニアリングによりプログラムを解析し、正しいパスワードを特定することにします。

まずは、Python でこのコードの逆アセンブリを出力してみます。本章では、逆アセンブリを取得するために radare2*3を使用します。radare2 はオープンソースのリバースエンジニアリングフレームワークであり、バイナリファイルの解析、デバッグ、パッチングなど多岐にわたる機能を提供しています。さらに radare2 の機能は、Python から呼び出すことができます（これを Python バインディングと呼びます）。Colab では、以下のコマンドを実行してインストールできます。インストールには 5 分ほど時間がかかりますので、コマンドを実行したらしばらく待ちましょう。

コード 7.4: radare2 をインストールする

```
!git clone https://github.com/radareorg/radare2
!radare2/sys/install.sh
!pip install r2pipe
```

それでは、Python スクリプトから radare2 の機能を呼び出してみましょう。radare2 を Python から呼び出すための `r2pipe` モジュールが用意されています。これを Python からインポートすることで radare2 の機能を利用することができます。まずは、以下のコードを実行して関数の一覧を出力してみます。

コード 7.5: prob7-1 の関数の一覧を出力する

```python
import r2pipe

r2 = r2pipe.open("prob7-1")
r2.cmd('aaa')
```

*2 ブルートフォース攻撃 (Brute-force attack) とは、日本語で「総当たり攻撃」「力任せ攻撃」とも呼ばれます。もともとは、暗号解読方法の 1 つで、サイバー攻撃においては、パスワードの考えられるすべての組み合わせを試す方法です。例えば、4 桁の数字のパスワードであれば、0000 から 9999 までの 1 万通りの組み合わせを試すことで必ず正解にたどり着くことができます。同じ 4 桁でも、文字種を標準的な 101 キーボードで使用できる 95 種の文字種を使用した場合、81,450,625 通りの組み合わせになりますが、今のコンピューターのスペックでは一瞬で正解にたどり着くことができてしまいます。

*3 https://rada.re/

```
functions = r2.cmdj('aflj')
print([x['name'] for x in functions])

r2.quit()
```

実行結果

```
['sym.imp.strncpy', 'sym.imp.puts', 'sym.imp.strcmp', 'entry0', 'sym.deregister_tm_clones', 'sym.register_tm_
clones', 'sym.__do_global_dtors_aux', 'sym.frame_dummy', 'sym._fini', 'sym._dl_relocate_static_pie', 'main',
'sym._init']
```

このコードでは、`r2pipe` を使用して prob7-1 を読み込んで `r2` という変数にオブジェクトとして格納しています。`r2` の `cmd()` 関数や `cmdj()` 関数を実行してコマンドを発行することで解析を行います[*4]。最初に radare2 のコマンド `aaa` を発行し、プログラムを自動で解析します。`aflj` コマンドを発行して関数名の一覧を取得し、画面に出力しています。

実行結果を確認すると、このプログラムは `main` という関数を持つことが分かります。他にも `sym.imp.` で始まるライブラリ関数や、`sym.` で始まるプログラム内部の関数が含まれています。今度は以下のプログラムを実行し、プログラムの開始処理である `main()` 関数の処理を逆アセンブリとして出力してみます。

コード 7.6: prob7-1 の逆アセンブリを出力する

```
import r2pipe

r2 = r2pipe.open("prob7-1")
r2.cmd('aaa')
functions = r2.cmdj('aflj')
main_function = next((f for f in functions if f['name'] == 'main'))

if main_function:
    main_address = main_function['offset']
    main_size = main_function['size']
    r2.cmd('e␣asm.bytes=false')
    r2.cmd('e␣asm.cmt.right=false')
    disassembly = r2.cmd(f'pD␣{main_size}␣@{main_address}')
    print(disassembly)
    r2.cmd(f'agfw␣a␣{main_size}␣@{main_address}')

else:
    print("main␣function␣not␣found")

r2.quit()
```

[*4] `cmd()` 関数は結果を文字列で返します。`cmdj()` 関数はさらにその結果を JSON（JavaScript Object Notation）文字列として解釈してオブジェクトに変換します。これは `json` モジュールを使用して `json.loads(r2.cmd())` とする処理に相当します。JSON の詳細については https://www.json.org を参照してください。

実行結果

```
            ; DATA XREF from entry0 @ 0x4010a8(r)
┌204: int main (signed int64_t argc, char **argv);
│           ; arg signed int64_t argc @ rdi
│           ; arg char **argv @ rsi
│           ; var char *dest @ rbp-0x100
│           ; var int64_t var_104h @ rbp-0x104
│           ; var int64_t var_108h @ rbp-0x108
│           ; var int64_t var_10ch @ rbp-0x10c
│           ; var char *s2 @ rbp-0x110
│           ; var signed int64_t var_114h @ rbp-0x114
│           ; var char **src @ rbp-0x120
│           0x00401176      endbr64
│           0x0040117a      push rbp
│           0x0040117b      mov rbp, rsp
│           0x0040117e      sub rsp, 0x120
│           ; argc
│           0x00401185      mov dword [var_114h], edi
│           ; argv
│           0x0040118b      mov qword [src], rsi
│           ; '34sy'
│           0x00401192      mov dword [s2], 0x79733433
│           ; 'Pa33'
│           0x0040119c      mov dword [var_10ch], 0x33336150
│           ; 'w0rd'
│           0x004011a6      mov dword [var_108h], 0x64723077
│           0x004011b0      mov dword [var_104h], 0
│           0x004011ba      cmp dword [var_114h], 1
│       ┌─< 0x004011c1      jg 0x4011d9
│       │   ; 0x402004
│       │   ; "Input password."
│       │   0x004011c3      lea rax, str.Input_password.
│       │   ; const char *s
│       │   0x004011ca      mov rdi, rax
│       │   ; int puts(const char *s)
│       │   0x004011cd      call sym.imp.puts
│       │   0x004011d2      mov eax, 1
│      ┌──< 0x004011d7      jmp 0x401240
│      ││   ; CODE XREF from main @ 0x4011c1(x)
│      │└─> 0x004011d9      mov rax, qword [src]
│      │    0x004011e0      add rax, 8
│      │    0x004011e4      mov rcx, qword [rax]
│      │    0x004011e7      lea rax, [dest]
│      │    ; size_t  n
│      │    ; 256
│      │    0x004011ee      mov edx, 0x100
│      │    ; const char *src
│      │    0x004011f3      mov rsi, rcx
│      │    ; char *dest
│      │    0x004011f6      mov rdi, rax
│      │    ; char *strncpy(char *dest, const char *src, size_t  n)
│      │    0x004011f9      call sym.imp.strncpy
│      │    0x004011fe      lea rdx, [s2]
│      │    0x00401205      lea rax, [dest]
```

```
|     |     ; const char *s2
|     |     0x0040120c       mov rsi, rdx
|     |     ; const char *s1
|     |     0x0040120f       mov rdi, rax
|     |     ; int strcmp(const char *s1, const char *s2)
|     |     0x00401212       call sym.imp.strcmp
|     |     0x00401217       test eax, eax
|     | ┌─< 0x00401219       jne 0x40122c
|     | |   ; 0x402014
|     | |   ; "Success!"
|     | |   0x0040121b       lea rax, str.Success_
|     | |   ; const char *s
|     | |   0x00401222       mov rdi, rax
|     | |   ; int puts(const char *s)
|     | |   0x00401225       call sym.imp.puts
|   ┌─────< 0x0040122a       jmp 0x40123b
|   | | |   ; CODE XREF from main @ 0x401219(x)
|   | | |   ; 0x40201d
|   | | |   ; "Authentication failed."
|   | | └─> 0x0040122c       lea rax, str.Authentication_failed.
|   | |     ; const char *s
|   | |     0x00401233       mov rdi, rax
|   | |     ; int puts(const char *s)
|   | |     0x00401236       call sym.imp.puts
|   | |     ; CODE XREF from main @ 0x40122a(x)
|   └─────> 0x0040123b       mov eax, 0
|     |   ; CODE XREF from main @ 0x4011d7(x)
|     └───> 0x00401240       leave
└           0x00401241       ret
```

プログラムの 5 行目までは先ほどと同じですが、6 行目で `functions` リストから `main()` 関数に関する要素を取り出しています。11～13 行目ではふたたび `r2.cmd()` 関数を呼び出して radare2 にコマンドを発行します。 `e` コマンドでは環境変数を設定しています。ここでは表示を簡潔にするため、バイトデータを表示しないよう `asm.bytes=false` を設定しています。また、紙面の都合上コメントを横に広げないよう `asm.cmt.right=false` を設定しています。次に `pD {main_size} @{main_address}` コマンドを発行して逆アセンブリを取得します。関数のサイズを表す `{main_size}` や関数の開始位置を示す `{main_address}` は 1.4.2 で説明した f 文字列で、実行時には具体的な値が代入されますが、今回のプログラムでは `pD 204 @0x401176` に相当する値がセットされています。さらに、15 行目では `agfw` コマンドを発行して逆アセンブリの制御構造をグラフで視覚的に出力しています。この結果は `a` というファイル名で保存され、以下のコードで開くことができます。

コード 7.7: prob7-1 の逆アセンブリのグラフ画像を表示する

```python
import IPython

IPython.display.Image('a', format='png')
```

このコードを実行すると、実行結果の出力欄には図 7-1 の画像が表示されます。逆アセンブリの結果自体は同じものですので、テキストと画像のどちらを参照しても構いません。（本書では白黒表示のため画像の色を編集しています。）

実行結果を見ると、`main` 関数はファイル `204` バイト目から始まり、メモリ上では `0x00401176` から開始していることが分かります。プログラムを解析する場合、基本的にはこの処理を先頭から読んでいくことになります。

ここでは逆アセンブリやコメントは C 言語の記法を踏襲して表現されています。`char` は 1 バイト整数、`int` は 4 バイト整数、`(signed) int64_t` は 8 バイト整数を示しています。`int main` は `main()` 関数の戻り値が `int` 型であること、`signed int64_t argc` は引数 `argc` が 8 バイト整数であることを意味しています。逆アセンブリのコメントはセミコロン（`;`）で表記されます。`; arg signed int64_t argc @ rdi` は、8 バイト整数の引数 `argc` が `rdi` レジスタとして渡されていることを表現しています。`; var int64_t var_104h @ rbp-0x104` は 8 バイト整数 `var_104h` 変数が、スタックのベースアドレスを指すレジスタ `rbp` を起点に `rbp-0x104` に配置されていることを示しています。また、`; var char *dest @ rbp-0x100` は 1 バイト整数を指すポインタ `dest` が `rbp-0x100` に配置されていることを示しています。

実行命令の最初の 4 行は以下のようになっており、6.6.6 でも説明したように `main()` 関数を実行するための前処理（プロローグ）やスタック領域を確保するためのコードが実装されています。

```
|           0x00401176      endbr64
|           0x0040117a      push rbp
|           0x0040117b      mov rbp, rsp
|           0x0040117e      sub rsp, 0x120
```

次のコードを見ていきます。

```
|           ; argc
|           0x00401185      mov dword [var_114h], edi
|           ; argv
|           0x0040118b      mov qword [src], rsi
```

`main()` 関数の引数が `edi` [*5] と `rsi` レジスタで渡されるので、これをスタックにコピーしています。コピー先がメモリの場合はアドレスとサイズを指定する必要があります。`qword` は 8 バイト、`dword` は 4 バイト、`word` は 2 バイトであることを意味します。`var_114h` や `src` は radare2 が付与した変数名ですが、具体的にどのアドレスを示しているかは `main()` 関数の先頭部分に記載されたコメントの以下の部分を見ると分かります。

[*5] 一般的に x86-64 アーキテクチャーにおいて関数の第 1 引数は `rdi` レジスタが用いられると説明されますが、`main()` 関数の第 1 引数は `int` 型なので、ここでは下位 32 ビットの `edi` レジスタが用いられています。

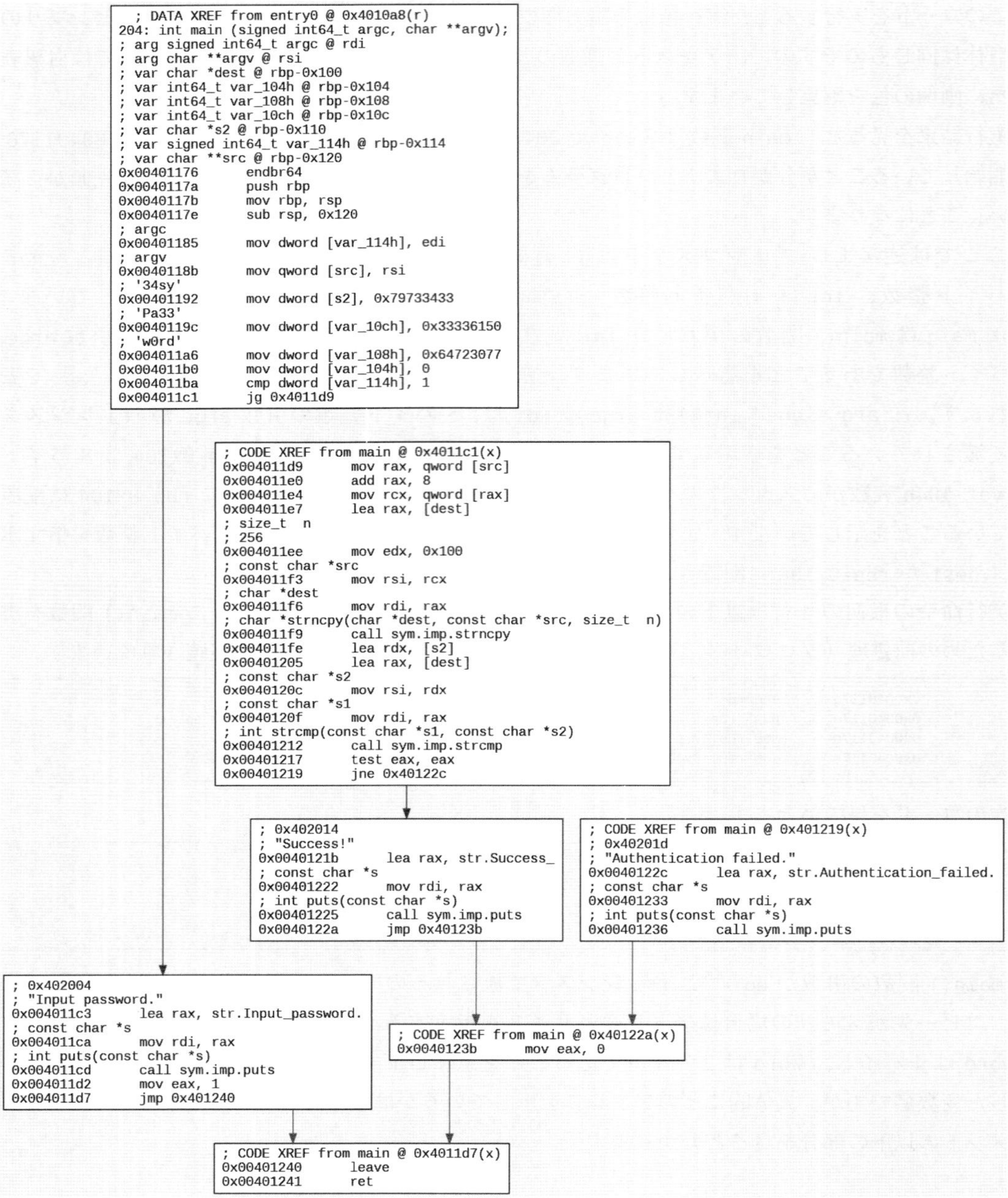
; DATA XREF from entry0 @ 0x4010a8(r)
204: int main (signed int64_t argc, char **argv);
; arg signed int64_t argc @ rdi
; arg char **argv @ rsi
; var char *dest @ rbp-0x100
; var int64_t var_104h @ rbp-0x104
; var int64_t var_108h @ rbp-0x108
; var int64_t var_10ch @ rbp-0x10c
; var char *s2 @ rbp-0x110
; var signed int64_t var_114h @ rbp-0x114
; var char **src @ rbp-0x120
0x00401176 endbr64
0x0040117a push rbp
0x0040117b mov rbp, rsp
0x0040117e sub rsp, 0x120
; argc
0x00401185 mov dword [var_114h], edi
; argv
0x0040118b mov qword [src], rsi
; '34sy'
0x00401192 mov dword [s2], 0x79733433
; 'Pa33'
0x0040119c mov dword [var_10ch], 0x33336150
; 'w0rd'
0x004011a6 mov dword [var_108h], 0x64723077
0x004011b0 mov dword [var_104h], 0
0x004011ba cmp dword [var_114h], 1
0x004011c1 jg 0x4011d9
; CODE XREF from main @ 0x4011c1(x)
0x004011d9 mov rax, qword [src]
0x004011e0 add rax, 8
0x004011e4 mov rcx, qword [rax]
0x004011e7 lea rax, [dest]
; size_t n
; 256
0x004011ee mov edx, 0x100
; const char *src
0x004011f3 mov rsi, rcx
; char *dest
0x004011f6 mov rdi, rax
; char *strncpy(char *dest, const char *src, size_t n)
0x004011f9 call sym.imp.strncpy
0x004011fe lea rdx, [s2]
0x00401205 lea rax, [dest]
; const char *s2
0x0040120c mov rsi, rdx
; const char *s1
0x0040120f mov rdi, rax
; int strcmp(const char *s1, const char *s2)
0x00401212 call sym.imp.strcmp
0x00401217 test eax, eax
0x00401219 jne 0x40122c
; 0x402014
; "Success!"
0x0040121b lea rax, str.Success_
; const char *s
0x00401222 mov rdi, rax
; int puts(const char *s)
0x00401225 call sym.imp.puts
0x0040122a jmp 0x40123b
; CODE XREF from main @ 0x401219(x)
; 0x40201d
; "Authentication failed."
0x0040122c lea rax, str.Authentication_failed.
; const char *s
0x00401233 mov rdi, rax
; int puts(const char *s)
0x00401236 call sym.imp.puts
; 0x402004
; "Input password."
0x004011c3 lea rax, str.Input_password.
; const char *s
0x004011ca mov rdi, rax
; int puts(const char *s)
0x004011cd call sym.imp.puts
0x004011d2 mov eax, 1
0x004011d7 jmp 0x401240
; CODE XREF from main @ 0x40122a(x)
0x0040123b mov eax, 0
; CODE XREF from main @ 0x4011d7(x)
0x00401240 leave
0x00401241 ret

図 **7-1**　**prob7-1** の逆アセンブリのグラフ表示

```
|           ; var signed int64_t var_114h @ rbp-0x114
|           ; var char **src @ rbp-0x120
```

var_114h は rbp レジスタに格納されたアドレスを基準にして rbp-0x114 の場所に、src は rbp-0x120 の場所を示していることが分かります[*6]。さらに、コードの続きを読んでいきましょう。

```
|           ; '34sy'
|           0x00401192      mov dword [s2], 0x79733433
|           ; 'Pa33'
|           0x0040119c      mov dword [var_10ch], 0x33336150
|           ; 'w0rd'
|           0x004011a6      mov dword [var_108h], 0x64723077
|           0x004011b0      mov dword [var_104h], 0
```

ここでは、4 つの mov 命令を使用してメモリ上のスタック領域にそれぞれ 4 バイトの値をコピーしています。出力結果に表示されたコメントを確認すると ; var char *s2 @ rbp-0x110 とありますので、 s2 はスタック上の rbp-0x110 に相当することが分かります。要するに、このコードを実行するとスタック上には以下のレイアウトで値が格納されることが分かります。radare2 の出力結果のコメントにも記されていますが、この整数は ASCII 文字列として解釈することができます。

スタックのアドレス	変数名	整数値（リトルエンディアン）	対応する文字
rbp-0x110	s2	0x79733433	34sy
rbp-0x10c	var_10ch	0x33336150	Pa33
rbp-0x108	var_108h	0x64723077	w0rd
rbp-0x104	var_104h	0	（文字列終端）

表 7.1　prob7-1 のスタックのレイアウト

整数がリトルエンディアンであることに注意すると、 s2 というアドレス上に 34syPa33w0rd という C 文字列（NULL で終わる文字列）が展開されていることが分かります[*7]。これは求めたいパス

[*6] var_114h の h は 114 という数値が 16 進数であることを示しています。 src は var_120h という変数名でも良いのですが、この変数が後で strncpy() 関数の第 2 引数として使用されるため、文字列のコピー元を示す変数名の src が自動で割り当てられています。これは radare2 によって機械的に割り振られた変数名でしかありませんので、必ずしもプログラムの処理内容や開発者の意図を反映している訳ではないことに注意してください。

[*7] これは Leet と呼ばれる記法を用いたパスワードです。アルファベットを数字や記号で置き換えることで元の文字列を変形させています。例えば、「a」を「4」に、「E」や「s」を「3」に、「O」を「0」に置き換えています。元は EasyPassword という文字列を示しています。

ワードである可能性がありますので、実際に入力することで正解かどうか確かめてみることができます。実際にこれは正しいパスワードであることを確認できますが、今回は理解を深めるためにも、もう少しアセンブリを読み進めていきましょう。次に、以下のコードが続きます。

```
|           0x004011ba      cmp dword [var_114h], 1
|       ┌─< 0x004011c1      jg 0x4011d9
```

var_114h には argc の値がセットされていました。これは main() 関数の第 1 引数に相当するもので、プログラム実行時のコマンドライン引数の数が格納されています。正確にいうと引数に 1 を加えた数となりますが、これは実行時のプログラム自身の名前を 1 つとしてカウントしているためです。 cmp 命令で argc の値を比較していて、 jg 命令でこの数が 1 よりも大きい場合、すなわち引数を 1 つ以上持つ場合に 0x4011d9 にジャンプすることを意味しています。引数の有無で実行結果が変わるという挙動はこの処理に基づいています。ジャンプした先には以下の命令が続きます。

```
|       │└─> 0x004011d9      mov rax, qword [src]
|       │   0x004011e0      add rax, 8
|       │   0x004011e4      mov rcx, qword [rax]
|       │   0x004011e7      lea rax, [dest]
```

このコードでは、 src というアドレスから 64 ビットのデータを rax レジスタに読み込み、さらに add 命令で 8 を加えています。この rax レジスタが指すアドレスから再び 64 ビットのデータを読み込み、それを rcx レジスタにコピーしています。これだけではどのような処理をしているかをイメージするのは難しいかもしれませんが、 src には argv の値が格納されていたことを思い出してください。 char **argv にはプログラム実行時の引数のリストが格納されますので、 src は文字列の配列、つまり 2 次元配列に対する先頭ポインタを示していることが分かります。結果として、 rcx にはプログラムの第 1 引数 argv[1] の文字列へのポインタが格納されます。さらに次の lea 命令では dest のアドレスを rax レジスタにコピーしています。さて、次のコードに続きましょう。

```
|       │   ; size_t  n
|       │   ; 256
|       │   0x004011ee      mov edx, 0x100
|       │   ; const char *src
|       │   0x004011f3      mov rsi, rcx
|       │   ; char *dest
|       │   0x004011f6      mov rdi, rax
|       │   ; char *strncpy(char *dest, const char *src, size_t  n)
|       │   0x004011f9      call sym.imp.strncpy
```

このコードでは call 命令で strncpy() 関数を実行していることが分かります。x86-64 の関数呼び出しでは、第 1 引数から順に rdi 、 rsi 、 rdx レジスタが使用されます。 mov 命令で各レジスタへのコピーが行われています。要するに、 strncpy(dest, argv[1], 0x100) が実行されていることが分かります。 strncpy() 関数は 2 つの文字列と 1 つの整数（ count ）の合計 3 つを引数として受け取り、第 2 引数の文字列の `count` 文字が第 1 引数の文字列にコピーされます。ここでは、コマンドラインの第 1 引数 `argv[1]` を 256 バイト分だけ `dest` にコピーしています。

```
|       |    0x004011fe      lea rdx, [s2]
|       |    0x00401205      lea rax, [dest]
|       |    ; const char *s2
|       |    0x0040120c      mov rsi, rdx
|       |    ; const char *s1
|       |    0x0040120f      mov rdi, rax
|       |    ; int strcmp(const char *s1, const char *s2)
|       |    0x00401212      call sym.imp.strcmp
```

同様に、`rdi` には `dest` のアドレス、`rsi` には `s2` のアドレスがコピーされているので、このコードは `strcmp(dest, s2)` であることが分かります。`s2` はプログラムの最初にセットされた文字列が格納されたアドレスですので、入力をこの値と比較していることが分かります。関数の実行結果は `rax` レジスタに格納されます。`strcmp()` 関数は 2 つの文字列を引数として受け取り、文字列が等しい場合は 0 を、等しくない場合は 0 以外を返す関数です。以下のコードでは、関数の戻り値を判定しています。

```
|       |    0x00401217      test eax, eax
|       | ┌─< 0x00401219      jne 0x40122c
```

`test` 命令で `rax` レジスタが 0 であるかどうか判定していて、`jne` 命令で 0 以外である場合は `0x40122c` にジャンプするよう指示されています。一方で、引数が正しいパスワードであった場合はジャンプせず、直後の `0x0040121b` の命令が実行されます。

```
|       | |    ; 0x402014
|       | |    ; "Success!"
|       | |    0x0040121b      lea rax, str.Success_
|       | |    ; const char *s
|       | |    0x00401222      mov rdi, rax
|       | |    ; int puts(const char *s)
|       | |    0x00401225      call sym.imp.puts
|      ┌────< 0x0040122a      jmp 0x40123b
```

`str.Success_` という radare2 が割り当てた変数名のアドレスを `rax` にコピーしています。上のコメントを見ると、この変数には `"Success!"` という文字列が格納されていることが分かります。これが `rdi` に第 1 引数として代入されていますので、`puts("Success!")` という関数呼び出しで文字列を画面に出力していることが分かります。最後に、以下のコードで `main()` 関数を完了するための後処理を実行しています。

```
|      └────> 0x0040123b      mov eax, 0
|       |    ; CODE XREF from main @ 0x4011d7(x)
|       └──> 0x00401240      leave
└            0x00401241      ret
```

以上のことから、第 1 引数として入力した文字列を `34syPa33w0rd` という文字列と比較し、一致した場合にのみ正解であることを表示していることを解析できました。最後に、このパスワードが正しいことをプログラムに入力して確認します。

コード 7.8: 解析したパスワードが正しいことを確認する

```
!./prob7-1 34syPa33w0rd
```

実行結果

```
Success!
```

今度は実行結果が `Success!` という表示に変わりました。これがプログラムを解析して得られたパスワード（フラグ）ということになります。

これまでの解析ではアセンブリを読んでプログラムの挙動を理解しました。これはプログラムを実行せずに解析するため、静的解析と呼ばれます。静的解析はアセンブリを細かく読むため、非常に時間のかかる作業となります。一方で、プログラムを実行して挙動を把握する方法を動的解析と呼びます。本書の範囲を超えるためここでは割愛しますが、ローカルで radare2 を用いることで実行中のレジスタやメモリの値などを調べることができます。

7.2.2　例題 2：ソルバーを作成してパスワードを推測

prob7-1 ではプログラムの中にパスワードがほぼ*8直接的に埋め込まれていましたので、アセンブリを読むだけでパスワードを解析することができました。より複雑な状況においては、パスワードが何かしらのアルゴリズムで変換されていて、変換後の値を比較することで正誤を判定する実装がなされることがあります。変換処理はあらかじめ開発者が手元で計算しておき、比較対象の文字列だけをプログラムに保持します。次の prob7-2 ではこのような問題を考えてみます。

*8 「ほぼ」と表現したのは、prob7-1 では文字列が断片化された状態でアセンブリとして埋め込まれており、実行時にメモリ上で組み立てを行っていました。よりシンプルな実装ではパスワードがそのままバイナリの中に含まれていることもあります。この場合はアセンブリを解析せずとも `strings` コマンドなどでパスワードを探すことができます。

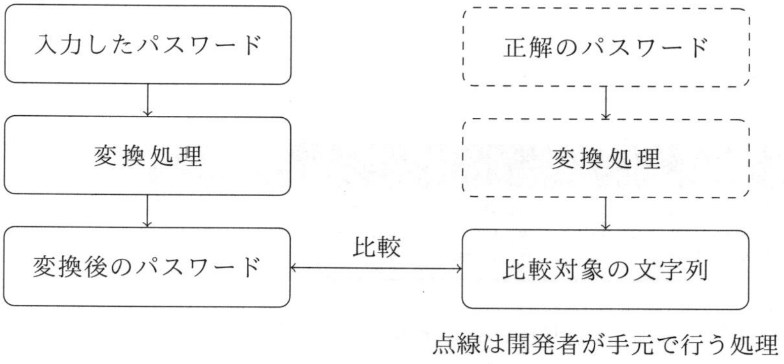

前回と同様、プログラム prob7-2 を実行してみると、パスワードの入力を促されます。

コード 7.9: プログラム prob7-2 を実行する

```
!chmod u+x prob7-2
!./prob7-2
```

実行結果

```
Input password.
```

適当なパスワードを入力すると、認証に失敗したというメッセージが表示されます。prob7-2 も正しいパスワードを求めるプログラムであることが分かります。

コード 7.10: 適当な引数を入れてプログラム prob7-2 を実行する

```
!./prob7-2 aaaa
```

実行結果

```
Authentication failed.
```

そこで前回と同様、radare2 を使用してこのプログラムを解析します。まずは前回と同様、関数の一覧を表示します。

コード 7.11: prob7-2 の関数の一覧を表示する

```
import r2pipe

r2 = r2pipe.open("prob7-2")
```

```
r2.cmd('aaa')
functions = r2.cmdj('aflj')
print([x['name'] for x in functions])
r2.quit()
```

実行結果

```
['sym.imp.strncpy', 'sym.imp.puts', 'sym.imp.strlen', 'sym.imp.memset', 'sym.imp.memcmp', 'entry0', 'sym.rand', '
   sym.srand', 'sym.deregister_tm_clones', 'sym.register_tm_clones', 'sym.__do_global_dtors_aux', 'sym.frame_dummy
   ', 'sym._fini', 'sym._dl_relocate_static_pie', 'main', 'sym._init']
```

`main()` 関数の他に、`sym.srand()` や `sym.rand()` という関数がこのプログラムに実装されていることが分かります。そこで、これらの関数の逆アセンブリを出力してみます。ただし、解析対象の関数は 3 つであるため、それぞれの関数に対する逆アセンブリを求める処理を行っています。`agfw` コマンドで出力する画像は、それぞれ関数名のファイルで保存されます。

コード 7.12: prob7-2 の逆アセンブリを出力する

```
import r2pipe

r2 = r2pipe.open("prob7-2")
r2.cmd('aaa')
functions = r2.cmdj('aflj')
functions = [f for f in functions if f['name'] in ['main', 'sym.srand', 'sym.rand']]

for function in functions:
    function_address = function['offset']
    function_size = function['size']
    function_name = function['name']
    r2.cmd('e␣asm.bytes=false')
    r2.cmd('e␣asm.cmt.right=false')
    disassembly = r2.cmd(f'pD␣{function_size}␣@{function_address}')
    print(disassembly)

    r2.cmd(f'agfw␣{function_name}␣{function_size}␣@{function_address}')

r2.quit()
```

実行結果

```
            ; CALL XREF from main @ 0x4012f0(x)
┌ 66: int sym.rand ();
│           ; var signed int64_t var_4h @ rbp-0x4
│           ; var int64_t var_8h @ rbp-0x8
│           ; var int64_t var_ch @ rbp-0xc
│           0x004011cd      endbr64
│           0x004011d1      push rbp

...

            ; CALL XREF from main @ 0x4012cd(x)
┌ 23: void sym.srand (int seed);
```

```
|           ; arg int seed @ rdi
|           ; var int64_t var_4h @ rbp-0x4
|           0x004011b6      endbr64
|           0x004011ba      push rbp

...

           ; DATA XREF from entry0 @ 0x4010e8(r)
┌ 355: int main (signed int64_t argc, char **argv);
|           ; arg signed int64_t argc @ rdi
|           ; arg char **argv @ rsi
|           ; var int64_t var_8h @ rbp-0x8
|           ; var signed int64_t var_14h @ rbp-0x14
|           ; var size_t var_18h @ rbp-0x18
|           ; var int64_t var_20h @ rbp-0x20
|           ; var char *s2 @ rbp-0x25
|           ; var void *s1 @ rbp-0x230
|           ; var char *dest @ rbp-0x430
|           ; var signed int64_t var_434h @ rbp-0x434
|           ; var char **src @ rbp-0x440
|           0x0040120f      endbr64
|           0x00401213      push rbp

...

|           0x00401370      leave
└           0x00401371      ret
```

prob7-1 よりも長いコードが出力されました。同様に以下のコードを実行すると、図 7-2 の画像が表示されます。どちらも逆アセンブリは全く同じ内容ですので、どちらを読んでも構いません。

コード 7.13: prob7-2 の main() 関数の逆アセンブリのグラフ画像を表示する

```
import IPython

IPython.display.Image('main', format='png')
```

前回と同様、`main()` 関数から読んでいきます。最初のプロローグの後に、以下のようなコードが続きます。

```
|           0x0040122c      movabs rax, 0xb5f96cb08a523555
|           0x00401236      mov qword [s2], rax
|           0x0040123a      movabs rax, 0xe9398d0cb5f96c
|           0x00401244      mov qword [var_20h], rax
|           0x00401248      mov dword [var_18h], 0
```

ここでは、前回と同様パスワードらしき情報をスタック上に設定していることが分かります。ただし、今回はパスワードらしき情報は印字可能な文字列ではなく、バイト列となっています。`movabs` 命令は 64 ビットにおける `mov` 命令で、整数値をメモリにコピーしていますが、これがリトルエンディアンであることに注意すると、`s2`（アドレスは `rbp-0x25`）という変数上

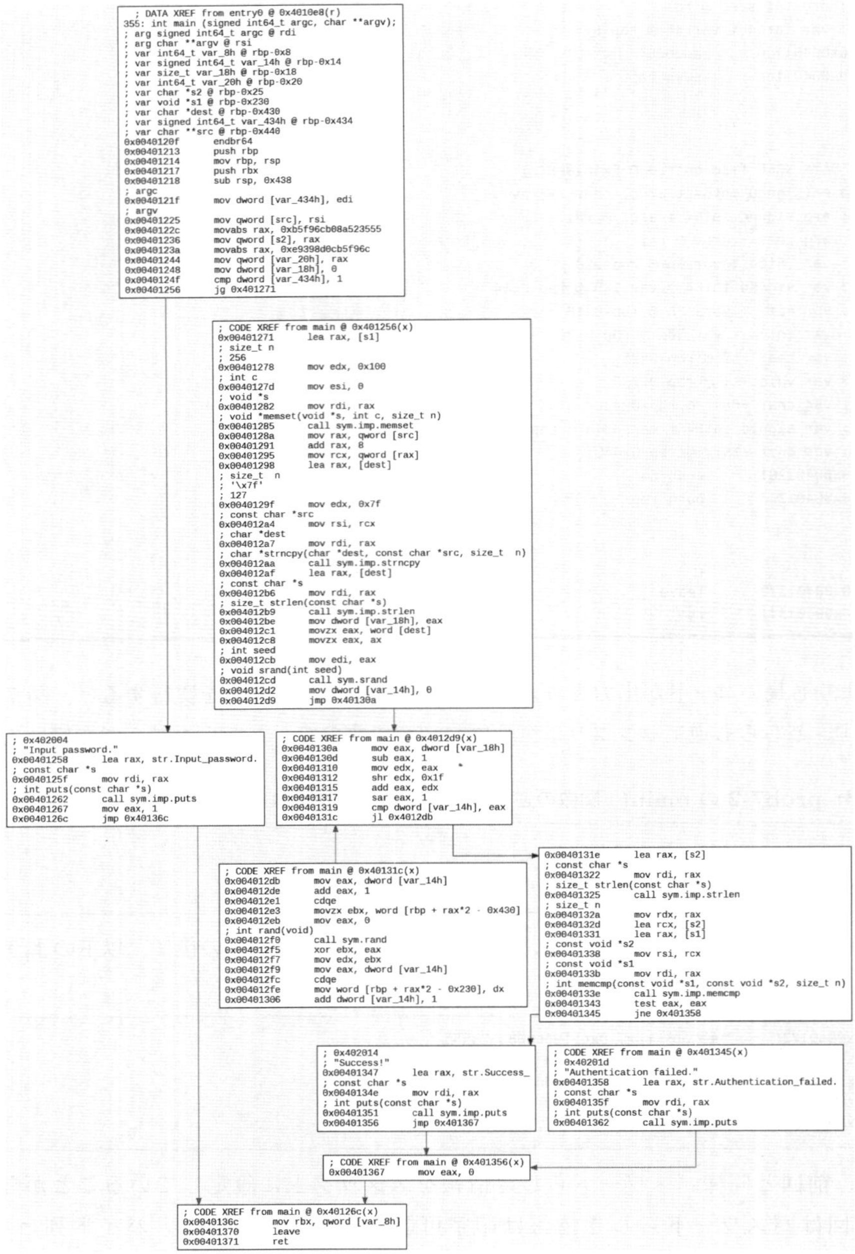
; DATA XREF from entry0 @ 0x4010e8(r)
355: int main (signed int64_t argc, char **argv);
; arg signed int64_t argc @ rdi
; arg char **argv @ rsi
; var int64_t var_8h @ rbp-0x8
; var signed int64_t var_14h @ rbp-0x14
; var size_t var_18h @ rbp-0x18
; var int64_t var_20h @ rbp-0x20
; var char *s2 @ rbp-0x25
; var void *s1 @ rbp-0x230
; var char *dest @ rbp-0x430
; var signed int64_t var_434h @ rbp-0x434
; var char **src @ rbp-0x440
0x0040120f endbr64
0x00401213 push rbp
0x00401214 mov rbp, rsp
0x00401217 push rbx
0x00401218 sub rsp, 0x438
; argc
0x0040121f mov dword [var_434h], edi
; argv
0x00401225 mov qword [src], rsi
0x0040122c movabs rax, 0xb5f96cb08a523555
0x00401236 mov qword [s2], rax
0x0040123a movabs rax, 0xe9398d0cb5f96c
0x00401244 mov qword [var_20h], rax
0x00401248 mov dword [var_18h], 0
0x0040124f cmp dword [var_434h], 1
0x00401256 jg 0x401271
; CODE XREF from main @ 0x401256(x)
0x00401271 lea rax, [s1]
; size_t n
; 256
0x00401278 mov edx, 0x100
; int c
0x0040127d mov esi, 0
; void *s
0x00401282 mov rdi, rax
; void *memset(void *s, int c, size_t n)
0x00401285 call sym.imp.memset
0x0040128a mov rax, qword [src]
0x00401291 add rax, 8
0x00401295 mov rcx, qword [rax]
0x00401298 lea rax, [dest]
; size_t n
; '\x7f'
; 127
0x0040129f mov edx, 0x7f
; const char *src
0x004012a4 mov rsi, rcx
; char *dest
0x004012a7 mov rdi, rax
; char *strncpy(char *dest, const char *src, size_t n)
0x004012aa call sym.imp.strncpy
0x004012af lea rax, [dest]
; const char *s
0x004012b6 mov rdi, rax
; size_t strlen(const char *s)
0x004012b9 call sym.imp.strlen
0x004012be mov dword [var_18h], eax
0x004012c1 movzx eax, word [dest]
0x004012c8 movzx eax, ax
; int seed
0x004012cb mov edi, eax
; void srand(int seed)
0x004012cd call sym.srand
0x004012d2 mov dword [var_14h], 0
0x004012d9 jmp 0x40130a
; 0x402004
; "Input password."
0x00401258 lea rax, str.Input_password.
; const char *s
0x0040125f mov rdi, rax
; int puts(const char *s)
0x00401262 call sym.imp.puts
0x00401267 mov eax, 1
0x0040126c jmp 0x40136c
; CODE XREF from main @ 0x4012d9(x)
0x0040130a mov eax, dword [var_18h]
0x0040130d sub eax, 1
0x00401310 mov edx, eax
0x00401312 shr edx, 0x1f
0x00401315 add eax, edx
0x00401317 sar eax, 1
0x00401319 cmp dword [var_14h], eax
0x0040131c jl 0x4012db
; CODE XREF from main @ 0x40131c(x)
0x004012db mov eax, dword [var_14h]
0x004012de add eax, 1
0x004012e1 cdqe
0x004012e3 movzx ebx, word [rbp + rax*2 - 0x430]
0x004012eb mov eax, 0
; int rand(void)
0x004012f0 call sym.rand
0x004012f5 xor ebx, eax
0x004012f7 mov edx, ebx
0x004012f9 mov eax, dword [var_14h]
0x004012fc cdqe
0x004012fe mov word [rbp + rax*2 - 0x230], dx
0x00401306 add dword [var_14h], 1
0x0040131e lea rax, [s2]
; const char *s
0x00401322 mov rdi, rax
; size_t strlen(const char *s)
0x00401325 call sym.imp.strlen
; size_t n
0x0040132a mov rdx, rax
0x0040132d lea rcx, [s2]
0x00401331 lea rax, [s1]
; const void *s2
0x00401338 mov rsi, rcx
; const void *s1
0x0040133b mov rdi, rax
; int memcmp(const void *s1, const void *s2, size_t n)
0x0040133e call sym.imp.memcmp
0x00401343 test eax, eax
0x00401345 jne 0x401358
; 0x402014
; "Success!"
0x00401347 lea rax, str.Success_
; const char *s
0x0040134e mov rdi, rax
; int puts(const char *s)
0x00401351 call sym.imp.puts
0x00401356 jmp 0x401367
; CODE XREF from main @ 0x401345(x)
; 0x40201d
; "Authentication failed."
0x00401358 lea rax, str.Authentication_failed.
; const char *s
0x0040135f mov rdi, rax
; int puts(const char *s)
0x00401362 call sym.imp.puts
; CODE XREF from main @ 0x401356(x)
0x00401367 mov eax, 0
; CODE XREF from main @ 0x40126c(x)
0x0040136c mov rbx, qword [var_8h]
0x00401370 leave
0x00401371 ret

図 **7-2**　**prob7-2** の逆アセンブリのグラフ表示

に \x55\x35\x52\x8a\xb0\x6c\xf9\xb5\x0c\x8d\x39\xe9 という 12 バイトの値が配置されていることになります。このとき、スタックのレイアウトは以下のようになっています。

アドレス	変数名	整数値（リトルエンディアン）	対応する文字
rbp-0x25	s2	0xb08a523555	\x55\x35\x52\x8a\xb0
rbp-0x20	var_20h	0xe9398d0cb5f96c	\x6c\xf9\xb5\x0c\x8d\x39\xe9
rbp-0x18	var_18h	0	（文字列終端）

表 **7.2　prob7-2** のスタックのレイアウト

そこで、以下のように入力したパスワードが何かしらの処理を通過してバイト列に変換されていることが予想されます。正しいパスワードを入力した場合にこのバイト列が現れる仕組みです。

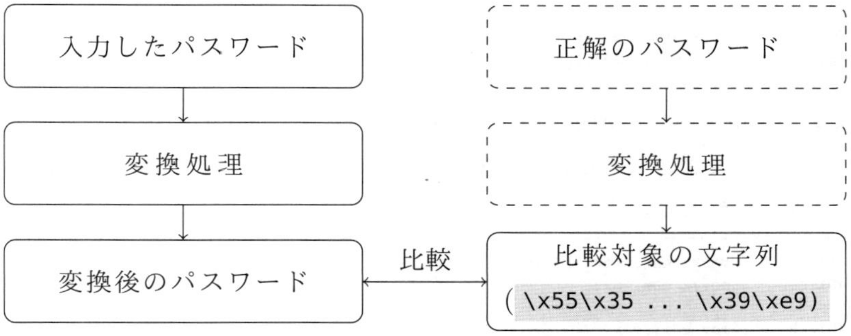

点線は開発者が手元で行う処理

続きの処理を順番に解析します。

```
|       | └─> 0x00401271      lea rax, [s1]
|       |     ; size_t n
|       |     ; 256
|       |     0x00401278      mov edx, 0x100
|       |     ; int c
|       |     0x0040127d      mov esi, 0
|       |     ; void *s
|       |     0x00401282      mov rdi, rax
|       |     ; void *memset(void *s, int c, size_t n)
|       |     0x00401285      call sym.imp.memset
```

このコードは memset(s1, 0, 256) を実行しています。ここでは、s1 が示すアドレスを 256 バイト分、0 でセットしています。

```
|       |   0x0040128a      mov rax, qword [src]
|       |   0x00401291      add rax, 8
|       |   0x00401295      mov rcx, qword [rax]
|       |   0x00401298      lea rax, [dest]
|       |   ; size_t  n
|       |   ; '\x7f'
|       |   ; 127
|       |   0x0040129f      mov edx, 0x7f
|       |   ; const char *src
|       |   0x004012a4      mov rsi, rcx
|       |   ; char *dest
|       |   0x004012a7      mov rdi, rax
|       |   ; char *strncpy(char *dest, const char *src, size_t  n)
|       |   0x004012aa      call sym.imp.strncpy
```

このコードは `strncpy(dest, argv[1], 127))` を実行しています。ここでは、コマンドラインの第 1 引数 `argv[1]` を 127 バイト分だけ `dest` にコピーしています。

```
|       |   0x004012af      lea rax, [dest]
|       |   ; const char *s
|       |   0x004012b6      mov rdi, rax
|       |   ; size_t strlen(const char *s)
|       |   0x004012b9      call sym.imp.strlen
|       |   0x004012be      mov dword [var_18h], eax
```

このコードは `var_18h = strlen(dest)` を実行しています。 `dest` のアドレスを `strlen()` の引数に渡すことで文字列の長さを取得します。 `eax` に結果が返されますが、これを `var_18h` に格納しています。続きのコードを見ていきます。

```
|       |   0x004012c1      movzx eax, word [dest]
|       |   0x004012c8      movzx eax, ax
|       |   ; int seed
|       |   0x004012cb      mov edi, eax
|       |   ; void srand(int seed)
|       |   0x004012cd      call sym.srand
```

ここで登場した `movzx` はゼロ拡張コピーを行う命令で、1 バイトや 2 バイトの値を 4 バイトに拡張してコピーします。上位のバイトには 0 をセットします。つまり、 `dest` という配列の先頭 2 バイト（ `word` ）が乱数生成の初期シードとして `srand()` 関数に渡されています。結果として、このコードでは `srand(dest[0])` を実行しています。ここで、 `dest` は 2 バイトの配列であることが推測されます。

続きのコードを見ていきましょう。次は `jmp` 命令や `jl` 命令が含まれ、少し複雑な構造をしていますので、グラフ表示を確認してみます。まずは構造を把握するため、逆アセンブリの一部をマスクして説明します。

`0x004012d2` では `var_14h` という変数を 0 で初期化しています。さらに、`0x00401306` で `var_14h` に 1 を加え、 `0x00401319` では `var_14h` を `eax` レジスタと比較し、小さい場合は `0x004012db` に

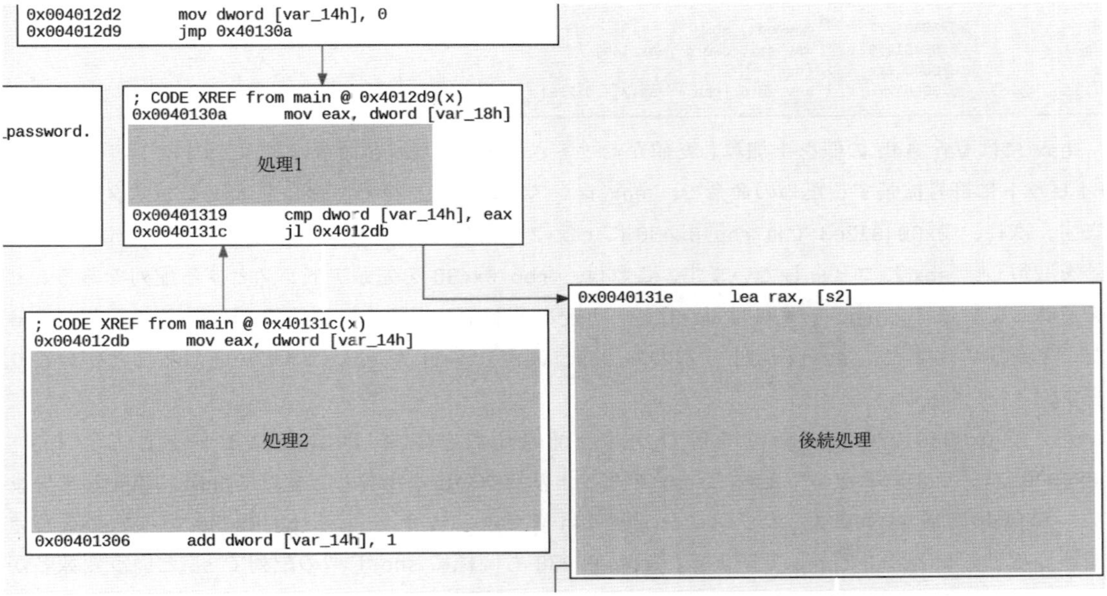

図 7-3　prob7-2 の main() 関数の逆アセンブリの一部

戻っています。これは、C 言語で表現すると以下のようなコードとなり、ループ構造であることが読み解けます[*9]。 `var_14h` はループの回数を数えるカウンターとして機能しています。

```
for (var_14h = 0; var_14h < （処理1）; var_14h++) {
    （処理2）
}
```

次に、処理 1、処理 2 の箇所を読んでいきます。まずはループの中を把握するため、処理 2 を解析します。これは次のようなコードになります。

```
|       | | |     0x004012de      add eax, 1
|       | | |     0x004012e1      cdqe
|       | | |     0x004012e3      movzx ebx, word [rbp + rax*2 - 0x430]
|       | | |     0x004012eb      mov eax, 0
|       | | |     ; int rand(void)
|       | | |     0x004012f0      call sym.rand
|       | | |     0x004012f5      xor ebx, eax
```

[*9] C 言語の `for` 文は、 `for (初期化; 条件式; 更新式) { 繰り返し実行する処理 }` という構文をとり、繰り返し処理を行うための制御構造です。ここでは、 `var_14h` に 0 をセットして初期化し、 `var_14h` が `処理 1` で求められた計算式よりも小さい限り `処理 2` を実行し、 `var_14h` に 1 を加算しています。

```
|       | | |    0x004012f7       mov edx, ebx
|       | | |    0x004012f9       mov eax, dword [var_14h]
|       | | |    0x004012fc       cdqe
|       | | |    0x004012fe       mov word [rbp + rax*2 - 0x230], dx
```

`eax` には `var_14h` の値を 1 加算した値がセットされます。 `cdqe` 命令は 32 ビットのレジスタ値を 64 ビットに符号拡張するための命令で、 `eax` レジスタの内容を符号拡張して `rax` レジスタに格納します。次に、 `0x004012e3` では `rbp-0x430` に `rax*2` を加算したアドレスから 2 バイト（ `word` ）の値を取得し、 `ebx` にコピーしています。これは、 `rbp-0x430` を先頭アドレスとする配列であることを意味しています。 `rbp-0x430` は `dest` という変数名が割り当てられていて `short` 型の配列であったことを思い出すと、 `dest[rax]` すなわち `dest[var_14h+1]` が `ebx` にコピーされることが分かります。

そして `0x004012f0` で `rand()` を呼び出し、疑似乱数を生成して `eax` にセットしています。 `0x004012f5` では `xor` 命令で `ebx` と `eax` のビット演算 XOR を計算し、続けて `edx` に格納しています。 `0x004012f9` 以降では、カウンター `var_14h` を `eax` にセットし、 `rbp-0x230` から `rax*2` だけ加算したアドレスにコピーしています。 `rbp-0x230` も同様に `short` 型の配列で `s1` という変数名が割り当てられていますので、これは `s1[rax]` すなわち `s1[var_14h]` となります。

以上のことから、処理 2 は C 言語で記述すると以下のコードに相当することが分かります。これは `dest` という配列の `var_14h+1` 番目の要素と、 `rand()` 関数の実行結果の XOR（ `^` ）を計算し、 `s1` という配列の `var_14h` 番目の要素に代入することを示しています。

```
s1[var_14h] = dest[var_14h+1] ^ rand();
```

処理 1 の箇所は以下のようになっています。

```
|       | | └─> 0x0040130a       mov eax, dword [var_18h]
|       | |     0x0040130d       sub eax, 1
|       | |     0x00401310       mov edx, eax
|       | |     0x00401312       shr edx, 0x1f
|       | |     0x00401315       add eax, edx
|       | |     0x00401317       sar eax, 1
```

`var_18h` には `strlen(dest)` の値が格納されていました。 `sub` は引き算を行う命令で、 `0x00401310` では `edx` に `var_18h - 1` がセットされます。 `shr` は右にビットシフトして上位ビットを 0 で埋める命令で、ここでは 31 ビット右にシフトして `edx` の最上位ビットを取得しています。 `sar` は右にビットシフトして上位ビットを元の値の最上位ビットで埋める処理を行う命令で、ここでは整数を 2 で割るために使用されています。つまり `var_18h - 1` を 2 で割っているため、以下のコードを実行していることになります[*10]。

```
(var_18h - 1) / 2
```

以上により、ループ構造の中身の処理を特定することができました。結果として、以下のコードが復元できました。

```
for (var_14h = 0; var_14h < (var_18h - 1) / 2; var_14h++) {
    s1[var_14h] = dest[var_14h+1] ^ rard();
}
```

続きを見ていきます。

```
|       |    0x0040131e      lea rax, [s2]
|       |    ; const char *s
|       |    0x00401322      mov rdi, rax
|       |    ; size_t strlen(const char *s)
|       |    0x00401325      call sym.imp.strlen
|       |    ; size_t n
|       |    0x0040132a      mov rdx, rax
|       |    0x0040132d      lea rcx, [s2]
|       |    0x00401331      lea rax, [s1]
|       |    ; const void *s2
|       |    0x00401338      mov rsi, rcx
|       |    ; const void *s1
|       |    0x0040133b      mov rdi, rax
|       |    ; int memcmp(const void *s1, const void *s2, size_t n)
|       |    0x0040133e      call sym.imp.memcmp
```

このコードは `memcmp(s1, s2, strlen(s2))` を実行しています。 `memcmp()` は第 1 引数と第 2 引数のポインタの参照先のデータを第 3 引数のサイズだけ比較して、等しいなら 0 を、そうでなければ 0 以外を返す関数です。 `s2` には 12 バイトのバイトデータが格納されていたことを思い出します。最後に、以下のコードが続きます。

```
|       |      0x00401343      test eax, eax
|       |  ┌─< 0x00401345      jne 0x401358
|       |  │    ; 0x402014
|       |  │    ; "Success!"
|       |  │    0x00401347      lea rax, str.Success_
|       |  │    ; const char *s
|       |  │    0x0040134e      mov rdi, rax
|       |  │    ; int puts(const char *s)
|       |  │    0x00401351      call sym.imp.puts
|      ┌────< 0x00401356      jmp 0x401367
|      │ │ │    ; CODE XREF from main @ 0x401345(x)
```

[*10] アセンブリをよく読むと `shr` 命令で `edx` の最上位ビットを取得して加算しています。これは、冗長に表現すると `(var_18h-1+((var_18h-1)>>31))/2` となります。ただし `var_18h` は文字列の長さで基本的に正の値をとるので、 `(var_18h-1)>>31` は 0 となり無視できます。この値が 0 の場合、 `(var_18h-1)>>31` は 1 となり、 `(var_18h-1+((var_18h-1)>>31))/2` は全体で 0 という値を取ります。この特徴は結果として `(var_18h-1)/2` という式に等しくなります。

```
|       | | |    ; 0x40201d
|       | | |    ; "Authentication failed."
|       | | └──> 0x00401358      lea rax, str.Authentication_failed.
|       | |     ; const char *s
|       | |     0x0040135f      mov rdi, rax
|       | |     ; int puts(const char *s)
|       | |     0x00401362      call sym.imp.puts
|       | |     ; CODE XREF from main @ 0x401356(x)
|       └─────> 0x00401367      mov eax, 0
|        |     ; CODE XREF from main @ 0x40126c(x)
|        └────> 0x0040136c      mov rbx, qword [var_8h]
```

ここでは、memcmp() の比較結果に応じて 2 種類の puts() 関数を呼び出しています。このコードは C 言語で表現すると以下のコードになります[*11]。

```
if (!memcmp(s1, s2, strlen(s2))) {
    puts("Success!");
} else {
    puts("Authentication failed.");
}
```

地道な作業ですが、このようにしてプログラムの処理を解明することができました。main() 関数では、プログラムの中で定義した 2 つの関数 sym.srand()、sym.rand() を呼び出していたことを思い出します。詳細は割愛しますが、アドレス 0x004011b6 と 0x004011cd 以降のコードをこれまでと同様に解析すると、以下のようなプログラムを復元することができます[*12]。これは線形合同法[*13]と呼ばれる疑似乱数を生成する一般的なアルゴリズムで、srand() によって初期値（Seed）を設定し、rand() 関数を実行するたびに疑似乱数を得ることができます。ただし、最後に 0xFFFF との AND 演算を行うことで 2 バイトの値を取り出しています。

コード 7.14: 線形合同法による疑似乱数生成の処理

```
srand(seed) {
    x = seed;
}

```

[*11] C 言語の if 文は、if (条件式) { 条件式が真の場合の処理 } else { 条件式が偽の場合の処理 } という構文をとり、条件分岐を行うための制御構造です。ここでは、s1 と s2 が示すアドレスを s2 の長さだけ比較し、等しい場合は Success! という文字列を、そうでない場合は Authentication failed. という文字列を puts() 関数で出力しています。! は論理否定演算子であり、memcmp() 関数の結果を反転するために使用されています。

[*12] srand() は 4 バイトの引数を 1 つ取ります。ここでは関数名からその働きを推測して、seed という変数名を割り当てています。また、これまで登場した変数はローカル変数でありスタック上に領域が確保されますが、x はプログラムのどこからでも参照することができる領域に保存されているため、グローバル変数と呼ばれます。また、C 言語の & は AND 演算を行うビット演算子です。

[*13] 本演習においてはあまり関係ありませんが、線形合同法は実装が簡単で、疑似乱数としての質は悪いことが知られています。

```
rand() {
    var_4h = 0x41c64e6d;
    var_8h = 0x3039;
    var_ch = 0x7fffffff;

    x = (var_8h + x * var_4h) & var_ch;

    return x & 0xFFFF;
}
```

これまでの解析により、`main()` 関数の「変換処理」以降に相当するコードが以下のように復元できました。

コード 7.15: prob7-2 の解析結果

```
memset(s1, 0, 256);
strncpy(dest, argv[1], 127));
var_18h = strlen(dest);

srand(dest[0]);
for (var_14h = 0; var_14h < (var_18h - 1) / 2; var_14h++) {
    s1[var_14h] = dest[var_14h+1] ^ rand();
}

if (!memcmp(s1, s2, strlen(s2))) {
    puts("Success!");
} else {
    puts("Authentication␣failed.");
}
```

このコードでは、最初に引数として入力した文字列 `argv[1]` が `dest` 変数にコピーされます。そして最初の 2 バイトを疑似乱数のシードとして疑似乱数を生成し、`dest` の 2 バイト目以降とのビット演算 XOR を計算します。最終的に得られたバイト列とプログラムに設定されたバイト列を比較しています。このコードは以下のような図で表現することができます（ただし、XOR を $\oplus$ と表記しています）。

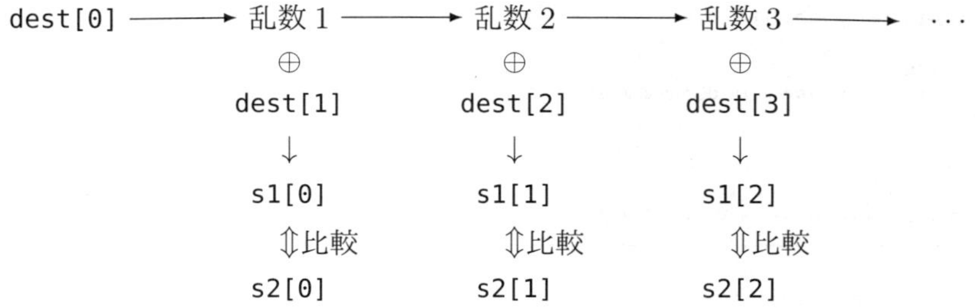

このプログラムでは、`dest[0]` の 2 バイトの値によって初期化された疑似乱数によって入力値との XOR を計算しています。乱数列は 0〜65535 という 2 バイトの値を取りうるため、乱数列は

65536 通りの可能性があります[*14]。ここでバイト列 `s2` と乱数列の候補の XOR を計算すると、パスワードの候補を得ることができます。ただしパスワードは印字可能であることを期待したいので、計算後にそのような条件を満たすものがないか判定します。この処理を行うプログラムを Python で作成すると、以下のようになります。このようにリバースエンジニアリングにおいて正しいパスワードを得るためのスクリプトはソルバーと呼ばれます。

コード 7.16: prob7-2 のソルバーを実行する

```
import os, sys, struct, string, itertools

def rand(s):
    a = 0x41c64e6d
    b = 0x3039
    c = 0x7fffffff
    x = s

    while True:
        x = (a * x + b) & c
        yield x & 0xFFFF

def enc(msg):
    key = rand(struct.unpack("<H", msg[0:2])[0])
    encoded_msg = []

    for i in range(2, len(msg), 2):
        e = struct.unpack("<H", msg[i:i+2])[0]
        r = next(key)
        encoded_msg.append(struct.pack("<H", e ^ r))

    encoded_bytes = b"".join(encoded_msg)
    return encoded_bytes

def solve(encoded_msg):
    for initial_msg in itertools.product(range(0x20, 0x7F), repeat=2):
        key = rand(struct.unpack("<H", struct.pack("<2B", *initial_msg))[0])
        msg = [struct.pack("<2B", *initial_msg)]

        for i in range(0, len(encoded_msg), 2):
            e = struct.unpack("<H", encoded_msg[i:i+2])[0]
            r = next(key)
            msg.append(struct.pack("<H", e ^ r))

        decoded_msg = b"".join(msg)
        if all(chr(c) in string.printable for c in decoded_msg):
            return decoded_msg

    return False

print(solve(b"\x55\x35\x52\x8a\xb0\x6c\xf9\xb5\x0c\x8d\x39\xe9"))
```

[*14] 平文は ASCII 文字で構成されると考えられるため、実際はもう少し限定されます。`0x20` ～ `0x7F` の範囲で 2 バイトの組み合わせを `itertools.product()` 関数を用いてこのような値を生成した上で元のメッセージの候補となる文字列を取得し、文字がすべて印字可能（ `string.printable` に含まれる）であるか確かめています。itertools については `https://docs.python.org/ja/3/library/itertools.html` を参照してください。

実行結果

```
b'Reversing1sFun'
```

パスワード `Reversing1sFun` が表示されました。実際にこの文字列を引数に入力して、パスワードが正しいことを確認します。

コード **7.17: prob7-2** のパスワードの確認

```
!./prob7-2 Reversing1sFun
```

実行結果

```
Success!
```

これが正しいパスワード（フラグ）であることが確認できました*15。

7.2.3　例題 3：ビット演算の難読化

簡単な難読化が施されているプログラムを解析します。次の prob7-3 は、prob7-2 の一部を変更したプログラムで、同じパスワードで判定を通すことができますが、一部の処理が改変されています。まずは同じ挙動を示すことを確認するため、適当なパスワードを指定して入力し、認証に失敗することを確認します。

コード **7.18:** 適当なパスワードを入れてプログラム **prob7-3** を実行する

```
!chmod u+x prob7-3
!./prob7-3 aaaa
```

実行結果

```
Authentication failed.
```

次に、prob7-2 と同じパスワードを指定して認証に成功することを確認します。

コード **7.19:** 正しいパスワードを入れてプログラム **prob7-3** を実行する

```
!./prob7-3 Reversing1sFun
```

*15 今回のアルゴリズムでは、平文のパスワードと変換されたバイト列は 1 対 1 に対応しません。つまり、任意のバイト列が一意に復号できるとは限らないため、変換後のバイト列によっては複数の平文が出現する可能性もあります。仮に複数存在した場合であってもどちらも認証処理を通すことができるため、両方が正解となります。

実行結果

```
Success!
```

前回と同様の Python スクリプトを使用し、逆アセンブリを出力します。出力は prob7-2 と似たような結果が表示されますが、処理が長くなっていることが分かります。ここでは、`main()` 関数の変数定義と、prob7-2 との差分にあたる処理のみを記載しています。

コード 7.20: prob7-3 の逆アセンブリを出力する

```python
import r2pipe
from pprint import pprint

r2 = r2pipe.open("prob7-3")
r2.cmd('aaa')
functions = r2.cmdj('aflj')
functions = [f for f in functions if f['name'] in ['main', 'sym.srand', 'sym.rand']]

for function in functions:
    function_address = function['offset']
    function_size = function['size']
    r2.cmd('e asm.bytes=false')
    disassembly = r2.cmd(f'pD {function_size} @{function_address}')
    print(disassembly)

r2.quit()
```

実行結果

```
┌
 424: int main (signed int64_t argc, char **argv);
 |           ; arg signed int64_t argc @ rdi
 |           ; arg char **argv @ rsi
 |           ; var signed int64_t var_4h @ rbp-0x4
 |           ; var size_t var_8h @ rbp-0x8
 |           ; var int64_t var_ah @ rbp-0xa
 |           ; var int64_t var_12h @ rbp-0x12
 |           ; var char *s2 @ rbp-0x17
 |           ; var void *s1 @ rbp-0x220
 |           ; var char *dest @ rbp-0x420
 |           ; var signed int64_t var_424h @ rbp-0x424
 |           ; var char **src @ rbp-0x430

...

 |      | | |   ; int rand(void)
 |      | | |   0x004012df      call sym.rand
 |      | | |   0x004012e4      mov word [var_ah], ax
 |      | | |   0x004012e8      mov eax, dword [var_4h]
 |      | | |   0x004012eb      add eax, 1
 |      | | |   0x004012ee      cdqe
 |      | | |   0x004012f0      movzx eax, word [rbp + rax*2 - 0x420]
 |      | | |   0x004012f8      mov edx, eax
```

```
|       | | |   0x004012fa      movzx eax, word [var_ah]
|       | | |   0x004012fe      not eax
|       | | |   0x00401300      and eax, edx
|       | | |   0x00401302      mov edx, eax
|       | | |   0x00401304      mov eax, dword [var_4h]
|       | | |   0x00401307      cdqe
|       | | |   0x00401309      mov word [rbp + rax*2 - 0x220], dx
|       | | |   0x00401311      mov eax, dword [var_4h]
|       | | |   0x00401314      cdqe
|       | | |   0x00401316      movzx eax, word [rbp + rax*2 - 0x220]
|       | | |   0x0040131e      mov ecx, eax
|       | | |   0x00401320      mov eax, dword [var_4h]
|       | | |   0x00401323      add eax, 1
|       | | |   0x00401326      cdqe
|       | | |   0x00401328      movzx eax, word [rbp + rax*2 - 0x420]
|       | | |   0x00401330      not eax
|       | | |   0x00401332      mov ecx, eax
|       | | |   0x00401334      movzx eax, word [var_ah]
|       | | |   0x00401338      and eax, edx
|       | | |   0x0040133a      or eax, ecx
|       | | |   0x0040133c      mov edx, eax
|       | | |   0x0040133e      mov eax, dword [var_4h]
|       | | |   0x00401341      cdqe
|       | | |   0x00401343      mov word [rbp + rax*2 - 0x220], dx
...
```

このプログラムは、基本的な構造としては prob7-2 と同じです。ただし、以下の図の「?」に相当する処理に変更が加えられています。

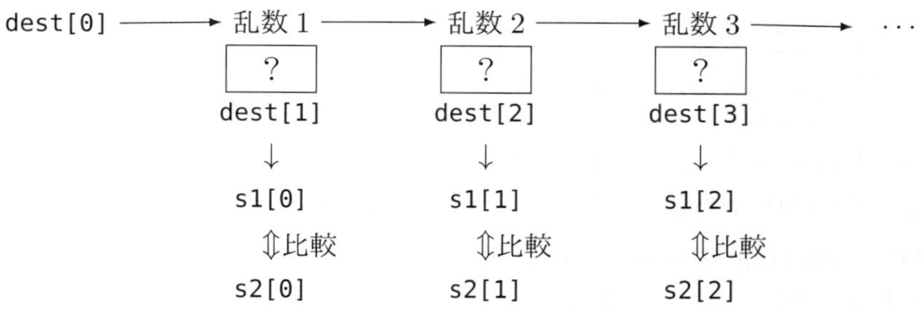

ビット演算命令が多く出現するため、一見してどのような処理が行われているか分かりませんが、少しずつ解析を行っていきます。

```
|       | | |   0x004012df      call sym.rand                          ; int rand(void)
|       | | |   0x004012e4      mov word [var_ah], ax
```

これは `var_ah = rand();` に相当するコードです。続きを見ていきましょう。

```
|         | | |     0x004012e8      mov eax, dword [var_4h]
|         | | |     0x004012eb      add eax, 1
|         | | |     0x004012ee      cdqe
```

`var_4h` は prob7-2 と同様、ループカウンターです。`var_4h+1` という値を `eax` に代入しています。続きを見ていきます。

```
|         | | |     0x004012f0      movzx eax, word [rbp + rax*2 - 0x420]
|         | | |     0x004012f8      mov edx, eax
```

`rbp-0x420` は `dest` という変数が割り当てられています。アドレスが `rax*2` によって加算されているので、配列であることが分かります。`dest` が `short` 型であることを思い出すと、`dest[var_14h+1]` という値を `edx` にコピーしています。

```
|         | | |     0x004012fa      movzx eax, word [var_ah]
|         | | |     0x004012fe      not eax
```

`not` はビット反転を行うオペコードで、C 言語のチルダ（`~`）に相当します。つまり、`eax` に `~var_ah` の値がセットされます。

```
|         | | |     0x00401300      and eax, edx
|         | | |     0x00401302      mov edx, eax
```

`edx` には `edx` と `eax` のビット演算の AND がセットされます。つまり、`edx` には `dest[var_14h+1] & ~var_ah` がセットされます。

```
|         | | |     0x00401304      mov eax, dword [var_4h]
|         | | |     0x00401307      cdqe
|         | | |     0x00401309      mov word [rbp + rax*2 - 0x220], dx
```

`rbp-0x220` は `s1` という変数名が割り当てられていますが、アドレスが `rax*2` によって加算されているので、これも `short` 型の配列であることが分かります。`dx` の値をこのアドレスにコピーしているので、`s1[var_4h] = dest[var_4h+1] & ~var_ah` というコードに相当することがいえます。ここまで差分のコードの半分を理解しました。後半は以下のように続きます。

```
|         | | |     0x00401311      mov eax, dword [var_4h]
|         | | |     0x00401314      cdqe
|         | | |     0x00401316      movzx eax, word [rbp + rax*2 - 0x220]
|         | | |     0x0040131e      mov ecx, eax
|         | | |     0x00401320      mov eax, dword [var_4h]
|         | | |     0x00401323      add eax, 1
|         | | |     0x00401326      cdqe
|         | | |     0x00401328      movzx eax, word [rbp + rax*2 - 0x420]
|         | | |     0x00401330      not eax
|         | | |     0x00401332      mov edx, eax
|         | | |     0x00401334      movzx eax, word [var_ah]
|         | | |     0x00401338      and eax, edx
```

```
|      | | |   0x0040133a      or eax, ecx
|      | | |   0x0040133c      mov edx, eax
|      | | |   0x0040133e      mov eax, dword [var_4h]
|      | | |   0x00401341      cdqe
|      | | |   0x00401343      mov word [rbp + rax*2 - 0x220], dx
```

詳細は割愛しますが、これまでと同様の手順でコードの復元を行います。結論としては、このコードは `s1[var_4h] |= ~dest[var_4h+1] & var_ah` となります。最終的に、prob7-3 の差分における処理は、以下のようなソースコードとなります。

```
var_ah = rand();
s1[var_4h] = (dest[var_4h+1] & ~var_ah) | (~dest[var_4h+1] & var_ah);
```

一体、このコードはどのような計算を行っているのでしょうか。実は、ビット演算に関して以下の等式が成立することが知られています。

$$A \text{ XOR } B = (A \text{ AND NOT } B) \text{ OR } (\text{NOT } A \text{ AND } B) \tag{7.1}$$

この式変形を用いると、この複雑に見える演算は単なる XOR 計算であることが分かります。この処理は以下のコードと等価であり、そのため prob7-2 と同じ結果が生成されます。

コード 7.21: prob7-3 のビット演算

```
var_ah = rand();
s1[var_4h] = dest[var_4h+1] ^ var_ah;
```

以上により、prob7-2 と同じソルバーで解答が得られることを示せました。

7.3 Python バイトコードの解析

7.3.1 Python バイトコードを解析する方法

次に、本書のテーマにもなっている Python ですが、Python スクリプトの実行時に生成されるバイトコードを解析してみます。例題に入る前に、Python のバイトコードについて説明します。Python で作成したスクリプトのソースコードは実行時にコンパイルされてバイトコードに変換され、Python Virtual Machine (PVM) 上で動作します。このバイトコードを.pyc ファイルとして保存することで、次回実行時にこのファイルを読み込んでコンパイル処理を省略して、実行開始までの時間を短縮できます。.pyc はバイナリ形式ですが、このコードを解析する方法について説明します。

まずは Python の `dis` モジュール[*16]について説明します。`dis` は Python プログラムのバイト

[*16] https://docs.python.org/ja/3/library/dis.html

コードを解析するためのモジュールで、デバッグに使用されます。以下のスクリプトを実行してみます。

コード 7.22: dis.dis() でバイトコードを表示する

```
import dis

def fib(n):
    if n == 1 or n == 2:
        return 1
    return fib(n-1) + fib(n-2)

dis.dis(fib)
```

実行結果

```
  4           0 LOAD_FAST                0 (n)
              2 LOAD_CONST               1 (1)
              4 COMPARE_OP               2 (==)
              6 POP_JUMP_IF_TRUE         8 (to 16)
              8 LOAD_FAST                0 (n)
             10 LOAD_CONST               2 (2)
             12 COMPARE_OP               2 (==)
             14 POP_JUMP_IF_FALSE       10 (to 20)

  5     >>   16 LOAD_CONST               1 (1)
             18 RETURN_VALUE

  6     >>   20 LOAD_GLOBAL              0 (fib)
             22 LOAD_FAST                0 (n)
             24 LOAD_CONST               1 (1)
             26 BINARY_SUBTRACT
             28 CALL_FUNCTION            1
             30 LOAD_GLOBAL              0 (fib)
             32 LOAD_FAST                0 (n)
             34 LOAD_CONST               2 (2)
             36 BINARY_SUBTRACT
             38 CALL_FUNCTION            1
             40 BINARY_ADD
             42 RETURN_VALUE
```

関数 `fib()` は 1.3.6 でも紹介したフィボナッチ数列を計算する関数で、整数の引数を 1 つとります。実行結果には、この関数のバイトコードに対して `dis.dis(fib)` で整形した結果が表示されています。

一番左の `4` は Python スクリプト上の行番号で、 `if n == 1 or n == 2:` に対応しています。その次はバイトコード上のオフセットで、例えば 0 バイト目に `LOAD_FAST` 命令、2 バイト目に `LOAD_CONST` 命令が配置されていることを示します。命令は引数をとる場合があり、次の列に表示されます。また、その説明が括弧内に記載されます。

Python のバイトコードはスタックマシンと呼ばれる計算機のモデルで実現しています。これは Last In First Out 構造のスタックを使用して演算処理を実現します。`LOAD_FAST` では変数 `n`（ここでは 0 番目のインデックスを採番）の値をスタックに積みます。次に `LOAD_CONST` で定数 1 をスタックに積みます。ここで `COMPARE_OP` を実行すると、スタックの最上位から 2 番目と最上位を取り出して比較を行います。引数は 2 が指定されていて、これは `==` 演算に相当しますので、`n == 1` を実行していることになります。比較結果は `True` か `False` のどちらかになりますが、これはスタックの最上位に積まれます。次の `POP_JUMP_IF_TRUE` でスタックの最上位を取り出し、`True` であれば指示された命令にジャンプします。

上記ではスクリプトの中で自分自身が定義した関数のバイトコードを表示しましたが、外部の.pyc ファイルを読み込んでバイトコードを表示することもできます。Python スクリプトを実行する際に、モジュールのコンパイル結昊を.pyc ファイルとして保存します。Python スクリプトを実行せずにコンパイルだけすることも可能で、`compileall` モジュールを指定して明示的にスクリプトをコンパイルすることができます。Colab 上では以下のように実行します。

コード 7.23: Python スクリプトを明示的にコンパイルする

```
!python -m compileall hello.py
!ls __pycache__
```

実行結果

```
Compiling 'hello.py'...
hello.cpython-310.pyc
```

バイナリを 16 進数で表示する `hexdump -C` コマンドを用いると、.pyc ファイルはバイナリファイルであることが確認できます。

コード 7.24: .pyc ファイルの中身を 16 進数で表示する

```
!hexdump -C __pycache__/hello.cpython-310.pyc
```

実行結果

```
00000000  6f 0d 0d 0a 00 00 00 00  70 27 ce 12 13 00 00 00  |o.......p'......|
00000010  e3 00 00 00 00 00 00 00  00 00 00 00 00 00 00 00  |................|
00000020  00 02 00 00 00 40 00 00  00 73 0c 00 00 00 65 00  |.....@...s....e.|
00000030  64 00 83 01 01 00 64 01  53 00 29 02 da 05 68 65  |d.....d.S.)...he|
00000040  6c 6c 6f 4e 29 01 da 05  70 72 69 6e 74 a9 00 72  |lloN)...print..r|
00000050  03 00 00 00 72 03 00 00  00 fa 08 68 65 6c 6c 6f  |....r......hello|
00000060  2e 70 79 da 08 3c 6d 6f  64 75 6c 65 3e 01 00 00  |.py..<module>...|
00000070  00 73 02 00 00 00 0c 00                           |.s......|
00000078
```

また、.pyc ファイルは Python スクリプトと同様に実行することができます。元のソースコードは必要ありません。

コード 7.25: .pyc ファイルを実行する

```
!python __pycache__/hello.cpython-310.pyc
```

実行結果

```
hello
```

.pyc のバイトコードを表示してみます。Python オブジェクトは marshal という方式でバイト列に変換（シリアライズ）されています。これは `marshal` モジュール[*17]を使用して逆変換（デシリアライズ）してロードすることができます。その後、 `dis.dis()` 関数を用いて同様に出力します。ただし、最初の 16 バイトはヘッダーであるためスキップしています。

コード 7.26: dis.dis() で読み込んだ pyc ファイルのバイトコードを表示する

```
import dis
import marshal

with open("__pycache__/hello.cpython-310.pyc", "rb") as f:
    f.seek(16)
    dis.dis(marshal.load(f))
```

実行結果

```
  1           0 LOAD_NAME                0 (print)
              2 LOAD_CONST               0 ('hello')
              4 CALL_FUNCTION            1
              6 POP_TOP
              8 LOAD_CONST               1 (None)
             10 RETURN_VALUE
```

7.3.2　例題 4: .pyc を解析する問題

ここで、例題 prob7-4.pyc の解析に取り組んでみましょう。前述の方法を用いて.pyc ファイルのバイトコードを出力しても構いませんが、ここでは Decompyle++ という別のツールを使用する方法を紹介します。Decompyle++ は以下のコマンドでインストールできます。

[*17] https://docs.python.org/ja/3/library/marshal.html

コード 7.27: **Decompyle++** をインストールする

```
!git clone https://github.com/zrax/pycdc.git
!cd pycdc && cmake . && make
```

実行結果

```
Cloning into 'pycdc'...
remote: Enumerating objects: 2800, done.
remote: Total 2800 (delta 0), reused 0 (delta 0), pack-reused 2800
Receiving objects: 100% (2800/2800), 814.65 KiB | 16.97 MiB/s, done.
Resolving deltas: 100% (1763/1763), done.
-- The C compiler identification is GNU 11.4.0
-- The CXX compiler identification is GNU 11.4.0

...

[ 90%] Built target pycdas
[ 92%] Building CXX object CMakeFiles/pycdc.dir/pycdc.cpp.o
[ 95%] Building CXX object CMakeFiles/pycdc.dir/ASTree.cpp.o
[ 97%] Building CXX object CMakeFiles/pycdc.dir/ASTNode.cpp.o
[100%] Linking CXX executable pycdc
[100%] Built target pycdc
```

インストールに成功すると上記のメッセージが表示され、`pycdc/pycdas` と `pycdc/pycdc` というコマンドが作成されます。`pycdc/pycdas` コマンドを実行すると逆アセンブリが出力されます。これは `dis.dis()` に相当しますが、より情報が整理されて表示されます。

コード 7.28: **pycdas** を実行する

```
!pycdc/pycdas prob7-4.pyc
```

実行結果

```
prob7-4.pyc (Python 3.10)
[Code]
    File Name: prob7-4.py
    Object Name: <module>
    Arg Count: 0
    Pos Only Arg Count: 0
    KW Only Arg Count: 0
    Locals: 0
    Stack Size: 9
    Flags: 0x00000040 (CO_NOFREE)
    [Names]
        'sys'
        'itertools'
        'mul'
        'auth'
        '__name__'
        'len'
```

```
    'argv'
    'print'
    'exit'
    'input_password'
    'myhash'
    'key'
[Var Names]
[Free Vars]
[Cell Vars]
[Constants]
    0
    None
    [Code]

...

[Disassembly]
    0       LOAD_CONST                    0: 0
    2       LOAD_CONST                    1: None
    4       IMPORT_NAME                   0: sys
    6       STORE_NAME                    0: sys
    8       LOAD_CONST                    0: 0
    10      LOAD_CONST                    1: None
    12      IMPORT_NAME                   1: itertools
    14      STORE_NAME                    1: itertools
    16      LOAD_CONST                    2: <CODE> mul
    18      LOAD_CONST                    3: 'mul'
    20      MAKE_FUNCTION                 0
    22      STORE_NAME                    2: mul
    24      LOAD_CONST                    4: <CODE> auth
    26      LOAD_CONST                    5: 'auth'
    28      MAKE_FUNCTION                 0
    30      STORE_NAME                    3: auth
    32      LOAD_NAME                     4: __name__
    34      LOAD_CONST                    6: '__main__'
    36      COMPARE_OP                    2 (==)
    38      POP_JUMP_IF_FALSE             86 (to 172)
    40      LOAD_NAME                     5: len
    42      LOAD_NAME                     0: sys
    44      LOAD_ATTR                     6: argv
    46      CALL_FUNCTION                 1
    48      LOAD_CONST                    7: 2
    50      COMPARE_OP                    0 (<)
    52      POP_JUMP_IF_FALSE             35 (to 70)
    54      LOAD_NAME                     7: print
    56      LOAD_CONST                    8: 'Input password.'
    58      CALL_FUNCTION                 1

...

    134     STORE_NAME                    11: key
    136     LOAD_NAME                     3: auth
    138     LOAD_NAME                     9: input_password
    140     LOAD_NAME                     10: myhash
    142     LOAD_NAME                     11: key
    144     CALL_FUNCTION                 3
```

```
    146     POP_JUMP_IF_FALSE          80 (to 160)
    148     LOAD_NAME                  7: print
    150     LOAD_CONST                 19: 'Success!'
    152     CALL_FUNCTION              1
    154     POP_TOP
    156     LOAD_CONST                 1: None
    158     RETURN_VALUE
    160     LOAD_NAME                  7: print
    162     LOAD_CONST                 20: 'Authentication failed.'
    164     CALL_FUNCTION              1
    166     POP_TOP
    168     LOAD_CONST                 1: None
    170     RETURN_VALUE
    172     LOAD_CONST                 1: None
    174     RETURN_VALUE
```

バイトコードはコンピューターが解釈するための表現であるため抽象度は低いですが、Decompyle++ の `pycdc` コマンドを実行すると、さらにデコンパイルを行い Python の元々のソースコードを復元することができます[*18]。

コード 7.29: pycdc を実行する

```
!pycdc/pycdc prob7-4.pyc
```

実行結果

```
# Source Generated with Decompyle++
# File: prob7-4.pyc (Python 3.10)

import sys
import itertools

def mul(matrix, vector):
    result = []
    for i in range(len(vector)):
        result.append(sum((lambda .0: [ x * y for x, y in .0 ])(zip(matrix[i], vector))))
    return result


def auth(input_password, myhash, key):
    input_password += '\x00' * (7 - (len(input_password) - 1) % 8)
    p = (lambda .0: [ ord(c) for c in .0 ])(input_password)
    h = (lambda .0 = None: [ mul(key, p[i:i + 8]) for i in .0 ])(range(0, len(p), 8))
    h = tuple(itertools.chain.from_iterable(h))
    return h == myhash

if __name__ == '__main__':
```

*18 バイトコードからソースコードを復元していますが、完全に元のソースコードと一致するとは限りません。ただし、変数名や関数名などはバイトコード中で保持しているため、x86-64 などの機械語をデコンパイルするのと比べて分かりやすく復元できます。

```
    if len(sys.argv) < 2:
        print('Input password.')
        exit(0)
    input_password = sys.argv[1]
    myhash = (-2365, 103, -305, -944, 1327, 1208, 259, -479, -1404, 318, -356, -978, 1384, 1945, 1509, 316, -1164,
        -126, -26, -350, 1129, 976, -721, -592)
    key = [
        [
            -9,
            3,
            -6,
            -7,
            9,
            -9,
            9,
            -8],

        ...

        [
            8,
            -9,
            -4,
            2,
            5,
            -6,
            5,
            -1]]
    if auth(input_password, myhash, key):
        print('Success!')
        return None
    None('Authentication failed.')
    return None
```

実行結果にはPythonのソースコードが出力されました。このプログラムの先頭では `sys` モジュールと `itertools` モジュールをインポートしています。

次に関数 `mul()` の定義が続きます。これは2次元リスト `matrix` とリスト `vector` を引数にとります。この関数内では、まず空のリスト `result` を作成します。続いて、 `vector` の長さに基づいて繰り返し処理が行われます。各繰り返しでは、インデックス `i` に基づいて `matrix[i]` と `vector` の要素を `zip()` 関数[*19]を用いてペアのリストに変換した上で、その積を求めます[*20]。そして `sum()` 関

*19 https://docs.python.org/ja/3/library/functions.html#zip

*20 `(lambda .0: [ x * y for x, y in .0 ])(zip(matrix[i], vector)))` の部分は複雑な構造ですが、ラムダ式とリスト内包表記が用いられています。ラムダ式は無名関数とも呼ばれ、 `lambda 引数: 式` という構文をとり、関数の定義と代入を同時に行います。ここでは `.0` という引数をとる関数を宣言し、 `[ x * y for x, y in .0 ]` というリストを返すよう定義した上で、さらに引数に `zip(matrix[i], vector)` を代入しています。つまり、 `[ x * y for x, y in zip(matrix[i], vector) ]` というリスト内包表記として評価されます。リスト内包表記については 70 ページを参照してください。

数でその和を計算して、result に追加しています。結果として、これは名前からも推測できるとおり matrix と vector の行列の積を求める処理に相当します。

関数 auth() は、input_password、myhash、key という 3 つの引数をとります。まず input_password の末尾を長さが 8 の倍数になるよう \x00 で埋めます。そして p には input_password に含まれるそれぞれの文字を ord() 関数で整数に変換したリストを代入しています。h には、p を 8 文字ずつスライスしたリストをベクトルとみなし、mul() 関数で行列 key との積を計算してリストとして代入しています。この時点では h はネストしたリストとなっていますが、次の tuple(itertools.chain.from_iterable(h)) を用いて 1 次元のタプルに変換しています（このような操作は一般的に flatten と呼ばれることがあります）。これが入力したパスワードの変換処理であり、最後に正解となるハッシュ値 myhash と比較した結果を返しています。つまり、正しいパスワードを入力した場合にのみ $\mathrm{myhash} = \mathrm{key} \times \mathrm{input}$ という関係が成り立ち、auth() は True を返します。

次はメインの処理です。sys.argv にはプログラム自身と引数を合わせた数が入りますので、引数がない場合は Input password. というメッセージを出力してプログラムを終了します。引数がある場合は最初の引数 sys.argv[1] を input_password として設定します。次に正解の比較対象となる myhash をタプルで定義しています。また、key に秘密情報として 8×8 の行列が定義されています。これらの値を auth() 関数の引数に渡して、入力したパスワードが正しいかどうか判定を行っています。パスワードが正しい場合は Success! という文字列を、誤っている場合は Authentication failed. という文字列を出力してプログラムを終了します。

ここで、key の逆行列を求めて $\mathrm{input} = \mathrm{key}^{-1} \times \mathrm{myhash}$ という計算を行うことで、変換後の値から元のパスワードを復元することができます。そこで、以下のようなソルバーを作成して実行します。逆行列の計算には sympy [*21] モジュールを使用しています。sympy は Colab 上にデフォルトでインストールされていますので、そのままインポートすることができます。

コード 7.30: prob7-4 のソルバーを作成する

```
from sympy import Matrix

myhash = Matrix((-2365, 103, -305, -944, 1327, 1208, 259, -479, -1404, 318, -356, -978, 1384, 1945, 1509, 316, -1164,
   -126, -26, -350, 1129, 976, -721, -592))

key = Matrix(
    [
        [-9, 3, -6, -7, 9, -9, 9, -8],
        [6, -1, -6, -4, -1, 4, 3, -1],
```

*21 SymPy は数式演算を行うライブラリで、数値計算ではなく数式をそのまま扱うシンボリック数学を実現することができます。https://www.sympy.org/en/index.html

```
        [-3, -5, 8, 6, -1, -4, 3, -4],
        [-3, -8, 8, -3, 6, -1, -2, -3],
        [1, 3, 7, 10, -3, -5, 3, 1],
        [9, -1, 2, 2, 6, 1, 4, -4],
        [-8, 9, -9, 3, 9, -9, 10, 4],
        [8, -9, -4, 2, 5, -6, 5, -1],
    ]
)

invkey = key.inv()
ans = list([invkey * Matrix(myhash[i:i+8]) for i in range(0, len(myhash), 8)])
print("".join([chr(x[y]) for x in ans for y in range(8) if x[y] != 0]))
```

実行結果

```
PYC_1s=dec0mpilable
```

sympy の `Matrix()` 関数を使用して、 `myhash` と `key` を定義しています。 `key.inv()` を用いて逆行列を求め、 `myhash` から 8 バイトずつ取り出して掛算を行っています。最後の行では、 `ans` に格納された値を文字列に変換しています。実行結果としてパスワード `PYC_1s=dec0mpilable` が表示されました。最後に、このパスワードが正しいことを確認します。

コード 7.31: prob7-4 のパスワードが正しいことを確認する

```
!python prob7-4.pyc PYC_1s=dec0mpilable
```

実行結果

```
Success!
```

以上により、入手したパスワードが正しいことを確認できました。

7.4　本章のまとめ

本章では扱いませんでしたが、例題 1〜3 のような x86-64 アセンブリをさらに C 言語のソースコードまで自動で復元（デコンパイル）することができるデコンパイラ[*22]があります。完全に元のソースコードに復元できる訳ではありませんが、抽象化されて読みやすくなるため解析の大きな助けになります。特に最近のデコンパイラは性能が良く、バイナリを扱うまでもなくソースコードレベルで解析が完結できてしまうケースもあります。一方で、CTF の出題者やマルウェア作成者などはリバースエンジニアリングを難しくするために、まともにデコンパイル結果を出力できないよう様々な

[*22] 代表的なものに IDA (https://hex-rays.com/ida-pro/) や Ghidra (https://ghidra-sre.org/) があります。

対策を施します。そのようなケースにおいては、やはり本章のようにアセンブリに戻って地道に解析することになるため、アセンブリの基礎を身に着けておく必要があります。

コラム CTF (Capture The Flag) のススメ

本章では CTF で出題される典型的な形式のバイナリファイルを扱いました。本章では基本的な内容しか扱いませんでしたが、より高度なバイナリ解析技術を身に着けるためには実際の CTF の問題に取り組むことをお勧めします。問題ごとに様々な技術が盛り込まれていること、世界中のプレイヤーが writeup と呼ばれる解答を得るまでの手順を Web サイトで公開していること、題材は解析されることを前提としているため法的なリスクがないこと、が挙げられます。実際、筆者も振り返ってみると、CTF で多くのバイナリ解析技術を習得してきました。

CTF に参加する場合は CTF Time*23を参照すると開催予定の CTF を確認できます。土～日のうち 24～48 時間で開催されることが多く、大抵はチームを組んでオンラインで参加する形式となります。一部、国や年齢、学生といった属性などによる参加制限がありますので注意してください。練習であれば、過去問にチャレンジすることも効果的です。筆者は膨大な数の過去問をアーカイブしている GitHub のリポジトリ*24を参照して、片っ端からチャレンジしたこともありました。ただし、難しい問題は本当に難しく、時間がいくらあっても足りなくなります。早々に検索サイトで、「CTF 名 + 問題名 + "Writeup"」で検索し、他の人の解法を参考にしたり、難易度を見て取り組む問題を取捨選択したりすることも必要です。

CTF では、リバースエンジニアリングの他にも pwn と呼ばれるジャンルがあります。pwn は提供されたプログラムに存在する脆弱性を発見し、エクスプロイトコード（攻撃コード）を作成して攻撃することでサーバーに仕込まれたフラグを入手します。脆弱性を発見するためにはプログラムを解析する必要があり、リバースエンジニアリングの技術が必要となります。また、他にも暗号というジャンルがあり、独自の暗号アルゴリズムや実装不備のあるプログラムから脆弱性を探して暗号文を復号する問題が出題されます。また、パスワードを秘匿するために暗号アルゴリズムが使用される場合があります。そのため、暗号分野においてもリバースエンジニアリングの技術が密接に関わってきます。フォレンジックというジャンルでは、ディスクイメージや画像ファイルなどを題材とし、隠された情報としてフラグが埋め込まれていてこれを解析して取得します。ここでもバイナリ解析の技術が要求されます。

---

*23 https://ctftime.org/

*24 https://github.com/sajjadium/ctf-archives

リバースエンジニアリング問題では実行ファイルを解析することで「フラグ」が判明しますが、様々な難読化手法や耐解析機能が適用されていたり、複雑なアルゴリズムが使用されていたりすることが一般的です。本書では Colab で解析を行いましたが、より本格的なチャレンジではローカルの解析環境でより多くのツールやテクニックを使用することになります。もし興味を持ったらぜひ CTF の世界に飛び込んでみてください！

8

応用編3 機械学習を用いたバイナリ解析 〜マルウェアの種類推定を例に〜

実行ファイルのバイナリ解析は、セキュリティ分野でのマルウェア解析や脆弱性検出等において大きな力を発揮します。しかしながら、膨大な時間と専門知識が必要なため、多くの人にとってハードルが高いのも事実です。そこで本章では、機械学習を用いてバイナリ解析を効率化する手法を紹介します。特にマルウェアの種類を自動で分類する技術に焦点を当て、実装方法とともに説明していきます。

しかしながら、Google 社の利用規約[*1]で同社のサービスにマルウェアを投入することは禁止されているため、実行ファイルを取り扱う部分については、良性ファイルを代わりに用いて説明していきます。実際にマルウェアを取り扱いたい方向けに、8.6 ではマルウェアを安全に扱える環境でデータセットを作成する手法を説明します。本章で紹介する方法で作成したデータセットについては、マルウェアとして動作できない無害化された状態であるため、Colab に投入することが可能です。

本書の読者はマルウェア解析と機械学習の初学者を想定していますので、まずはそれらの前提知識について説明します。この分野に精通されている方は、適宜読み飛ばしてください。

[*1] https://policies.google.com/terms

8.1　マルウェアとは

マルウェア（Malware）とは、「悪意のあるソフトウェア」（Malicious Software）の略称で、コンピューターシステムに害を与えることを目的として作成されたプログラムの総称です。攻撃者は、マルウェアを利用して様々な悪意ある活動を行います。例えば、個人情報や機密データの窃取、システムの不正操作、ランサムウェアによる金銭の要求などが挙げられます。

マルウェアは、その特性によって大きく二つの視点から分類することができます。一つは「感染・増殖方法に焦点を当てた分類」、もう一つは「機能・目的に焦点を当てた分類」です。それぞれの分類における代表的なマルウェアの種類は以下のとおりです。

感染・増殖方法に焦点をあてた分類

- **ウイルス**: 他のプログラムの一部を改ざんして入り込み、増殖していくマルウェア
- **ワーム**: 自身をコピーし、ネットワーク等を介して他のコンピューターに拡散するマルウェア
- **トロイの木馬**: 無害なプログラムを装って端末へ侵入し、裏で悪意のある動作を行うマルウェア

機能・目的に焦点をあてた分類[*2]

- **RAT**（Remote Access Trojan）：攻撃者がマウスやキーボード操作、ファイルやネットワークのリソースへのアクセスを含めて遠隔操作を可能にするマルウェア
- **インフォスティーラー**（Infostealer）：Information Stealer の略であり、感染したデバイスから情報[*3]を窃取するマルウェア[*4]
- **ランサムウェア**: 感染したコンピューターのファイルやハードディスクを暗号化して、正常に利用できなくするマルウェア
- **ワイパー**: 感染したコンピューターのファイルやハードディスクのデータを破壊して、正常に利用できなくするマルウェア[*5]

[*2] マルウェアによっては複数の機能が実装されているため、1 つのマルウェアが複数のクラスに属する場合は良くあります。その場合は、便宜的に最も適切と考えられる 1 つのクラスに属していることにして分類（多クラス分類）するか、複数のクラスに属したまま分類（多ラベル分類）するか決める必要があります。

[*3] 窃取する情報は、例えば、ID・パスワード等の認証情報、E メールアドレス、クレジットカードや銀行口座に関する情報、キー入力、画面のキャプチャ等があります。

[*4] 特にキーボード入力を窃取するものはキーロガーと呼ばれます。

[*5] ランサムウェアの目的が暗号化して利用できなくなったファイルを復元するのと引き換えに多額の金銭を要求するのに対し、ワイパーはデータ破壊自体を主な目的とします。ランサムウェアの中には、そもそもデータ復元の仕組みを考慮していないものもあり、ランサムウェアを装ったワイパーである可能性もあります。

- **ダウンローダ**: 他のマルウェアをダウンロードするマルウェア
- **ドロッパ**: 内部に持っているマルウェアを投下するマルウェア

セキュリティエンジニアにとって、マルウェア解析は重要な業務の一つです。マルウェア解析の目的は立場により様々です。例えば、サイバー攻撃を日々監視している SOC（Security Operation Center）では、不審なファイルがマルウェアか否かを特定するために解析を行ったり、SOC が攻撃を検知できるよう検知ルール作成のために解析を行ったりします。実際にセキュリティインシデントが発生してしまった場合は、マルウェアの機能を特定し、インシデントの影響範囲や原因を絞り込むために解析を行うこともあります。マルウェアを解析し、その目的や機能を特定することができれば、攻撃者の特定や効果的な防御策の考案に繋がる可能性もあります。

その一方で、マルウェア解析には膨大な時間と専門知識が必要とされます。また、日々新しいマルウェアが生まれ、その手法も進化し続けているため、人手だけでは対応が追いつかなくなってきています。そこで注目されているのが、機械学習の活用です。

8.2 機械学習とは

機械学習とは、コンピューターが大量のデータから自動的にパターンや知識を学習し、それらをもとに新しいデータに対して予測や分類を行うための技術です。人間が明示的にルールを定義する代わりに、機械学習ではデータから自動的にルールを見つけ出します。

機械学習には、教師あり学習、教師なし学習、強化学習など、様々なアプローチがあります。本章では、教師あり学習に焦点を当てます。教師あり学習では、入力データとそれに対応する正解ラベルのセット（学習データ）を用いてモデル[*6]を学習します。学習では、「データを入力したときの出力と正解となる値[*7]との誤差を計算し、その誤差を小さくするようにパラメータを更新する」過程を繰り返すことで行われます。モデルの予測が不正確な場合は誤差が大きくなるので、パラメータの更新量も多くなります。学習が終わったモデルは、学習済みモデルと呼ばれ、識別や分類を目的としたものは特に分類器とも呼ばれます。この分類器を使用して、新しい入力データに対して予測や分類を行うことができます。この過程を推論と呼びます。分類器の性能は、学習に使われなかったテストデータで評価されます。

教師あり学習による分類モデルの開発ステップをまとめると、以下のようになります。

---

*6 ここでは、入力を与えると何らかの出力を出すもの、$y = f(x)$ における $f()$ がモデルに相当します。モデルは様々なパラメータ（$f(x) = ax + b$ における a や b のようなもの）で構成されています。

*7 例えば、5 クラス分類で、5 種類あるラベルのうち正解ラベルが 2 番目のラベルである場合、正解の値を `(0, 1, 0, 0, 0)` というように、正解クラスのインデックスに対応する値を 1 に設定して出力と比較します。

- **データの収集**: 学習や評価に使用するデータを集めます。
- **前処理**: 集めたデータをモデルが扱いやすい形に整形してデータセットを作成します。
- **モデルの選択**: 解決したい問題に適したモデルを選びます。
- **学習**: モデルにデータセットの一部を訓練データとして与えて学習させます。
- **評価**: データセットの学習に使用しなかった部分をテストデータとして使ってモデルの性能を評価します。

本章では、この一連のステップをマルウェア分類を例に取り組んでいきます。

機械学習の中には様々なモデルがありますが、その中でも代表的なモデルの 1 つが、ニューラルネットワークです。ニューラルネットワークは、人間の脳の神経回路を模倣した機械学習モデルで、複雑なパターンを学習することができます。ニューラルネットワークは、多層の構造を取り、層の数が多い場合をディープラーニング（深層学習）と呼んだりします。各層は役割に応じて、以下の 3 種類に分類することができます。

- **入力層**: 入力データを受け取る層です。例えば、画像認識の場合、各ピクセルの値が入力されます。
- **隠れ層**または**中間層**: 入力層と出力層の間にある層で、データの特徴を抽出します。複数の隠れ層を重ねることで、モデルの表現力が増し、より複雑な特徴を学習できるとされています[*8]。
- **出力層**: 最終的な結果を出力する層です。分類問題では、各クラスの確率を出力することが一般的です。

8.3　マルウェア解析と機械学習

8.3.1　マルウェア解析

マルウェア解析の手法は大きく分けて、静的解析と動的解析の 2 種類があります。

静的解析は、プログラムを動作させずにマルウェアの機能や目的を調査する手法です。表層解析は、ファイルのメタデータ等の表面的な情報から簡易にマルウェアの特徴を特定する手法です。広

[*8] 単純に層を増やせば良いというわけではありません。モデルの表現力が増した結果、過学習といって学習データにモデルが過剰に適合してしまい、未知のデータに対する性能（汎化性能）を発揮しないこともあります。学習データの規模に応じたモデルの複雑さの他様々な要因のバランスを取らないと機械学習モデルの性能が発揮されないことが多いため、機械学習モデルの開発はトライアンドエラーの泥臭い作業であることが多いです。そういう意味で、膨大なトライアンドエラーを力技でできるほどのマシンリソースを確保できている一部の企業が優れたモデルの開発をし易い状況となっています。

義の静的解析の中には、表層解析も含まれます。一方、狭義の静的解析または静的コード解析では、プログラム中のアセンブリ命令やデコンパイルコードを１つ１つ読み解き、より詳細にマルウェアの機能を調べていきます。静的解析の大きなメリットは、マルウェアを実行せずに解析できるため、動作環境を準備する必要がない点です。一方で、いくつかのデメリットもあります。特に、難読化やパッキングされたマルウェアの解析が難しい点が課題として挙げられます。難読化とは、コードの構造を複雑にしてリバースエンジニアリングを妨げる技術で、パッキングとは、実行ファイルを圧縮・暗号化することで、本来はファイルサイズを減らしたり実行ファイルに含まれる技術情報を保護するための技術です。攻撃者はパッキングをマルウェアの解析や検知を困難にするために悪用しています。これらの技術が施されたマルウェアの挙動を静的解析だけで解明するのは、困難な場合が多いです。

もう一つの手法である動的解析では、マルウェアを実際に実行して、その挙動を観察しマルウェアの機能や目的を洞察します。マルウェアの実際の振る舞いを見られるため、難読化やパッキングの影響を受けにくいことが強みです。しかし、マルウェアが攻撃者の意図どおりに動作[*9]できる環境の構築が必要で、特定の脆弱性を突くマルウェアであれば、その脆弱性を再現する必要があり、様々なソフトウェアの様々なバージョンの組み合わせを再現するという困難さを伴います。さらに、マルウェアの中には、解析環境を検知して挙動を変えるものもあり、解析自体が困難な場合もあります。また、実際にマルウェアを動作させることから、マルウェアが解析環境外へ影響を及ばさないように慎重に解析環境の構築等をする必要もあります。

この様に、静的解析と動的解析にはそれぞれ得意分野・不得意分野があり、実際の解析業務では静的解析と動的解析を組み合わせて解析を行います。本書では、Colab との相性が良い静的解析を例に説明します。静的解析は、解析環境に依存せずに結果が得られるため、Colab のような実行環境に制限のある環境でも解析をしやすいためです。

8.3.2　機械学習によるマルウェア解析

近年、機械学習をマルウェア解析に応用する研究が盛んに行われています。マルウェア分類やデコンパイルコードの改善（関数名・変数名推定）など様々なタスクがあります。中でも、分類問題は機械学習の得意とするタスクの一つです。マルウェア解析における特定の目的で正解ラベルを設定し、教師あり学習を行うことが一般的です。ラベルとしては以下のようなものを設定することができます。

[*9] ここでの「攻撃者の意図どおりに動作」とは、マルウェアが本来設計された悪意ある機能を十分に発揮することを意味します。

- 悪性ファイル・良性ファイル（マルウェア検知）
- マルウェアカテゴリ（ランサムウェア、ドロッパ等）
- マルウェアファミリ（Emotet[*10]、Trickbot[*11]等）
- 使用されているパッカー
- 使用されているコンパイラ

例えばマルウェア検知では、機械学習を使用するメリットとして、従来のシグネチャベースの手法と比べて、未知のマルウェアに対する検知能力が高い点が挙げられます[*12]。シグネチャベースの手法は、既知のマルウェアの特徴（シグネチャ）をデータベースに登録しておき、そのシグネチャとマッチしたファイルをマルウェアとして検知する手法です。

機械学習でマルウェア分類を行うためには、マルウェアから特徴量を抽出する必要があります。特徴量とは、データの中からモデルが学習するために使用する具体的な数値や指標のことで、データセット、モデル、目的に適した特徴量を作り上げるプロセスのことを特徴量エンジニアリング（feature engineering）と言います。マルウェアの特徴量としては、ファイルのメタデータ、バイナリデータのバイト列、アセンブリコードなど、様々なものが使われています。使用する特徴量によって、マルウェア分類の手法は大きく異なります。代表的な特徴量とそれを用いた分類手法について見ていきましょう。

メタデータを用いる手法

この手法では、実行ファイルのファイルサイズ、ハッシュ値、タイムスタンプなど、ファイルの基本情報（メタデータ）を特徴量として使用します。代表的なデータセットとして、EMBER データセット[*13]があります。EMBER データセットは、約 100 万件の実行ファイルのメタデータを集めた

[*10] Emotet は、2014 年頃に初めて確認され、2018 年から 2020 年にかけて世界的に猛威を振るったマルウェアです。見知った人物からの返信を巧妙に装ったメールが届き、添付されたファイルを開いたり、文章内の URL をクリックすると感染します。感染した場合、メールデータなどの情報が盗まれるだけでなく、別のマルウェア (ランサムウェア等) に感染することもあります。詳細は `https://www.ipa.go.jp/security/emotet/index.html` を参照してください。

[*11] Trickbot は、トロイの木馬の一種です。当初は金融データを窃取するためのバンキング型トロイの木馬として設計されていましたが、その後、機能を拡張し、情報窃取、ランサムウェアの配布など多様な攻撃に使用されています。

[*12] 攻撃者は防御側の技術を常に回避しようとするため、防御側も常に新たな検知技術を開発しなければならない、いわゆる「いたちごっこ」の状態に陥りがちです。シグネチャベースの検知手法は防御側のシグネチャ作成コストと比較し、攻撃側の回避コストが低く、いたちごっこに陥った場合に防御側が不利な状況になります。機械学習を使った場合、未知のマルウェアであっても既知のマルウェアファミリであれば検知できることが期待でき、未知のマルウェアファミリが出たとしても機械学習はデータから適切な特徴を自動的に学習するため、防御側は同じ手法で学習モデルを作成し直すだけで攻撃側の新たな回避策へも対応できることが期待されます。したがって、学習コスト次第では機械学習を用いた手法はいたちごっこへの対応策として期待ができます。

[*13] `https://github.com/elastic/ember`

データセットで、メタデータの抽出に LIEF*14というライブラリを使用しています。

メタデータを用いる手法のメリットは、特徴量を比較的簡単に取得できる点です。ファイルのメタデータは、逆アセンブルなどの複雑な処理を必要とせずに基本的にはヘッダー情報から取得できます。しかし、デメリットとして、メタデータが改ざんされやすい点が挙げられます。例えば、ファイルサイズやタイムスタンプは簡単に変更できるため、攻撃者がこれらの値を改ざんすることで、マルウェア検知の回避を試みる可能性があります*15。そのため、この手法だけで頑健な分類を行うのは難しい場合があります。

マルウェアを画像化する手法

バイナリデータを画像に変換し、画像分類を行う方法もあります。この手法は Nataraj らの研究*16によって最初に提案され、その後、多くの改良手法が提案されています。分類モデルとしては、畳み込みニューラルネットワーク（CNN: Convolutional Neural Network）*17が広く使われており、バイナリコードの視覚的なパターンを捉えてマルウェアを分類することができます。Nataraj の手法では、バイナリを 8 ビットのベクトルに変換し、それをグレースケールの画像に変換することでマルウェアを画像化しています*18。

この手法の大きなメリットは、既存の画像分類技術を適用できる点です。画像分類は機械学習の分野で最も研究が進んでいる領域の一つであり、高性能な画像分類モデルをマルウェア分類に応用できます。デメリットとしては、画像化の過程で実行ファイルの一部の情報が失われる可能性がある点が挙げられます。

バイト列を用いる手法

バイナリデータをより直接的に扱う手法として、バイト列を特徴量とする方法があります。この手法では、実行ファイルのバイナリコードをバイト単位で分割し、そのシーケンスを機械学習モデルへ

---

*14 `https://lief.re`

*15 このように、機械学習モデルを意図的に騙して誤分類させる入力データを敵対的サンプル（Adversarial Examples）といいます。

*16 Nataraj, Lakshmanan, et al. "Malware images: visualization and automatic classification." Proceedings of the 8th international symposium on visualization for cyber security. 2011.

*17 CNN は人間の視覚システムを模倣して設計されたニューラルネットワークの一種で、画像認識タスクで高い性能を示します。1989 年に LeNet（Y. Lecun, L. Bottou, Y. Bengio and P. Haffner, "Gradient-based learning applied to document recognition," in Proceedings of the IEEE, vol. 86, no. 11, pp. 2278-2324, Nov. 1998, doi: 10.1109/5.726791.）で提案されました。

*18 仕組みとしては、2.2.5 の画像化と同じです。

の入力として使用します。MalConv[*19]は、この手法を用いた代表的なモデルです。

バイト列を用いる手法のメリットは、バイナリコードそのものを直接扱うため前処理が容易な点が挙げられます。一方、膨大なバイトデータを処理するために大量の計算資源が必要な場合があります。

アセンブリ命令を用いる手法

最後に紹介するのは、アセンブリ命令を特徴量として利用する手法です。アセンブリ命令には、マルウェアの動作に関する豊富な情報が含まれています。例えば、マルウェアがどのような処理を行っているのか、どのような制御フロー[*20]を持っているのかなど、マルウェアの挙動を特徴づける重要な手がかりが隠されています。マルウェアを逆アセンブルして、これらの情報を特徴量として抽出し、機械学習モデルに入力することで、高精度な分類が期待できます。FCGAT[*21]という手法では、関数間の呼び出し関係を表すコールグラフと関数の特徴ベクトル[*22]を使用してマルウェア分類を行っています。

本章では、FCGAT をベースとしたアセンブリ命令によるマルウェア分類方法について、Colab での実装を確認しながら解説していきますので、FCGAT についてもう少し詳しく解説します。FCGAT の概要は以下の図のようになっています。

*19 Raff, Edward, et al. "Malware detection by eating a whole exe." Workshops at the thirty-second AAAI conference on artificial intelligence. 2018.

*20 制御フローの説明については、1.3.5 を参照してください。

*21 Minami Someya, Yuhei Otsubo, and Akira Otsuka. "FCGAT: Interpretable malware classification method using function call graph and attention mechanism." Proc. Netw. Distrib. Syst. Secur.(NDSS) Symp. 2023.

*22 その名の通り特徴量を反映したベクトルのことを示します。

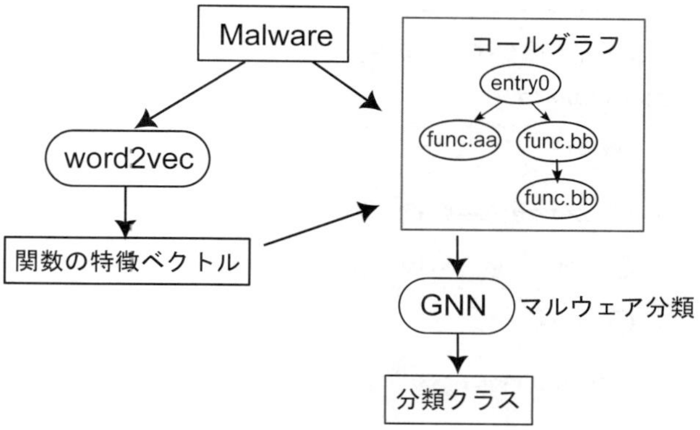

図 **8-1　FCGAT** の概要

まず、マルウェアの実行ファイルから関数同士の呼び出し関係を表現したコールグラフを作成し、word2vec で生成した各ノード（関数）の特徴ベクトルをコールグラフのノードの特徴量として割り当てます[*23]。その後分類器では、グラフニューラルネットワーク（GNN）というモデルでコールグラフの特徴を学習し、マルウェアの種類を分類します[*24]。

8.4　特徴量の作成

特徴量の選択と作成方法は、分類の精度に大きく影響します。ここでは、関数の特徴量を作成する方法について説明します。具体的には、自然言語処理の分野で広く使われている word2vec という手法を応用し、アセンブリ命令をベクトル化する方法を紹介します。

ここからはプログラムの実装を見ながら解説をしていきます。本章の Colab ノートブックは本書の GitHub リポジトリ（`https://github.com/editor-kagaku/Binary`）の `chapter8` ディレクトリにあります。実際にコードを動かしながら、理解を深めてみてください。Colab で `8_malware_classification.ipynb` を開いたら、まず設定を確認します。本章では機械学習モデルの学習に GPU を使用するので、GPU のランタイムに接続されていることを確認しましょう。上部メニューの「ランタイム」→「ランタイムのタイプを変更」を選択し、ハードウェアアクセラレータが「T4 GPU」になっていることを確認します。

[*23] こちらのデータセットの作成方法については 8.4 で説明します。
[*24] マルウェア分類モデルの学習・評価方法については 8.5 で説明します。

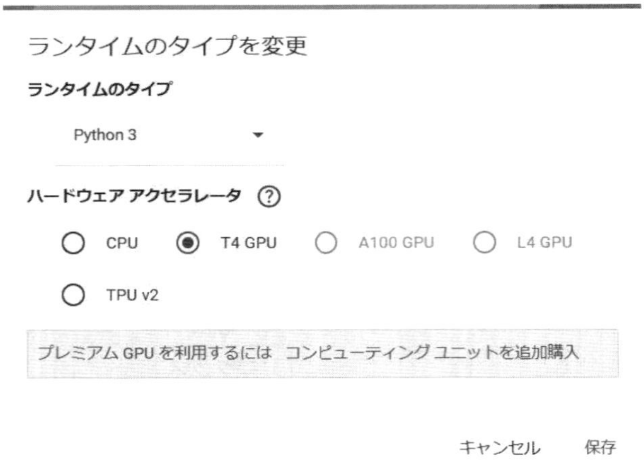

図 **8-2**　ランタイムの設定

本書執筆時点では、無料版 Colab の場合は T4 GPU を使用できます。ただし、GPU の使用可能時間の上限に達すると一定時間使用できなくなります。上限に引っかかった場合は一休みしてから再度試すようにしましょう。

GPU の設定が確認出来たら、演習に入る前に、`8_malware_classification.ipynb` の最初の 2 つのコードセルを実行しておきましょう。最初のセルでは、本章の演習に必要なライブラリをインストールします*25。

コード 8.1: ライブラリのインストール

```
import os
import torch

!pip install torch-scatter
!pip install torch-sparse
!pip install torch_geometric
!git clone https://github.com/radare/radare2.git
!cd radare2 ; ./sys/install.sh
!pip install r2pipe gensim adjustText
```

インストールしているライブラリの概要は以下のとおりです。使用方法については、実際のコードの説明の中でご紹介します。

- torch-scatter, torch-sparse: PyTorch Geometric の依存ライブラリ

*25 インストールに 30 分程度時間がかかる場合があります。待ちながら先の本文を読み進めておいていただけると幸いです。

- pytorch_geometric: グラフニューラルネットワーク用のライブラリ
- radare2: バイナリ解析ツール
- r2pipe: radare2 の Python インターフェース
- gensim: 自然言語処理ライブラリ（word2vec の実装に使用）
- adjustText: プロットのラベル配置を調整するライブラリ

2 つ目のセルでは、必要な演習用のファイルを `git clone` コマンドで Colab にダウンロードします。

コード 8.2: 第 8 章のファイルをダウンロード

```
!git clone --filter=blob:none --sparse https://github.com/editor-kagaku/Binary.git
%cd Binary
!git sparse-checkout set chapter8
%cd chapter8
```

word2vec

word2vec は、自然言語処理の分野で単語をベクトル化するための手法です。単語を高次元のベクトル空間に埋め込むことで、単語間の類似度や関係性を数値的に捉えることができます。この手法を応用して、アセンブリ命令をベクトル化し、似た意味の命令を類似したベクトルで表現することを目指します。

word2vec の代表的なモデルに、CBOW(Continuous Bag of Words) モデルがあります[*26]。CBOW モデルは、ある単語の周囲の単語（コンテキスト）から、中央の単語（ターゲット）を予測するように学習します。

例えば、次のような文を考えてみましょう：

明日 は 雨 が 降る かも しれ ません 。

この文において、「雨」という単語をターゲットとすると、その周囲の単語列（「明日は」と「が降るかもしれません」）がコンテキストになります。CBOW モデルは、このコンテキストからターゲット「雨」を予測するように学習します。

[*26] CBOW 以外に、skip-gram というモデルもあります。skip-gram は、中央の単語から周囲の単語を予測するモデルです。詳しく知りたい方は、それぞれ以下の論文を読んでみてください。

CBOW: Mikolov, Tomas et al. "Efficient Estimation of Word Representations in Vector Space." International Conference on Learning Representations (2013).

skip-gram: Mikolov, Tomas et al. "Distributed Representations of Words and Phrases and their Compositionality." Neural Information Processing Systems (2013).

この考え方を実行ファイルに適用すると、アセンブリ命令を単語に、関数を文に対応させることができます。つまり、アセンブリ命令を関数のコンテキストでベクトル化し、似た意味や役割を持つ命令を類似したベクトルで表現することができます。例えば、`jmp` と `jz` のようなジャンプ命令は、近いベクトルで表現されることが期待されます。

ここからは、word2vec の学習データを準備し、実際に CBOW モデルを学習する方法について説明します。

word2vec 学習のためのデータ準備

word2vec の学習には大量のコーパス（文章のまとまり）が必要です。今回の場合、実行ファイルから多くのアセンブリ命令列を抽出して学習コーパスを作成する必要があります。

今回は、`bins` ディレクトリ以下に用意している実行ファイルからアセンブリ命令のコーパスを構築していきます。ここでは、第 7 章でも使用した radare2[*27] で、関数ごとにアセンブリ命令を抽出します。まず、以下のコードでコーパス作成に必要な関数を定義します。

コード 8.3: コーパス作成に使用する関数を定義

```
import r2pipe

def analyze_binary(path):
    r2 = r2pipe.open(path, flags=["-2"])  # バイナリファイルを開く
    r2.cmd("aaa")  # 解析コマンドを実行
    afl = r2.cmdj("aflj")  # 関数リストを取得
    return afl, r2  # 関数リストとr2オブジェクトを返す

def get_functions(afl):
    offsets = set()
    for f in afl:
        offsets.add(f.get("offset", None))  # 各関数のオフセットを取得
    return list(offsets)

def get_assembly_instructions(r2, offset):
    pdf = r2.cmdj(f'pdfj_@{offset}')  # 指定されたオフセットのアセンブリ命令を取得
    instructions = []
    for d in pdf.get('ops', []):
        if d.get("disasm"):
            instructions.append(d.get("disasm"))  # アセンブリ命令をリストに追加
    return instructions
```

それぞれの関数の処理内容は以下のとおりです。

- `analyze_binary()` ： `r2pipe.open()` でバイナリファイルを開き、 `aaa` コマンドで詳細な解析を実行します。その後、 `aflj` コマンドを使用して、関数リストを JSON オブジェクトとして取得します。この関数は、解析結果の関数リストと radare2 のオブジェクトを返します。

*27 `https://rada.re/`

- `get_functions()`：与えられた関数リストから、各関数の開始アドレス（オフセット）を抽出します。実行ファイル内の全関数のオフセットを取得します。
- `get_assembly_instructions()`：指定されたオフセットからアセンブリ命令を抽出します。まず、`r2.cmdj(f'pdfj @{offset}')` では、radare2 の `pdfj` コマンドを使用して、指定したオフセットの関数の逆アセンブル結果を JSON 形式で取得します。その後、取得した JSON データ `ops` キーの値（命令のリスト）に対してループを回し、`disasm` キー（逆アセンブルされた命令文字列）が存在する場合はその値を `instructions` リストに追加します。

次に、これらの関数を使用して実際にデータを抽出します。word2vec の学習コーパスは、通常、文書のリストとして作成されます。ここでは、各関数内のアセンブリ命令列が 1 つの「文書」に対応しており、これらのリストとして学習コーパスを構成します。

以下のコードでは、`bins` ディレクトリにあるすべてのファイルを処理し、先ほど定義した関数を使用して各ファイルのアセンブリ命令を関数ごとに抽出し、word2vec の学習コーパスを作成します。

コード 8.4: word2vec の学習データ作成

```
# データセットを保存するリスト
data_list = []

# 実行ファイルのパスを取得
files = glob.glob('bins/*')

# 各ファイルに対して処理を実行
for file in files:
    print(f"Processing␣file:␣{file}")
    afl, r2 = analyze_binary(file)

    # 関数のオフセットを取得
    offsets = get_functions(afl)

    # 各関数のアセンブリ命令を抽出
    for offset in offsets:
        asm = get_assembly_instructions(r2, offset)
        if asm:
            data_list.append(asm)

    print(f"Finished␣processing␣file:␣{file}")
```

このコードを実行すると、`data_list` に、各関数のアセンブリ命令列が格納されていきます。まず、`glob.glob('bins/*')` で `bins` ディレクトリ内の全ファイルのパスを取得します。次に、各ファイルに対して `analyze_binary()` を適用し、ファイル内の関数リストと radare2 オブジェクトを取得します。その後、`get_functions()` を使用して各関数のオフセットを取得し、それぞれのオフセットに対して `get_assembly_instructions()` を適用します。これにより、各関数のアセンブリ命令のリストが得られます。

word2vec の学習に必要なアセンブリ命令のデータセットが `data_list` として作成されました。データを見てみましょう。

コード 8.5: データセットの確認

```
data_list
```

実行結果

```
 …
['push rbp',
 'mov rbp, rsp',
 'sub rsp, 0x40',
 'mov qword [rbp - 0x38], rdi',
 'mov qword [rbp - 0x40], rsi',
 'mov rax, qword [rbp - 0x38]',
 'mov rax, qword [rax + 0x10]',
 'mov qword [rbp - 0x18], rax',
 …
```

このように、アセンブリ命令が抽出できていたら成功です。早速 CBOW モデルの学習に進みたいところですが、このままでは学習がうまくいかない可能性があります。word2vec では、学習データに含まれていない単語（OOV: Out of Vocabulary）はベクトル化できないためです。例えば、`cmp` や `push` といったオペコードは多くのサンプルに共通して使用されるため問題ありませんが、メモリアドレスやオフセットなどの値はサンプルごとに異なる場合が多いです。これらの固有の値がそのまま残っていると、OOV となって適切にベクトル化されない可能性があります。

この問題を解決するため、メモリアドレスや特定の数値など、サンプルに固有の値を定数に置き換える正規化を行います。正規化によって、共通のパターンを見つけやすくし、モデルの学習をより効果的に行うことができます。

今回は、以下の正規化処理を行います。

- 数値（16 進数）を `N` に置き換える
- オペコードとオペランドを `_` でつなぐ

これらの処理を行う関数 `normalize_instruction()` を以下のように実装します。

コード 8.6: 正規化処理を行う関数の定義

```
import re

def normalize_instruction(instruction):
```

```
    # オペコードとオペランドを分割
    parts = instruction.split(maxsplit=1)
    # オペコードは最初の部分
    opcode = parts[0]
    # オペランドは残りの部分（存在する場合）
    operands = parts[1] if len(parts) > 1 else ''

    # 16進数をNに置き換え
    normalized_operands = re.sub(r'\b0x[a-fA-F0-9]+\b', 'N', operands)
    # コンマをアンダースコアに置き換え
    normalized_operands = re.sub(r'\s*,\s*', '_', normalized_operands)
    # 残ったスペースをすべて削除
    normalized_operands = re.sub(r'\s+', '', normalized_operands)

    # オペコードと正規化されたオペランドを結合
    normalized = opcode
    if normalized_operands:
        normalized += '_' + normalized_operands
    return normalized
```

この関数では、まずオペコードとオペランドを分割し、オペランド内の16進数を `N` に置き換えます。次に、オペランドの区切り `,`（コンマ）を `_` に置き換え、スペースを削除します。最後に、オペコードと正規化されたオペランドを `_` でつないで返します。

正規化のために正規表現を使用しています。正規表現は、文字列のパターンを表現するための記法です。正規表現を使うことで、特定のパターンに一致する部分文字列を検索したり、置換したりすることができます。Python では、 `re` モジュールを使って正規表現を扱うことができます[*28]。 `re.sub()` は、正規表現を使って文字列を置換する関数です。第1引数に正規表現パターン、第2引数に置換後の文字列、第3引数に対象の文字列を指定します。

`re.sub(r'\b0x[a-fA-F0-9]+\b', 'N', operands)` では、 `\b0x[a-fA-F0-9]+\b` という正規表現パターンを使っています。これは、以下のような意味を持ちます。

- `\b` ：単語の境界（単語の前後がスペースや句読点などの非単語文字である位置）
- `0x` ：文字列「0x」に一致
- `[a-fA-F0-9]+` ：角括弧内の文字（a〜f、A〜F、0〜9）が1回以上連続

つまり、この正規表現パターンは、「0x」で始まる16進数表記の数値に一致し、 `re.sub()` によってそれらを全て `N` に置換しています。

`re.sub(r'\s*,\s*', '', normalized_operands)` では、 `\s*,\s*` という正規表現パターンを使っています。これは、コンマ（`,`）の前後に0回以上の空白文字（ `\s*` ）があることを表し、一致した空白をすべて消去しています。

[*28] Python 公式ドキュメントは、https://docs.python.org/ja/3/library/re.html です。正規表現の学習の参考にもなります。

正規表現は強力な文字列処理ツールですが、複雑な表現も多いため、初めは少し難しく感じるかもしれません。しかし、一度その基本を理解してしまえば、様々な場面で活用することができます。

それでは、`data_list` に対して正規化処理を実行します。

コード 8.7: 正規化処理

```
# data_listに対して正規化処理を実行
normalized_data_list = []
for asm_list in data_list:
    normalized_asm_list = [normalize_instruction(instr) for instr in asm_list]
    normalized_data_list.append(normalized_asm_list)
```

正規化後のデータセット `normalized_data_list` の中身を確認してみましょう。

コード 8.8: 正規化後のデータセットの確認

```
normalized_data_list
```

実行結果

```
...
['push_rbp',
 'mov_rbp_rsp',
 'sub_rsp_N',
 'mov_qword[rbp-N]_rdi',
 'mov_qword[rbp-N]_rsi',
 'mov_rax_qword[rbp-N]',
 'mov_rax_qword[rax+N]',
 'mov_qword[rbp-N]_rax',
 ...
```

実行結果は、正規化前と同じ部分の命令を表示しています。元々はアセンブリ命令に含まれていた 16 進数の数値が、`N` に置き換えられていることがわかります。例えば、命令 `sub rsp, 0x40` は `sub_rsp_N` と正規化されています。これにより、特定のメモリアドレスや数値に依存せずに、命令の共通パターンをモデルが学習しやすくなります。これで、word2vec の学習データの準備が整いました。

word2vec の学習

正規化されたデータを使用して、word2vec の学習を行います。学習には gensim ライブラリ[*29]を使用します。gensim は、自然言語処理におけるトピックモデリングや文書類似度の計算などに広く使用されるライブラリです。

[*29] https://radimrehurek.com/gensim

コード 8.9: word2vec の学習

```
from gensim.models import Word2Vec
# Word2Vecモデルのトレーニング
print("Training␣Word2Vec␣model...")
model = Word2Vec(normalized_data_list, vector_size=100, window=2, min_count=1, workers=4)
print("Training␣complete.")

# モデルの保存
model.save("assembly_word2vec.model")
```

ここでは、gensim の Word2Vec クラスを使ってモデルを学習しています。 `vector_size` で生成されるベクトルの次元数を指定し、 `window` でコンテキストとして考慮する単語数を指定します。今回は、 `window=2` として、ターゲットとなるアセンブリ命令の前後 2 個の命令からターゲット命令を予測するように学習が行われます。

学習が完了すると、 `assembly_word2vec.model` というファイル名でモデルが保存されます。このモデルを使用して、アセンブリ命令をベクトル化することができます。

アセンブリ命令のベクトル化

作成した word2vec モデルで、アセンブリ命令をベクトル化してみましょう。テスト用の 3 つの命令（ `je_N` 、 `jb_N` 、 `cmp_ax_N` ）のベクトル化を行います。

コード 8.10: アセンブリ命令のベクトル化

```
# モデルの読み込み
model = Word2Vec.load("assembly_word2vec.model")

# アセンブリ命令をベクトル化する関数
def vectorize_assembly_instruction(instruction):
    if instruction in model.wv:
        return model.wv[instruction]
    else:
        print(f"Instruction␣'{instruction}'␣not␣found␣in␣vocabulary.")
        return None

# テスト用のアセンブリ命令
test_instructions = ["je_N", "jb_N", "cmp_ax_N"]

# 各アセンブリ命令をベクトル化
for instruction in test_instructions:
    vector = vectorize_assembly_instruction(instruction)
    if vector is not None:
        print(f"Vector␣for␣instruction␣'{instruction}':␣{vector}")
```

実行結果

```
Vector for instruction je_N:
[-0.61822313 -0.10327474 -1.4051253  -0.4493344   0.4258791   1.4436992
 -0.72432667 -0.5288697  -0.11093639  1.2681277   0.30305815  0.95712376
 -1.6666346   0.08679131 -0.6480609  -1.8202763   0.7303402   0.9457737
```

```
-0.19333078  0.4766793  -1.5802193  -1.204298    0.755792   -1.3603168
 0.65703624 -1.1552713   1.7552187   0.43234614 -0.44460702  1.2021214
…
```

このコードでは、まず学習済みの word2vec モデルを読み込みます。次に、`vectorize_assembly_instruction()` を定義しています。この関数は、与えられたアセンブリ命令をベクトルに変換します。もし命令がモデルの語彙に存在しない場合は、None を返します。テスト用の命令（`je_N`、`jb_N`、`cmp_ax_N`）それぞれに対して、この関数を適用し、結果のベクトルを出力しています。

`je_N` の命令ベクトルの値は `[-0.61822313 -0.10327474 … 0.08633699  0.03286332]` となりました。一見ただの数字の羅列に見えるかもしれませんが、これがアセンブリ命令の特徴を表現したベクトルなのです。

しかし、このような数値の列を見ただけでは、どのような特徴が捉えられているのか直感的に理解するのは難しいでしょう。そこで次のステップでは、これらのベクトルを視覚的に分かりやすく可視化する方法について説明します。ベクトルの可視化によって、アセンブリ命令間の関係性や類似性をより直感的に理解することができるようになります。

命令ベクトルの可視化

作成した命令ベクトルは 100 次元のベクトルです。100 次元というのは非常に多くの情報を含んでいますが、人間の感覚では想像しづらいものです。私たちが普段生活している空間は 3 次元（高さ、幅、奥行き）のため、これらのベクトルを視覚的に理解するためには、次元を減らして 3 次元以下で表現する必要があります。ここで使用する t-SNE は、こうした高次元のデータを低次元に変換して視覚化するための手法で、データのクラスタリングや類似度を視覚的に確認するのに適しています。

t-SNE を使ってアセンブリ命令の 100 次元ベクトルを 2 次元にプロットしてみましょう。まず、以下のコードを実行して t-SNE モデルを学習し、ベクトルを 2 次元に圧縮します。

コード 8.11: t-SNE の学習

```python
from sklearn.manifold import TSNE
import matplotlib.pyplot as plt
import numpy as np
import random

# アセンブリ命令のベクトルを取得
vectors = [model.wv[word] for word in model.wv.index_to_key]

# リストをNumPy配列に変換
vectors_np = np.array(vectors)

# t-SNEによる次元削減
tsne = TSNE(n_components=2, perplexity=10, learning_rate=300, n_iter=1000, random_state=22)
vectors_2d = tsne.fit_transform(vectors_np)
```

このコードでは、scikit-learn[*30]の `TSNE` クラスを使用しています。scikit-learn は、Python で機械学習を行うための便利なライブラリです。データの前処理、モデルの学習・評価など、機械学習のワークフロー全般をカバーしています。 `TSNE` の引数 `n_coponents` では出力の次元数（今回の場合は 2）を設定します。 `perplexity` はデータの局所的な密度を制御するパラメータです。

これで 100 次元のベクトルが 2 次元に圧縮されました。次に、得られた 2 次元ベクトルをプロットします。 `adjust_text()` を使用すると、ラベルが重ならないように調整してプロットすることができます。

コード 8.12: 命令ベクトルのプロット

```
from adjustText import adjust_text

# 可視化する命令の数を指定（例：最初の20個）
num_to_visualize = 20
vectors_2d_subset = vectors_2d[:num_to_visualize]
words_subset = model.wv.index_to_key[:num_to_visualize]

# 可視化
plt.figure(figsize=(10, 5))
texts = []
for i, word in enumerate(words_subset):
    plt.scatter(vectors_2d_subset[i, 0], vectors_2d_subset[i, 1])
    texts.append(plt.text(vectors_2d_subset[i, 0], vectors_2d_subset[i, 1], word, fontsize=12))

# ラベルが重ならないように調整
adjust_text(texts, arrowprops=dict(arrowstyle='-', color='grey', lw=0.5))

plt.show()
```

[*30] https://scikit-learn.org/stable/

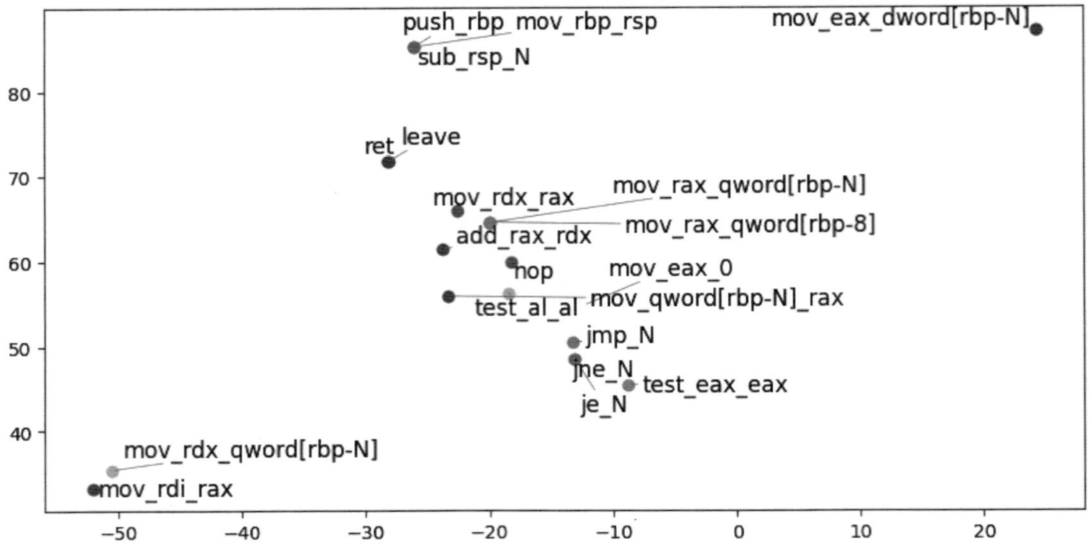

図 8-3　t-SNE による命令ベクトルの可視化

可視化された命令ベクトルを見ると、類似する命令が近くにプロットされていることが確認できるかと思います。こちらの図では、jmp 系命令の `je_N` 、 `jne_N` 、 `jmp_N` は近くにプロットされています。また、関数のプロローグに関係する命令（ `push_rbp` 、 `mov_rbp_rsp` 、 `sub_rsp_N` ）がまとまっていることも分かります。

このようにベクトルを可視化することで、命令間の関係性が直感的に理解しやすくなります。アセンブリコードの説明については、6.6 で解説されているので、ぜひ他の命令についても、意味と照らし合わせながら確認してみてください。

関数のベクトル化

命令をベクトル化できれば、関数の特徴ベクトルを計算するのは簡単です。一般的な方法は、関数内の全命令ベクトルの平均を取る方法です*31。ここではコードを省略していますが、8.6.5 でコールグラフ形式のデータセットを作成するための完全なコードを紹介します。

関数の特徴ベクトルは、バイナリ解析におけるさまざまなタスクに役立ちます。マルウェア分類の特徴量として使うだけでなく、例えば、類似関数の検索にも使用することができます。特にマルウェ

*31 平均以外にも、ベクトルの合計や最大値を使用する場合もあります。タスクや対象のデータ特性によって、最適な方法は異なることがあります。

ア解析では、未知の関数が既知の関数と似ているかどうかを判定するのに役立つことでしょう。

次節では、これらの関数ベクトルを用いてマルウェア分類を行う具体的な方法について説明します。関数レベルの特徴を活用することで、より精度の高いマルウェア分類を目指していきます。

8.5 グラフニューラルネットワークを使用したマルウェア分類

ここからは、実際にマルウェア分類モデルを構築します。筆者らが過去に発表した分類モデルFCGAT*32の実装と学習、評価を行います。

8.5.1 グラフニューラルネットワーク

FCGATの特徴は、グラフニューラルネットワーク（GNN）*33を使用している点です。GNNは、グラフ構造のデータを処理するために設計されたニューラルネットワークの一種です。

GNNはノード（頂点）とエッジ（辺）からなるグラフデータを処理することができます。これにより、SNS、化合物、通信ネットワークなど、さまざまな応用分野において優れた性能を発揮しています。

実行ファイルもグラフ構造で表すことができます。基本ブロック*34をノードとした制御フローグラフや、関数をノードとしたコールグラフなどがその例です。今回は、関数の呼び出し関係に着目したコールグラフを使用します。

GNNでは、各ノードの特徴ベクトルを、隣接ノードの特徴ベクトルと組み合わせながら反復的に更新していきます。この過程を通じて、グラフの構造を捉えた特徴量を学習することができます。例えば、あるマルウェアの関数が他のマルウェアの関数と似たような呼び出しパターンを持っていれば、GNNはそれらの関数が似た特徴を有していると判断する可能性が高いです。このように、GNNを使用することで関数間の関係性を考慮した分類が可能になります。

GNNにも様々な種類のモデルがあるのですが、FCGATでは特に、GAT（Graph Attention Network）*35という種類のGNNを使用します。GATは、グラフ内の重要な関係性に「注意」を払いながら学習を進めることができ、マルウェアの特徴をより効果的に捉えることができます。

---

*32 FCGATは"Function Call Graph"と"Graph ATtention network"から命名しました。コールグラフと、GATというグラフニューラルネットワークのモデルを使用しています。

*33 GNNは次の論文で最初に発表されました。Scarselli, F, et al. (2008). The graph neural network model. IEEE transactions on neural networks, 20(1), 61-80.

*34 基本ブロックとは、プログラムの実行フローにおいて、分岐点や合流点を持たない一連の命令列のことです。

*35 P. Veličković, et al."Graph Attention Networks"6th International Conference on Learning Representations. 2017.

それでは、FCGAT を実装してみましょう。モデルの実装には PyTorch[*36]を使用します。PyTorch は、Facebook 社（現 Meta 社）が開発した機械学習のためのオープンソースのライブラリです。モデルのカスタムクラス[*37]を定義することで、細かいモデル構造まで設定でき、柔軟なモデル構築が可能です。カスタムクラスは、PyTorch の `nn.Module` [*38]の子クラスとして定義します。カスタムクラス内には通常 2 つの関数を定義します。

- `__init__()`：モデルで使用するレイヤーやモジュールを定義します。
- `forward()`：入力データに対して `__init__()` で定義したレイヤーをどの順番で適用するかを指定します。

これらの関数を使うことで、モデルの構造と動作を細かく制御することができます。`__init__()` でモデルの部品を用意し、`forward()` でそれらの部品をどのように組み立てて使うかを指定するイメージです。実装方法の詳細については、PyTorch のチュートリアル[*39]などを参考にしてください。

PyTorch で GNN を実装する際には PyTorch Geometric[*40]を使用すると便利です。このライブラリでは、GNN の様々なレイヤーが提供されており、それらを使用することで簡単にモデルを実装することができます。

以下のコードで、FCGAT のモデル構造を定義します。

コード 8.13: FCGAT のモデル構造

```
import torch.nn.functional as F
from torch.nn import Linear, LeakyReLU
from torch_geometric.nn import GATConv
from custom_layers import Set2Set, dropout_edge  # Set2Setクラスとdropout_edge関数をインポート
from typing import Optional, Tuple

# FCGATモデル定義
class FCGAT(torch.nn.Module):
    def __init__(self, hidden_channels, num_features, num_classes):
        """
        モデルの初期化
        :param hidden_channels: 隠れ層の次元
        :param num_features: 特徴量の次元
        :param num_classes: 出力クラスの数
        """
```

---

*36 https://pytorch.org

*37 クラスとは、データと、そのデータを操作する関数（メソッド）をひとまとめにしたものです。クラスを使うと、関連する機能をグループ化し、コードを整理しやすくなります。

*38 nn.Module は、PyTorch のすべてのニューラルネットワークモジュールの基本クラスです。このクラスを継承することで、カスタムレイヤーやモデルを作成できます。https://pytorch.org/docs/stable/generated/torch.nn.Module.html

*39 https://yutaroogawa.github.io/pytorch_tutorials_jp

*40 https://github.com/pyg-team/pytorch_geometric

```
        super(FCGAT, self).__init__()
        self.conv1 = GATConv(num_features, hidden_channels, add_self_loops=False, heads=3)
        self.conv2 = GATConv(hidden_channels, hidden_channels, add_self_loops=False)
        self.lin1 = Linear(num_features, hidden_channels*3, bias=False)
        self.lin2 = Linear(hidden_channels*2, hidden_channels)
        self.lin3 = Linear(hidden_channels*2*3, num_classes)
        self.leakyrelu = LeakyReLU()
        self.set2set = Set2Set(hidden_channels*3, 4)

    def forward(self, x, edge_index, x_init, batch):
        edge_index_dp, _ = dropout_edge(edge_index)
        x = self.conv1(x, edge_index_dp)
        x = self.leakyrelu(x)
        x += self.lin1(x_init)
        x = self.leakyrelu(x)
        x, a_list = self.set2set(x, batch)
        x = F.dropout(x, p=0.5, training=self.training)
        x = self.lin3(x)

        return x, a_list

# デバイスの設定（GPUを優先的に使用）
device = torch.device('cuda:0' if torch.cuda.is_available() else 'cpu')

# モデルの初期化とデバイスへの移動
model = FCGAT(hidden_channels=64, num_features=100, num_classes=6).to(device)
```

`FCGAT` クラスでモデル構造を定義した後、`model = FCGAT(hidden_channels=64, num_features=100,num_classes=6).to(device)` でモデルの初期化を行っています。ここでは、1 層目の隠れ層の次元（64 次元）、入力の次元（100 次元）、出力クラス数（6）を指定しています。`to(device)` では、モデルのパラメータを指定されたデバイス（この場合、GPU が利用可能なら GPU、そうでなければ CPU）に移動させます。）

次項からは、実際のマルウェアデータセットを使って、FCGAT の性能を評価していきます。モデルがどれだけ正確にマルウェアのカテゴリを分類できるのか、実験を通じて確かめてみましょう。

8.5.2 データセットの確認

まず、学習に使用するデータセットを読み込みます。あらかじめ前処理をしておいたマルウェアカテゴリのデータセットを使用します。使用するデータセットは、BODMAS Malware Dataset[41]の一部のサンプルについて、関数のベクトル化とコールグラフの作成を行ったものです。マルウェアのコードを実行できないように無害化されているため、この状態であれば Colab でも安全に扱うことができます。

データセットは `malware_category_dataset` ディレクトリ以下に分割して保存されているので、まずは読み込んで結合します。

[41] https://whyisyoung.github.io/BODMAS

コード 8.14: データセットの読み込みと結合

```
import pickle
import os
import glob

# データセットが保存されているディレクトリ
base_path = './malware_category_dataset'

# フォルダ内のすべてのpklファイルを検索
pkl_files = glob.glob(os.path.join(base_path, '*.pkl'))

# データセットを読み込んで結合
dataset = []

for pkl_file in pkl_files:
    with open(pkl_file, 'rb') as f:
        split_data = pickle.load(f)
        dataset.extend(split_data)
```

ここで使用している `.pkl` ファイルは、Python のオブジェクトをバイナリ形式で保存（シリアライズ）したファイルです。 `pickle` [*42]モジュールを使って読み書きすることができます。 `pickle` モジュールを使うと、Python のほとんどのオブジェクト（リスト、辞書、クラスのインスタンスなど）をファイルに保存し、ファイルからオブジェクトを復元（デシリアライズ）することができてとても便利です。

データセットの中身を確認して見ましょう。最初の 5 件を表示します。

コード 8.15: データの確認

```
dataset[:5]
```

実行結果

```
[Data(x=[27, 100], edge_index=[2, 26], y=[1], num_nodes=27, funcname=[27]),
 Data(x=[31, 100], edge_index=[2, 14], y=[1], num_nodes=31, funcname=[31]),
 Data(x=[5, 100], edge_index=[2, 3], y=[1], num_nodes=5, funcname=[5]),
 Data(x=[5, 100], edge_index=[2, 3], y=[1], num_nodes=5, funcname=[5]),
 Data(x=[3748, 100], edge_index=[2, 8714], y=[1], num_nodes=3748, funcname=[3748])]
```

データセットの各要素は Data オブジェクトとして表現されており、以下の属性を持っています。

- `x`: 各ノード（関数）の特徴量。各関数が 100 次元の特徴ベクトルを持っている。
- `edge_index`: グラフのエッジを定義するインデックス
- `y`: マルウェアカテゴリのラベル
- `num_nodes`: グラフのノード数（関数の数）

*42 https://docs.python.org/ja/3/library/pickle.html

- `funcname`：各ノードに対応する関数名

次に、データセットのラベル分布を確認し、ラベルごとのサンプル数を表示します。

コード 8.16: ラベル分布の確認

```
# ラベル名のリスト
label_names = ['backdoor', 'downloader', 'dropper', 'ransomware', 'trojan', 'worm']

# ラベルをカウントする関数
def count_labels(dataset):
    labels = [data.y.item() for data in dataset]
    label_counts = Counter(labels)
    return label_counts

# ラベルのカウント
label_counts = count_labels(dataset)

# ラベルのカウント結果を表示
print("Label␣counts:")
for label_id in range(len(label_names)):
    count = label_counts[label_id] if label_id in label_counts else 0
    print(f"{label_names[label_id].ljust(12)}␣({label_id}):␣{count}␣samples")
```

実行結果

```
Label counts:
backdoor     (0): 538 samples
downloader   (1): 870 samples
dropper      (2): 357 samples
ransomware   (3): 152 samples
trojan       (4): 693 samples
worm         (5): 622 samples
```

このデータセットには、6 つのマルウェアカテゴリが含まれています。カテゴリに良性クラスは含まれておらず、マルウェアと分かっている実行ファイルについてマルウェアカテゴリを推定する状況を想定しています。良性ファイルなどの新しいカテゴリをデータセットに追加する方法については、8.6 で説明します。

モデルを適切に評価するためには、データセットを訓練データとテストデータに分割する必要があります。訓練データは、機械学習モデルを訓練するために使用され、テストデータは、モデルの性能を評価するために使用されます。テストデータはモデルの訓練に使用されていないため、モデルが未知のデータに対してどの程度うまく予測できるかを確認できます。今回は、データセットの 80% を訓練データとして、残りの 20% をテストデータとして使用します。この比率は機械学習の分野でよく用いられる標準的な分割方法です[*43]。

以下のコードで、データセットの分割とデータローダの作成を行います。

コード 8.17: データセットの分割とロード

```
from torch_geometric.data import DataLoader
from sklearn.model_selection import train_test_split

# データセットを8:2に分割
train_dataset, test_dataset = train_test_split(dataset, test_size=0.2, random_state=42)

# DataLoaderの作成
train_loader = DataLoader(train_dataset, batch_size=256, shuffle=True)
test_loader = DataLoader(test_dataset, batch_size=256, shuffle=False)
```

まず、`train_test_split()` を使って、train:test=8:2 に分割しています。次に、`DataLoader()` を使って、データをバッチ[*44]単位で効率的に読み込めるようにしています。`train_loader` では、`shuffle=True` としてデータをシャッフルしています。これにより、モデルが毎エポック[*45]で異なる順序でデータを見ることができ、過学習を防ぐのに役立ちます。

8.5.3　学習と評価

学習を進めるために必要な関数を定義します。

コード 8.18: 学習で使用する関数の定義

```
import time
# train関数
def train(loader, model, optimizer, criterion, device):
    model.train()  # モデルを訓練モードに設定
    total_loss = 0
    for data in loader:
        optimizer.zero_grad()  # 勾配を初期化
        data = data.to(device)  # データをGPUに転送
        out, _ = model(data.x, data.edge_index, data.x, data.batch)
        loss = criterion(out, data.y)  # 損失を計算
        loss.backward()  # 勾配を計算
        optimizer.step()  # モデルのパラメータを更新
        total_loss += loss.item()  # 合計損失を更新
```

[*43] より信頼性のある評価を行うには、交差検証という方法が推奨されます。交差検証では、データを例えば 5 つに分け、そのうち 4 つを訓練に、1 つをテストに使用するという過程を 5 回繰り返します。これにより、全データを少なくとも 1 回はテストに使用することができ、分割方法による影響を減らすことができます。ただし、計算時間が 5 倍かかるため、初期の実験では今回のように単純な分割方法も有効です。

[*44] バッチとは、機械学習において一度に処理するデータのグループです。大規模なデータセットを小さなバッチに分けて処理することで、メモリ使用量を抑えられます。バッチサイズが 256 の場合は、256 件のデータを処理した後、モデルのパラメータを更新します。

[*45] 訓練データを全て使って学習を行う回数のことをエポックといいます。

```
    return total_loss / len(loader)  # 平均損失を返す

# test関数
def test(loader, model, device):
    model.eval()  # モデルを評価モードに設定
    correct = 0
    all_preds = []
    all_labels = []
    with torch.no_grad():  # 評価モードで勾配を計算しない
        for data in loader:
            data = data.to(device)  # データをGPUに転送
            out, _ = model(data.x, data.edge_index, data.x, data.batch)
            pred = out.argmax(dim=1)  # 予測結果を取得
            correct += int((pred == data.y).sum())  # 正解数をカウント
            all_preds.extend(pred.cpu().numpy())  # 予測結果をリストに追加
            all_labels.extend(data.y.cpu().numpy())  # 正解ラベルをリストに追加
    return correct / len(loader.dataset), all_preds, all_labels

# trainとtestを実行する関数
def run_training(train_loader, test_loader, model, optimizer, criterion, device, epochs=10):
    history = np.zeros((0, 3))  # 訓練履歴を保存する配列
    start_time = time.time()
    for epoch in range(1, epochs + 1):
        train_loss = train(train_loader, model, optimizer, criterion, device)  # 訓練を実行
        train_acc, _, _ = test(train_loader, model, device)  # 訓練データで評価
        test_acc, test_preds, test_labels = test(test_loader, model, device)  # テストデータで評価
        print(f'Epoch:␣{epoch:03d},␣Train␣Loss:␣{train_loss:.4f},␣Train␣Acc:␣{train_acc:.4f},␣Test␣Acc:␣{test_acc:.4f}')
        history = np.vstack((history, [epoch, train_acc, test_acc]))
    end_time = time.time()
    print('Training␣Time:␣', end_time - start_time)
    return history, test_labels, test_preds
```

`train()` では、各バッチで損失を計算し、モデルのパラメータを更新して、平均の損失を返します。`test()` では、モデルを評価モードに設定し、データローダーからデータを取得して評価を行います。続いて予測結果と正解ラベルを取得し、精度を計算します。評価時はパラメータの更新は行いません。`run_training()` では、指定されたエポック数だけ訓練とテストを繰り返します。各エポックごとに訓練損失、訓練精度、テスト精度を表示し、訓練履歴を保存します。

次に、学習に使用するパラメータを設定します。

コード 8.19: パラメータの設定

```
import torch.nn as nn
import torch.optim as optim

# オプティマイザーの設定
optimizer = optim.Adam(model.parameters(), lr=0.001)
# 損失関数の設定
criterion = nn.CrossEntropyLoss().to(device)
epochs=100
```

`lr` は学習率（learinig rate）で、各ステップでモデルのパラメータをどれだけ更新するかを決める値です。学習率の値が大きいほどパラメータの更新幅が大きくなります。ここでは 0.001 に設定しています。学習率が高すぎると、学習が安定せず、低すぎると収束に時間がかかることがあります。

epochs は、訓練データ全体を何回学習するかを示します。ここでは 100 エポックに設定しています。エポック数が多いほど、モデルがデータから学習する回数が増えますが、訓練データに過学習してしまうリスクもあります。

モデルを構築する際は、実際の学習結果を見て、これらのパラメータやモデルの構成を適宜調整する作業が必要になります。例えば、学習が安定しない場合は学習率を下げたり、過学習の兆候が見られたらエポック数を小さくして、早めに学習を停止することが有効です。

準備ができたら、学習を実行します。

コード 8.20: 学習の実行

```
history, test_labels, test_preds = run_training(train_loader, test_loader, model, optimizer, criterion, device, epochs)
```

実行結果

```
Epoch: 001, Train Loss: 1.5842, Train Acc: 0.4681, Test Acc: 0.4451
Epoch: 002, Train Loss: 1.2116, Train Acc: 0.7056, Test Acc: 0.6940
Epoch: 003, Train Loss: 0.9148, Train Acc: 0.7524, Test Acc: 0.7419
...
Epoch: 099, Train Loss: 0.1849, Train Acc: 0.9369, Test Acc: 0.9212
Epoch: 100, Train Loss: 0.1717, Train Acc: 0.9397, Test Acc: 0.9196
Training Time:  713.3977150917053
```

学習が進むと、出力に各エポックにおける訓練損失、訓練精度、テスト精度が表示されます。エポックが進むにつれて、訓練損失が減少し、精度が向上していれば正常に学習が進んでいます。100 エポック学習させると、テスト精度が 92% 程度になるかと思います。

学習が完了したら、以下のコードを実行すると学習曲線をプロットできます。

コード 8.21: 学習曲線のプロット

```
plt.figure(figsize=(12, 6))
plt.plot(history[:, 0], history[:, 1], label='Train Accuracy', color='lightcoral', linewidth=3)
plt.plot(history[:, 0], history[:, 2], label='Test Accuracy', color='darkblue', linewidth=3)
plt.xlabel('Epoch', fontsize=16)
plt.ylabel('Accuracy', fontsize=16)
plt.legend(fontsize=16)
plt.title('Train and Test Accuracy over Epochs', fontsize=18)
plt.grid(True)
plt.xticks(fontsize=14)
plt.yticks(fontsize=14)
plt.show()
```

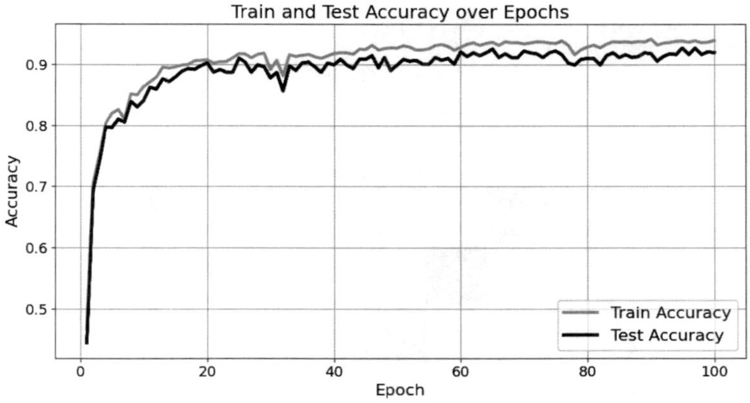

図 8-4　学習曲線

学習曲線を見ると、訓練精度がテスト精度よりもわずかに高いですが、大きな乖離は見られません。過学習のリスクは低いと考えられます。

もう少し詳細な結果を見るために、混同行列でクラスごとの分類精度を確認します。混同行列は、モデルが各クラスをどのように分類したかを表す行列です。

以下のコードでは、seaborn[46]の `heatmap()` を使って、混同行列を可視化しています。seaborn は、Python のデータ可視化ライブラリで、Matplotlib 上に構築されています。統計データの可視化を簡単かつ綺麗に行うことができます。

コード 8.22: 混同行列の表示

```
import seaborn as sns
from sklearn.metrics import confusion_matrix

# 混同行列を生成
cm = confusion_matrix(test_labels, test_preds)

# ラベルを設定
labels = ['backdoor', 'downloader', 'dropper', 'ransomware', 'trojan', 'worm']

# 混同行列を表示
plt.figure(figsize=(10, 8))
sns.heatmap(cm, square=True, cbar=True, annot=True, cmap='Blues', fmt='d', annot_kws={"size": 16},
            xticklabels=labels, yticklabels=labels)

# フォントサイズを設定
plt.xticks(fontsize=16, rotation=45)
plt.yticks(fontsize=16, rotation=45)
plt.xlabel('Predicted Label', fontsize=18)
```

[46] https://seaborn.pydata.org/

```
plt.ylabel('True␣Label', fontsize=18)
plt.title('Confusion␣Matrix', fontsize=20)

plt.show()
```

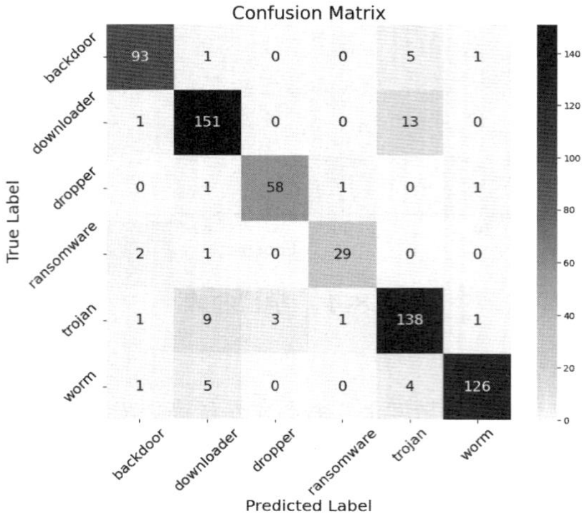

図 **8-5**　混同行列

混同行列を見ると、モデルが各クラスに対してどの程度正確に分類できているかが分かります。また、どのクラスで誤分類が多いかも視覚的に確認できます。行は実際のラベルを、列はモデルの予測ラベルを表しています。例えば、dropper の行（上から 3 行目）を見てみると、58 個のサンプルを正しく dropper と予測し、1 個を downloader、1 個を ransomware、1 個を worm と誤分類していることが読み取れます。downloader を trojan と予測しているサンプルは 13 個あり、これらは似た特徴を持っているのかもしれません。

なお、機械学習モデルは実行するたびに結果が変わるため、読者の皆さんがサンプルコードを実行しても、ここで示した結果と全く同じ値にはならないことがあります。これは、モデルの初期化やデータの分割、最適化プロセスなどに乱数が使用されているためです。再現性を確保したい場合は、乱数のシードを固定値で初期化することが有効です。

8.6 独自のデータセットを作成する方法

ここまでで、実行ファイルの前処理からマルウェア分類、そして結果の分析までの一連の流れを学びました。機械学習を用いたマルウェア分類の全体像が掴めてきたのではないでしょうか。

実際にこの手法を活用するには、独自のデータセットを作成できることが重要です。ここでは、読者の皆さんが独自に収集した実行ファイルを使ってデータセットを作成する方法を紹介します。

8.4 で取り扱ったデータセットは 6 種類のマルウェアカテゴリでラベル付けされたものでした。実際にマルウェア分類モデルを運用する際は、これに加えて良性ファイルのラベルや、さらに多くのマルウェアカテゴリが必要になることがあります。

ここでは、良性ファイルのラベルを追加する方法について説明しますが、良性ファイルをマルウェアに置き換えることで、新しいマルウェアカテゴリを追加することもできます。他にも例えば、異なるパッカーでパックされた実行ファイルからデータセットを作成することで、パッカー検知を行うこともできますし、同様にコンパイラ推定などに応用することもできます。ここで学ぶ手順を活用すれば、ご自身のニーズに合った分類器を作ることができるでしょう。

ただし、マルウェアを取り扱う際には、普段使っているシステムへの感染を防ぐために、安全な環境が必要です。ここではマルウェアを取り扱う場合も想定して、仮想環境を使用して解析環境を構築し、実際にデータセットを作成する方法について説明します。

8.6.1 仮想環境とは

仮想環境とは、物理的なコンピューター上に、ソフトウェアによって仮想的なコンピューターを構築する技術です。仮想環境を使うことで、ホスト OS（物理マシンにインストールされた OS）とは別のゲスト OS を同じマシン上で実行できます。これにより、マルウェア解析のような危険な作業を、ホスト OS から隔離された環境で安全に行うことができます。

仮想環境のもう一つの利点は、スナップショット機能です。スナップショットとは、ある時点でのゲスト OS の状態を保存したものです。スナップショットを作成しておけば、ゲスト OS が何らかの理由で破損したり、マルウェアに感染した場合でも、スナップショットから簡単に元の状態に戻すことができます。

代表的な仮想環境ソフトウェアには、VirtualBox[*47]、VMware Workstation Pro[*48]、Hyper-V[*49] などがあります。本節では、多くのプラットフォームで利用可能なオープンソースソフトウェアであ

---

*47 https://www.virtualbox.org/

*48 https://www.vmware.com/products/workstation-pro/html.html

*49 https://learn.microsoft.com/ja-jp/virtualization/hyper-v-on-windows/about/

る VirtualBox を使用します。

8.6.2　マルウェアを扱う際の注意点

マルウェアの解析や分類モデルを構築するには、適切な検体を入手し、安全な解析環境を準備する必要があります。

検体の入手方法

マルウェア解析者や研究者向けにマルウェアの検体を公開しているサイトがいくつかあります。たとえば、以下のサイトで様々な種類のマルウェアをダウンロードすることができます。

- MalwareBazaar（https://bazaar.abuse.ch）
- VirusShare（https://virusshare.com）
- the Zoo（https://github.com/ytisf/theZoo）

ただし、これらのサイトからマルウェアをダウンロードする際は、十分な注意が必要です。不用意にマルウェアを実行すると、システムが感染する可能性があります。必ず、次項で説明する注意点を守って細心の注意を払ってください。また、正当な理由なくマルウェアを作成、提供、供用、取得、保管する行為は法律で禁止されています。マルウェアをダウンロードする前に「不正指令電磁的記録に関する罪」（https://www.keishicho.metro.tokyo.lg.jp/kurashi/cyber/law/virus.html）をご一読いただき、法律を遵守してください[*50]。

注意点

マルウェアを扱う際には以下の点に注意して作業を行ってください。

- 解析作業はゲスト OS 上で行い、ホスト OS 上では行わない。
- 解析対象ファイルは、ゲスト OS 上でパスワード付きの圧縮ファイル等に入れ、ホスト OS 上で展開しない。
- 解析対象ファイルをゲスト OS に置く前のクリーンな状態のスナップショットを作成し、作業終了後に作業前の状態に戻せるようにする。
- 解析作業中は、仮想マシンのネットワーク設定を変更してインターネットにアクセスできない

[*50] 不正指令電磁的記録に関する罪で処罰対象となる行為や正当な理由について「いわゆるコンピューター・ウイルスに関する罪について」（https://www.moj.go.jp/content/001267498.pdf）で詳しく解説されていますのでそちらもご覧ください。

ようにする。

- 動的解析を行わない場合は、Windows 上では解析対象ファイルの拡張子を.exe から.bin などに変更して、うっかり解析対象ファイルをダブルクリックしても実行できないようにする。

これらの注意点を守ることで、マルウェアが誤って実行されたり、ネットワークを介して拡散したりするのを防ぐことができます。

8.6.3 VirtualBox のインストール

VirtualBox インストーラのダウンロード

VirtualBox のインストーラ*51をダウンロードします。お使いの環境に合ったものをダウンロードしてください。本書では、Windows（64 ビット）向けのバージョン 7.0.10 を選択しました。

ダウンロードしたインストーラを実行し、画面の指示に従ってインストールを進めます。インストールが完了したら、VirtualBox を起動すると、Oracle VM VirtualBox マネージャーが表示されます。

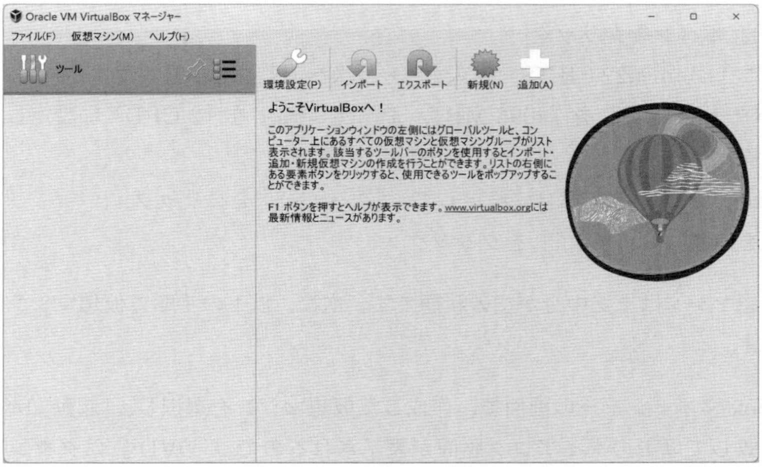

図 8-6　Oracle VM VirtualBox マネージャー

---

*51 https://www.oracle.com/jp/virtualization/technologies/vm/downloads/virtualbox-downloads.html

8.6.4 仮想マシンの準備

今回は、仮想マシンとして Ubuntu 22.04 LTS を使用します。本書執筆時点での最新バージョンは Ubuntu 24.04 LTS ですが、現時点では VirtualBox 上での安定動作が確認されていないため、1 つ前のバージョンを選択しました。

なお、動的解析を行う場合は、マルウェアが動作する OS とネットワーク環境を用意する必要があります。例えば、Windows マルウェアの動的解析を行うには、Windows を用意する必要があります。

仮想マシンの作成

まず、Ubuntu のダウンロードページ[*52]から、ISO ファイルをダウンロードします。今回は、`ubuntu-22.04-desktop-amd64.iso` を選択しました。

ダウンロードが完了したら、VirtualBox で仮想マシンを作成します。仮想マシンの作成手順は以下の通りです。以下の設定は一例ですので、環境に合わせて仮想マシンのスペックなどを変更してください[*53]。VirtualBox のバージョンによっては、手順が異なる可能性があります。

- 「新規 (N)」ボタンをクリック
- 「名前:」に「Ubuntu22.04LTS」と入力 → 「次へ (N)」をクリック
- 「メインメモリー (M):」を「4096 MB」、「Processors:」を「2 CPU」に設定して 、「次へ (N)」をクリック
- 「Disk Size:」を「50.00GB」に設定して、「次へ (N)」をクリック
- 設定内容を確認して、「完了」をクリック

今作成した仮想マシンはまだ中身が空の状態です。次に、以下の手順で仮想マシンに Ubuntu をインストールします。

- VirtualBox マネージャーの画面で、作成した仮想マシンを選択し、「起動」ボタンをクリック
- 起動に失敗して以下のダイアログ画面が表示されるので、「DVD:」にダウンロードした ISO ファイルを指定し、「Mount and Retry Boot」をクリック

[*52] https://releases.ubuntu.com/jammy/

[*53] 割り当てるリソース（メモリ、CPU、Disk）が少なすぎると正常に動作しない可能性があります。筆者の環境では、デフォルトのリソースだと容量不足やクラッシュを引き起こしました。

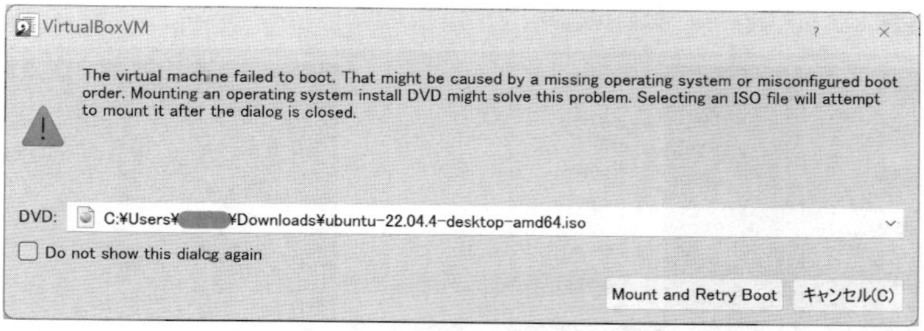

図 8-7　ISO ファイルの指定

- 数分経つとインストール画面が表示される
- 言語やキーボードレイアウト等の設定を選択し、画面の指示に従って進める
- インストールが完了[*54]すると、「今すぐ再起動をする」ボタンが表示されるので、再起動を行う
- 再起動後、Ubuntu のデスクトップが表示されたら完了

Guest Additions Software のインストール

Ubuntu のインストールが完了したら、次に Guest Additions Software のインストールを行います。Guest Additions Software は、VirtualBox 上のゲスト OS の機能を拡張するためのソフトウェアです。これをインストールすることで、「ホスト OS とゲスト OS 間でのコピー&ペースト」や、「ゲスト OS の画面解像度の自動調整」ができるようになり、仮想マシンが使いやすくなります。

Guest Additions Software をインストールするには、以下の手順を実行します。

- VirtualBox のメニューから、「デバイス」→「Guest Additions イメージの挿入」を選択
- 左下の「アプリケーションを表示する」メニューをクリックし、「terminal」と入力して、「端末」を開く
- 以下のコマンドを実行

コード 8.23: Guest Additions Software のインストールコマンド

```
$ sudo mount /dev/cdrom /media
# パスワード入力を求められたら、インストール時に設定したUbuntuのパスワードを入力
$ cd /media
$ sudo ./VBoxLinuxAdditions.run
# インストールが完了したら以下のコマンドで再起動
$ reboot
```

[*54] 著者の環境では、インストールに約 20 分かかりました。

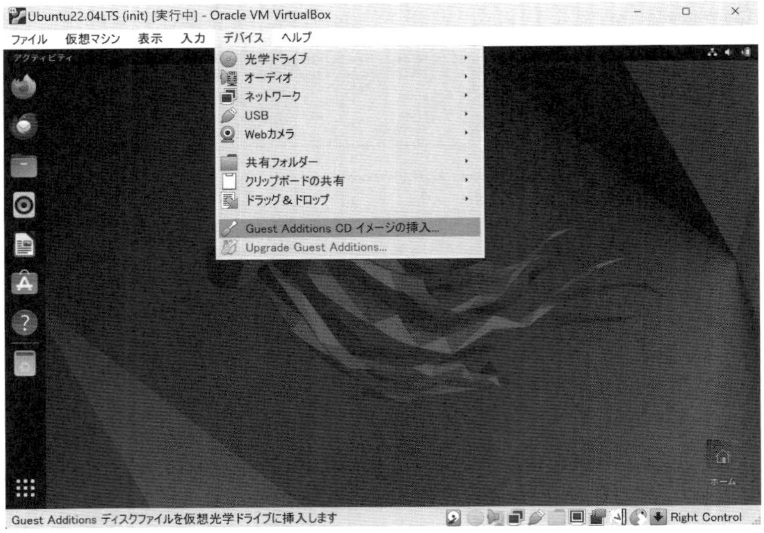

図 **8-8**　**Guest Additions** イメージの挿入

これで、ゲスト OS の画面サイズを変更やクリップボードの共有（コピー＆ペースト）を行うことができます。次に、ホスト OS とゲスト OS 間でのファイル共有のために、共有フォルダを設定する方法について説明します。

共有フォルダの設定

- VirtualBox の設定画面から、共有フォルダを開きます
- 右側のフォルダ追加ボタン（フォルダに＋マークのついたアイコン）をクリックし、共有するフォルダを選択し、「自動マウント」「永続化する」にチェックを入れて「OK」を押して設定します。
- Ubuntu のターミナル画面でコマンド `sudo adduser $USER vboxsf` を実行します
- `/media` 以下に共有フォルダ `sf_shared` が作成されます

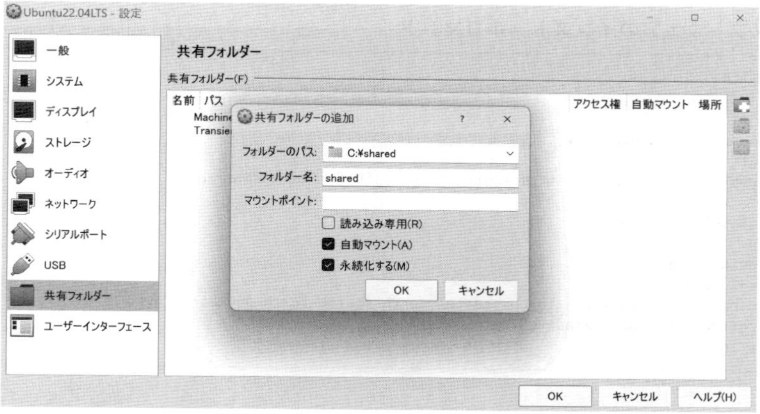

図 8-9　共有フォルダの設定

これで共有フォルダが設定されました。設定した共有フォルダにファイルを置くことで、ホスト OS とゲスト OS 間でファイルを共有することができます。

スナップショットの作成（init）

ここまでの作業で、Ubuntu のクリーンな状態が準備できました。この状態をスナップショットとして保存しておきましょう。スナップショットの作成手順は以下のとおりです。

- ターミナルで `shutdown -h now` を実行し、仮想マシンをシャットダウンする
- VirtualBox マネージャーで Ubuntu22.04LTS のメニューアイコンをクリックし、スナップショットを選択
- 「最新の状態」を選択して「作成 (T)」をクリック
- 「スナップショットの名前 (N)」に「init」と入力し、「OK」をクリック

これで、現在の状態が「init」という名前のスナップショットとして保存されました。

ソフトウェアのインストール

データセットを作成するために必要なソフトウェアをインストールします。仮想マシンを起動し、ターミナルで以下のコマンドを実行してください。

コード 8.24: ソフトウェアのインストールコマンド

```
# homeディレクトリに移動
$ cd
# パッケージのアップデート
$ sudo apt update && sudo apt upgrade -y
$ sudo apt install git
$ git clone --filter=blob:none --sparse https://github.com/editor-kagaku/Binary.git
$ cd Binary
$ git sparse-checkout set chapter8
$ cd ..
$ sudo apt install python3-pip
$ pip install scipy==1.10.1
$ pip install r2pipe pandas gensim torch torch-scatter torch-sparse torch-geometric pydot
$ git clone https://github.com/radare/radare2.git
$ cd radare2 ; ./sys/install.sh
```

仮想環境のオフライン化

マルウェア解析中に仮想マシンが感染した場合に備えて、仮想マシンをオフラインにします。まず、ターミナルで `shutdown -h now` を実行して、仮想マシンをシャットダウンします。シャットダウンが完了したら、仮想マシンの設定を開き、ネットワークの「割り当て（A)」を「ホストオンリーアダプター」に変更します。

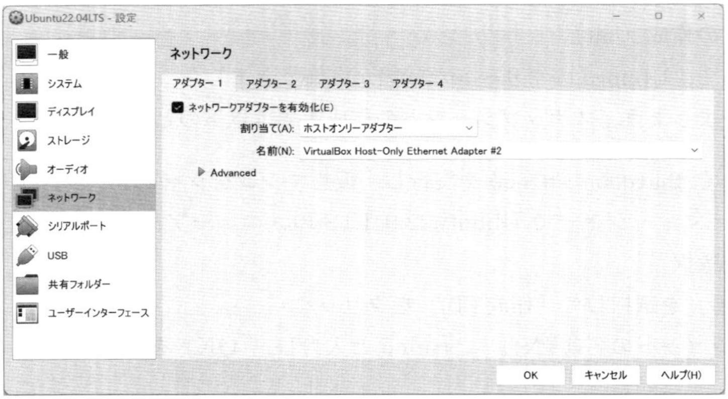

図 **8-10**　仮想環境のオフライン化

これにより、仮想マシンは外部ネットワークとは通信できなくなり、ホスト OS とのみ通信できる状態になります。マルウェアが外部のサーバーと通信しようとしても阻止されることになります。

設定が完了したら、再度仮想マシンを起動します。

スナップショットの作成（解析前）

この後マルウェアを扱うことを想定して、スナップショットを作成しておきます。「解析前」という名前のスナップショットを作成しました。

マルウェアを取り扱う場合は、この段階で仮想マシンに配置します。パスワード付きの zip ファイル等で圧縮したものをホストマシンからドラッグ＆ドロップで移動させたり、Ubuntu 上でインターネットに接続してダウンロードしても良いでしょう[*55]。

今回は、本書の GitHub リポジトリから `git` コマンドでダウンロード済みの良性ファイルを使用するため、この手順は省略します。

8.6.5 データセットの作成

それでは、いよいよデータセットを作成していきましょう。実行ファイルから、FCGAT に入力可能なコールグラフのデータセットを作成します。

使用するコードは、基本的には 8.4 で行った処理を Python スクリプトにしたものです。ほとんどの部分については解説済みのため、詳細な説明はしませんが、興味のある方は GitHub リポジトリの Python スクリプトを確認して、処理の流れを理解してみてください。

実行ファイルの配置

データセットを作成するスクリプト `create_fcg.py` は、指定した入力ディレクトリのサブディレクトリ名をクラスラベルとしてデータセットを作成するため、そのディレクトリ構成に合わせて実行ファイルを配置する必要があります。

今回は、 `Binary/chapter8/8-4/new_bins` ディレクトリ内に作成したいクラス番号のディレクトリを作成し、その中に良性の実行ファイルを配置します。以下のようなディレクトリ構成にします。

```
Binary/
└─── chapter8/
    └─── 8-4/
        └─── new_bins/
            └─── 6/
                ├─── file1 (良性ファイル)
                ├─── file2 (良性ファイル)
                └─── ...
```

既存データセット `malware_category_dataset.pkl` には 0 から 5 までの 6 クラスのマルウェアカテゴリが含まれていたので、クラス 6 を良性ファイルのクラスとして追加します。

*55 インターネットからダウンロードする場合は、ネットワークアダプタの設定を戻して、オンラインにする必要があります。

良性ファイルには 8.4 で使用した Binary/chapter8/bins 以下の実行ファイルを使用します。new_bins ディレクトリ以下に 6 という名前のディレクトリを作成し、bins 以下の実行ファイルを Binary/chapter8/8-4/new_bins/6 以下にコピーします。ターミナルで以下のコマンドを実行してください。

コード 8.25: 実行ファイルのコピー

```
$ cd ~/Binary/chapter8/8-4/
$ mkdir new_bins
$ mkdir new_bins/6
$ cp ../bins/* new_bins/6
```

これで Binary/chapter8/8-4/new_bins/6 以下に良性ファイルが配置されました。他のクラスも追加したい場合は、新しいクラスラベルのディレクトリを作成して、実行ファイルを配置してください。

コールグラフの作成

最後に、コールグラフ形式のデータセットを作成します。create_fcg.py を使用します。このスクリプトは、指定されたディレクトリ内の実行ファイルからコールグラフのデータセットを作成します。

スクリプトは以下のようになっています。誌面の都合上、これまでに解説済みの処理については、プログラムを省略し、関数の引数と戻り値を説明するための docstrings のみ記載しています。

コード 8.26: コールグラフの作成

```
import os
import sys
import pandas as pd
import torch
import networkx as nx
from torch_geometric.data import Data
from torch_geometric.utils import from_networkx
import r2pipe
from gensim.models import Word2Vec
import pickle
import re

def get_assembly_instructions(r2, offset):
    """
    指定されたオフセットのアセンブリ命令を取得する

    Args:
        r2 (r2pipe.open): r2オブジェクト
        offset (int): 関数のオフセット

    Returns:
        list: アセンブリ命令のリスト
    """
    ...

```

```python
def normalize_instruction(instruction):
    """
    アセンブリ命令を正規化する

    Args:
        instruction (str): アセンブリ命令

    Returns:
        str: 正規化されたアセンブリ命令
    """
    ...

def create_fcg(input_dir, output_pkl, word2vec_model_path):
    """
    FCGを作成してデータセットを保存する

    Args:
        input_dir (str): 入力ディレクトリのパス
        output_pkl (str): 出力pklファイルのパス
        word2vec_model_path (str): Word2Vecモデルのパス
    """
    data_list = []
    model = Word2Vec.load(word2vec_model_path)

    def vectorize_assembly_instruction(instruction):
        """
        アセンブリ命令をベクトル化する

        Args:
            instruction (str): アセンブリ命令

        Returns:
            list: ベクトル化されたアセンブリ命令
        """
        ...

    total_files = 0
    for subdir, _, files in os.walk(input_dir):
        if subdir == input_dir:
            continue  # ルートディレクトリはスキップ

        label = int(os.path.basename(subdir))
        for file in files:
            filepath = os.path.join(subdir, file)

            # バイナリファイルを開いて解析
            r2 = r2pipe.open(filepath)
            r2.cmd('aaa')
            r2.cmd('agCd > graph.dot')

            # DOTファイルをNetworkXグラフに変換
            G = nx.DiGraph(nx.drawing.nx_pydot.read_dot('graph.dot'))
            node_attrs = []
            func_names = []
            for node in G.nodes:
                # 各ノードのアセンブリ命令を取得
                asm = get_assembly_instructions(r2, node)
                func_names.append(node)
                if asm:
                    # アセンブリ命令を正規化してベクトル化
                    normalized_asm = [normalize_instruction(instr) for instr in asm]
                    vectorized_asm = [vectorize_assembly_instruction(instr) for instr in normalized_asm]
                    node_attrs.append(torch.tensor(vectorized_asm, dtype=torch.float).mean(dim=0).tolist())
```

```
                else:
                    node_attrs.append([0] * model.vector_size)

            # エッジリストを作成
            edge_index = []
            for edge in G.edges:
                edge_index.append([list(G.nodes).index(edge[0]), list(G.nodes).index(edge[1])])

            # 必要な属性だけをPyGデータに変換
            data = Data(
                x=torch.tensor(node_attrs, dtype=torch.float),
                edge_index=torch.tensor(edge_index, dtype=torch.long).t().contiguous(),
                y=torch.tensor([label]),
                num_nodes=len(node_attrs),
                funcname=func_names  # 文字列のリストとして保存
            )
            data_list.append(data)
            total_files += 1

            print(f"Processed␣file␣{file}␣with␣label␣{label}")

    # データセットをpklファイルとして保存
    with open(output_pkl, 'wb') as f:
        pickle.dump(data_list, f)

    print(f"FCG␣creation␣completed,␣processed␣{total_files}␣files")

if __name__ == "__main__":
    if len(sys.argv) != 4:
        print("Usage:␣python␣create_fcg.py␣<input_dir>␣<output_pkl>␣<word2vec_model_path>")
        sys.exit(1)

    input_dir = sys.argv[1]
    output_pkl = sys.argv[2]
    word2vec_model_path = sys.argv[3]

    create_fcg(input_dir, output_pkl, word2vec_model_path)
```

主な動作の流れは以下の通りです。

- 指定されたディレクトリ内のサブディレクトリを走査し、ラベルを取得
- `r2pipe` モジュールを使ってバイナリファイルを解析し、DOT ファイル（グラフの情報を含むファイル）を生成
- 各ノード（関数）のアセンブリ命令を取得
- アセンブリ命令を正規化し、word2vec のモデルを使ってベクトル化
- エッジ情報（関数間の呼び出し関係）を取得
- ノードの特徴量とエッジ情報、ラベルを PyTorch Geometric の Data オブジェクトに変換し、pickle ファイルとしてデータセットを保存

既存のデータセットを拡張する場合は、アセンブリ命令のベクトル化に使用する word2vec のモデルは既存データセットの作成に使用したものと同じものが望ましいです。別の word2vec モデルを使

用すると、同じ命令を異なるベクトルとして表現してしまい、意味を上手く反映できないことがあります。今回は word2vec のモデルとして `assembly_word2vec.model` を準備しているので、こちらを使用します。

データセットを作成するには、以下のコマンドをターミナルで実行します。

コード 8.27: データセットの作成

```
$ python3 create_fcg.py new_bins new_bins_dataset.pkl assembly_word2vec.model
```

スクリプトが正常に終了すると、 `new_bins_dataset.pkl` という名前でデータセットが作成されます。これと `malware_dataset.pkl` を結合することで、良性ファイルを追加した FCGAT の学習データが完成します。

既存のデータセットとの結合

データセットは以下の `dataset1 + dataset2` のように `+` で簡単に結合することができます。

コード 8.28: データセットの結合

```python
import pickle
import argparse

def merge_datasets(dataset1_path, dataset2_path, output_path):
    """
    2つのデータセットを結合して保存する

    Args:
        dataset1_path (str): 1つ目のデータセットのパス
        dataset2_path (str): 2つ目のデータセットのパス
        output_path (str): 出力データセットのパス
    """
    # 1つ目のデータセットを読み込む
    with open(dataset1_path, 'rb') as f:
        dataset1 = pickle.load(f)

    # 2つ目のデータセットを読み込む
    with open(dataset2_path, 'rb') as f:
        dataset2 = pickle.load(f)

    # データセットを結合する
    combined_dataset = dataset1 + dataset2

    # 結合されたデータセットを保存する
    with open(output_path, 'wb') as f:
        pickle.dump(combined_dataset, f)

    print(f"Datasets merged and saved to {output_path}")

if __name__ == "__main__":
    parser = argparse.ArgumentParser(description="Merge two datasets and save the result.")
    parser.add_argument("dataset1_path", type=str, help="Path to the first dataset")
    parser.add_argument("dataset2_path", type=str, help="Path to the second dataset")
    parser.add_argument("output_path", type=str, help="Path to save the merged dataset")
```

```

    args = parser.parse_args()
    merge_datasets(args.dataset1_path, args.dataset2_path, args.output_path)
```

このスクリプトは、以下のように実行できます。

コード 8.29: データセットの結合

```
$ python3 merge_datasets.py new_bins_dataset.pkl ../malware_category_dataset/malware_category_dataset_part_0.pkl marged_
dataset.pkl
```

第 1 引数と第 2 引数のデータセットを結合し、第 3 引数で指定したデータセットを作成します[*56]。

8.6.6　データセットの取り出し

作成したデータセットは、実行できない状態に無害化されているため、安全にホスト OS に取り出すことができます。8.6.4 で設定した共有フォルダ `/media/sf_shared` を使用します。以下のように共有フォルダにデータセットをコピーします。

コード 8.30: データセットの取り出し

```
$ cp marged_dataset.pkl /media/sf_shared
```

8.6.7　仮想マシンをクリーンな環境に戻す

一連の作業が終わったら、仮想マシンを作業前のスナップショットの状態に戻しましょう。VirtualBox のメインウィンドウで、Ubuntu22.04LTS のメニューをクリックし、「スナップショット」を選択し、「解析前」のスナップショットを復元します。

これにより、仮想マシンがマルウェア解析前のクリーンな状態に戻ります。次にデータセットを作成する際は、この状態から作業を始めると良いでしょう。

8.7　機械学習を用いたマルウェア分類における課題と展望

機械学習を用いたマルウェア分類には多くの可能性がある一方で、いくつかの課題も存在します。その一つに「コンセプトドリフト」があります。コンセプトドリフトとは、時間の経過とともにデー

[*56] このスクリプトでは 2 つのデータセットを結合するため、分割されているデータセットの 1 つと新しいデータセットを結合しています。3 つ以上のデータセットを結合するには、コード 8.14 の処理を使う方が便利です。

タの分布や特性が変化する現象です。マルウェアは常に進化し、新たな手法や技術が導入されるため、時間の経過とともにモデルの精度が低下するリスクがあります。これを防ぐためには、定期的なモデルの再訓練や、新たなデータの継続的な収集が不可欠です。

もう一つの課題は偽陽性の問題が挙げられます。偽陽性とは、良性のファイルが誤ってマルウェアとして分類されることを指します。実際のシステムでは、良性ファイルが多数を占めるため、偽陽性の高いモデルは現実的な運用には適しません。例えば、偽陽性率が 1% のモデルがあるとします。一見低そうに見えますが、1 万個のファイルを検査すると、100 個の良性ファイルが誤ってマルウェアと判定されてしまいます。これは、ユーザーの業務を妨げるだけでなく、セキュリティチームの負荷も大きく増加させてしまいます。そのため、モデルの精度向上だけでなく、偽陽性を抑える工夫も必要です。

これらの課題に対して、新たな技術の応用が期待されています。特に注目されているのが、大規模言語モデル（LLM）の活用です。本書執筆時点において、ChatGPT をはじめとする LLM は、自然言語処理の分野で革命的な成果を上げていますが、プログラミング言語の理解にも高い能力を示しています。LLM をマルウェア解析に応用すると、マルウェア分類だけでなく、デコンパイルされたコードから関数の機能を分かりやすい文章で説明したり、潜在的な脆弱性を指摘したりすることがより汎用的に実現可能になるかもしれません。

一方で、LLM には「ハルシネーション」と呼ばれる、もっともらしい嘘の情報を出力する性質があることも知られています。そのため、AI の出力を鵜呑みにせず、解析者自身のスキルを磨き続けることも重要でしょう。

8.8 本章のまとめ

本章では、グラフニューラルネットワークを使用してマルウェアを分類する方法を紹介しました。この技術を応用することで、例えば攻撃グループの特定や脆弱性の検出など、多岐にわたるサイバーセキュリティの課題への対処に繋げることができます。

マルウェア分類における機械学習の活用は、技術の進歩とともにさらなる発展が見込まれます。LLM などの新技術を適切に取り入れつつ、人間の専門知識と組み合わせることで、より効果的で信頼性の高いマルウェア対策システムの構築が可能になるでしょう。

ぜひ、皆さんもデータセットやモデルを変えて、独自のマルウェア分類器を構築してみてください。

コラム　様々なサイバーセキュリティ分野の学術会議

ここでは、学術系に絞ってサイバーセキュリティ分野の会議を独断と偏見で紹介します。サイバーセキュリティ系の発表は大雑把に分類すると、理論系と実験系の 2 つに分類できます。

理論系は数式を操り様々な現象を机上で分析します。理論系の研究は社会実装までに時間がかかるものが多いです。長期的な視点でサイバーセキュリティのトレンドを予測するには理論系の研究を押さえる必要があります。

実験系は理論を実装し*57、実験により性能などを実証します。最近では、実験の再現性のため実験に用いたデータセットやプログラムコードの公開が求められることが多いです。実験系の研究は、実証コードの実装は完了している研究が多く、社会実装までに比較的時間がかからない研究が多いです。短期的な視点でサイバーセキュリティのトレンドを予測するには実験系の研究を押さえる必要があります。

それでは、学術系のサイバーセキュリティ分野における世界 4 大会議を開催時期の早いものから順番に紹介します。いずれも査読が厳しく世界トップクラスの国際会議です。各会議の特色は時代の流れとともに薄れていっているので、ここでは若干大げさに違いを強調して書いています。

- **NDSS**（Network and Distributed System Security Symposium）
  毎年 2 月下旬頃に米国サンディエゴで開催されます。名前のとおりネットワーク系で実験系の発表が多い印象です。会議期間中にいくつかのワークショップが開催され、その中に **BAR**（Binary Analysis Research）ワークショップがあります。BAR では、バイナリを研究テーマにしている世界中の研究者が集まり、様々なバイナリに関する研究が発表されます。
- **IEEE S&P**（IEEE Symposium on Security and Privacy）
  IEEE（アイトリプルイー、Institute of Electrical and Electronics Engineers）は、40 万人以上の会員が在籍する世界最大の電気工学・電子工学と情報技術に関する学術団体です。IEEE では無線 LAN (IEEE 802.11) や Bluetooth(IEEE 802.15) を含むなじみ深い規格の標準化もしています。IEEE が主催する S&P は、毎年 5 月頃に米国サンフランシスコで開催されます。4 つの国際会議の中では様々なセキュリティ分野について、最もバランスよく発表されている印象です。
- **USENIX Security Symposium**
  毎年 8 月中旬頃に米国またはカナダで開催されます。名前のとおり実践的な発表が多いので実験系が強い印象です。また、Black Hat USA および DEF CON と開催時期が近いことか

*57 機械学習のように理論解明が進んでいなくて実験で良い性能が発揮されている研究も多数あります。

ら、Black Hat または DEF CON の発表者がほぼ同じ内容を学術用にアレンジして発表するものが毎年数件あります。そのことから、若干攻撃者目線の発表が多い印象です。
また **WOOT**（USENIX WOOT Conference on Offensive Technologies）という攻撃者目線の研究をテーマとしたワークショップも開催されています。コロナ禍中は Usenix とは別に単独で開催されたましたが、基本的に Usenix 期間中に開催されています。

- **ACM CCS**（The ACM Conference on Computer and Communications Security）
ACM（エーシーエム、Association for Computing Machinery）は、計算機科学を専門に扱う学会で、計算機科学分野で最高に栄誉ある賞として知られる ACM チューリング賞を授与する学術団体としても有名です。ACM が主催する CCS は、毎年 10 月中旬頃に北米または欧州で開催されます（交互に開催？）。特に暗号の理論系が強い印象で、国内の暗号の研究者も研究発表されていました。

次に、国内のサイバーセキュリティ分野における学術系 2 大会議について、開催時期が早いものから順番に紹介します。どちらも査読はありませんが、国内のサイバーセキュリティ分野の研究者の参加数は国内トップクラスです。

- **SCIS**（暗号と情報セキュリティシンポジウム）
電子情報通信学会が主催し、毎年 1 月下旬頃に開催されます。情報セキュリティに関する学術会議として国内で最初にはじまりました。名前のとおり暗号系が強いので理論系の発表が多い印象です。最近は自動車セキュリティ関係の研究の発表も増えています。毎年 300 本以上の情報セキュリティに関する最新の研究発表がありますので、次の CSS も含め、最新の研究動向を把握するのにぴったりのシンポジウムだと思います。
- **CSS**（コンピュータセキュリティシンポジウム）
情報処理学会が主催し、毎年 10 月下旬頃に開催されます。様々なワークショップも同時に開催され、その中の 1 つに **MWS**（マルウェアとサイバー攻撃対策研究人材育成ワークショップ）というものがあり、MWS Cup というコンテストも開催されています。学術系と産業系の研究者・実務者がバランスよく集まる珍しい学会です。前述の SCIS と比較して実験系の発表が多い印象です。また、最近では AWS（AI セキュリティワークショップ) も始まりました。

以上、主要なサイバーセキュリティ関係の学術会議を紹介しました。あくまで、ここで紹介したものは多数あるサイバーセキュリティ分野の会議のごく一部です。興味のある方は各自で調べてみましょう。

おわりに

本書を通して、読者の皆さんはバイナリファイル解析の基礎知識と技術を習得する機会を得たことと思います。本書では、なるべく陳腐化しにくい知識・技術・考え方を中心に紹介することを心がけました。その一方で、サイバーセキュリティや AI を含む情報技術は、特に近年の急速な AI 技術の進展の影響を受けて、技術の進展速度は加速しています。新しい技術や脅威が次々と生まれているため、常に最新の解析手法を学び続けることが重要です。

そのため、真の習得には、単に授業やトレーニングを受けるだけでなく、自ら学び、解析に必要なコードを実装し続ける必要があります。自ら学び続けることで、変化に適応し、常に第一線で活躍できる人材となることができます。

実際にコードを実装しながらバイナリ解析することで、以下の様な様々な経験ができます。

- **バイナリ構造の理解を深める**: 解析対象のファイル形式やデータ構造を理解し、どのようにメモリ上に展開されるのかをコードで表現することで、より深い理解を得ることができます。
- **新技術のロジックの理解**: プログラムの動作を詳細に解析することで、新しい技術がどのように実装されているか学ぶことができます。
- **論理的思考力の向上**: 解析に必要な手順を分析し、そのロジックをコードで再現することで、論理的思考力と問題解決能力を養うことができます。
- **創造性の発揮**: 既存の解析手法を利用するだけでなく、独自の解析ツールや手法を開発することで、創造性を発揮することができます。
- **セキュリティスキル向上**: バイナリ解析は、デジタルフォレンジック、マルウェア解析や脆弱性診断など、セキュリティ分野でも重要なスキルです。自らコードを書くことで、これらのスキルをより深く習得することができます。

バイナリ解析を習得するためには、授業やトレーニングだけでなく、自ら学び、解析に必要なコードを実装することが重要です。本書で学んだ知識を活かし、様々な課題に積極的にチャレンジすることで、より深い理解とスキルを身につけ、セキュリティエンジニアやソフトウェア開発者として活躍されることを期待しています。

付録

付録 A　Python のバイナリデータ操作のチートシート

各コードの実行結果を右側のコメントに記載しています。

10 進数の int から 2 進数、8 進数、16 進数の str への変換

```
bin(65) # '0b1000001'
oct(65) # '0o101'
hex(65) # '0x41'
```

2 進数、8 進数、16 進数の str から 10 進数の int への変換

```
int('0b1000001', 2) # 65
int('0o101', 8) # 65
int('0x41', 16) # 65
```

int と str の変換

```
chr(65) # 'A'
ord('A')  # 65
```

bytes の要素とスライス

```
b'\x01\x02\x03\x04'[0] # 1
b'\x01\x02\x03\x04'[0:1] # b'\x01'
b'\x01\x02\x03\x04'[1:3] # b'\x02\x03'
```

bytes の結合

```
b'\x01\x02' + b'\x03\x04' # b'\x01\x02\x03\x04'
b''.join([b'\x01', b'\x02', b'\x03', b'\x04']) # b'\x01\x02\x03\x04'
b'\xff'.join([b'\x01', b'\x02', b'\x03', b'\x04']) # b'\x01\xff\x02\xff\x03\xff\x04'
```

int のリスト、bytes、bytearray の変換

```
bytes([1, 2, 3, 4]) # b'\x01\x02\x03\x04'
list(b'\x01\x02\x03\x04') # [1, 2, 3, 4]

bytearray([1, 2, 3, 4]) # bytearray(b'\x01\x02\x03\x04')
bytearray(b'\x01\x02\x03\x04') # bytearray(b'\x01\x02\x03\x04')

bytes(bytearray(b'\x01\x02\x03\x04')) # b'\x01\x02\x03\x04'
list(bytearray(b'\x01\x02\x03\x04')) # [1, 2, 3, 4]
```

int と bytes の変換 (ビッグエンディアン、符号なし)

```
# to_bytes()の最初の引数は変換先のbytesのサイズ
int.from_bytes(b'\x01\x02\x03\x04', byteorder='big', signed=False) # 16909060
(16909060).to_bytes(4, byteorder='big', signed=False) # b'\x01\x02\x03\x04'

int.from_bytes(b'\x00\x00\x00\x00\x01\x02\x03\x04', byteorder='big', signed=False) # 16909060
(16909060).to_bytes(8, byteorder='big', signed=False) # b'\x00\x00\x00\x00\x01\x02\x03\x04'
```

int と bytes の変換 (リトルエンディアン、符号なし)

```
int.from_bytes(b'\x04\x03\x02\x01', byteorder='little', signed=False) # 16909060
(16909060).to_bytes(4, byteorder='little', signed=False) # b'\x04\x03\x02\x01'

int.from_bytes(b'\x04\x03\x02\x01\x00\x00\x00\x00', byteorder='little', signed=False) # 16909060
(16909060).to_bytes(8, byteorder='little', signed=False) # b'\x04\x03\x02\x01\x00\x00\x00\x00'
```

int と bytes の変換 (bytes に変換する際の最小のバイト数の計算)

```
num_bytes = ((16909060).bit_length() + 7) // 8 # 16909060が収まる最小のバイト数=4
(16909060).to_bytes(num_bytes, byteorder='big', signed=False) # b'\x01\x02\x03\x04'
```

int と bytes の変換 (PyCryptodome の Crypto.Util.number モジュールを使用する場合)

```
# pip install pycryptodomeでPyCryptodomeのインストールが必要
# URL: https://github.com/Legrandin/pycryptodome
import Crypto.Util.number
Crypto.Util.number.bytes_to_long(b'\x01\x02\x03\x04') # 16909060

# long_to_bytes()は変換先のbytesのサイズ(2番目の引数)の指定を省略できる
Crypto.Util.number.long_to_bytes(16909060) # b'\x01\x02\x03\x04'
Crypto.Util.number.long_to_bytes(16909060, 8) # b'\x00\x00\x00\x00\x01\x02\x03\x04'
```

bytes、bytearray、16 進数の文字列の変換 (fromhex() と hex() を使用する場合)

```
bytes.fromhex('01020304') # b'\x01\x02\x03\x04'
b'\x01\x02\x03\x04'.hex() # '01020304'

bytearray.fromhex('01020304') # bytearray(b'\x01\x02\x03\x04')
bytearray(b'\x01\x02\x03\x04').hex() # '01020304'
```

bytes と 16 進数の文字列の変換 (binascii モジュールを使用する場合)

```
import binascii
binascii.a2b_hex('01020304') # b'\x01\x02\x03\x04'
binascii.b2a_hex(b'\x01\x02\x03\x04') # b'01020304'
binascii.b2a_hex(bytearray(b'\x01\x02\x03\x04')) # b'01020304'
```

str と bytes の変換

```
'ABCD'.encode() # b'ABCD'
b'ABCD'.decode() # 'ABCD'

'バイナリ'.encode() # b'\xe3\x83\x90\xe3\x82\xa4\xe3\x83\x8a\xe3\x83\xaa'
b'\xe3\x83\x90\xe3\x82\xa4\xe3\x83\x8a\xe3\x83\xaa'.decode() # 'バイナリ'

'バイナリ'.encode('shift_jis') # b'\x83o\x83C\x83i\x83\x8a'
b'\x83o\x83C\x83i\x83\x8a'.decode('shift_jis') # 'バイナリ'
```

bytes と bytes を表現する文字列の変換

```
repr(b'\x01\x02\x03\x04') # "b'\\x01\\x02\\x03\\x04'"
type(repr(b'\x01\x02\x03\x04')) # <class 'str'>

eval("b'\\x01\\x02\\x03\\x04'") # b'\x01\x02\x03\x04'
type(eval("b'\\x01\\x02\\x03\\x04'")) # <class 'bytes'>
```

`repr()` 関数[*1]は引数のオブジェクトの印字可能な表現を含む文字列を返します。`eval()` 関数[*2]は引数の文字列を Python の式として評価した結果を返します。

[*1] https://docs.python.org/ja/3/library/functions.html#repr
[*2] https://docs.python.org/ja/3/library/functions.html#eval

付録 B　各数値表記と ASCII の対応表

コード 1.46 とコード 2.18 を組み合わせることで、各数値表記と ASCII 文字列の対応表を出力することが出来ます。なお、Linux のターミナル上で `man ascii` を実行することでほぼ同等の出力を得ることができますが、Colab ではデフォルトで `man` コマンドの実行が制限されているため、`!unminimize` コマンドを実行して制限を解除する必要があります。

```python
def c2a(c):
    if c >= 0x21 and c <=0x7E:
        return chr(c)
    elif c <= 0x20:
        return ["NUL","SOH","STX","ETX","EOT","ENQ","ACK","BEL",
                "BS","HT","LF","VT","FF","CR","SO","SI",
                "DLE","DC1","DC2","DC3","DC4","NAK","SYN","ETB",
                "CAN","EM","SUB","ESC","FS","GS","RS","US","SP"][c]
    elif c == 0x7F:
        return "DEL"
    return ""

header1 = "Dec␣␣Bin␣␣␣␣␣␣␣Oct␣␣Hex␣CHR"
header2 = "Dec␣␣Bin␣␣␣␣␣␣␣Oct␣␣Hex"
def i2l(i):
    return f"{i:3d}␣␣{i:08b}␣␣{i:03o}␣␣{i:02X}␣␣{c2a(i)}"
def i2l2(i):
    return f"{i:3d}␣␣{i:08b}␣␣{i:03o}␣␣{i:02X}"
print(f"{header1}␣|␣{header1}␣|␣{header2}|␣{header2}")
for i in range(64):
    print(f"{i2l(i):<27}␣|␣{i2l(i+64):<27}␣|␣{i2l2(i+128):<23}|␣{i2l2(i+192):<23}")
```

実行結果

```
Dec  Bin       Oct  Hex CHR | Dec  Bin       Oct  Hex CHR | Dec  Bin       Oct  Hex| Dec  Bin       Oct  Hex
  0  00000000  000  00  NUL |  64  01000000  100  40  @   | 128  10000000  200  80 | 192  11000000  300  C0
  1  00000001  001  01  SOH |  65  01000001  101  41  A   | 129  10000001  201  81 | 193  11000001  301  C1
  2  00000010  002  02  STX |  66  01000010  102  42  B   | 130  10000010  202  82 | 194  11000010  302  C2
  3  00000011  003  03  ETX |  67  01000011  103  43  C   | 131  10000011  203  83 | 195  11000011  303  C3
  4  00000100  004  04  EOT |  68  01000100  104  44  D   | 132  10000100  204  84 | 196  11000100  304  C4
  5  00000101  005  05  ENQ |  69  01000101  105  45  E   | 133  10000101  205  85 | 197  11000101  305  C5
  6  00000110  006  06  ACK |  70  01000110  106  46  F   | 134  10000110  206  86 | 198  11000110  306  C6
  7  00000111  007  07  BEL |  71  01000111  107  47  G   | 135  10000111  207  87 | 199  11000111  307  C7
  8  00001000  010  08  BS  |  72  01001000  110  48  H   | 136  10001000  210  88 | 200  11001000  310  C8
  9  00001001  011  09  HT  |  73  01001001  111  49  I   | 137  10001001  211  89 | 201  11001001  311  C9
 10  00001010  012  0A  LF  |  74  01001010  112  4A  J   | 138  10001010  212  8A | 202  11001010  312  CA
 11  00001011  013  0B  VT  |  75  01001011  113  4B  K   | 139  10001011  213  8B | 203  11001011  313  CB
 12  00001100  014  0C  FF  |  76  01001100  114  4C  L   | 140  10001100  214  8C | 204  11001100  314  CC
 13  00001101  015  0D  CR  |  77  01001101  115  4D  M   | 141  10001101  215  8D | 205  11001101  315  CD
 14  00001110  016  0E  SO  |  78  01001110  116  4E  N   | 142  10001110  216  8E | 206  11001110  316  CE
 15  00001111  017  0F  SI  |  79  01001111  117  4F  O   | 143  10001111  217  8F | 207  11001111  317  CF
 16  00010000  020  10  DLE |  80  01010000  120  50  P   | 144  10010000  220  90 | 208  11010000  320  D0
 17  00010001  021  11  DC1 |  81  01010001  121  51  Q   | 145  10010001  221  91 | 209  11010001  321  D1
 18  00010010  022  12  DC2 |  82  01010010  122  52  R   | 146  10010010  222  92 | 210  11010010  322  D2
 19  00010011  023  13  DC3 |  83  01010011  123  53  S   | 147  10010011  223  93 | 211  11010011  323  D3
 20  00010100  024  14  DC4 |  84  01010100  124  54  T   | 148  10010100  224  94 | 212  11010100  324  D4
 21  00010101  025  15  NAK |  85  01010101  125  55  U   | 149  10010101  225  95 | 213  11010101  325  D5
```

22	00010110	026	16	SYN	86	01010110	126	56	V	150	10010110	226	96	214	11010110	326	D6
23	00010111	027	17	ETB	87	01010111	127	57	W	151	10010111	227	97	215	11010111	327	D7
24	00011000	030	18	CAN	88	01011000	130	58	X	152	10011000	230	98	216	11011000	330	D8
25	00011001	031	19	EM	89	01011001	131	59	Y	153	10011001	231	99	217	11011001	331	D9
26	00011010	032	1A	SUB	90	01011010	132	5A	Z	154	10011010	232	9A	218	11011010	332	DA
27	00011011	033	1B	ESC	91	01011011	133	5B	[	155	10011011	233	9B	219	11011011	333	DB
28	00011100	034	1C	FS	92	01011100	134	5C	\	156	10011100	234	9C	220	11011100	334	DC
29	00011101	035	1D	GS	93	01011101	135	5D	]	157	10011101	235	9D	221	11011101	335	DD
30	00011110	036	1E	RS	94	01011110	136	5E	^	158	10011110	236	9E	222	11011110	336	DE
31	00011111	037	1F	US	95	01011111	137	5F	_	159	10011111	237	9F	223	11011111	337	DF
32	00100000	040	20	SP	96	01100000	140	60	‘	160	10100000	240	A0	224	11100000	340	E0
33	00100001	041	21	!	97	01100001	141	61	a	161	10100001	241	A1	225	11100001	341	E1
34	00100010	042	22	"	98	01100010	142	62	b	162	10100010	242	A2	226	11100010	342	E2
35	00100011	043	23	#	99	01100011	143	63	c	163	10100011	243	A3	227	11100011	343	E3
36	00100100	044	24	$	100	01100100	144	64	d	164	10100100	244	A4	228	11100100	344	E4
37	00100101	045	25	%	101	01100101	145	65	e	165	10100101	245	A5	229	11100101	345	E5
38	00100110	046	26	&	102	01100110	146	66	f	166	10100110	246	A6	230	11100110	346	E6
39	00100111	047	27	’	103	01100111	147	67	g	167	10100111	247	A7	231	11100111	347	E7
40	00101000	050	28	(	104	01101000	150	68	h	168	10101000	250	A8	232	11101000	350	E8
41	00101001	051	29	)	105	01101001	151	69	i	169	10101001	251	A9	233	11101001	351	E9
42	00101010	052	2A	*	106	01101010	152	6A	j	170	10101010	252	AA	234	11101010	352	EA
43	00101011	053	2B	+	107	01101011	153	6B	k	171	10101011	253	AB	235	11101011	353	EB
44	00101100	054	2C	,	108	01101100	154	6C	l	172	10101100	254	AC	236	11101100	354	EC
45	00101101	055	2D	-	109	01101101	155	6D	m	173	10101101	255	AD	237	11101101	355	ED
46	00101110	056	2E	.	110	01101110	156	6E	n	174	10101110	256	AE	238	11101110	356	EE
47	00101111	057	2F	/	111	01101111	157	6F	o	175	10101111	257	AF	239	11101111	357	EF
48	00110000	060	30	0	112	01110000	160	70	p	176	10110000	260	B0	240	11110000	360	F0
49	00110001	061	31	1	113	01110001	161	71	q	177	10110001	261	B1	241	11110001	361	F1
50	00110010	062	32	2	114	01110010	162	72	r	178	10110010	262	B2	242	11110010	362	F2
51	00110011	063	33	3	115	01110011	163	73	s	179	10110011	263	B3	243	11110011	363	F3
52	00110100	064	34	4	116	01110100	164	74	t	180	10110100	264	B4	244	11110100	364	F4
53	00110101	065	35	5	117	01110101	165	75	u	181	10110101	265	B5	245	11110101	365	F5
54	00110110	066	36	6	118	01110110	166	76	v	182	10110110	266	B6	246	11110110	366	F6
55	00110111	067	37	7	119	01110111	167	77	w	183	10110111	267	B7	247	11110111	367	F7
56	00111000	070	38	8	120	01111000	170	78	x	184	10111000	270	B8	248	11111000	370	F8
57	00111001	071	39	9	121	01111001	171	79	y	185	10111001	271	B9	249	11111001	371	F9
58	00111010	072	3A	:	122	01111010	172	7A	z	186	10111010	272	BA	250	11111010	372	FA
59	00111011	073	3B	;	123	01111011	173	7B	{	187	10111011	273	BB	251	11111011	373	FB
60	00111100	074	3C	<	124	01111100	174	7C	|	188	10111100	274	BC	252	11111100	374	FC
61	00111101	075	3D	=	125	01111101	175	7D	}	189	10111101	275	BD	253	11111101	375	FD
62	00111110	076	3E	>	126	01111110	176	7E	~	190	10111110	276	BE	254	11111110	376	FE
63	00111111	077	3F	?	127	01111111	177	7F	DEL	191	10111111	277	BF	255	11111111	377	FF

付録 C　Colab 以外の環境で使用できる便利なバイナリファイル解析ツール達

Colab はウェブブラウザでアクセスするだけで手軽に使用できて、Python プログラミングや Linux コマンドの学習にとても便利な環境ですが、例えば以下のような難点があるためバイナリファイル解析の実務には向いていません。業務でバイナリファイル解析をされる方はローカルのマシンで仮想環境ソフトウェアを使って解析環境を構築した方がよいでしょう。

- 使用時間の上限があり、上限に達すると自動的に環境がリセットされてしまう
- 組織外のサービスである Colab に解析対象ファイルをアップロードする必要があるため、あらかじめ組織内で許可を得ていなければ組織のセキュリティポリシー違反となるおそれがある
- Google 社の利用規約 (https://policies.google.com/terms) で同社のサービスにマルウェアを投入することは禁止されているため、マルウェア解析に使用できない
- ハードディスクのイメージファイルなどの巨大なファイルを扱うことができない
- 環境が Ubuntu ベースのため、Windows 上で使用できる豊富な解析ツールを使用できない

ここでは Colab 以外の環境で使用できる便利なバイナリファイル解析ツールを紹介します。ローカルのマシンで解析環境を構築をされる際の参考にしてください。Windows 上で使用できるものが多く、一部商用ツールを含んでいます。CyberChef のようにブラウザ上で使用できるツールもあります。

ツールの左に記載しているマークはツールのライセンスについて示しています。

㊫ : 商用
(個) : 商用、個人利用は無償 (機能限定版の場合あり)
(無) : 無償
(オ) : オープンソース

- 多機能バイナリファイル解析ツール
  (無) 青い空を見上げればいつもそこに白い猫
  (https://digitaltravesia.jp/usamimihurricane/webhelp/_RESOURCE/MenuItem/another/anotherAoZoraSiroNeko.html)
- バイナリエディタ
  ㋔ ImHex (https://imhex.werwolv.net/)

Ⓟ Malcat (https://malcat.fr/)

㊪ 010 Editor (https://www.sweetscape.com/010editor/)

㊫ FileInsight (https://downloadcenter.trellix.com/products/mcafee-avert/fileinsight.msi)

㋔ FileInsight-plugins (https://github.com/nmantani/FileInsight-plugins/blob/master/README.ja.md)

㊫ FavBinEdit (https://www.wabiapp.com/FavBinEdit/)

㊫ Stirling (https://www.vector.co.jp/soft/win95/util/se079072.html)

㋔ Bz (https://gitlab.com/devill.tamachan/binaryeditorbz/)

- ファイルの種類判別ツール

㋔ Detect It Easy (https://github.com/horsicq/Detect-It-Easy/)

㊫ Exeinfo PE (https://github.com/ExeinfoASL/ASL)

- ファイルの差分比較ツール

㋔ WinMerge (https://winmerge.org/?lang=ja)

- エンコード/デコードツール

㋔ CyberChef (https://gchq.github.io/CyberChef/)

㋔ DevToys (https://devtoys.app/)

㊫ dCode (https://www.dcode.fr/)

- ファイルの構造解析ツール

㋔ Kaitai Struct (https://kaitai.io/)

㋔ Kaitai Web IDE (https://ide.kaitai.io/)

Ⓟ pestudio (https://www.winitor.com/)

㋔ PE-bear (https://github.com/hasherezade/pe-bear)

㋔ XELFViewer (https://github.com/horsicq/XELFViewer)

㋔ LIEF (https://lief.re/)

- 埋め込まれたファイルの抽出ツール

㋔ binwalk (https://github.com/OSPG/binwalk)

㋔ unblob (https://unblob.org/)

- パターンマッチングツール

㋔ YARA (https://github.com/VirusTotal/yara)

㋔ yara-python (https://github.com/VirusTotal/yara-python)

- フォレンジックツール
  - ㊲ FTK Imager (https://www.exterro.com/ftk-product-downloads/ftk-imager-version-4-7-1)
  - ㋔ Autopsy (https://www.sleuthkit.org/autopsy/)
  - ㋔ Volatility Framework (https://volatilityfoundation.org/)
- バイナリデータと時刻情報の変換ツール
  - ㊲ DCode (https://www.digital-detective.net/dcode/)
- 逆アセンブラ、デコンパイラ
  - ㋔ Ghidra (https://www.ghidra-sre.org/)
  - ㊒ IDA Pro (https://hex-rays.com/ida-pro/)
  - ㊒ Binary Ninja (https://binary.ninja/)
  - ㋔ Cutter (https://cutter.re/)
  - ㋔ DnSpy (https://github.com/dnSpyEx/dnSpy)
  - ㋔ Compiler Explorer (https://godbolt.org/)
  - ㋔ Decompiler Explorer (https://dogbolt.org/)
  - ㋔ Capstone (https://www.capstone-engine.org/)
- コード解析ツール、デバッガー
  - ㋔ Angr (https://angr.io/)
  - ㋔ z3 (https://github.com/Z3Prover/z3)
  - ㋔ Pwntools (https://docs.pwntools.com/en/stable/)
  - ㋔ x64dbg (https://x64dbg.com/)
- 仮想環境ソフトウェア、エミュレーター
  - ㋔ Oracle VM VirtualBox (https://www.virtualbox.org/)
  - ㊒ VMware Workstation Pro (https://www.vmware.com/products/workstation-pro.html)
  - ㊔ Hyper-V (https://learn.microsoft.com/ja-jp/virtualization/hyper-v-on-windows/about/)
  - ㋔ QEMU (https://www.qemu.org/)
  - ㋔ Unicorn (https://www.unicorn-engine.org/)
  - ㋔ Speakeasy (https://github.com/mandiant/speakeasy)
  - ㋔ Qiling Framework (https://github.com/qilingframework/qiling)

索　　引

<ま>

<ら>

<わ>

著者紹介

大塚 玲（おおつか あきら） [監修] ....

情報セキュリティ大学院大学教授
2005 年 4 月より 2017 年 3 月まで産業技術総合研究所。2017 年 4 月より情報セキュリティ大学院大学教授。2006 年 - 2010 年産業技術総合研究所情報セキュリティ研究センター・セキュリティ基盤技術研究チーム長。大阪大学大学院工学研究科非常勤講師 (2022 年 -)。日本銀行金融研究所客員研究員 (2020 年 - 2021 年)。電子情報通信学会、情報処理学会、IEEE、IACR、IFCA 各会員。電子情報通信学会バイオメトリクス研究専門委員会顧問、人工知能学会 安全性とセキュリティ研究会 (SIG-SEC) 主査。JNSA サイバーセキュリティ産学連携協議会代表。専門は AI セキュリティと暗号理論。

大坪 雄平 (おおつぼ ゆうへい) [1〜4，6，8 章，8 章章末コラム，付録 B] ....

警察庁（警察庁技官）／情報セキュリティ大学院大学（客員研究員）
1987 年頃よりプログラムに興味を持つ。周りにプログラムをする人もネット環境もなかったことから、N88-BASIC リファレンスマニュアルを絵本代わりにし、小 5 でリバースエンジニアリングにより得た知識を使い BASIC からマシン語を呼び出しマウスを使ったお絵かきソフトを作る。その後、C 言語とアセンブリ言語を中心に独学を続け、高校入学までに、正規表現、暗号、圧縮、画像処理等ひととおりの実装を経験。大学で情報系を学ぶ必要がないと悟り（厨二病)、材料工学を学ぶ。2005 年警察庁入庁。2015 年 10 月から勤務しながら自費で大学に通い、1 年で博士後期課程修了。CODE BLUE 2013、Black Hat USA 2016 Briefings で講演。

萬谷 暢崇 (まんたに のぶたか) [5 章，付録 A，C] ....

警察庁サイバー警察局情報技術解析課サイバーテロ対策技術室 専門官（警察庁技官）
2002 年警察庁入庁、2019 年 4 月から現職。2001 年から FreeBSD Project の ports committer をしており、休日に FreeBSD 用の各種ソフトウェアのパッケージを作成、メンテナンスしている。CODE BLUE 2019 Bluebox、Black Hat USA 2021 Arsenal で自作のバイナリファイル解析ツール FileInsight-plugins を発表。監訳書に『実用 Git 第 3 版』『マスタリング Linux シェルスクリプト 第 2 版』『サイバーセキュリティプログラミング 第 2 版』（オライリー・ジャパン）がある。

羽田 大樹 (はだ ひろき) [7 章] ....

2006 年 NTT コミュニケーションズ株式会社入社。現在は NTT セキュリティ・ジャパン株式会社にて、セキュリティ脅威分析業務、レッドチームに従事。NTT グループ認定セキュリティプリンシパル。博士（情報学）。情報セキュリティ大学院大学客員講師。コンピュータセキュリティ研究会（CSEC）専門委員。マルウェアとサイバー攻撃対策研究人材育成ワークショップ（MWS）実行委員。Black Hat Arsenal、CODE BLUE 2023 Bluebox。セキュリティ・キャンプ全国大会講師。

染谷 実奈美 (そめや みなみ) [8 章] ....

セキュリティエンジニア
デジタルフォレンジックやマルウェア解析業務に従事し、研究開発にも取り組む。バイナリ解析の国際ワークショップである Binary Analysis Research（BAR）など、AI とセキュリティの分野で学会発表を行う。人工知能学会 2024 年度全国大会では、大規模言語モデルを用いたバイナリ解析に関する研究発表で優秀賞を受賞。日本語 LLM の開発プロジェクト（東大・松尾研 GENIAC）に開発メンバーとして参加し、チーム開発を牽引したとして MVP 賞を受賞。

エンジニア入門シリーズ
ゼロからマスター! Colab×Pythonで
バイナリファイル解析実践ガイド

2024年10月17日　初版発行

著　者　大塚 玲／大坪 雄平／萬谷 暢崇／
羽田 大樹／染谷 実奈美

発行者　松塚 晃医
発行所　科学情報出版株式会社
〒300-2622 茨城県つくば市要443-14 研究学園
電話　029-877-0022
http://www.it-book.co.jp/

ISBN 978-4-910558-35-6　C3004